춘추필법

공익과 윤리

춘추필법

공익과 윤리

김택 지음

한국학술정보

머리말

춘추필법(春秋筆法)이란 말이 있다. 중국의 고전인 춘추(春秋)와 같이 엄정하고 추상같은 태도로 대의명분을 밝혀 세우는 역사 서술의 논법을 의미한다고 한다. 인간이 사는 세상은 시기와 질투 분쟁이 많아 어느 한 편을 들기 어렵고 정의를 바로 세우기도 여간 힘이 든다. 공론의 의미를 생각했다. 혼탁한 세상사에서 춘추필법의 마음으로 바로 쓰려고 노력했다. 곡학아세하지 않고 정론을 세우고자 고민했지만 부족한 게 한두 가지가 아니다.

본서는 2012년부터 2017년까지 언론에 기고한 칼럼과 발표문을 모아 발간한 것이다. 한국사회의 쟁점들을 하나하나씩 해법을 제시하고자 고군분투하였다.

먼저 정치행정에서는 국가권력의 방향을 제시했다. 검찰 권력의 방향이라든지 공직자의 윤리를 정립하고자 노력했다. 경제 편에서는 경제정의의 해법을 제시했다. 사회범죄에서는 한국사회의 부패와 비리를 분석하고 대안을 제시했다. 문화교육에서는 대학미래와 바른 역사교육을 강조했다 지방자치에서는 지방부패와 풀뿌리 민주주의의 중요성을 주장했다.

사무사(思無邪)의 정신으로 쓴 글을 모아 한권으로 내놓는 것이 외람되고 소소하지만 질책과 편달을 마지않는다.

본서가 출간하는데 있어 흔쾌히 도와주신 한국학술정보 채종준사장님께 충심으로 고마움을 표합니다. 또한 수고 하신 양동훈님 감사드립니다.

2017년 저자

차 례

머리말 · 4

I 정치 행정

Ⅳ 문화 · 교육

V 지방자치

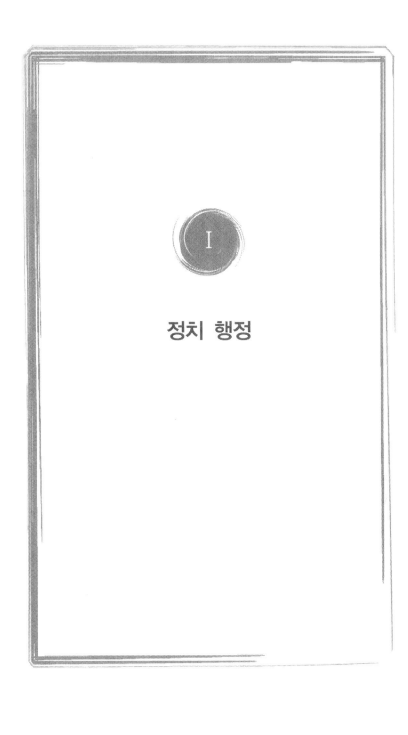

I

정치 행정

1. 검경수사권 조정

문재인 정부의 대표적 공약이 검경 수사권조정이다. 검찰의 수사권을 경찰에 주고 검찰권을 견제할 수 있는 공직자비리수사처를 만들겠다고 한다. 지난 노무현정부에서도 검찰개혁을 외쳤지만 수포로 돌아갔다. 지난번 서울지검장과 법무부 검찰국장의 회식사건의 여파로 검찰개혁이 순풍을 맞고 있다. 서울지검장을 교체하고 대대적 물갈이를 예고하고 있다. 문제는 검경수사권을 어떻게 조정하는가 이다. 우리나라 형사소송법은 경위부터 경무관까지의 사법경찰관과 경사에서 순경의 사법경찰 리는 수사에 관해 검사의 지휘를 받는다고 규정하고 있다. 사법경찰관리는 검사의 지휘가 있는 때에는 이에 따라야 한다고 했다. 또한 경찰법3조와 경찰관직무집행법2조에는 범죄의 수사를 경찰의 임부로 규정하고 있다. 외국의 경우는 검경수사권에 관해 다음과 같이 차이가 있다.

첫째, 영국과 미국은 수사권이 경찰에게 있다. 미국의 경찰은 독자적인 수사종결권도 가지고 있고 수사의 주재, 개시 및 수행이 경찰에 있을 정도로 경찰권한이 막강하다. 이에 반해 검찰은 기소나 공소유지라는 소송절차를 수행한다. 영국도 사법경찰이 독자적 수사권을 보유하고 있으며 수사종결권도 가지고 있다. 영국의 잉글랜드와 웨일즈지역의 경찰은 사건을 검찰에 기소할 것인지 1차적 결정권을 가지고 있으며 검찰과 경찰은 실질적으로 형식적으로 상호협력관계를 유지하고 있다. 그러나 영국의 스코틀랜드지역의 경우는 다르다. 검경은 상명하복관계에 있으며 경찰은 수사에 있어 검사의 지휘감독을 받는다. 스코틀랜드는 검사의 기소독점주의를 채택하고 있다. 둘째, 독일과 프랑스도 검경은 상명하복관계이다. 독일의 검사는 수사의 주체이고 경찰은 수사의 보조자다. 독일의 검찰은 중앙집권적 조직이 아니고 지방자치조직으로 운영되고 있으며 주 검찰에 대한 지휘감독권은 법무부가 갖고 있다. 프랑스도 경찰은 수사의 보조자에 불과하고 모든 범죄를 인지한 경우 검사에게 보고하고 수사종결 시 검찰로 송치하여야 한다. 그러나 10년 이상의 중죄는 검사가, 일반적 범죄는 사법경찰관이 독자적 수사개시권을 가지고 있다. 셋째, 일본의 경우는 검찰과 경찰은 상호협력관계이고 대등한 위치의 독립된 수사기관이다. 일본의 경찰은 1차적 수사기관으로서 독자적 수사권을 가지고 있지만 수사결과는 원칙적으로 기소권을 가지고 검사에게 송치하여야 한다. 검사는 경찰이 정당한 이유 없이 검사지휘에 따르지 않을 경우 국가공안위원회에 사법경찰관의 징계 또는 파면을 청구할 수 있다. 일본의 경찰은 수사의 개시 진행의 권한을 가지고 있으나 수사종결권은 검찰에게만 인정되고 있는데 일본 경찰의 경부이상의 계급은 체포영장청구권을 가지고 있는 것이 특징이다. 우리나라는 일제강점기 검사의 기능이 이승만 정부와 군사정부에서 더욱 공고히 하여 지금까지 내려오고 있다. 검찰은 수사의 주체는 검사가 해야 한다고 하며 경찰이 수사권을 가지면 적법절차 인권존중이 침해된다고 수사권부여를 반대하고 있다. 또한 경찰 권한이 집중되면 그 폐해가 심각할 것이라며 먼저 경찰이 행정 경찰 권과 사법경찰권의 분리가 전제되었을 때 수사권독립이 가능하다고 본다. 그러나 경찰은 검경의 이중조사로 인한 국민편익침해, 권한과 책임의 불일치, 경찰업무가중, 공소권의 순수성보장 등을 이유로 수 사권부여를 찬성하고 있다. 지난 22일 경찰청장은 검찰간부의 돈 봉 투사건을 수사하겠다고 포부를 밝혔다. 검찰권의 비대는 견제와 균 형 조정이 필요하다. 검찰비리를 경찰이 수사하는 것도 견제의 논리 로 보면 타당하다고 본다. 그렇다고 경찰의 검찰 권력이나 수사권을 다 받아서 사용하겠다는 논리도 비약이다. 경찰부패나 비리는 어느 부처보다 많다. 중요한 것은 신중한 논의, 검토, 분석이 필요하다. 외 국의 사례를 보면 검경의 수사에 상호협력관계를 유지하고 있고 검 사가 수사의 주재자라는 사실이 더 우세하다. 왜 검사제도가 생겼는 지도 알아야 한다. 그렇다고 현재와 같은 지휘받지않는 만능검찰권 을 남겨두는 것도 적폐다. 절대 권력은 절대적으로 부패하기 마련이 기 때문이다.

2. 분권과 협치의 새 시대로

지난 2000년 10월 역대 미국대통령 41명을 평가 한 'rating the president'보고서가 발표됐는데 지도력, 업적, 위기관리, 정치력, 인 사관리 등을 조사했다. 그중에서도 도덕성평가에서 정직과 청렴을 가장 중시했고 링컨, 워싱턴, 루스벨트 대통령이 가장 뛰어나다고 평가했다. 그만큼 대통령직은 정직하고 청렴의 마인드가 요구된다고 보았다. 외환위기로 물러난 김영삼 대통령은 "영광의 시간은 짧았지만 고통은 길었다고 말했다. 사실 우리나라 역대 대통령의 말로는 쓸쓸했다. 초대 대통령은 하와이로 망명했고 군사정부 대통령들은 더욱 비참했다. 한분은 산업화를 이루었지만 총탄에 사라졌고 또 전두환 노태우 전 대통령들은 부정부패로 투옥됐다. 그 후 노무현 전 대통령은 스스로 목숨을 끊었고 박근혜 전 대통령은 검찰에 의해 감옥으로 직행했다. 대한민국 헌정사에서 이렇게 굴곡진 역사가 펼쳐졌다는 것은 무얼 말하는가? 어제 문재인 대통령이 국회에서 취임선서를 했다. 대통령으로서 성실히 직책을 수행하겠다고 다짐했다. 국민들은 문대통령에게 거는 기대가 자못 크다. 스스로 '준비된 대통령'이라 말했던 문재인대통령이야말로 한국의 미래를 어떻게 이끌고 갈까 고뇌와 고심이 매우 크다고 할 수 있다. 산적한 국정과제가 난마처럼 얽히고설킨 문제를 풀어나가야 하는 그의 리더십과 책무가 그 어느 때보다도 필요하다. 그렇다면 지금 우리에게 필요한 시대정신은 무엇인가? 무엇이 요구되나?

첫째, 국민통합이라고 본다. 40%대로 당선된 대통령이 나머지 60%국민을 아우라야 하는 능력이 필요하다. 공존과 상생의 원리를 펼쳐 대한민국의 힘을 세계에 보여줘야 한다. 그러려면 인사가 중요하다. 인사는 만사다. 사람 잘 못써 조직이 망하고 인간관계가 두 쪽 난 것이 어디 한둘인가? 호남출신의 국무총리를 임명했다고 동서가 화합됐다고 보는 유치한 발상은 접어야 한다. 지역을 떠나 대대적인 탕평책이 필요하다. 지역을 떠나 유능한 인재를 십고초려해야 한다. 유능한 인재발탁만이 국정성공의 첩경이다. 정실인사의 폐해는 부정부패와 망국의 지름길이다. 보은인사를 펼쳐 무능한 사람들을 공기업사장, 감사 임명하여 공기업들이 빚더미에 앉어버린 사례를 명심해야 한다. 물론 코드가 맞는 인물, 자기 말에 예스맨이 필요하겠지만 그 달콤한 말에 국정이 파탄난다. 아첨꾼을 멀리해야 성공한다. 쓴 소리,직언하는 비서를 등용해야 한다. 보수와 진보간의 분열, 세대 간 격차, 청년 불만, 기득권자들이 누린 불공정한 지대추구행위 등을 과감하게 일소해야 한다.

둘째, 문재인 후보가 명심해야 할 두 번째 과제는 국가안보다. 든든하고 튼튼한 안보야 말로 대한민국이 성장하고 발전할 펀더멘탈이다. 북한은 대륙간탄도미사일을 연일 발사하고 있다. 미국도 일본도 긴장하고 있다. 북한과 접경하고 있는 수도권에 이런 가공할 무기들이 폭격당한다면 무고한 수백만 대한민국 국민들이 한순간에 죽을 수밖에 없다. 김정은의 잘못판단으로 대재앙 대혼란에 빠질 수 있다.한반도의 전쟁불안요소는 항상 잔존해왔다. 과거정권들은 이것을 이용해왔기도 하다. 이런 때일수록 문재인 대통령의 안보관은 무척중요하다. 평양을 가고 못가고 가 중요하지 않다. 현재는 미국이나 일본과의 굳건한 안보협력이 중요하다. 중국도 협력파트너다. 러시아와도 협력해야 한다. 이미 사드도 미국이 자국의 이익을 위해 설치했지만 한반도의 전쟁억지력에 유용하게 쓸 장치가 될 수 있다. 이것을 다시 철수한다거나 재협상을 한다고 하는 것은 한반도의 미래를 위해 옳지 못한 성급한 생각이다. 물론 사드비용은 반드시 협상을 통해 미국이 지불토록 해야 할 것이다. 한국이 미국무기구입비용이나 미군기지사용허가, 카투사비용 등 미군을 위해 막대한 비용을 지불했으므로 협상을 통해 잘 설득해야 할 것이다. 안보강국프로그램을 만들어 북한이 넘볼 수 없도록 해야 한다.

셋째, 문재인대통령의 마지막과제는 경제성장이라고 본다. 우리나라는 한해 9%의 성장을 통해 산업화의 기적을, 한강의 기적을 이룩한 국가다. 그러나 외환위기 이후 경제가 주춤하더니 최근 몇년간 3만 달러에 오로지 못하고 좌초하고 있다. 성장 없인 복지도 없다. 일자리도 없어 청년들의 불만은 심각하다. 국민들 먹고살기가 팍팍하다. 노동개혁도 수포로 돌아갔다. 일자리도 만들지 못하고 있다. 대기업들이 해외에 공장을 지어 국내에 일 자리가 더욱 축소됐고 외국근로자들의 유입으로 3D업종도 그들이 싹쓸이 했다. 과거와 같은 경제성장은 어렵지만 4차 산업 혁명과 글로벌경제전쟁에서 이길 수 있는 경제정책을 만들어 시행하여야 한다. 이를 위해서는 과감한 규조개혁과 규제혁파밖에 없다. 문재인대통령은 지지자보다 반대자가 많다는 것을 명심하고 협치와 협력을 구하는 겸손한 자세가 중요하다고 본다. 문대통령의 국정개혁의 포부들이 성공하길 걸 기대해본다.

3. 반기문의 허무한 꿈

반기문 전 유엔 사무총장이 어제 기자회견을 통해 대선 불출마를 선언했다. 반 전 총장은 1일 "정치 교체를 이루고 국가 통합을 이루려던 순수한 뜻을 접었다"고 말했다. 반 전 총장은 "인격 살해에 가까운 음해, 각종 가짜 뉴스로 인해서 정치교체 명분은 실종되면서 저 개인과 가족의 명예에 상처를 남겼다"고 불만도 토로했다. 충청도 출신 대통령 대망론은 이처럼 신기루처럼 허무하게 사라졌다. 그에게 지지했던 충북도민들의 허탈감은 더욱 컸을 것이다. 우리나라 외교부에 '반반(潘半)'과 '반반(反潘)'이라는 말이 있다고 한다. "반기문의 반만 해도 성공한다."는 말에 이어서 "반기문을 따라 하면 제 명(命)에 살지 못하니, 따라 할 생각 말라"는 것이라고 한다. 그의 밑에서 주한미군지위협정(SOFA) 개정 협상을 했던 송민순 전 외교부 장관은 "어떤 난관도 깊은 물처럼 헤쳐 나가는 지혜를 보여 줬다"고 한 일간지는 보도했다. 그는 남다른 외교적 리더십과 카리 스마가 있는 전형적인 관료였다.

20일전 혼돈의 한국을 건질 세계적 평화지도자 반기문의 금의환 향은 나름대로 큰 의미를 가졌고 충청북도의 자존심을 살려주리라 기대가 많았다. 반 전 총장은 3주전 귀국하면서 "국민과 국가를 위해 얼마든지 몸을 불사르겠다"는 포부를 천명하였고 국민들도 유 엔 사무총장으로서 탁월한 경륜과 식견을 정치에 투영하리라 생각 했다. 국민들도 개혁적 보수의 정치를 보여주리라 순진하게 생각했 다. 그러나 그는 진흙탕 정치판에 상처와 상흔만 남기고 주저 않았 다. 정치경험도 부족하지만 정치판의 흐름을 파악하지 못했다. 세계 총장으로서 세계대통령의 역할을 한 그가 민심을 제대로 분석하지 못하고 지도자로서 자질을 내보이지 못했다.

그는 외교가의 자질을 갖추고 있지만 별자리처럼 지나가는 성좌 적 지도자로서 유연성을 발휘하는데 실패하였다. 그가 건강보수의 정치를 펼치지 못하고 불쏘시개역할에 불과한 것을 스스로 인식했 을 것이다. 그가 정치꾼이 아니기 때문에 더욱 느꼈을 것이다. 정당 지지도 없고 조직도 없고 돈이 없는 그가 단순히 총장경험하나가지 고 대통령에 되리라고 보았다는 것은 나이브한 아쉬움만 남겼다. 한 때 그는 지지율이 가장 높았지만 점점 갈수록 감소하고 기존 정당들 의 배신으로 설자리를 잃어 버렸다. 우리나라 정당정치는 관료들의 경력과는 판이하게 다르다. 관료는 전문가적 기능인이다. 주어진 일 에 책임과 법규를 완수하고 문서에 능한 자들이다. 정치는 그렇지 못하다. 생물이다. 주기도 하고 받기도하는 타협과 수렴의 프로세스에 능하다. 과거 고건총리도 낙마했다. 정치인은 기질이 있다. 누구나 하는 것이 아니다. 건달과 같은 기질, 판단력과 언변, 리더십, 머리싸움 등 많은 능력을 요구한다. 쇼맨십도 있어야 한다. 국민들은 반기문과 같은 외교관이 정치판에 기웃거리며 지지율에 목멜 때 순진한 사람이라고 보았을 것이다. 그의 말대로 정치는 정치 꾼이 하는 것인데 그가 관료로서만 쌓은 경륜을 난장판 정치계에는 맞지 않다는 것은 이미 예견됐다. 선거 전략이나 선거 참모도 야당에 비해 초라했다. 그의 실패는 또 다른 데 있다. 그는 정치의 사자후를 토하고 싶었지만 20여일 보인 그의 정치콘텐츠는 기성정치인들에게 공격만 당했다. 대통합을 주장하고 정치교체를 말했지만 국민들에게는 먹혀들지 않고 국민의 심정을 헤아리지 못했다. 어느 당을 갈지도 갈피를 못 잡고 있는 모습도 그렇고 정치이념도 불확실하였다. 또한 그가 충북정서에만 기대는 듯한 모습에 실망했다. 충청도에서 조차 야당 정치인이 지지율이 높다는 것은 무엇으로 설명할 건가? 지금 조기대선이 치러진다면 야당의 문재인씨가 당선될 가능성이 상당히 크다고 본다. 그러나 국민들은 야당의 분열이나 갈등에 동의하지 않는다. 어느 국회의원은 표현의 자유를 주장하며 대통령의 누드사진 합성을 국회에 게재하여 국민적 공분을 사고 있다. 이와 같은 모습은 수권정당임을 포기한 것이나 다름없다. 정치선진화가 되길 기대했던 국민들의 간절한 염원은 아랑곳하지 않고 극단적 반목과 증오만 앞세우고 미래비젼을 보이지 않고 있는 야권은 이제 더 고민하고 성숙한 자세가 필요하다. 그래야 국민들이 지지할 것이다. 혼란과 혼돈의 한국의 현실에서 국가를 바르게 하고 국민의 삶을 이해하고 국민과 함께 가는 정치를 보여주지 못하면 정권교체는 요원하다고 본다. 반 총장이 퇴장하면서 "대한민국의 밝은 미래를 위해 어떠한

방법으로든 헌신하겠다"는 교훈을 되새겨서 새 정치를 보여주길 바란다.

4. 국민의 힘

올 한 해 병신년은 대한민국이 앙샹레짐의 구태를 해체하고 신질서를 도약하는 촉매역할을 했다고 본다. 이른바 최순실이라는 민간인이 청와대권력을 등에 업고 국정을 농단했을 때 보여준 국민의 힘은 대단했다. 언론을 통해서 알려진 최순실사태는 국민들이 분기탱천하여 대통령을 권좌에서 끌어내렸다. 국민의 힘이 이렇게 무서운 것이다. 연산군이 주지육림향락에 빠져 국사를 제대로 펼치지 못하니 신하들 중심으로 중종반정으로 환국했다. 이른바 쿠데타가 일어났다. 민심은 천심이고 민심을 거르는 천심은 하늘도 노했다. 왕도정치를 제대로 못하면 역성혁명을 할 수 있고 정당화할 수 있는 논리다.

과거에도 그랬듯 현재에도 국민이 주권이다. 민주주의 국가에서 권력은 국민으로부터 나오고 국민의 저항권을 헌법에도 인정하고 있다. 미국의 인권대통령 애브레헴 링컨은 "국민의 국민에 의한 국민을 위한 정치"가 민주주의라고 게티즈버그에서 갈파했다. 민주주의 요체는 국민주권이다. 국민만이 주인이고 정치인은 한낱 심부름꾼에 불과하다. 관료는 행정대리인이다. 정치인이나 관료가 대리인으로서 역할을 유기하거나 배임하면 즉각 국민소환을 거쳐 파면하는 것은 당연지사라고 본다.

민주주의는 정보를 공개해야 한다. 이른바 투명한 정치가 보장되어야 한다. 정치자금의 투명성, 정책의 투명성, 인허가 규제건의 투명성이 필요하다.그래야 청렴의 정치가 펼쳐진다. 민주주의는 국가의 책임성이 필요하다. 책임은 도덕적 책임도 필요하다. 책임은 법적인 책임도 뒤따른다. 책임은 관료나 정치인이 행한 행태에 대한 응답성이 충족되어야 한다. 민주주의는 언론의 자유, 표현의 자유, 집회의 자유, 결사의 자유가 보장되어야 한다. 이번 국정농단의 팩트는 사정기관이 수사한 것이 아니라 언론의 정론이 그 기능을 다했다. 언론은 항상 국가권력과 긴장관계에 있다. 국가권력은 언론을 통제하고 싶고 언론은 권력의 외압으로부터 독립하려고 하려고 한다. 권력이 통제해도 들풀처럼 일어나려는 언론인의 정의와 직필은 꺾지 못할 것이다. 이번에 국민의 촛불이 대단한 위력을 발휘됐다. 대통령 권력도 '권불지십 화무십일홍'에 불과하다는 사실이다. 바르지 못한 정치는 은폐할 수도 없다는 것이다. 그래서 공자는 정치는 政者正也라는 말로 대신했다. 이제 대한민국 호는 어디로 가야 할 것인가?

첫째, 국회탄핵이 헌법재판소에서 최종 심판할때까지 기다릴 수밖에 없다. 재판관들의 양심에 따라 사실관계에 따라 판결해야 할 것이다.

탄핵이 된다면 새 대통령을 뽑아야 한다. 지도자를 잘 선출해야 대한민국이 순항할 것이다. 그렇지 않으면 역풍을 맞게 되고 또다시 정치부패로 얼룩질 것이다.

둘째, 탄핵심판이 기각되면 어떻게 할 것인가? 대통령은 다시 복귀할 것이고 국민들은 혼란에 빠질 것이다. 국회는 이와 같은 상황에 어떻게 대처할지 국정청사진을 그려야 할 것이다. 셋째, 탄핵상황에서 그래도 제대로 돌아가려면 공직윤리가 중요하다. 공무원들은 벌서부터 몸 사리기에 나섰다고 한다. 또한 누가 차기 대통령이 될 것인지에 관료들이 줄서기에 나선다면 국정은 파행을 가져올 수밖에 없다.

최근 칠레에서 한국 외교관이 칠레여학생을 성추행한 사건이 보도됐다. 혼돈과 분노가 지배하는 대한민국 현 상황에서 이 외교관은 국민들 세금으로 파견되어 성 비리나 일삼으니 한심하다고 볼 수 밖에 없다. 공직윤리의 각성이 필요하다.

이제 대한민국이 정성화려면 정치권이 모여 국정혼란을 수습해야 할 것이다. 야당들은 더 깊이 책임의식을 가져야 한다. 총리하나 제대로 추천 못한 것이 대한민국야당이다. 그래서 결국 황교안 시대를 맞이하게 됐다. 누구를 탓하랴. 야당이 대선에서 이길지 아니면 나락으로 떨어질지는 성난 민심이 무엇을 원하는지 고뇌해야 한다. 이제 다사다난했던 병신은 가고 있다. 청춘의 고동처럼 힘차게 새벽을 울리는 정유년을 향해 내딛자. 부정부패를 반부패로 승화하여 찬란한 대한민국을 위해!

5. 대통령 탄핵

우리나라 헌법에는 대통령이 직무집행을 행함에 있어 헌법이나 법률을 위반하면 탄핵소추를 의결할 수 있다고 규정하고 있다. 소추하더라도 국회재적의원 3분의 2인 200여명의 찬성이 필요하고 또한 헌법재판소가 탄핵심판을 최종적으로 하게 된다. 탄핵결정까지 쉽지도 않고 설령 탄핵까지 가려면 많은 환경적변수가 도사리고 있다. 2004년 노무현 전대통형 탄핵 때 헌법재판소는 선거법위반이 공직자 파면을 할 만큼이 미치지 못한다고 하며 기각했다. 지난 20일 서울중앙검찰이 박근혜대통령을 최순실 등과 공모하여 직권을 남용했다며 직권남용, 강요, 공무상 기밀누설 등의 취지로 법원에 공소장을 제출했다고 한다. 대한민국 현직 대통령이 범죄피의자로 전락했다는 검찰발표에 온 국민들이 망연자실하고 있고 국가적 혼돈과 혼란을 초래하고 있다. 특히 대통령이 재벌 총수들에게 최순실 업체에 일감을 따준다든지 최순실 개인 민원을 청탁했다고 한다. 또한 최순실 딸의 초등학교 동창 아버지를 위해 한국을 대표하는 자동차화사에 납품청탁을 했다는 공소장 발표는 대통령이 과연 이렇게 까지 했나 하는 반신반의의 의구심이 들 정도이다. 그러나 이와 같은 검찰발표에 대하여 대통령변호인이나 대변인 등은 검찰이 '상상과 추측을 하며 지은 사상누각'이라고 주장하며 향후 검찰대면수사를 거절했다. 이와중에 여당인 새누리당 비주류 대선주자들이 당원자격을 가진 대통령을 탄핵과 출당을 추진하겠다고 포격을 날렸다. 야당도 대통령탄핵을 추진하겠다고 하고 벼르고 있으며 특검법안도 통과시켰다.

그러나 야당이 국민들한데 불신을 초래할 정도로 문제점과 실기를 거듭하고 있다. 총리를 추천하라고 하니까 거부하였고 결국 황교안 총리가 대통령권한대행이 될 수 도 있는 상황을 초래했다. 청와대도 이제는 상황이 변해서 야당총리추천을 받아들이지 않을 것이다. 야당 대표는 영수회담을 추진하다가 곧바로 거부하는 등 수권정당으로서 자격을 가졌는지 의심스러울 지경이다. 야당이 패권다툼이나 대권욕심에만 있지 도무지 국민을 봉사하는 책임정당이라 할 수 없는 사태를 국민들이 목도하고 있다. 결국 탄핵처리든 모든 사태를 법적으로 해결할 수밖에 없다는 지경에 이르렀다. 국민들 대다수는 총리하나 추천 못한 무능한 야권에 다음 정권을 줄지도 의심스럽다. 좋은 호기를 놓친 야당의 업보라고 본다. 그렇다면 이 난국을 풀어 헤칠 비법은 없는 것인가?

첫째, 대통령의 결단이다. 결자해지의 자세로 잘못을 인정하고 국민에게 사과하는 모습이 필요하다. 그리고 이제라도 안보와 외치에만 전념하고 내치는 총리에게 맡기겠다고 선언하여야 한다. 늦지만 야당의 총리 추천 인사를 수용하여 국정에 참여하게 하여 파국이나 국정공백이 오지 않도록 해야 할 것이다. 임기만 채우려는 협량의 자세에서 벗어나 명예롭게 퇴임할 수 있도록 책임지는 모습이 중요하다.

둘째, 새누리당은 자중지란의 혼란을 수습해야 해야 한다. 비주류는 이정현대표가 물러나야 한다고 주장하고 있고 탈당 탄핵 등을 추진하고 있다. 그동안 친박이나 비박이니 싸우다가 이제 웬떡이냐 하며 이전투구하는 모습은 여당의 자세가 아니다. 국정을 이끌어갈 책임정당이 책임감도 없고 무능하다면 누가 지지하겠는가? 새 대표의 선출, 재창당의 자세로 혼란을 수습해야 한다. 야당과 국정수습책이나 권력분산 등을 논의하여 개헌 청사진도 제시해야 한다.

셋째, 야당은 이번에 많은 문제점을 노정하고 있고 국민들도 무능한 야당에 실망하고 있다. 책임총리하나 추천 못한다든지 촛불시위 뒤에서 어부지리나 꾀하려는 행태는 지지받지 못할 것은 자명하다. 이제라도 헛발질 하지 말고 책임정당 수권정당의 자세를 보여야 한다. 눈치나 보고 무소신의 야당 대권주자들의 리더쉽은 욕이나 먹지 더 이상 먹혀들지 않는다. 최순실이라는 개인을 청와대비서관들이 황제처럼 모시고 국정을 농단하고 유린하고 온갖 이권을 탐닉하고 따먹은 이들에게 법의 무서움을 보여줘야 한다. 이를 위해 검찰과 특검은 각고면려의 태도로 수사를 계속하여야 한다.

6. 공직자윤리 위기

독일 출신 미국사회학자 막스베버는 관료제를 전문화된 조직이라고 말하면서 법규와 문서주의로 조직의 행정능률성을 강화할 수 있다고 보았다. 관료제의 장점에도 불구하고 오늘날 21세기 행정은 양적 물적 팽창으로 입법 행정 사법이라는 기존의3권 분립 사상을 저해하고 관료가 지배하는 이른바 행정 국가화하고 있을 정도로 한쪽으로 비대해 지는 문제를 노정하고 있다.

그런데 관료제는 그 법규의 힘을 빙자해 규제와 허가라는 막강한 힘을 이용하기 때문에 부패와 비리를 창출한다. 마치 이윤을 추구하기 위해 공장에서 생산품을 만들면 매연과 공해를 배출하듯이 관료제도 레드테이프 현상을 통해 병리현상을 가져오게 되었다. 최근 우리나라 공직자들의 일탈과 부패 막말이 도를 넘고 있고 국민적 비난이 심각하다. 개발도상국가에서 단기간의 압축 성장을 통해 눈부신 발전을 이룩하였고 그 이면에는 그래도 행정 관료들의 역할이 매우 컷다고 본다. 사실 발전의 엘리트로서 관료들의 자부심은 대단하였다. 그러난 이런 엘리트들의 시대에 뒤떨어진 사고방식으로 인하여 국민의 인식과는 상당하게 괴리를 드러내게 되었고 민도의 수준은 올랐지만 이들의 의식은 아직도 권위주의에 허우적거리고 있다. 관료제도의 견고함, 권위주의, 조직계층제로 끼리끼리 나눠먹고 안하무인격인 습성이나 태도, 비윤리의식, 공직가치 능력의 부족 등이 제기되고 있다. 이런 현상이 일어나는 가장 큰 이유는 민간의 고용

사정이 나빠지는 상황에서 아마도 공직이라는 것이 안정적인 직장, 샐러리맨으로 적당주의, 직장 퇴직 후의 연금혜택이라는 보신주의 의식이 팽배하고 있다. 요즘 대학생들이 가고 싶어 하는 직장 일 순위가 공무원이라고 하는데 아마도 애국심보다는 안정과 노후 대비 때문에 응시자가 높을 것이다. 적성이나 열정보다는 단순히 안정희구족이 늘고 있는 것은 아무래도 잘못된 현상이라고 보지 않을 수 없다. 공직은 시대착오적 부산물이 아니다. 시대가 바뀐다 해도 국가와 국민에 대한 봉사정신, 공직자 가치, 애국심은 변해서도 안 된다. 공직자들의 일탈이나 비리현상이 어제 오늘이 아니지만 요즘 심각하다는 것은 누구나 생각하고 있을 것이다. 한 교육부 간부는 "국민은 개 돼지이고 신분제를 공공히 해야 한다"는 망언을 하여 국민의 거센 비난을 받고 있다. 그는 영화의 한 대사를 떠올라 단지 인용한 것이라고 변명했지만 파면당하고 말았다. 교육부 전체직원들도 국민들 얼굴보기가 말이 아닐 것이다. 교육부 간부만이 아니다. 사법정의를 추구해야 할 검찰감부들의 비리는 더욱 충격을 주고 있다. 최근 검사장을 역임한 두 명의 검찰간부가 구속되었는데 요인은 정의보다는 돈을 좋아한 게 문제였다. 검사는 곁불을 쬐어서도 안 된다. 오로지 추상같은 엄정함, 사회의 적폐를 정의의 칼로 도려내고 휘둘러야 한다. 그래야 검찰의 기개와 명예를 간직할 수 있다. 경찰도 마찬가지다. 공공의 안전과 치안유지의 파수꾼이 되어야 하는데 경찰부패는 봇물 터지듯 넘쳐흐르고 있다. 진흙탕의 몇몇 미꾸라지처럼 휘젓고 다닌다. 여고생을 성폭행하거나 길거리에서 음란행위도 했다고 한다. 돈을 받는 것은 이미 고전적 수법이다. 이제 국민은 단호하게 묻고 싶다. 국가가 무엇을 할 것인가? 어떻게 공직자 윤리를 제고 할 것인가?

첫째, 공직가치와 윤리를 제고 할 수 있는 교육프로그램을 강화해야 한다. 지금의 간헐적인 청렴교육으로는 어림없다. 청렴교육이 잠시 스쳐 지나가는 일회성교육으로 생각하는 공직자가 대다수인 현실에서 교육훈련제도를 고쳐 공직정신과 가치를 바꾸도록 해야 한다. 공직정신과 도덕성, 윤리적 가치를 개조해야 한다. 공직은 행정업무 기술보다는 공직정신이 중요하다. 정신교육을 강화하여 공복정신을 체화해야 할 것이다. 둘째, 공무원시험제도를 개편해야 한다. 지금의 필기성적위주로는 윤리적 가치를 가진 인재를 선발하기 어렵다. 면접제도를 강화해야 한다. 3분에서 5분 많아야 20분정도로 어떻게 도덕적 품성을 알겠는가. 하루가 아니라 며칠 동안의 면접을 보는 것도 고려해봐야 한다. 고교나 대학교수의 추천을 통한 인재선발 등도 고려해야 한다. 셋째, 변화와 혁신의 공직자상을 만들어야 한다. 공직자의 상층부부터 변화해야 한다. 윗물이 썩었는데 깨끗한 아랫물을 기대할 수 없다. 새로운 반부패문화 청렴문화가 넘쳐흐르도록 공직환경을 바꿔야 한다. 이를 위해서는 대대적인 탕평책이나 인적교체가 필요하다. 보직이 없는 사람은 대기발령을 통해 재교육을 실시하여야 한다. 넷째, 법과 제도를 바꿔 공무원도 계약제를 실시해야 한다. 지금의 60세 정년보장이나 연금혜택 등은 변화를 가져오기 힘들다. 5년마다 업적이나 성과평가를 통하여 그들의 자질을 평가해야 한다. 평가점수가 우수한 사람만 정년을 보장받도록 해야 한다. 또한 공무원연금도 국민연금과 통합하여 더 이상 안정을 추구하는 인식을 버려야 할 것이다. 공직이 아름다우려면 공직자들이 아름다워야 한다. 그 아름다움의 기준은 국민에 대한 봉사자이고 국가에 무한 헌신이다. 무명의 헌신으로 묵묵히 일해야만 땅에 떨어진 공직윤리를 건질 수 있다.

7. 국민의 선택

성경을 보면 다음과 같은 말이 있다. 예수는 제자들에게 "양 백 마리가 있는데 한 마리를 잃으면 어떻게 할 것인가" 묻는다. 단 한 마리를 찾기 위해 다시 산야를 돌아다니며 찾을 것인가 아니면 그냥 갈 것 인가? 나무만 보고 숲을 보지 못할 것인가? 선택에 기로에 있지만 단 한 마리를 놓치지 말아야 할 책임도 있다. 국민은 정부에 끝까지 무한책임을 요구한다. 그러나 관료나 정부는 하나를 포기하더라도 자기 입맛대로 하겠다고 한다. 오만과 불손투성이다. 국민은 주인이다. 대리인인 공직자가 그 역할과 기능을 다하지 않고 감싸주지 않는다면 냉소적이 되고 다른 선택을 하게 된다.

어제 치러진 20대 총선이 화제이다. 먼저 여당이 이렇게 까지 참패하리라고는 생각지 못했다. 문제가 있더라도 과반수 의석을 가지고 주도적으로 국정을 끌고 가리라 고 보았다. 그러나 결과는 그렇지 못했다. 막대기만 꽂아도 당선된다는 대구 부산에서도 무릎을 꿇었다. 이런 현상은 어디에서 비롯되는가. 첫 번째 청와대와 정부 여당의 오만불손 불통이미지가 국민들에게 이상하게 보였다. 믿었던 정부 관료 들이 권위와 권력을 가지고 그들만의 잔치를 벌려온 것에 가혹하리만치 철퇴를 가했다고 본다. 그동안 너희들에게 우리가 얼마나 성원하고 지지했던가. 그런데 하는 꼴이 미덥지 않다. 먹고 마시고 주지육림의 자세처럼 보였다고 국민들은 생각했다. 관료부패는 어떤가? 여기저기서 부패의 썩는 냄새가 진동했다. 하위공무원부터 고위층까지 부정부패는 언론을 향해 여과 없이 보도되고 그것을 본 국민들은 관료들에게 정치인들에게 믿고 맡길 수가 없었다고 판단했다. 배신당한 느낌이었다. 새로운 인물을 찾아야 한다고 생각했다.

새로운 정당을 키워야 한다고 생각했을 것이다. 그러나 어디 신선하고 신뢰할 있는 정당이 있겠는가. 찾다보니 그게 국민의 당이었다.

국민의 당은 호남은 물론 전국정당 득표율에서도 승리했다. 여야의 거대 정당은 자만과 오만했고 결국 패배의 길로 퇴장했다.

두 번째 여당은 경제정책 서민정책 교육정책 남북교류정책 등에서 빛을 보지 못했다. 여당이 주도적으로 국정을 밀고 나가야 하는데 그러질 못했다. 야당의 발목잡기 반대가 있더라도 여당이 보여준 그동안의 행태가 어른스럽지 못했고 정책효율성이 드러나질 못했다. 국민은 먹고 살기 힘들다고 하는데 여야 정치인들은 계속 지루하게 삿바싸움이나 하고 남탓만 하니 정치혐오 식상함이 넘쳤을 것이다. 이것이 분노하게 만들었다.

세 번째 국민의 당이 창당한지 한 달 만에 화려하게 제3당으로 정립하리라고 기대하지 못했다. 그런데 이런 결과를 가져온 것은 국민의 당이 그냥 좋은 게 아니다. 국민은 여당을 믿지 못했지만 그렇다고 야당도 불신 하였다. 그렇다고 그냥 방관할 수 없었다. 여당도 견제하고 야당도 비판할 수 있는 절묘한 판을 꿈꿨다. 그래서 국민의 당에게 표를 몰아주었다. 제 3당의 약진은 기존 여야 정치에 식상한 유권자들의 민심 표출이다. 지난 19대 국회의 행태는 정말 시정잡배와 같이 갑질, 막말투성이,여야 대립의 싸움 등 혐오를 넘어서는 수준이었다. 야당의 국회선진화법을 빌미로 국정발목잡기는 국민들만 피해를 보았다. 경제는 실종되고 각종 개혁입법이 지연되어버린 것이다. 공천과정에서도 자리다툼이나 무원칙으로 일관되었고 이와 같은 부패행태에 국민들은 반란을 시도했다고 볼 수 있다.

정치가 국민들의 민심의 흐름을 알지 못하고 독단적으로 운영된다면 민심은 이반되고 붕괴될 수밖에 없다 절대 권력은 절대적으로

부패하기 마련이다. 권력부패에 도취되어서 망국에 이르는 길을 역사에서 보았듯이 수없이 반복되질 않았는가.

앞으로 한국정치가 나아가야 할 길은 무엇인가. 먼저 신뢰회복이 중요하다고 본다. 국민들이 원하는 것이 무엇인지 대통령과 정부가 알아야 한다. 대통령께서는 남은 임기동안 구중궁궐 같은 청와대에서 나와 자주 국민들과 대화하고 민의를 경청해야 한다. 불통이미지도 불식하여 새롭게 정치개혁의 청사진을 펼쳐야 한다. 대통령제 국가의 한국정치에서 대통령이 나서지 않는다면 누가 하겠는가? 둘째 경제정책 서민정책의 프로그램을 적극적으로 수행하여 국민들의 성장 체감도를 높여야 한다. 경제사정이 어렵다면 국민들이 가장 고통받을 것이다. 정부나 대기업도 적극적으로 경제살리기에 올인해야 한다. 저성장의 늪에 빠질 수 도 있는 한국경제의 문제를 인식하고 개혁의 고삐를 강화해야 한다.

세 번째는 국회의 정치개혁이 필요하다. 국민들이 이번 총선에서 어느 정당에게도 다수표를 주지 않은 것은 오만하지 말고 겸손하게 정치를 펼치라는 것이다. 여당도 야당도 다수세력을 형성하지 못한 것은 바로 국민들의 현명한 판단이었다. 제 3당의 출현은 이것을 말해주고 있다 국민의 당이 국가경제발전을 위해서는 여당과 협조하여 노력하여야 하고 야당의 흔들기 작전에는 제동을 거는 자세를 펼치라는 것일 거다. 세 번째는 여야 정치이념을 떠나 이제는 국가를 우선하고 안보나 경제에 노력해야 한다. 이를 위해 대통령의 정치쇄신작업도 필요하지만 결국 의회가 나서야 한다. 정치개혁을 완수할 수 있는 20대 국회가 되길 간절하게 바란다.

8. 정치개혁이 필요하다.

원숭이 해, 희망의 새해가 밝았다. 병신년 새해는 국가혁신과 경제발전을 통해 국민들의 행복과 안녕을 편안하게 마련하는 것이 무엇보다 필요하다. 그 이유는 그동안 정치권이나 행정부가 그 역할과 의무를 다하지 못한 책임과 정치 불신을 조장했다는 의심을 낳게 했다. 지난 4년 동안 국회는 정말 무엇을 했는지 국민의 한사람으로서 묻고 싶다. 시급한 법안처리는 외면하고 정쟁에만 몰두하고 부정부패만 일삼는다면 국민 누가 박수를 치겠는가? 이렇게 무능하고 무기력한 국회는 정말 처음 본다. 국민은 주인으로서 국사를 대리인이라고 할 수 있는 국회에 맡겼지만 그들은 직무유기와 배임행위를 저질렀다. 이들이 고액 세비에 갖가지 특혜를 누리고도 사사건건 국가발전에 발목 잡는 행태를 보인 것은 국민들이 현명하게 선출 못한 책임도 한몫했다. 한편으론 이들의 위장전술에 놀아났기 때문이다. 그저 선거 때만 되면 몸을 조아리고 무릎 꿇고 표를 구걸하는 그들의 이중적 행태에 지역구민들은 나이브하게 표를 주었고 그들은 당선만 되면 끝이고 국민들의 시선은 안중에도 없었다.

그들의 뇌물잔치와 갑질 행태나 권력과 권위를 내세우고 거드름 피우는 모습은 역겹다. 최근 어느 국회의원은 2012년에 채용한 5급 비서관의 월급에서 100만원씩 내놓으라 했고 5개월에 걸쳐 모두 500만원을 받아낸 뒤 다른 용도에 썼다고 한다. 의원은 강요가 아니라 했지만 어딘가 석연치 않다. 다른 여당의 의원은 로스쿨 재학생을 5급비서관으로 채용하는 특혜를 저질렀다.

졸업도 하지 않은 학생을 비서관으로서 무엇을 제대로 했겠는지 의문이다. 지난번 야당의 한 국회의원은 자녀의 성적 낙제를 막기 위해 로스쿨을 찾아가 압력을 행사했다는 의혹을 샀다. 충청북도의 모 의원은 의원 실에 신용카드 결제기를 가져다 놓고 시집(詩集)을 팔았다고 해서 도민들의 불신을 초래했다. 여당의 또 다른 의원은 조카 인사 청탁을 했다가 걸렸다. 국회의원들이 국민을 위하고 국민의 행복을 위한 입법을 해야 하는데 오히려 죽이는 경우도 있다. 이른바 벤처기업을 망하게 한 사태도 벌어졌다. 서울대 재학생들이 벤처기업을 창업해 1년 만에 거래액 300억 원을 달성하고 업계 3위에 올라섰는데 이렇게 승승장구하던 온라인 중고차 경매 업체가 5일 폐업했다고 한다. 알고 보니 중고자동차가 많은 지역구 출신국회의 주도로 작년 말 국회에서 통과시킨 자동차관리법 개정안이 이날부터 발효됐기 때문이라고 한다. 자동차 관리법개정안은 온라인으로 거래하는 자동차 경매 업체도 2200㎡ 이상의 주차장과 200㎡ 이상의 경매 시설을 갖추도록 강제하고 있는데 학생들이 무슨 돈이 있어 그런 시설을 갖추겠는가?

국회는 지난번 5년 시한부 면세점법을 만들어 2000명이 넘는 직원들 일자리를 빼앗는 해고 횡포도 저질렀다. 면세점 사업을 5년마다 갱신해서 허가를 못 받으면 정직원이라도 떠나야 하는 현실이다.

언론에 표면적으로 드러난 것만 이정도인데 국정감사나 상임위원회에서 벌어지는 추태와 부패는 상상하기조차 힘들다. 우리나라 헌법 제46조에는 국회의원의 청렴 의무가 명기됐다. 또한 부패와 비리를 경계하기 위해 국회의원윤리실천규범을 만들었는데 이 규범에도 국회의원들의 부도덕한 행위에 대해서는 징계하도록 되어 있지만 징계 요청 권한을 갖고 있는 국회의장이나 의원들(20명 이상)은 서로 봐주느라 형식적으로 유야무야되기 십상이다.

국회의 오만하고 불법과 탈법을 혁신하기 위해서는 다음과 같은 방안을 마련해야 한다고 본다. 첫째, 현재 국회 윤리특별위위원 권한을 강화하여 위법적인 의원들을 의무적으로 징계하거나 제명해야 한다. 이를 위해서는 국회윤리특별위원회의 활동을 강화해야 한다. 위원회에서 철저하게 조사하고 의결하여 제명시켜야 한다. 이를 위해서는 위원회구성을 시민단체, 외부전문가, 시민대표로 구성하여 중립적이고 투명하게 유지되어야 할 것이다. 둘째, 의원윤리를 강화하는 의원윤리규범이 필요하다. 의원의 자격심사, 의원의 비윤리적인 행태에 대한 조사를 의무화 하여 국회에서 추방하여야 한다고 본다. 셋째, 지역구민이나 시민단체에서 의원들의 불법과 부패행위에 대해 의원소환제를 실시하여 이들을 의원직에서 박탈하도록 해야 한다. 의원소환제를 실시할 때는 소환요건을 완화하여 주민 10인 이상이라도 동의를 받아 소환신청을 할 수 있게 하고 이를 대신할 시민단체나 변호사의 지원을 국가가 지원하도록 해야 할 것이다 무엇보다 가장 강력하고 효과적인 것은 국민의 표일 것이다. 국민의 현명한 한 표가 비정상의 국회를 정상화할 수 있는 마중물이 될 것이다. 병신년은 정치혁신을 이루는 한 해가 되도록 간절하게 기원한다.

9. 대도무문(大道無門)

1928년 중국 송나라 스님이었던 혜개는 불교 수행을 모아 하나의 책을 냈는데 그게 '무문관'이다. 무문관에는 "큰 길에 들어가는 문은 없으나(大道無門) 그 문은 어떤 길로도 통한다(千差有路). 이 길을 잘 지나면(透得此關) 홀로 천하를 걸으리라(乾坤獨步)."라는 명구가 나온다. 노자철학에도 무위자연(無爲自然)과 함께 대도무문이라는 말이 나온다. 상선약수라는 말처럼 물처럼 낮은 곳으로 임하고 어떤 장애물도 탓하지 않고 막힘없이 흘러간다는 뜻이다.

성경에도 좁은 문이 있다. 이 문을 통과해야 천당에 간다. 구 한말 혼란의 시기 홀연히 현시하며 세상을 주유한 강증산도 일만 2천명만이 도통의 진경 세상을 맛볼 수 있다고 갈파했다. 그만큼 문에 장애물은 없으나 그 문을 가기까지 고통과 부침, 절차탁마의 고행과 쓰디쓴 맛을 음미하며 험한 고지를 가야한다.

대한민국의 민주화에 역사의 한 획을 그으신 김영삼 전 대통령이 서거하셨다. 특유의 결단과 집념을 지닌 그는 정말 거산이었고 거인이셨다. 서슬 퍼런 군부독재정권과 맞서 싸우며 조국의 인권과 민주주의를 개선시키려 헌신한 YS는 가슴속에 대도무문을 실천한 인물이었다.

그가 이렇게 강한 신념의 정치인으로 성장한 이면에는 그의 종교적 이력에 있다고 할 수 있다. 독실한 크리스천으로서 어떤 것에도 두려움 없이 나설 수 있는 것은 두려움 없이 신에게 의지하고 보호하는 종교적 믿음, 신념을 무시할 수 없었을 것이다. 그는 초산테러를 당한 적이 있었고 달걀테러도 당했다. 그럼에도 그의 신념과 지조를 꺾지 못했다. 1979년 박정희 정부에서 국회의원직을 제명당할 때 그는 "닭의 모가지를 비틀어도 새벽은 온다. 며 불의에 굴복하지 않았다.

김영삼 전 대통령은 여러 일화가 있다. 먼저 그가 휴전선 비무장지대를 순방할 때 고생하는 병사들에게 자기가 찬 시계를 즉석에서 주며 여러 선물로 주며 격려했다고 한다. 이에 감격한 병사들은 할 말을 잊었을 것이다.

두 번째, 빌 클린턴 대통령이 한국을 방문했을 때 같이 조깅을 하였다. 키 큰 클린턴에 질 수 없다고 생각한 김영삼은 후반에 질주하여 따돌렸다고 한다. 그의 승부 근성을 찾아보는 대목이다.

세 번째, 부정부패를 척결하고자 무던히 애쓴 그는 측근이나 자식도 부패에 연루되자 가차 없이 감옥에 보냈다. 당시 아비의 심정은 회한과 눈물로 지세웠다고 한다.

그가 청와대에 있을 때 수석비서관이 골프금지령에도 불구하고 골프를 치고 오자 대통령 탁자에 발을 올려놓고 잘하라고 훈계했다고 한다.

네 번째, 그가 박정희대통령 암살범인인 김재규와 같은 금령김씨 일가라서 김재규는 끊임없이 회유하고 만남을 요청했다고 한다. 그러나 그는 이런 회유와 압박에도 거절하고 대도의 문을 향해 뚜벅뚜벅 갔기에 독재의 정치가 막을 내렸다고 본다.

김영삼은 변화와 개혁을 통해 군부정권의 때를 세신하엿다. 그는 자기의 재산을 스스로 공개하였고 공직자 재산공개를 추진했던 인물이다.

김영삼 정부시절 어느 누구도 찬성을 하지 않았던 금융실명제, 부동산실명제를 이룩한 것은 대한민국이 투명한 행정으로 나아간 원동력이었다.

그가 1993년 금융실명제를 발표하면서 "신한국건설을 위해 그 어느 것보다 중요한 개혁중의 개혁이며, 우리시대 개혁의 중추이자 핵심"이라며 "금융실명제는 민주주의의 완결에 가까운 큰 결의이며, 정경유착의 고리를 완전히 끊게 될 것이다 "고 청렴관을 피력했다. 이런 조치로 정경유착이나 관료부패는 많이 사라졌고 굳 거버넌스의 시대로 내디딜 단초를 제공할 수 있었다. 또한 그는 군부 내 패거리 군벌집단을 해체하였다. 끼리끼리 해먹는 군부 내 연고주의를 타파하고 공정한 군 인사를 단행하고자 노력했다. 수십 년간 지속되어

온 군 사조직 세력의 종지부를 끊었다고 본다. 그는 역사바로세우기에 힘썼다. 전두환 노태우의 군사반란을 단죄했다. 역사를 거꾸로 돌렸던 그들을 감방에 넣었다는 사실은 민주주의 문민정부로서는 당연했지만 그런 결기를 가진 김영삼만이 해낼 수 있었다.

또한 일제의 잔재인 총독부 건물을 해체하였다. 해체당시 일본 우익정치인들은 오금이 저렸다고 한다. 일본의 역사망언에 그는 1995년 11월 장쩌민 중국 국가 주석과의 회담에서 "버르장머리를 고쳐놓겠다고"고 강하게 비판했고 대일본 정치인들에게 경고했다.

그러나 그런 치적도 과오 앞에 무너졌다. 외환위기를 가져온 무능한 대통령으로 한동안 낙인찍혔다. 외환위기로 인해 수많은 기업과 은행 등이 무너졌고 일자리를 잃어버린 사람들이 노숙자로 전전했다는 것은 누구도 잊지 못할 것이다. 지금은 대한민국이 그 당시와 비교할 수 없지만 한치 앞을 바라볼 수 없는 경제 불안 상황이 오지 말란 법은 없다.

또한 그가 군부정권들과 손잡고 3당 야합을 하여 배신의 정치라는 소리를 들었다. 김영삼은 후에 이를 매우 괴로워했다고 한다. 그래서 그가 속죄하기 위해서 군 사조직인 하나회척결이나 전두환과 노태우를 감옥에 보냈다고 한다. 이제 김영삼과 김대중같은 거인들은 갔다. 시대를 보고 한 역사를 풍미하며 대도무문의 정치를 보여준 그 분들이 천상에서나마 영면하시기를 바랄 뿐이다.

10. 일본의 과거사 사죄

2차 세계대전 당시 일본군 위안부로 강제 납치된 여자들은 비참한 일생을 살았고 아직도 그 한과 원망은 사라지지 않고 남아있다. 아직도 위안부할머니들은 일본 정부의 진실한 사과를 받아내려고 동분서주하고 있지만 일본국 수상이나 일본 정부, 일본 사람들 누구나 이를 거부하고 있는 실정이다. 꽃다운 어린 나이에 돈 벌 수 있다는 꾀임에 속아 머나먼 태평양 군도에 갔지만 그들을 맞이한 것은 일본군이었고 성노예로 살 수 밖에 없는 비통한 시절이었다.

최근 일본은 자국 군대 자위대를 해외파병을 가능하도록 하는 법을 고치더니 미국과 동맹을 가속화한다는 구실을 내세우며 한반도를 호시탐탐 노리고 있다.

일본은 이미 과거사문제나 종군위안부 문제를 속 시원하게 해결하지도 않고 그들이 저지른 잘못을 부정하며 교묘하게 역사적 사실을 왜곡하고 흔적을 지우고 있다. 독일은 이미 유태인 학살에 대하여 진솔한 사죄를 하고 반성과 참회를 통해 그 고통을 화해하고 있다. 지난번 메르켈 독일 총리는 일본을 방문해서 한국과 위안부 할머니들에게 사죄하라고 일침을 가했다. 그러나 일본은 독일총리의 지적에도 불구하고 냉담하게 이 문제를 덮어버렸다. 아베신조 일본국 총리가 26일 미국을 방문해서 미일 동맹의 강화와 협력을 외치며 돌아다니고 있다. 아베 총리는 "과거의 적이 오늘의 친구가 되었다"며 "자유 세계 제1, 제2 민주주의 대국을 연결하는 동맹"이라고 말했다고 한다. 아베는 "미국을 강력하게 지지해나갈 것"이라 주장했다고 한다.

아베는 한국위안부의 반성이나 사과는커녕 "일본은 전쟁에 대한 통절한 반성을 가슴에 새기고 걸어왔다"며 미국과의 태평양전쟁에 대해서만 사과했다.

과거 한국이나 중국에서 지지른 학살과 만행과 관련하여 주변국에 대해서는 반성이나 사과표현은 일언반구하지 않고 있다. 미국도 덩달아 "일본이 미국의 아시아 정책의 중심이라는 사실을 보여주는 것"이라며 장군 명군식 서로를 치켜세우고 있다.

미국은 한국과의 동맹도 생각하여 일본에 과거사문제 해결의 압박을 할 수 있겠지만 속내는 다르다. 미국은 그동안 세계 제일의 강국으로서 지위를 누려왔지만 중국이 미래 패권국가로 부상하는 것을 두 눈 뜨고 보지 않겠다는 심정에 우리나라 과거사 문제에 관심표명을 유보하고 말았다. 이와 같은 상황에서 일본은 역사적 사실을 교묘하게 역이용하여 자기들 힘을 과시하고 있다. 만약 일본 군대 자위대가 미군을 지원한다는 구실로 한반도 영토를 허가없이 들어온다면 이 문제는 예측불허의 장면을 연출하게 될 것이 명약관화하다.

지금도 한일양국이 독도갈등으로 첨예하게 대립하고 있는 마당에 일본이 자위대병력을 이끌고 독도를 침략한다면 어떻게 할 것인가? 이런 상황에서 우리 정부는 어떻게 하여야 할 것인가? 이에 대해 우리정부가 어떤 대비가 있는지 묻고 싶다.

먼저, 박근혜 정부는 일본정부와 협상을 재개하고 정상회담을 개최하도록 노력해야 한다. 박근혜정부가 집권2년 넘게 일본과 과거사 문제로 싸우는 동안 일본과 중국 미국은 또 다른 셈법을 구상하며 전략을 짜고 있다. 이러한 역학관계하에서 우리정부가 무엇을 어떻게 하여야 하는지 어떤 정치전략을 짜야 하는지 면밀하게 연구해야 할 것이다. 정말 정신차리지 못하면 구 한말 우리가 중국 일본 러시아 강국에 휘말려 옴짝 달싹 못하는 신세처럼 전락되는 건 아닌지 걱정이 이만 저만이 아니다. 둘째, 위안부 과거사 문제를 해결하는 것은 정부가 나서는 것도 중요하지만 언론계, 학계, 시민단체 등에서 문제해결의 실마리를 제시해야 할 것이다. 이를 위해서는 국제간

연대, 유엔의 지지, 국제 언론의 역할이 중요하다. 독일총리의 지적이라든지 하바드학생들의 반 아베 시위모습, 뉴욕타임즈 등의 지적 등은 국제적 여론을 환기 시키는 모멘트라고 하지 않을 수 없다. 시민단체가 정치에 휘둘리지 않고 이런 국가적 이슈에 관심을 가지는 것이 더 중요하다. 또한 위안부 할머니들의 피해 배상을 정부가 재단법인을 설립하여 적극 나서서 해결하도록 하는 것이 필요하다. 원치 않는 성폭행 인권유린을 보호하는 것은 정부의 의무다. 일본 정부가 법적배상을 하지 않는 동안 정부가 한 일이 무엇인가? 셋째, 이런 때일수록 한일 양국간의 문화교류를 더욱 강화하여 양국간 관심과 이해를 촉진하도록 노력하여야 한다. 최근 한류붐이 식어버리긴 했지만 그래도 우리나라 연예인들의 인기는 여전하다. 이들이 과거사의 갈등을 치유하는 문화 교류의 전도사가 되도록 해야 할 것이다.

11. 공직윤리

1592년부터 7년간 이어진 임진왜란과 정유재란으로 국토는 유린되고 백성은 피눈물의 연속이었다. 이비규환 그 자체였다. 국왕 선조는 의주로 피난가고 탐관 오리들은 산속으로 도망갔다. 백성들은 고통속에 국가를 원망했다. 도공들은 잡혀 일본으로 끌려가고 조선 처녀들은 일본이나 명나라 군인들의 제물이 됐다. 한 많은 생을 마친 사람들이 어디 이들 뿐인가? 이 당시 군 총사령관격인 도체찰사를 하며 잘못을 징계한 기록물 '징비록'은 '아버지와 아들이 서로 잡아먹고 남편과 아내가 서로 죽이는 지경'이라고 기록하고 있다.

관료들은 당파싸움으로 시간을 보내고 왕은 중심을 잡지 못하고 관료들은 국정을 농단했다. 무엇이 잘못인지 반성하는 사람도 없다. 이와 같이 공직자 윤리가 파괴되고 부정부패의 만연은 외침을 당하고 국가를 결딴낸다. 국토가 두동강 난다. 지난번 대통령은 비록 시기는 늦은 감이 있지만 부패척결을 외치고 강력한 사정을 지시했다. 이에 국무총리는 관계기관들을 집합시켜 청렴대책을 강조했다. 발빠른 검찰도 이명박 정부의 비리를 수사하고 있다.

권위주의시대부터 지금까지 정권 고위층은 관계기관에 지시하여 사정엄포를 하곤 했다. 그래서 부패혐의자들을 구속하고 시간이 지나면 잠잠하다가 또다시 수면하에서 부패를 저지른다. 부패균은 죽지 않고 건재한다.

기업들은 검찰수사로 경제상황이 악화된다고 읍소하고 교도소에 간 회장들을 구명하려고 야단법석이다. 이 와중에도 대담하게 부패척결의 첨병역할을 하는 감사원 감사관이나 국세청 공직자들이 성매수로 경찰의 수사를 받고 있다.

감사원 간부들의 요정 저녁 식사비가 180만원 가량이라고 한다. 공직자 행동강령은 3만원 미만 식사대접을 하도록 되어있다. 행동강령위반이다. 또한 접대여성과 모텔에서 적발됐다. 감사원은 대한민국 헌법에도 나와 있다. 공직자 직무감찰, 국가 공공기관의 회계감사권을 가진 기관이다. 옛날에는 암행어사라고 할 수 있다. 부패를 단속하고 비위공직자들을 추상같이 사정해야 할 어사들이 향응에 흐리멍텅한 자세로 주지육림에 빠진다면 나라꼴이 이만 저만 잘못된 게 아니다. 감사원은 작년에도 기술직관련 감사관들이 철도업체로부터 돈을 받아 파면된 적이 있다. 이래서 어떻게 청렴과 공직윤리를 바로 세우겠는가? 이런 감사관들의 부도덕과 그릇된 탐욕 때문에 나라의 기강이 무너지고 재정은 바닥날 수밖에 없다. 그들로부터 감사받는 피감기관들은 억울할 수 있고 또 유착되기도 하고 '좋은 게 좋은 거다'라는 식으로 얼렁뚱땅 감사 봐주기가 횡행한다면 부패는 망국의 지름길이 되는 것은 필연이고 감사원은 해체되어야 마땅하다. 감사원은 전 직원이 클린서약서라는 청렴대회도 했다. 헛수고만 하고 만 이런 다짐은 왜 하는가? 감사원만 그런 것인가? 국세청 간부들도 성매매로 경찰에 잡혀 수사중이라고 한다. 이를 두고 재수 없어 잡혔다고 한다. 국토부도 항공기회사로부터 좌석승급을 받아 수십명이 징계를 받았다고 한다. 뇌물이나 다름없는 이들 행태에 국민들은 분노한다.

국토부는 작년 12월 대한항공 전 부사장의 이른바 '땅콩 회항' 사건 당시 조사관이 조사 진행 상황을 대한항공 임원에게 수십여 차례 휴대폰으로 알려준 사실이 적발돼 재판에 넘겨지기도 했다. 항공사와 감독 기관인 국토부의 관경유착(癒着)은 갈수록 위험한 지경에 이르렀다.

그러면 공직윤리를 확립하기 위해서는 어떻게 하여야 하는가? 먼저 감찰과 처벌, 징계를 엄정하게 부과하여야 한다. 단돈 천원을 받아도 징계를 내린다는 국가기관장들의 파사현정의 자세가 중요하다. 싱가폴의 리관유 전 총리는 부패척결을 위해 강력한 법과 제도를 만들어 시행했다. 반탐오조사국(CPIB)을 창설하여 언제 어디서든 부패가 발생하면 영장없이 체포 구금 태형을 부과한다. 아직도 태형이 존속하는 국가다. 두 번째는 인사혁신이 필요하다. 정년이 보장되는 인사제도로는 부패를 척결할 수 없다. 계약제,임기제공무원으로 하여 부패혐의자나 업무실적이 없으면 도태되도록 하여야 한다. 세 번째는 공직자들의 정신교육이나 교육훈련이 중요하다. 형식적이고 의례적인 교육이 아니라 도덕적 가치관을 체화하고 청렴교육을 강화하는 교육시스템을 만들어서 시행하여야 한다. 끝으로 뇌물을 주는 일반인이나 기업인들도 엄격하게 처벌하도록 법규를 고쳐야 한다. 준 사람들은 봐주고 받은 사람만 적발되는 시스템으로는 부패가 줄어들지 않는다. 뇌물을 준 사람도 패가망신하도록 법과 제도를 바꿔야 할 것이다.

12. 부패척결

우리가 살고 있는 한국사회에는 과거나 현재나 권력층의 부정부패로 인해서 국민들의 분노와 실망이 대단하다. 김대중 정부부터 박근혜 정부까지 권력형 부정부패로 여론이 흔들거렸다. 부패는 성경에도 나온다. 창세기부터 나타난 부패(corruption)라는 용어는 '썩어 공멸하다, 함께 망하다' 라는 의미를 지니고 있다. 라틴어 corruptus에서 나온 이 말은 창녀와 함께 유구한 역사를 지니고 있다. 인간이 생존하는 한 부패는 사라지지 않고 요동친다고 한다. 나라도 망하게 한다. 소련이나 중국 장개석 정부, 베트남 티우 정권,필리핀 마르코스 정권,니카라구와의 소모사 정권 등 권력부패로 사라졌고 부침했다. 우리나라도 고려말 왕들의 무능과 부패로 몰락하고 조선시대 임진왜란, 일제침략 등이 부패로 기인했다. 이승만 정권은 어떤가? 4.19혁명으로 무너졌다.

왕조시대에는 왕이나 군주에게 생살여탈권(生殺與奪權)이 있었다. 이조시대에도 삼사(三司)가 들고 일어나면 군주는 맘대로 권력을 휘두를 수 없었다고 한다. 만약 전횡을 일삼고 부패로 국권을 문란시키면 신하는 자신의 목숨을 걸고 충언과 고언으로 무능을 깨우치고 사악함을 바로잡으려 했다고 한다. 조선시대 신하는 군주로부터 녹 (綠)봉을 받고 군주에 감읍했다. 하지만 작금의 관료들은 국민의 세금을 먹고 산다. 공직자 정신이나 공복관이 투철하지 않으면 파면해야 하는데 법은 느슨하다. 오늘날 관료들이 공복관을 지니고 국민들에게 무한 봉사를 해야 하지만 이들의 부패행태는 거간꾼처럼 전락해, 떡고물을 챙기고 호의호식하려고 한다. 이들은 국가와 국민에 대한 충성이나 공직윤리도 없고 영혼도 없다. 그저 개인의 영달과 축재만 생각하니 나라가 얼룩져 간다. 대통령이 아무리 반부패 청렴을 외치고, 솔선수범하고 나서봐야 측근이나 관료들이 부정한 돈을 챙기는데 앞장서는 현실에서 척결은커녕 일선 관료부패와 비리는 창궐할 수밖에 없다. 작년의 세월호 사태에서 보듯 공직자들의 얽히고 설킨 유착부패가 꽃다운 젊은이를 저세상으로 보냈지 않은가? 국민의 생명과 안전을 팽개치고 사리사욕을 챙기니 국민들은 누굴 믿고 살라 하겠는가.

지난 17일 박근혜 대통령은 "이번에야말로 비리의 뿌리를 찾아내 그 뿌리가 움켜쥐고 있는 비리의 덩어리를 들어내야 한다"고 말했다. 또한 "비단 국방 분야뿐만 아니라 우리 사회 각 부문에서 켜켜이 쌓여온 고질적인 부정부패에 대해서 단호한 조치가 필요하다. 이런 관행을 바로잡지 않으면 경제를 살려냈다고 하더라도 제자리걸음을 하게 될 것"이라며 "이렇다 할 부존자원이 없는 우리는 더더욱 깨끗한 정부, 청렴한 인재, 투명하고 공정한 시스템을 대한민국의 경쟁력으로 발전시켜야 하겠다"고 역설했다. 이보다 먼저 13일에는 이완구 국무총리가 담화를 발표하면서 부패척결을 강조했다. 지난번 국회에서 통과된 '부정 청탁 및 금품 등의 수수 금지에 관한 법', 일명 '김영란법'은 여러 가지로 의미가 크다고 본다. 우리나라는 청탁이나 빽이 작용하지 않으면 여간해서 쉽게 인허가나 법적규제나 절차가 풀리지 않는다. 심지어 취업도 부정청탁을 한다. 여기에는 돈이라는 윤활유가 필요하다. 기름칠하지 않으면 승진도 없고 영전도 없다는 인식이 팽배하다. 열심히 일하고 능력을 우선해야 하는데 엉뚱한 사람이 청탁과 금력, 빽을 동원해 자리를 꿰찬다. 이것이 한국의 인사행정 현실이다.

김영란법이 생겼다고 청탁이 없어질까 하는데 효과성이 우려된다. 부패는 수면하에서 활동하는 것인데 법이 얼마나 효율적으로 작동할까 의문이다. 연줄을 찾아 청탁을 하는 브로커와 부나비 인생들이 우리사회를 좀먹는다. 반부패대책이나 정책이 무용지물이다. 부패의 괴물이 죽지 않고 활개치고 다닌다. 법과 원칙이 바로 서야 하는데 연줄이 중시되니 선진국으로 가기에는 요원하다. 10년 전 핀랜드 노키아 사장은 55km 구간에서 75km달렸다고 1억8천 만 원 가량의 벌금에 처했다고 한다. 그는 다음날 사죄하고 벌금을 납부했다. 싱가폴은 아직도 태형제도가 존재한다. 미국청년 마이클 페이가 싱가포르에서 소란죄로 입건되어 태형 5대와 벌금형에 처했다. 당시 미국정부는 야만행위라고 싱가폴 정부를 비난했지만 이에 아랑곳하지 않고 태형을 실시했다. 지금도 부패사범,성범죄 등에 태형을 부과한다. 우리나라는 반부패 사범에 행하는 뇌물법이 많다. 법규나 제도가 많지만 지켜지지 않고 있다. 실효성이 없다. 몇 년 가다 김영란법도 시들시들할 거라고 많은 사람들이 빈정댄다. 언론사 종사자도 여기에 포함됐는데 공직부패를 감시하는 언론의 기능을 위축시키지 않을 까 염려하는 것은 필자만의 기우인가? 부패척결이 필요하다. 나라의 안전과 안위를 위해서 말이다.

13. 공적연금개혁

작년 한 해 우리나라 국민들은 퇴직 공무원들을 위해 약 2조 5000억원의 세금을 적자로 메우는데 쓰여졌다. 이자만 해도 하루 30억원이라고 한다. 엄청난 돈이 밑빠진 독에 물붓는 격으로 사라지고 있다. 이 문제를 해결하지 않고는 박근혜 정부가 성공할 수 없다. 김대중 정부 부터 현 정부에 이르기까지 공무원연금제도를 이렇게 내팽게친 정부, 관료, 국회의원들의 직무유기를 단죄해야 한다. 작년 새누리당이 공무원연금을 개혁하겠다고 시늉만 하다가 허송세월하더니 지금은 물건너 갔다고 한다. 내년 총선, 내 후년 대선이 있으니 누가 총대 메고 이 일을 시도하려고 하겠는가. 정치권은 눈치만 보고 있고 시늉만 한다. 인사혁신처가 새롭게 탄생하여 기대해 보았지만 기대한 것이 잘못이다. 그동안 정부는 무엇을 얼마만큼 했다는 것인가? 구체적인 혁신안, 실천 프로그램이라도 있는 건지 묻고 싶다. 공무원들 대다수는 공무원연금개혁이나 삭감에 동의하지 않고 있고 조직적 반발을 시도하고 있다. 대통령의 지시도 먹히지 않는다. 국회의원들도 공무원들의 표를 의식해 적극적으로 나서지 않고 있다. 마치 닭쫓던 개가 마치 지붕에 올라간 닭 쳐다 보는 것처럼 말이다. 공무원연금이나 군인연금 사학연금은 박봉에 시달리는 공직자들이 퇴직후 노후를 보장하기 위해 만들어졌다. 취지는 얼마나 좋은가? 우리나라가 그 어려운 보릿고개시절에 산업화와 경제개발이 우선이었고 밤낮없이 일한 공직자들의 헌신과 공복정신을 보상해주기 위해 만들어졌다고 본다. 그들의 국가발전의지에 그래도 이만큼의 환경과 초석을 정립했으니 말이다. 이제 개발연대를 지나고 민주화 선진화가 오며 패러다임의 변화가 왔음에도 그리고 박봉이 아니라 연봉 평균 5500만원이 넘는다는 보수에도 공직자들은 과거의 초상에 젓어 들어있으니 시대정신이 빗나가고 있다. 공직자들의 노력과 열정은 반드시 보상해야 한다. 그러나 적자에 허덕이고 나라 곳간이 비고 있는데도 불구하고 그 옛날식 보상과 단맛에 도취하려고 한다면 국민들의 바라보는 시선 냉소 불신은 어떻게 하며 그리고 언제까지 국민세금으로 땜질만 할 것인가? 우리나라 공무원연금 적자는 오래전 1993년도에 발생했다고 한다. 그동안 적자불입액이 10조원 가량이라고 한다. 이렇게 하다가는 향후 70조 100조원에 육박한다고 한다. 공무원연금만이 문제가 아니다. 군인연금과 사학연금도 고갈 위기라고 한다. 적게내고 많이받는 구조니 당연히 돈이 축날 수밖에 없다.

국민들 70%가 하루빨리 개혁하라고 한다. 다른 돈도 아니고 국민들 호주머니에서 나오는 세금으로 메꾸고 있으니 이만 저만 불만이 하늘을 찌르고 있다. 거기에 덧붙여 국민들이 받는 국민연금은 공적연금에 비해 새발에 피니 정말 화가 날 만하다. 이 정부에서 개혁하지 않으면 여당이나 야당도 온전할 수 없다. 30만 공무원퇴직자와 100만 관료들을 위해 개혁을 미룬다면 4900만 국민들이 분노할 것이다. 이 문제를 해결하지 않으면 나라 경제나 운명이 어두워질 수 있다.그렇다면 이 개혁을 어떻게 해결할 것인가? 해법의 묘수를 찾아야 한다. 먼저 공적연금을 해결할 대타협위원회를 구성하여 이견을 조정하고 조율해야 한다. 민주주의는 타협과 합의다. 여기에는 시민단체, 언론, 국민,공무원노조, 정부,정치권,학계가 포함하여 조정안을 만들어야 한다. 문제의 핵심은 더내고 덜받는 구조로 바꿔야 할 것이다. 두 번째는 국민연금과 공적연금과의 대통합이 마련돼야 한다. 그래서 형평성을 이루고 국민들의 상대적 박탈감을 해소하고 연금재정의 위기를 벗어나야 할 것이다. 이미 가까운 일본도 국민연금과 공적연금이 통합되어 시행하고 있다고 한다. 외국의 경우, 미국 스웨덴 영국도 개혁에 동참했다. 그러나 그리스 이태리 스페인 국가들은 우리나라와 마찬가지라고 한다. 세 번째는 퇴직자의 경우 그들의 국가에 대한 헌신과 기여를 생각하여 어느 정도 인정할 필요성이 있다. 그러나 지금처럼 300만이나 400만원씩 받는 고액 연금자의 경우는 반드시 고쳐져야 할 것이다. 현재 공직자들의 경우도 더내는 구조로 하고 신입공직자들은 국민연금과의 통합을 통해 연금을 받도록 하되 민간기업 수준의 퇴직금을 보상하여 그들의 합의를 이끌어 내야 할 것이다. 공적연금 개혁없이는 국가의 개혁도 복지도 난망하다. 실천적인 정책법안을 만들어 조속히 시행하여야 할 것이다. 정치권의 태도변화가 필요한 시점이다.

14. 헌법재판소 판결의 의미

국어사전에 진보를 찾아보면 다음과 같이 정의하고 있다. "정도의 수준이 차츰 향상하여 가는 것" 또한 "역사발전의 합법칙성에 따라 사회의 변화를 추구함"이라고 규정하고 있다. 카톨릭 사전을 보면 진보라는 단어에 다음과 같은 말이 나온다. "18세기 이래로 인간은 구원의 이상향을 줄곧 진보라는 불투명하고 모호한 이념으로 분장하려 하고 있다. 진보라는 표현은 계몽시대 중엽인 1750년 종이의 발행자 크리스크로프 밀리우스가 처음으로 독일어로 사용하였다. 신약성서는 두 가지 의미에서 '프로코페'(prokope)라는 말을 사용하고 있다. 이 말은 본래 진보가 아니라, 힘들여 노를 저어서 배를 전진시키는 것을 의미한다”고 했다.

최근 우리나라의 진보정당이 헌재의 판결에 의하여 해산결정을 받는 수모를 겪고 있다. 헌재는 결정문에서 “통진당이 북한식 사회주의를 실현한다는 숨은 목적을 가지고 무장 폭동에 의한 내란을 논의하는 활동을 한 것은 헌법상 민주적 기본 질서에 위배되고, 통진당의 실질적·구체적 위험성을 제거하기 위해서는 정당 해산 외에 다른 대안이 없다”고 밝혔다. 헌재는 “통진당이 북한의 김일성-정일-정은으로 이어지는 3대(代) 세습과 주체사상을 추종하는 것에 불과하며 통진당의 목적은 대한민국의 자유민주주의 체제를 무너뜨리는 데 있다”고 판단했다. 자유체제하에서 사회를 개혁하고 정의를 추구하는 진보 정치의 목적에 배치되는 정당의 이념이나 강령은 더 이상 존재가치가 없다는 뜻일 게다.

이번 판결에 진보정치를 말살하려 한다는 주장에 대다수 우리나라 국민들은 동의하지 않고 있다. 왜 그런가? 먼저 통합진보당의 연방제 통일의 주장은 남한에 민중체제의 ‘자주적 민주정부’가 수립될 것을 전제로 하는데 이것은 대다수 보수층과 새누리당을 비롯한 보수 정당 등을 배제하는 정권이어서 결국 우리나라 국민 전체가 참여하지 않는 모순점이 있다.

김대중 전 대통령은 연방제 통일을 주창한 분이시다. 그런데 그분이 주장한 연방제 국가의 논리는 북한에 복수정당제나 선거제도가 필요하고 이런 제도를 통해서 성립한다는 것이다. 그러나 북한식 사회주의나 주체사상을 제기하는 것은 반민주적 정치음모라고 볼 수밖에 없다. 두 번째는 정치나 진보운동도 한국의 헌법이나 국민주권주의 사상에 합치해야 위헌이 아니듯 헌법적 가치의 테두리내에서 이루어져야 한다는 것이다. 그러나 우리나라 진보는 정치권력투쟁을 통해 정권을 획득하려는 데에만 급급하여 누가 지지하겠는가? 독일의 녹색당같은 경우는 환경파괴를 방지하고 생활정치를 표방하는데 독일 국민의 지지가 있었다. 그동안 우리나라의 진보이념을 표방한 정치세력들이 우리사회의 어두운 곳을 밝히는데 얼마나 노력하고 헌신했는지 묻고 싶다. 환경, 인권, 부정부패, 소외계층, 실업자, 비정규직 문제, 경제의 양극화, 외국인의 차별 등에 대해 얼마나 관심있게 진지한 고민을 하고 성찰했는지 묻고 싶다. 세 번째는 세상이 변하고 있는데 낡은 구시대적 이념과 강령에 매몰되어 거기에서 빠져나오지 못하고 북한식 사회주의와 주체사상이 최고다 하며 국가체제와 헌법질서를 외면한다면 국민들은 냉소적이고 외면하게 된다는 것이다. 진보는 개선이다. 시대정신에 투철해야 한다. 진보는 국민과 호흡하고 같이 아파야 하고 같이 전진해야 한다.

이번 판결을 통해 정치권도 각성해야 한다. 야당인 새정치연합도 어떤 의미에선 책임이 있다고 본다. 야당이 제 역할을 하지 않고 국민과 거리감이 클수록 반체제 위장세력은 기생하기 마련이다. 그동안 새정치당은 선거때마다 진보정당과 손잡고 야권연대라는 이상한 공천을 한다든지 술수를 부린적이 한 두 번이 아니었다. 국민은 그런 야당을 경계하고 예의주시한다. 국민의 민도가 높은 것을 모르는 계층이 정치권과 관료 들이라고 한다. 새정치연합 부설 정책연구원은 지난해 총선 패배 보고서를 만들었는데 그 내용에 다음과 같이 쓰여 있다. 즉 "종북·좌파 등의 문제가 있는 진보 정당과 차별화하지 않으면 앞으로 선거에서 이기기 힘들다". 그렇다면 앞으로 어떻게 해야 하는가? 우리나라 정당법은 헌재 결정으로 해산된 정당과 이름이 같거나, 강령·기본정책이 같거나 비슷한 정당의 창당을 금지하고 있다고 한다. 그러나 이번결정으로 진보정치가 죽어서도 안

된다. 자유민주주의 체제에서 진보 정당이 노동, 분배, 인권 문제, 반부패 문제를 가지고 보수 정당과 정책 대결을 벌이는 건 국가사회의 균형 발전을 위해 반드시 필요하다. 유럽의 사회주의 정당이 집권한 것은 유럽민들이 진보정당을 신뢰한 탓이다. 유럽진보정당은 시민의 편에 서서 인권과 환경, 분배 문제를 잘하도록 노력했기에 집권했던 것이다. 또한 헌재의 판결에 일부 비판의 목소리가 있다. 즉 인적구성의 대표성이나 독립성이 없어 문제라는 것이다. 다양한 가치구현이나, 정치적 판단의 측면에서 재판관의 다양화가 반드시 필요하다는 지적이다. 앞으로 우리나라 진보정치가 이번 헌재 결정을 계기로 새로운 변혁과 자기성찰의 계기가 되기를 바란다.

15. 반부패법 제정 유감

독일에 본부를 둔 국제투명성기구(Transparency International)라는 시민단체가 있다. 필자도 2003년도에 연구차 방문했는데 이 단체는 매년 세계 각 나라의 반부패지수를 발표한다. 그것이 부패인식지수이다(corruption perception index).2014년 전 세계 175개국을 대상으로 조사한 결과 우리나라는 55점으로 43위라고 한다. 김대중 정부부터 현재 박근혜 정부까지 40점에서 50점대에 머무르고 있다. 60점에 오르면 경제성장율이나 국민소득이 대폭 오를 정도로 청렴도와 경제성장이 밀접하다고 한다. 중국의 시진핑 정부가 반부패전쟁을 하면서 부패를 줄이려했지만 36점이라는 치욕을 받았고 전세계 100위로 떨어질 정도로 부패가 심각하다고 한다. 그런데 가장 청렴한 국가로 선정된 덴마크,핀랜드,스웨덴,노르웨이 등 북유럽국가와 뉴질랜드는 공직자의 부패를 절대 용납하지 않고 있다. 유리알처럼 투명하게 행정을 펼치고 있고 국회의원들도 자전거 타고 출근한다고 한다. 특히 핀랜드는 부자와 가난한 자에게 차등 벌금형제를 두고 있다. 과거 휴대폰으로 유명한 노키아 부사장이 55km도로구간에서 75km 달렸다고 해서 1억원이 넘는 벌금을 부과했는데도 군말없이 납부했고 사죄했다. 국민들의 윤리적 도덕성이 확립된 나라들이다. 아시아국가에서 가장 투명한 싱가포르는 법과 제도로 청렴을 확립했는데 아직도 태형이 있다. 강력범이나 부패사범에게 옷벗기고 태형을 부과한다. 한 대만 맞아도 살점이 찢어지고 상처가 나아 새 살점이 돗으면 다시 부과한다고 한다. 과거 미국인 청년이 싱가포르를 여행할 때 소란을 피워 태형을 강행하였다. 당시 미국 클린턴 대통령까지 태형반대 비난성명을 했지만 묵묵히 싱가포르정부는 강행했다. 이것은 무엇을 의미하는가? 예외없이 법을 부과하여 반부패 법질서를 유지한다는 것에 많은 점을 시사해 준다.

어제 국회에서 여야 정무위원들이 "부정청탁금지 및 공직자 이해충돌방지법" 제정안을 논의했다고 한다. 일명 "김영란법"이라고도 하는데 전 국민권익위원회의 위원장직을 수행한 김영란씨가 제안했다고 해서 김영란법이라고도 하는데 이명박 정부때부터 법제정을 시도했지만 여야 의원들의 이해관계로 무산됐다. 이번에 다시 공무원만이 아니라 사립학교 교직원과 언론사 종사자까지 그 대상을 확대 논의했다고 한다. 이 법의 주요골자는 공직자가 100만원 이상의 금품을 수수한 경우 직무관련성과 무관하게 형사처벌 하겠다는 것이다. 지금까지는 공무원이 100만원을 받아도 직무대가성이 없고 또한 벌금형을 받아도 파면 해임하질 못하고 있는 형편인데 무조건 100만원 이상만 받으면 형사처벌과 함께 그 직에서 물러나게 하겠다는 것이다. 그런데 이법의 맹점이 있다. 먼저 공직자 가족도 적용하는가 하는 범위의 문제이고, 공직자 이해충돌 방지 영역의 연좌제 논란문제라든지, 무엇을 부정청탁이라 규정할 건지 하는 것도 문제이다. 특히 이번에 공무원 신분도 아닌 사립학교 직원이나 언론사 종사자까지 확대했는데 과연 타당한지도 묻고 싶고 100만원 이상은 처벌하고 그 이하는 괜찮다는 식의 법적용은 문제가 매우 많다고 본다. 그렇다면 30만원씩 쪼개서 소액으로 받는다면 문제되지 않을 수도 있다. 공무원행동강령에 식사는 3만원, 경조사는 5만원이라고 못 박았지만 이것이 지켜지지 않고 있다는 것은 공직자라면 누구나 잘 알고 있다. 예를 들어 2만 9천원씩 여러번 먹는다든지, 4만 9천원씩 나눠 내는 경우도 허다하다고 한다.

왜 100만원인가? 단돈 만원을 받아도 처벌하는 것이 마땅함에도 이 법은 설명하지 못하고 있다. 최근 박원순 서울시장은 서울시청공무원이 단돈 천원만 받아도 파면조치 한다고 한다. 싱가폴이 투명한 것은 리관유 전 총통의 강력한 반부패 의지다. 법이 없어서가 아니다. 우리는 항상 법타령이다. 지키지도 못할 법만 양상해서 무엇하겠다는 것인가? 박근혜 대통령은 비정상의 정상화를 외치며 국가개조를 강조하고 있다. 바른 말씀이다. 우리사회는 얼마나 많은 양샹레짐의 적폐가 쓰레기더미처럼 쌓였는가. 쓰레기속의 바퀴벌레는 부패를 좋아한다. 마치 탐관오리가 뇌물을 탐하는 것처럼. 이 바퀴를 일소하려면 어떻게 해야 하는가? 여름날 강렬한 태양빛만이 바이러스가 사라지듯 강력한 광선같은 처벌이 필요하다. 공직자의 청렴은 나라의 근본이고 본분이다 라는 의식을 다시 한번 명심해야 할 때다.

16. 민심은 천심이다

　다사다난 했던 갑오년 한해도 저물어 가고 있다. 올 한해는 국민들이 나라를 걱정하고 슬픔에 잠긴 한 해라고 본다. 위정자들의 우국충정의 마음은 사라지고 민초들의 한탄이 온 나라를 뒤덮은 한 해라고도 볼 수 있다. 봄부터 시작된 진도 앞바다의 곡소리는 하늘을 뒤덮었고 구원과 교주의 의문의 주검은 경천동지의 놀라움 그 자체였다. 정쟁에만 가득한 여야의 지루한 싸움은 국민들의 원망이 하늘을 찔렀다. 잠잠하기만 하던게 이상한가? 대통령을 둘러싼 왜곡된 소문들이 꼬리에 꼬리를 물고 나라를 흔들었다. 비선이니 십상시니, 환관세력이니, 수렴청정이라는 말들이 언론지상에 나타나고 여기에 소문은 천리마를 타고 온 세상을 전파했다. 사건의 본질을 검찰기관에서 조사하고 있으니 그 발표를 믿어야 하겠지만 왜 이런 해괴망칙한 찌라시가 난무하는가? 대한민국이 이 정도밖에 안돼나 하는 의구심이 든다. 장관이 대통령을 비판하고, 비서관도 서로 물고 뜯는 지경에 이르렀으니 이게 무슨 국가행정이고 정부인가? 대통령을 모신다면 신하의 윤리가 있고 비서의 책무가 있는데 국정개입이라고 고소고발을 하고 명예훼손으로 처벌해 돌라고 날뛰니 정도를 벗어난 이런 행태가 공직자들의 현주소라니 한숨만 나온다. 행정책임과 윤리가 추상화되고 형식화되어 공직윤리가 확립하기보다는 공직윤리를 훼손하고 더럽혀 공직윤리에 대한 불신과 불만을 조성하는 결과를 초래한 것이 공직윤리의 근본적인 문제라고 진단할 수 있다. 우리나라가 단기간에 압축성장으로 인해 정신이 물질에 따르지못하는 문화지체현상이 나타나고 있고, 정부행정이 양적으로만 팽창하고 질적 발전이 수립되지 못함으로써 공직윤리의 제고나 수립이 형성되질 못했다고 본다.

전통문화의 해체와 새로운 가치관의 미정비도 문제라고 본다. 전통문화속에 서구문화가 밀려오면서 가치관의 혼동,아노미상태가 됨으로써 공직윤리도 형식적이고 이질적인 혼동의 체제가 지속돼 무엇이 바른것인지도 분간 못하고 있는 실정이다.

한국인은 남이 잘되는 것에 인색하다. 자기자신의 신상과 명예는 민감하면서도 남의 왜곡된 소문이나 전언에는 반긴다. 그것이 얼마나 큰 죄고 명예훼손이고 모욕인지 모르는 불감증이 난무하고 있고, 건강한 사회의식이나 국민의식으로 승화하질 못하고 있으니 이것이 한국의 정신세계를 고양시키지 못하는 병이다. 또한 차별과 계층의 사다리를 해소하기 위한 노력을 하기 보다는 더욱더 고착하려는 갑질의 심리가 한국의 미래를 발전시키지 못하고 있다. 그래서 을의 국민들은 현실에 불만을 가지고 공간의 틈에 진입하려고 변화를 시도하려고 하지만 견고한 장벽으로 인해 자포자기 내지 극단적 스트레스 문화가 형성되고 있다. 결국 원과 한, 시기,질투,미움의 악순환이 되어버린다. 그렇다면 공직자들이 해야 할 공직윤리의 자세는 무엇인가? 먼저, 대통령은 청와대 비서의 말만 듣지 말고 국민의 여론을 중시해야 한다. 아픈말 쓴말도 수용하고 각계각층의 언로를 열어 무엇이 선공이고 후사인지 판단해야 한다. 비록 어려운 시기에 대통령을 시중들고 말벗이 되어준 그런 사람들을 평생 잊지 못할 수 있다. 그것이 인지상정이다. 그러나 대통령은 5000만 국민이 있다는 것을 항시도 잊어서는 안된다. 공정한 인사가 중요하다. 역사를 돌이켜보면 왕들이 충신의 쓴말은 듣지 않고 간신의 달콤한 말만 들어 망했다. 민심이 천심이고 이것이 왕도정치라는 것을 박대통령께서 유념해 주셨으면 한다.

두 번째, 공직자들의 대오각성이다. 어제까지 장관한 사람이 남 탓하고 나는 지시만따랐다고 무책임한 말만 한다면 누가 그를 전직 장관으로 생각하나? 장관이라면 국정을 책임지고 부처를 통할한 사람일진데 이제와서 딴소리한다면 국민들은 뭐라고 할까. 아 소신있다. 바른 사람이다라고. 천만이다. 오히려 국민들은 비판한다. 장관인 내가 책임지겠다고 말을 하지 못하고 대통령지시라고 하니 측은한 생각이 든다.

비서관들도 마찬가지다. 대통령 모신 사람들이 바른 처신을 못하고 이 지경에 까지 만든 장본인이라는 것을 보면 스스로 석고대죄를 하던지 사표를 던지고 초야에 묻혀야 한다. 더 이상 대통령 모실 자격이 없다고 본다.

무엇보다도 정윤회씨의 처신이다. 비롯 그가 다른 사람들의 불장난이라고 남 탓을 하고 있지만, 이와같은 엄청난 국가불신을 자초했다면 국민께 사과하고 고개를 숙여야 한다. 필자는 그가 국정논단을 하지 않고 비서관들과 회합을 하지 않았다고 믿고 싶다. 그런데 왜 찌라시에 정윤회가 자꾸 등장하고 야당은 들볶는가? 그의 부덕의 소치라고 돌리기에는 석연찮다. 정씨가 조금이라도 박대통령과 국가를 생각한다면 대통령 임기동안 해외로 떠나야 한다. 대통령 임기마치고 돌아와 그때 모셔도 된다. 정씨가 의심을 벗도록 스스로 노력해야 한다. 셋째, 검찰은 이번 사건을 철저하게 조사하여 실체적 진실을 밝혀야 한다. 그래서 국민적 의구심을 떨쳐야 한다. 또한 경찰도 이번에 정신차려야 한다. 정보경찰관들이 민간 기업에 정보나 팔고 찌라시 양성소 역할을 하고 다니며 유착관계를 맺은 사실은 경찰의 정상적 업무에 어긋나고 탈선행위다. 경찰조직의 쾌도난마식 재편이 필요하고 인사의 재 배치가 요구된다. 국민들은 이러한 찌라시 소문에 불만이 많다. 국가를 바로세우고 경제를 성장시켜야 할 정치인들이나 장관들이 그리고 대통령을 모시는 비서관들이 일은 제대로 하지 않고 직무유기나 하니 분통과 냉소가 이만저만이 아니다. 국가를 책임지겠다는 사람들이 국민의 대리인역할을 하지 못하고 장난질이나 하니 그러고도 녹을 먹고 자리만 탐하니 이게 무슨 공직자인가? 썩을대로 썩은 이런 공직자의식과 윤리를 바로잡아야 한다. 공직윤리를 바로 정립하지 않는다면 대한민국호는 난파할 수밖에 없다. 9급 공무원부터 대통령까지 국민의 심부름꾼이다. 그들이 잘나서 공직자가 아니다. 국민의 세금으로 녹을 받고 있다. 국민의 명령을 지상 최고의 업무라고 생각하고 일해야 한다. 그래야 국민들은 발뻗고 편하게 잘 수 있다는 것을 명심해야 한다.

17. 공무원 연금제도

공무원연금제도는 공무원들에 대한 사회보장서비스로서 사회보험의 성격을 가진다. 우리나라는 1949년에 제정된 국가공무원법에 연금제도가 규정되었고 1960년에 와서 공무원연금법을 제정 공포하였다. 공무원연금은 공무원의 장기근무라는 공로 보상의 성격과 함께 퇴직이나 사망시 위자료 성격이 강하다고 본다.

우리나라 공무원들은 공무원 연금을 당연한 권리라고 인식하였다. 이는 과거 생계형 보수에 의거 박봉에 고생한 공직자들을 퇴직시 정부가 베푸는 은전으로 생각하였다. 그동안 우리나라 공직자들은 대기업이나 공공기업체보다 신분은 보장되지만 보수가 적어 불만을 가졌고 일부는 생계형 부정부패에 익숙하였다. 그렇지만 퇴직 후 정부가 안정적인 노후를 보장해줌으로써 이러한 불만을 상쇄했다. 최근 퇴직 공무원들에게 지급하는 연금액 가운데 부족한 돈을 보전해 주는 돈이 내년도에 4조원이 넘을 거라고 한다. 현재 9급 공무원이 30년 근무하고 퇴직하면 평균 190만원을 받는다고 한다. 국민연금 가입자보다 훨씬 많다. 국민들은 국민연금에 대비 너무 많고 적자에 국민세금으로 메우는 행태에 분노하고 있다. 그러나 공무원들은 우리나라 공직자들이 퇴직금이 너무 적어 문제라고 한다. 예를 들어 일본은 18년 근무한 공무원이 1억 4000만원 가량 받는데 우리나라는 24년 근무한 공무원이 4200만원정도 받는다고 불만을 표시한다. 이충재 전국공무원노조 위원장은 "연금제도만 믿고 각종 수해, 산불, 구제역 등 목숨 걸고 일했는데 정부가 약속을 저버렸다"고 항변하고 있다.

공무원 연금 적자 원인은 여러가지 설이 있다. 즉 IMF 경제위기시 대거 퇴직으로 기금이 급감했다는 설, 2005년 철도공사 발족시 철도청 공무원들이 연금 수혜혜택도 받으면서 퇴직급여 기금에서 수천억원을 주었다는 설이 있다. 그러나 이러한 것은 설득력이 좀 떨어진다고 한다. 왜냐하면 철도공사가 지금도 대규모로 명예퇴직하고 있고, IMF위기시 연금기금에서 사용한 것은 불법이 아니라 적법한 행위라고 한다.

공무원노조는 1983년부터 1995년까지 퇴직수당, 사망조위금, 재해 부조금을 기금에서 썼다고 주장하고 있다. 그 금액이 현재가치로 9조원이 넘는다고 한다. 또한 군복무자의 공무원 임용시 정부의 연금보험료 대납이 현재가치로 5조원이 넘는다. 뿐만 아니라 연금기금을 공공예탁금에 넣어 이자손실이 1999년 기준 4700억의 손실을 봤다고 주장하고 있다. 무엇보다도 연금적자의 원인은 적게 내고 많이 받는 구조탓이라고 본다. 1990년부터 95년까지 소득의 5.5%를 납부하였고 2010년에 오서 7%를 내고 있다고 한다.

결국 현 정부에서 평균 적자액이 3조원 가량이 돼지만 차기정권에서는 6-7조원에 이른다고 한다. 그동안 정부는 지출요인이 많은데도 불구하고 개혁을 하지 않고 미루다가 이런 꼴을 당하고 있으며 공무원연금공단은 제대로 기금운용을 하지 못한 책임이 크다. 정부와 공무원연금공단이 기금관리를 부실화하였고 이러한 관리부실이 한 원인이라고 본다. 그동안 국회의원들이나 정당들도 제재로 된 인식을 가지고 이 문제를 접근하지 않았다. 김대중, 노무현, 이명박 정부도 공무원들 반발과 선거시 표 계산에만 몰두하고 방치했다.

그제 여당은 연금개혁법안을 국회에 제출했다고 한다. 주요 골자는 공무원연금 지급 개시 연령을 현행 60세에서 2031년까지 단계적으로 65세로 늦추고, 고액연금자 수령액을 삭감하는데 있다. 또한 하위직 공무원들의 수급액을 정부안보다 늘려 소득 재분배 기능을 강화했다고 한다. 이와 같은 개혁법안에 관해 야당이나 공무원 노조에서는 "충분한 기간을 두고 이해 당사자와 각계 전문가가 논의해야 하는데 정부와 여당이 일방적으로 밀어붙이고 있다"고 비판하고 있다.

무엇보다도 연금제도의 개혁은 시대적 과제라고 본다. 이를 위해 다음과 같은 방안을 제시하고 싶다.

먼저, 공무원 연금 지급 수혜 연령을 반드시 개정해야 한다. 일본이나 독일, 스웨덴에서는 65세에 받고 있고 미국은 62세, 프랑스는 60세부터 받고 있다. 우리나라도 고령화추세에 따라 65세에 지급하도록 해야 한다. 두 번째는 공무원부담률의 조정이다. 현재 7% 부담으로는 연금적자를 해결하기 어렵다. 일본은 9.1%, 프랑스는 7.85라

고 한다. 선진국들도 이러한데 아직도 7%만 고집하지 말고 탄력적
으로 인상해야 한다. 세 번째는 장기적으로는 국민연금과 통합하여
기금을 운용해야 한다. 국민연금과 차이가 너무 많이 나서 국민들의
느끼는 상대적 박탈감은 매우 크다.

네 번째는 공무원 후생 복지사업의 수익을 극대화하여야 한다. 연
금기금의 수익을 창출할 수 있는 경영구조로 혁신해야 한다. 관리공
단의 조직쇄신과 민영화가 필요하다. 이와 같은 개혁방안에 앞서 공
직자들의 사기를 진작하는 방안도 고려해야 한다. 먼저 공무원 보수
도 대기업 대비 90% 이상 대폭 인상하여야 할 것이다. 그럼으로써
공직자들의 근무의욕이나 반부패 등을 강화할 수 있다. 퇴직금도 현
실화하여야 하고 정년 연장도 고려해야 한다.

이제 뼈를 깍는 수술이 없이는 적자에 허덕이다 망한다. 국민들
세금으로 퇴직관료,공단 배부르게 하는 구조로는 더 이상 존재할 수
없다. 또한 야당이나 공무원노조도 반대만 하다가는 국민들의 비판
과 압박은 더욱 거세질 것이다.

18. 중국의 반부패 운동

오늘날 선진국이나 후진국 등 모든 국가가 공통적으로 안고 있는
문제점이 관료제의 폐해로 기인한 부패현상이라고 한다. 고금을 통
해서 군과 행정관료는 막강한 권한을 가진다. 행정이 복잡해지고 전
문화될수록 관료들의 규제나 권력 독점현상은 심화된다. 관료들에
대한 외적 통제는 주로 선출직 공무원들에 의해 이루어진다. 그러나
정치인에 의해 만든 정책이나 법도 결국 관료가 집행한다.

정치인의 관료집단에 대한 통제에는 한계가 있기 마련이다. 각종 정보를 독점하고 신분보장의 특혜를 누리는 관료집단은 점차 일반 국민과는 이해관계를 달리하는 전문집단으로 변질된다. 관료집단이 자신들의 집단이익을 보호하기 위해 노력하는 과정에서 자연히 부패가 발생한다. 이른바 '관료주의'의 폐해가 나타나는 것이다.

관료주의의 폐해는 행정제도의 결함과 밀접하게 관련되어 있다 행정제도가 부실하면 관료들이 부정행위를 자행할 가능성도 커진다. 또한 관료들의 부정행위를 통제할 수도 없게 된다. 까다로운 행정절차, 인사제도의 결함, 법규의 취약성 등이 벌어지는데 이것은 결국 부패로 남게 된다. 부패이론에 있어서 제도적 접근설은 부패현상을 특히 개발도상국이나 후진국에 있어서 제도적 취약성과 사회적 기강의 해이에서 기인된 연성국가(soft state)의 결과적 부산물로 보는 입장이다. 부패발생은 여러 접근방법이 있는데 그 중에서 권력관계적 접근방법으로서 부패현상은 관료들이 권력 남용적 병폐와 역기능의 결과적 부산물로 보는 입장인데 무사 안일한 행태, 형식주의, 보신주의 등이 관료부패의 일반적 원인으로 지적되고 있다. 정부는 이러한 관료부패의 폐해와 윤리저하로 인한 행정의 비효율과 비능률을 심각하게 인식하여 대안을 마련해야 할 것이다. 국가경쟁력을 강화하기 위한 여러 가지 방안이 있다. 선진국에서는 행정의 투명성과 신뢰를 가장 중요한 방안으로 내세운다.

어제 여당의 실력자가 중국을 방문하여 중국 공산당 간부들을 만났는데 여기서 "한국이 어느 정도 부패의 고리를 끊고 있는 것은 김영삼 정부 때 금융실명제를 한 것이 결정적이었다"고 했다고 한다. 그러면서 중국 공산당과 함께 반(反)부패 및 법치를 주제로 첫 정당 정책 대화를 열고 부패 퇴치를 위해 공동 노력을 계속하기로 했다고 한다.

중국 관료들은 선물문화에 익숙하다고 하는데 명절·결혼식 등에 기업체나 산하기관으로부터 적지 않은 금품을 관행적으로 받는다고 알려졌다.시진핑 주석이 부패척결을 강화하고 있는데 지난 1년간 중국공무원 10만여명이 당국에 신고한 뇌물자금은 그 규모가 5억2000만위안(약 907억원)에 달한다고 관영 신화통신이 10일 전했다. 뇌물을 의미하는 홍바오는 세뱃돈이나 축의금 등을 넣는 '붉은 봉투'를 의미하는데, 지금은 보너스·용돈·뇌물 등의 뜻으로 쓰이고 있다. 언론 보도에 의하면 중국 공무원은 명절·결혼식 등에 기업체나 산하기관으로부터 적지 않은 금품을 관행적으로 받아왔다고 한다.

시진핑 중국 주석의 지난 1년간 반부패척결 작업은 대단하다. 20여 명이상의 차관급고위직이 낙마했고, 부정부패로 유죄판결을 받은 공직자도 3만1000여명이라고 한다.또한 적발된 공직비리 액수만도 약 1조원에 육박한다고 한다. 시진핑 국가주석이 지난해 6월부터 이른바 '사풍(四風)'으로 불리는 중국사회의 향락주의·형식주의·관료주의·사치풍조 단속에 나서면서 철퇴를 맞았다고 한다. 반부패는 싱가포르의 이광요 전 수상이 보여준 법치 리더쉽을 보더라도 리더의 강력한 의지가 중요하다. 최근 한국도 경제침체와 경쟁력 강화를 위해서 반부패 청렴정책을 지속적으로 펴나가고 있고 비정상의 정상화를 시도하고 있다. 무엇보다도 관료제적 습성을 환골탈태하는 공직자들의 도덕적 윤리회복과 성찰이 필요하다. 반부패 운동은 법이나 제도가 아무리 완벽하더라도 이를 이행하는 공직자들의 책임과 윤리의식이 바로 서지 못한다면 부패척결은 요원하다고 본다. 지금이야말로 반부패가 필요하다. 반부패와 청렴은 모든 선의 근본이고 공직자의 책무이다.

19. 관료불신과 공직자 책임

사회학자 막스베버는 관료제가 규칙을 통한 표준행정,전문성,문서행정,계층제,지휘 통솔이라는 원리를 수행할 수 있는 시스템으로 행정조직에 합리적인 구조라고 주장했다. 그러나 1930년대 이후 많은 행정학자들은 관료제가 거대조직화,인간성 상실,전문화로 인한 무능 등의 역기능이 노출됐다고 주장하면서 새로운 탈관료제의 출현을 제시했다. 그래서 미래학자 토플러 등은 신속성,수평적 의사소통, 문제해결의 타스크포스 조직의 필요성을 역설했다. 이와 같이 관료제는 시대환경의 변화와 변천에는 수정이 요구된다고 본다. 그런데 과거나 현재에도 관료들은 국민의 봉사자이고 책임이 요구된다. 관료는 법적 책임만이 아니라 도덕적 책임도 요구된다. 국민의 봉사자로서 국민의 목소리, 반응,기대를 무시해서는 안된다. 관료들은 그러한 윤리의식과 도덕관을 무장하고 전문성과 지식을 습득해야 한다. 복잡다기한 현대행정에 대처하기 위해서도 항상 연구하고 고민해야 한다. 한번 시험에 합격해서 만년 철밥통처럼 살아가는 공지자들은 변화에 둔감하고 규제만 양산하려는 속성이 있다. 오늘날 현대행정에 있어서 무엇보다도 중요한 것은 신속한 의사결정, 빠른 정책의제를 보여야 한다. 인터넷 등 전자정부시대에 굼뜬행정처리를 한다면 비난받기 십상이다. 최근 세월호 참사로 인하여 공직자들의 책임과 윤리의식이 매일 비난받고 있다. 언론을 통해 그들의 무사안일, 복지부동,무책임,부정부패 등이 만천하에 드러났다. 한 예로 엄숙해야 할 참사현장에서 라면을 먹는 행위라든지, 기념사진 찍기, 피해가족들에게 거만하게 행동하는 행태 등 이루 말할 수 없을 정도로 정신해이와 무능이 드러나 대통령담화처럼 국가개조의 제 일순위가 되고 말았다.

그제 구원파 교주 유병언씨가 변사체로 발견됐다는 사실이 언론에 보도됐다. 이를 발견한 경찰의 수사태도는 한마디로 가관이다. 수사관이 아니라도 변사체 부근에 놓인 증거 유류품을 보면 의심이 가고 미씸적은 구석이 한 두곳이 아닌데 노숙자로 그동안 방치했다니 이게 무슨 경찰의 수사행태인가? 또한 자신만만한 한국검찰도 문제다. 정보를 독점하면서 뭐하나 제대로 수사한 것이 없다. 경찰과의 수사권갈등이 있더라도 국민적 관심사인 이번 사건에서 두 조직이 협력하여 체포하여야 함에도 작전을 허술하게 함으로써 놓쳤다는 비난을 어떻게 해야 할까?

국민들은 이들의 행태에 웃고 있고 믿지 않고 있다. 괴담, 아니 코메디라고 한다. 이번 사태를 두고 정치권력이 뒤를 봐주고 있다, 이미 밀항했다, 사체는 이복동생이다 등 풍문이 나돌고 있다. 휴대폰이나 지갑 안경도 없고 2주만에 백골시체로 발견됐다고 하니 누가 믿겠는가? 초여름 날씨고 곤충이 많아 시신이 그렇게 빨리 썩을 수 있다지만 믿기에는 어딘가 개운치 않다. 다행히도 국립과학수사연구원이 지문감정이나, DNA 기법으로 유병언씨가 맞다고 하니 그런 것같은데 라고 하지만 아직도 그의 주검에 반신반의 한다.

그동안 한국경찰 한국검찰의 수사능력을 믿었고 기대했지만 이번만큼 무능한 조직, 무능한 수사관인지 처음 알았다. 해양경찰청은 세월호가 침몰시 한명도 구조해내지 못했다. 하기야 실종자 숫자도 제대로 파악하지 못하고 우왕좌왕한 조직이니 말할게 없다. 이런 무능한 공무원조직을 믿어야 하는 대한민국 국민은 허탈감과 불안감으로 초조하다. 국민들은 일 잘하라고 정당하게 벌어 세금만 냈는데 말이다.

그렇다고 마냥 주저앉아야 하는가? 추락하는 것은 날개가 있다. 국민들의 불신을 해소하고 진정 신뢰를 회복하려면 어떻게 해야 하는가?

일단 죽음의 원인이 무엇인지 철저한 분석이 필요하다.자살했는지, 독약을 먹었는지 타살됐는지 확실하게 분석해야 한다. 돈 때문인지 이권다툼으로 인한 조직내분에 살해했는지 그 원인을 살펴보아야 한다. 또한 자식들의 유전자와 비교해서 정말 유전자가 맞는지 재차 분석해야 한다. 지문감식만으로도 유씨라고 단정할 수 있지만, 국민들은 불신하고 있으므로 한번 더 조사해서 의혹을 불식해야 한다. 이를 위해서는 프랑스의 딸이라든지 자식들의 유전자를 가지고 할 수 밖에 없으니 그들을 조속히 검거해야 할 것이다. 지금은 국가개조보다는 객관적이고 합리적인 수사결과로 국민의 행정불신이 해소되어야 할 때이다.

20. 소방공무원들의 정당한 외침

2001년 9월11일 미국의 뉴욕과 워싱턴디시에서 발생한 테러는 세계인들을 경악시켰다. 당시 필자는 워싱턴디시에서 공부를 하고 있었는데 오전 11시경 한국대사관 근처 메사추세츠애브뉴는 자동차로 피난하려는 시민들의 불안한 모습을 본 기억이 아직도 생생하다. 워싱턴디시에 있는 미 국방성 펜타곤도 무너져 검은 연기로 뒤덮혔다. 당시 11월에 방문한 뉴욕의 무역센터는 잿더미되어 흔적조차 사라졌다. 그래도 아비규환의 재난과 슬픔속에서도 위안을 주고 안심을 준 것은 소방관들의 필사적인 구조구난 덕분이었다. 특히 인상적인 모습은 소방서장이 모든 구조 활동을 총지휘하였다는 것이다. 부시대통령도 소방관들과 어깨동무를 하며 그들을 칭찬하는 모습이 티비에 방영되었다. 뉴욕소방관들의 헌신적인 구조로 미국민들은 찬사했고 그들을 신뢰했다. 미국의 재난구조는 각 지역의 소방서장의 권한아래 일사불난하게 움직이고 있으며 연방재난관리청과 국토안보부의 지원을 받는다.

소방서장은 주공무원,주경찰,구방위군도 통솔하게 되어있고 이들도 소방서장의 지시를 따른다. 최근에 서울 광화문 광장에서 한달동안 소방공무원들이 1인 침묵시위를 하였는데 그 이유가 소방직의 국가직 전환 요구라고 한다.

현재 전국의 소방공무원이 약 4만명 가량인데 이들중 260여명 가량이 국가직이고 나머지 소방관들은 지방직으로 되어 있어 신분상의 사기문제가 심각하다는 것이다.

자자체 중 서울같은 경우 재정이 탄탄하여 소방관들이 쓰는 장갑이나 방화복들이 양질의 제품을 쓰지만 충청도 같은 재정여건을 지닌 자치단체는 노후된 장비뿐만 아니라 사비로 장갑을 구입하여 화재현장에 구조활동해야 하고, 그런적도 한두번이 아니라는 것이 믿기지 않는다.이제 안전도 자치단체별로 다를 수 있고 지방에 살고 있는 지역주민은 재난구조서비스도 차별적으로 받을 수 있다는 사실에 우울하다. 이에 대해 소방청의 책임자는 "국가직으로 일원화할 경우에 긍정적인 부분, 또 그렇지 않은 부분이 있다"고 하면서 "부정적인 면은 행정변화 추세에 따라서 지방화하고 있다는 주장이 있고, 그 다음에 국가 재정부담 등의 문제 등은 관련 부처인 기재부(기획재정부) 등과 협의를 해야 된다"고 말하고 있다.

세월호 참사로 인해 정부는 재난 컨트롤타워로 국가안전처를 신설하겠다고 한다. 과거 소방인들은 독립소방청을 만들기 위해 얼마나 노력했는데 갑자기 소방청을 없애고 안전처 만든다고 해결될 것인지 의문이라고 한다. 현재 소방청장의 직급이 소방총감인데 국가안전처가 생기면 정무직이 독식하게 되어 있어 청장 자리도 없어질 운명에 놓여있다고 한다. 시·도지사 자치단체장은 소방공무원의 인사권을 가지고 있다. 그러니 지방공무원 신분인 소방공무원은 시·도지사 눈치를 볼 수밖에 없는 것이다. 이런 상황에서 소방서장이 군과 경찰, 자치단체의 공무원을 지휘할 힘이 생기겠는가?

결국 국가예산이 문제인데 이 문제도 최근의 안전문제의 중요도에 비추어 대승적 차원에서 문제를 해결해야 할 때다. 목숨까지 담보하면서 화재현장이나,재난현장에서 헌신적으로 일하는 그들에게 그리고 불꽃처럼 장렬하게 산화하는 소방인들의 혼에 비추어 볼 때 국가직하나 만들지 못해 사기를 꺾어버리면 되겠는가?

물론 중요한 것은 소방공무원의 현장대응능력이라든지 응급구조를 강화하여 모든 재난에 소방인을 즉각 투입하여야 한다는 사실이다. 소방서장이 책임지고 구조를 해야 한다. 이를 위해서 소방공무원의 증원과 함께 소방직의 국가직화가 반드시 필요하다. 중앙구조본부 인력만이 아니라 지방소방인력을 증원하여야 할 것이다. 이와 함께 재난장비의 현대화를 강화하여야 한다. 지방자치단체 재정능력에 따라 장비의 품질이 달라서야 어디 되겠는가? 국민은 재난구호의 신속한 수혜를 받을 권리가 있다. 이를 국가가 외면한다면 누가 국가를 따르고 믿겠는가? 행정학자 파킨슨은 "관료의 특성은 업무량과 관계없이 부하공무원을 늘리려 한다"고 주장했다. 결국 자기들이 앉을 자리를 증설하려는 속셈이다. 재난을 알지 못하고 앉아서 펜대만 굴리는 관료보다는 현장을 알고 현장을 배운 소방공무원들을 우대하고 이들의 정당한 외침에 귀기울여야 한다. 지금은 전국의 4만 여명의 소방공무원들에게 사기를 북돋워 주어야 할 때이다.

21. 전관예우부패를 혁파하라

우리나라의 부정부패는 어제 오늘의 일이 아니다. 고위공직자로부터 말단 관직에 이르기까지 발생하고 있고 그 수법도 다양하다. 백성을 수탈했던 조선시대 아전이나 지방관들의 횡포가 아직도 변하지 않고 횡행하고 있다. 군사정권시대의 한국부패는 국가관리의 기반이었으며, 경제개발시대의 윤활유(lubricant)역할을 하였다. 오랜 세월 동안 정통성 없는 정권하에서 관료들은 부패문화속에 안주하였다. 정경유착,관경유착이라는 말들이 나온 것도 이 당시의 부패 탓이라고 본다. 세월호사건도 관료들이 선배퇴직 전관들의 뇌물청탁으로 일을 그르친 사고 아닌가?

사실 관료들의 부정부패의 특성은 뇌물과 부정의 관행이 일종의 삶의 방식으로서 부패친화적 형태로 변형되었고, 부패 없이는 사업도 출세도 그리고 생존도 할 수 없을 정도로 굳어진지 오래이다. 결국 우리 사회의 구조적 부패 현상은 부패문화라고 할 수 있을 정도로 우리의 생활의식과 가치체제를 지배하고 있다고 볼 수 있다. 최근 전관예우문제가 변칙적으로 부패병으로 자라고 있다. 이와 같은 부패병을 도려내기 위해서 나온 것이 부정청탁방지법과 전관예우금지이다.

먼저 국회는 전 국민권익위원장이 제안한 '부정청탁 금지 및 공직자의 이해충돌방지법'을 통과시키려는 시늉을 하면서 변죽만 울리다가 끝내 연기하였다. 김영란 전 국민권익위원장이 제안한 이 부정청탁법은 공직자가 100만원 이상 금품을 받으면 직무 관련성이나 대가성에 관계없이 3년 이하 징역이나 3000만원 이하 벌금형으로 처벌한다고 규정하고 있다. 또한 100만원 미만일 때도 처벌받는데 받은 돈의 2배에서 5배 과태료를 부과하게 돼있다. 공무원이 평소 기업인이나 지역 유지들로부터 금품이나 골프·향응 접대를 받으면서 스폰서 관계를 맺어 왔다 하더라도 직무 관련성이나 대가성이 없으면 뇌물죄로 처벌할 수 없게 돼있는 것을 보강했다고 볼 수 있다. 그런데 국회는 기존의 공직자 범위인 국회의원과 공무원, 공직 유관 단체와 공공기관 임직원에서 국·공립 교사와 사립학교 교사와 언론인까지 확대하는 문제로 여야가 싸우고 있다. 국공립교사는 정부가 주장하고 있고, 사립학교 교사와 언론인은 국회가 확대시켰다. 이렇게 차일피일 미루다 보니 부패균은 계속 자라나고 있는 것이다. 두 번째 쟁점이 전관예우인데 전관예우문제는 이미 행정기관에 몸담다가 퇴직하고 나서 기업이나 단체에 병풍역할이나 얼굴마담을 하고 거액의 수수료를 챙기는 것이다. 이것은 법조계도 예외는 아니다. 법원,검찰간부로 있다가 퇴직하고 로펌에서 고문역할을 하며 거액의 자문료를 받는 것이다. 말이 자문료지 유착비리나 마찬가지라고 본다. 최근 안대희 국무총리내정자는 로펌 재임기간 중 거액을 받아 야권의 비난과 공격으로 사퇴했다. 그는 국민들에게 청렴한 검사로 알려졌으며 그 기대가 컷지만 낙마했다.사법부패의 대다수는 친분과 유착으로 형성된다고 볼 수 있다. 여기서 친분은 학연, 지연, 혈연 등의 기제를 통해 형성된 밀접한 관계이다. 이러한 친분이 그 자체 영향력의 기제로 작용하기도 하지만 뇌물이 비밀리에 거래되도록 하는 기제로 작용한다. 뇌물이 거래될때 부패가 발생하며 이를 포함한 공정한 기소와 재판을 흐리게 하는 여러 가지 부정이 발생한다. 과거 의정부 및 대전 법조 비리 사건은 사법처리(기소 및 재판)에 영향을 미칠수 있는 변호사의 사건 수임을 둘러싼 상호 관계가 부정과 부패로 얼룩진 사건들이었다. 우리나라 변호사법 제31조는 변호사가 수임할 수 없는 사건을 명시하고 있는데 법관이나 검사 등이 퇴직 후 변호사 개업을 할 경우 1년 동안은 퇴직 전 1년 간의 근무지와 대응기관의 관할 사건을 맡을 수 없다고 했다. 그러나 맹점도 있다. 즉 근무지가 다를 경우에는 문제가 되질 않는다고 한다.예를 들어 청주지법 부장판사는 퇴임 후 며칠만에 서울중앙지법의 사건을 수임할 수 있다.

뿐만 아니라 대검이나 대법원의 경우 특정 관할지역이 없다보니 검사장급 이상 검사와 고법 부장판사, 대법관 등 이른바 고위직 출신 법조인이 법의 적용을 받지 않는다. 이러니 전관예우를 빙자한 사법부패는 근절되지 않고 있다. 망국병인 부패를 추방하고 척결하기 위해서는 국민들의 도덕과 가치관 청렴문화의 쇄신이 중요하다. 그런데 이와 같은 국민의식도 필요하지만 법 제도의 확립도 필요하다. 일찍기 한비자는 다음과 같이 법의 중요성을 갈파했다. "법을 바르게 세우고 잘 운용한다면 천하의 신민들은 법의 궤도안에 매이게 되어 나라의 질서는 정연하게 되고, 법이 지켜지게 하기 위해서는 형법을 엄하고 중하게 하여 백성이 두려워 해야 한다" 그리고 "법은 만인에게 평등하게 적용하고 추호도 사(私)를 두거나 온정이나 남용이 개입해서는 안된다".

22. 징비하라

　세월호 참사가 일어난지 한달이 됐다. 아직도 인양되지 못한 고귀한 생명들이 바다에 있다. 부모들의 슬픔과 참담을 우리마음속에 간직하며 다시는 이런 비극이 발생하지 않도록 책임과 교훈을 얻어야한다. 아직도 네 탓하며 싸우는 정치권이나 위정자들의 행태는 비난만이 아니라 사라져야할 부패균이라 하지 않을 수 없다.

　서해 페리호, 성수대교, 대구지하철 사고, 삼풍백화점 사고 등 대형참사가 계속 발생해도 이를 대비할 방비나 교훈은 어디에도 없다. 우리나라 정치 행정이 언제까지 삼류에 머무를 것인가? 미국이 2011년 9·11사태 당시 그 발생원인과 사고과정을 2년동안 조사하여 백서를 만들었다고 한다. 그러나 우리나라는 몇 달에 만들어 팽게쳐버릴 것이다. 조선시대 역사에서 가정 참담했던 임진왜란의 상황을 생생하게 기록한 징비록이 있다. 징비란 시경의 소비편에 나오는데 "미리 징계하여 후환을 경계한다(豫其懲而毖役患)" 라는 뜻이다. 징비록을 저술한 서애 유성룡은 임진왜란 7년 동안의 일어났던 환난상을 객관적으로 서술하였다.

　서애는 징비록 서문에 저술동기를 밝혔는데 "징비록이란 무엇인가? 임란이 일어난 후의 상황을 기록하였고 발단을 밝히기 위해서" 라고 말했다. 그는 "임란의 화는 참혹하고 한 순간에 3도가 떨어지고 8도가 와해되어 임금이 파천했다. 나같이 모자라는 사람이 어지러운 시기에 나라의 중책을 맡아 위태로운 판국을 바로 잡지 못할 것이다. 구차스럽게 생명을 어어가고 있음을 어찌 임금님의 너그러운 은혜가 아니겠는가? 걱정과 가슴 두근거림이 조금 진정됨에 지난 일을 생각하면 황송하고 부끄러워 몸둘바가 아니다"라고 자책과 회한을 피력했다. 징비록의 비참한 상황은 다음과 같다.

"임금께 군량을 제외한 나머지 곡식을 내어 굶주린 백성을 구하고자 아뢰니 허락했다.왜군이 서울을 점거한지 벌써 2년이 되었고 전쟁으로 천리가 쓸쓸하고 백성은 농사를 짓지 못해 굶어 죽는자가 속출하였다. 성안에 남아있던 백성들이 내가 동파에 있다는 소문을 듣고 부축하고 이고 지고 하여 온 자가 헤아릴 수 없었다. 어떤 명나라 장수는 길가에서 어린애가 죽은 어미의 젖을 빨고 있는 것을 불쌍히 여겨 군중에 데려가 길렀으며, 먹을 것이 없어 아버지가 자식을 죽이는 사태에 이르렀다. 또한 쌀이 부족하여 쌀1홉에 솔잎가루를 섞어 물에 타서 먹었다. 큰비가 내리는데 굶주린 백성이 내주위에서 신음하는 슬픈 소리를 차마 들을 수 없다. 아침에 깨어보니 스러져 죽은자가 많다. 4월인데 보리를 심을 곳이 없어 왜적이 수개월만 있었다면 모두 굶어죽었을 것이다". 서울을 버리고 도망치는 선조임금을 향해 농부가 "왜 나라님께서 우리를 버리고 가시니 우리들은 어떻게 살라는 것이냐"고 항의하는 대목도 있다.

서애는 민심을 버리고 떠난 임금과 위정자들의 행태를 비판하였고 당쟁과 특권만 누렸지 책임과 반성을 모르는 부패관리들을 탄핵했다. 서애 유성룡은 장례치를 돈이 없어 나중에 주위사람들이 돈을 모아 장사를 치렀다고 하는데 그만큼 나라사랑과 청빈한 삶을 살았다.

이번 세월호 참극을 거울삼아 우리는 많은 교훈을 얻고 있고있다. 먼저 이번 사고의 원인과 책임을 반드시 규명해야 할 것이다. 공직자들의 유착관계, 뇌물수수행태, 그릇된 공직관들을 바로잡아야 한다.두 번째는 공직시스템의 선발과 배치, 교육, 경력관리를 개조해야한다. 시험만 잘봐서 합격하여 퇴직할 때까지 철밥통으로 살아가는 그들만의 리그를 해체해야 한다. 신분보장이 아니라 5년 계약제로 하여 업적평가를 하여서 재계약해야 한다. 전문성을 배양하지 않고 승진 잘되고 욕 안먹고 돈 나오는 곳이나 찾아가는 관료들의 인사시스템을 혁파해야 한다. 또한 개방형제도를 확대하여 민간전문가를 선발해야 한다. 이번사고도 전문가는 없고 얼치기 공무원이 판을 쳐 화를 자초한 것이라고 본다. 해양구조전문가는 어디갔는가? 기획이나 하는 펜대 굴리는 자들이 무슨 해양수산전문가란 말인가? 마지막으로 대통령께서 국가개조를 외치시니 정말로 기대하고자 한다. 국가윤리,공직자청렴,행정시스템,부정청탁금지 등 국가정의를 이룩해야 한다. 무사안일의 관료적폐를 하루빨리 혁신하는 것이 국가개조의 첫번째다. 지금 중요한 것은 말로만 외치고 호통만 치는 위장자들이 아니라 실천행정,위민행정,원칙행정을 겸비한 공복들이 필요한 때이다.

23. 관료망국론

오늘날 행정은 대단히 복잡하고 전문화되어 관료들이 국민을 대신하여 보다 높은 수준의 공공행위를 하고 있다. 행정은 관료들에 의해 행해지는 것이기 때문에 행정의 내부의 조직과 전체로서의 행정조직을 구성하는 개개인의 윤리관, 가치관, 사고방식 등은 행정전반의 윤리구현 수준에 절대적인 영향을 미치게 된다. 즉 관료로서 공직자의 윤리적 수준은 청렴윤리와 밀접하게 관련되어있고 정치·경제·사회 각 분야에 지대한 영향을 미치게 된다. 그런데 행정윤리는 행정책임성의 확보를 위해서 관료 개개인 책임성있는 의식이 필요하다고 본다. 이러한 책임과 청렴윤리가 실종되면 국가는 흔들리고 국민은 국가를 불신하게 된다.

작금의 국민들의 정부를 향한 집단적 불신이 하늘을 치르고 있다. 세월호 사건에서 장관이 라면을 먹는 행태나, 관료들이 기념사진을 찍겠다고 난리치거나 정치인들의 홍보성 꼴불견 등은 그래도 원래부터 한국공무원들이 저런데 뭘그래 라고 자위하겠지만 관경유착이나 관리들의 안전불감증,비리,부패 등은 참을 수 없다. 수많은 젊은 이들이 청춘을 꽃피우지도 못하고 가야만 하다니 이게 누구 책임인가? 우리실종자·희생자가족만이 분노하는 것이 아니다. 이번에는 국민들이 울고 있다.너무 속았다. 세금냈는데 죄인으로 살아가는 심정이다. 미래를 책임질 청소년들이 분노하고 있다. 조금만 감시 감독했더라면 이런 비극적 사태는 막을 수 있지 않았나 하는 미련이 있지만 관료들은 이를 외면했다.

이번 사태는 전적으로 관료들의 무책임,부정에서 발생했다. 먼저 기초적인 안전점검도 건성 건성하고 그 이면에는 추악한 돈봉투로 부당거래를 한 관료들의 책임이 첫째 원인이라고 지적된다. 외부감사보고서나,관리감독,안전교육 등 모든 것이 철저하게 이뤄지지 않고 대충하고 합격도장을 찍어주니 이런 대재앙이 발생했다고 본다. 이번에 사고를 저지른 해운회사를 감독기관인 해양경찰청·해양수산부의 전국 여객선 점검도 엉터리로 밝혀졌는데, 한 시민단체가 당시 점검 서류를 살펴보니 목포 해경은 2시간 40분 동안 12척의 여객선을 점검했다고 적어놨다. 이것은 1척당 13분이니 공무원이 배에 올라가 배가 어떻게 생겼는지 보기만 하고 내려와서 합격도장을 찍은 꼴이다.

두 번째는 극단적 이기주의,한탕주의,배금주의가 한국사회의 병으로 확산되고 있다는 것이다. 이번에 세월호 선장·선원들은 자기내 목숨만 살겠다고 승객들을 방치한 채 배를 탈출했다. 그래서 선장은 공공의 적이 되기에 충분했다. 그러나 선장의 문제를 누가 키웠는가? 우리사회의 병폐와 병든 문화가 화를 자초하지 않았는가?

남이 죽든 말든 상관않는다. 위험순간에 승객을 구조해야한다는 신사도 정신도 없다. 1859년 작가 새뮤얼 스마일스가 지휘관의 희생정신을 기린 일명 "버큰헤드 정신"을 강조한 책을 썼는데 그 내용은 다음과 같다. 1852년 2월 남아프리카공화국 케이프타운 근처 바닷가에서 영국군과 그 가족 700여명이 탄 영국 해군 수송선 버큰헤드호가 암초에 부딪혀 좌초했다. 그런데 구명보트는 180명만 탈 수 있는데 서로 살려고 보트를 탈려고 하자 함장은 여린이와 여성을 먼저 탈출시키고 함장을 비롯한 군인 470여명이 검푸른 바닷물속으로 사라졌다. 그 후 이 버큰헤드정신은 영국의 정신이고 규범이 되었고 지금도 영국사회에 정신문화로서 자리잡았다. 임진왜란때 왕은 먼저 의주로 도망가고 6·25전쟁시 한강철교를 폭파시켜 수많은 국민을 죽인 우리나라 위정자들의 행태와는 너무나 대조된다.이기주의와 한탕주의가 우리사회문화로 자리잡혀 있어 인명경시 풍조가 만연하다. 4만달러의 국민소득, 세계11위의 경제대국이 정교한 행정시스템에 의해 움직이지 않고 오직 대통령 한사람의 명령통일에 의해 움직인다면 관료제도의 무능을 혁파해야 할 것이다.대통령은 고뇌하고 열심히 국사를 위해 불철주야하지만 나머지 100만명의 관료들은 무엇을 생각하는가? 관료로 인해 망국의 길을 간다면 국민은 어떻게 해야 하는가? 우리사회는 언제 또 대형사고가 나서 수많은 목숨을 앗아갈지 모른다. 전문가들은 우리나라 곳곳에 재앙 일보 직전의 임계점까지 가 있는 곳이 한 두곳이 아니라고 한다.

이제 관료에게만 책임을 전가해서는 안된다. 정부만 한탄해서도 안된다. 국민이 감시해야 한다. 시민사회가 작동해야 한다. 언론의 환경감시기능만이 이 관료행태와 적폐를 교정할 수 있을 것이다. 대한민국의 검찰과 감사원이 파사현정의 자세로 좌고우면하지 말고 관료부패를 도려내야 할 때이다.

24. 국회의원특권 내려놓기

10년전 대학강사 시절 의정활동을 열심히 하는 국회의원에게 후원금을 기탁한 적이 있다. 대학강사 신분으로서 당시로서는 큰 돈을 쾌척한 것은 눈치 안보고 소신있게 의정활동하는 모습과 특권의식이 없는 그에게 매료되었기 때문이다. 과거 모 국회의원은 국회도서관에서 밤새며 자료와 책을 보며 의정활동에 임했다고 한다. 또한 불의에 항거하기도 하고 부정부패에 싸우기도 한 의원도 있다. 그러나 그렇지 못한 국회의원들이 너무 많아 국민들의 불신과 비난이 팽배하고 국회무용론까지 나오기도 한다. 그 원인은 무엇인가? 일반 국민에게는 상상할 수 없는 권한탓이라고 본다. 절대권력에 부패는 탄생하기 마련이다. 우리나라 국회의원은 너무많은 특권이 있다고 한다. 물론 외국 국회의원들도 이런 권한을 가졌겠지만 우리나라처럼 특권의식과 권위주의에 물든 경우는 없을 것이다. 우리나라 헌법은 국회의원에게 면책특권과 불체포특권이 있다. 불체포특권은 우리나라 헌법44조에 규정되었는데 즉 "국회의원은 현행범인인 경우를 제외하고는 회기 중 국회의 동의없이 체포 또는 구금된 때에는 현행범이 아닌 한 국회의 요구가 있으면 회기중에 석방된다고 규정하고 있다" 또한 45조는 "국회의원은 국회에서 직무상 행한 발언과 표결에 국회외에서 책임을 지지 않는다"고 면책특권을 부여하였다. 그러나 이런 특권조항을 악용하여 부정부패에 연루된 동료 국회의원을 감싼다든지, 문지마식 폭로, 인신공격적 비방을 서슴치 않았다. 모든 권력은 국민으로부터 나온다는 헌법규정에도 불구하고 우리국민에게는 없는 이런 권한을 가진것은 평등권에도 위배된다고 본다.

지난 3일 김한길 민주당 대표는 국회의원 특권개혁방안을 발표했다. 그동안 정치계가 추진해야할 개혁방안중 하나라고 볼 수 있는 이번 개혁방안은 상당히 혁신적인 내용도 담고 있는 것으로 나타났다. 먼저 국회의원 출판기념회에서 챙기는 수익금이다. 억대가 넘은 큰 규모의 자금을 벌 수 있어 국회의원들이나 정치지망생에게 손해 볼 것 없는 호기인 셈이다. 본인 스스로 쓴 책도 있겠지만 대필업자에게 맡겨 출판하는 경우가 태반이라고 한다. 이러한 정치인들의 출판기념회 비용·수익과 관련, 정치자금법에 준해 선거관리위원회에 신고하고 관리 감독을 받게 해서 회계 투명성을 높이기로 했다는 것은 늦은 감이 있지만 잘한 일이다. 또한 공직자 행동강령처럼 국회의원들도 5만원을 초과하는 선물이나 향응을 받지 못하도록 했고 식사도 3만원 이하만 허용한다고 한다.

이외에도 지난해 국회에 제출된 이른바 김영란법(부정청탁 금지 및 공직자의 이해충돌 방지법)을 2월 국회에서 통과시켜 부정부패 근절을 위한 공직자의 엄격한 윤리규정을 국회의원에게도 적용키로 했다고 한다. 이것은 100만원 이상 받으면 대가성이 없더라도 직무 관련 금품을 받은 공직자에게 '3년 이하의 징역이나 3000만원 이하의 벌금' 부과하는 것을 의미한다.

그리고 주민소환제를 실시하려고 한다. 현재 주민소환제는 지자체장 및 지방의원에 적용되고 있는데 국회의원도 적용하려고 한다.

국민소환제는 소환을 통해 재신임을 물을 수 있는 민주적인 견제장치라고 할 수 있다.

그리고 국회의원 윤리감독위원회 설치라고 볼 수 있다.이것은 국회의원과 보좌관의 윤리 준수 및 부정부패 감시를 위한 상설 조직이라고 볼 수 있다. 의회·정부·정당으로부터 독립적이고 법적 규정력을 지닌 기관으로 설치하여 의원이나 정치인들의 선물 및 향응, 출장, 경조사와 후원회 등 현재 문제가 되고 있는 사안에 대해 국회 윤리감독위원회에 보고하도록 하고 조사를 받도록 하는 것이다.

위와같은 개혁방안은 여야가 합의만 하면 당장 시행될 가능성이 있다. 그러나 면책특권이나 불체포특권은 헌법을 개정해야하는 문제이기 때문에 쉽지 않다. 중요한 점은 정치개혁이 국회기능이 활성화하고 자율적이고 독립적인 의정활동을 할 수 있는 방향으로 나아가야 한다는 것이다. 의정활동이 너무 위축되서도 안되며 선거때표를 의식하여 잠깐 홍보하는 식으로 끝나서도 안될 것이다. 이번 정치개혁방안을 여야가 진지하게 숙고하여 시행하여야 할 것이다. 이번 특권개혁방안이 정치문화의 선진화와 시금석이 될 수 있길 국민의 한 사람으로서 기대해본다.

25. 정보보호와 관리

군사정부와 권위주의 정권하에서 우리 국민들이나 시민단체는 정보의 접근권이 목말랐다. 관료는 정보를 틀어쥐고 내놓지 않아 시민들은 행정정보가 어디에 있는지 조차 몰랐던 시절이었다. 자치단체장들의 판공비가 어디에 어떻게 쓰여지는 지도 궁금했다. 2000년대

들어 국가기관이나 자치단체에 정보공개가 인정되고 여기저기서 정보공개요구는 분출하였고 민주주의 꽃처럼 만개했다. 그러나 요즘은 정보공개보다는 보호가 더 중요한 이슈가 되고 있다. 최근 국내 3대 카드사들의 잘못으로 개인정보가 유출됐고 이로 인해 카드 소유자들은 불안을 감추지 못하고 있다. 이번에 KB국민카드·NH농협·롯데카드의 카드사 고객중 유출 사실을 통보해야 할 대상은 총 8,245만 명이라고 한다. 어마 어마 한 숫자다. 이 중에는 공무원도 100만명이 넘는다고 한다. 어제 새누리당 이상일 국회의원의 '개인정보 유출신고 및 제재'발표에 따르면 지난 2009년부터 2013년까지 5년간 금융회사, 기업, 공공기관 등 58곳에서 약 1억 3,752만건의 개인정보가 유출됐다고 한다. 또한 개인정보 유출사고를 기관별로 살펴보면, 금융회사·이동통신사 등 기업에서 약 1억 3,313만건의 개인정보가 유출됐으며, 이 가운데 은행·카드사 등 금융회사가 유출한 개인정보는 1억 651만건이고 관공서·공기업 등 공공기관에서도 439만건의 개인정보가 유출됐다고 한다. 유형별로 보면 개인정보 위탁업체의 범죄행위로 인한 유출이 1억 410만건으로 가장 많고, 다음으로 홈페이지·웹서버 등 해킹에 의한 유출 3,027만건, 내부 직원의 유출 220만건, 업무 목적 외 유출 92만건, 내부 직원의 단순 실수 2만건 순이라고 한다. 이와 같은 정보 유출문제는 우리나라만이 아니라 미국 등 선진국에서도 발생하고 있는데 미국 연방정부와 민간 조사기관에 따르면 지난해 말 유통업체에서 발생한 고객 정보 해킹 사건으로 고객 4천만 명의 신용카드와 직불카드 등 금융 정보가 유출됐고 주소, 전화번호 등 개인정보 7천만 건이 빠져나갔다고 한다. 이와 같이 정보 유출은 국적을 불문하고 한번 터지면 수천 수억의 정보가 새나가는 특징을 가지고 있다. 이와 같은 원인은 먼저 정부와 국회에 있다고 본다. 개인정보를 보호하는 허술한 법규나 관리규정이 이런 사태를 만들었다고 본다. 한 예로 개인정보를 규율하는 법률이 신용정보보호법,전자금융거래법,개인정보보호법 등으로 나뉘어져 있어 금융현장에서는 혼란과 혼선을 가져올 수 밖에 없다. 특히 주민번호를 암호화할 때 개인정보보호법은 금융회사별로 데이터베이스에 암호화하여 저장하라고 규정하고 있다. 그러나 특별법인 신용정보보호법이나 전자금융거래법은 명확한 규정없이 개인정보를 암호화 한 형태로 송수신해야 한다고 규정하고 있어 혼란이 있다. 주민번호 의무화가 법적효력이 있는 것도 아니지만 행정당국의 임의적 지침이 금융회사의 개인정보보호를 규정하고 있는 셈이다.

또한 해당 카드사의 무책임,무대책도 원인으로 지목되고 있다. 고객정보보호에 최선을 다해야 함에도 불구하고 관리감독의무를 해태한 책임이 크다고 볼 수 있다. 그동안 개인정보를 유출한 58개의 금융회사, 기업, 공공기관 중 과태료 처분을 받은 곳은 13개에 불과했고 경고·주의 등 시정조치를 받은 곳은 14개이고, 나머지 31개 금융회사, 기업, 공공기관은 징계를 받지 않았다고 한다. 이것은 결국 송방망이 처벌로 징계를 가볍게 생각하고 있는 것이 문제이다. 미국은 지난 2006년부터 17개 부처가 참여하는 태스크포스를 운영하고 정보를 빼낸 해커에게는 징역 20년 등 중형을 선고했다고 한다. 최근 경제부총리는 향후 고객정보유출방지를 위해 과징금을 부과한다고 하는데 효과가 있을지 의문이다. 따라서 이번 카드사 정보유출을 계기로 정보보호 법체계를 단일화하고 제재나 벌칙도 강화되어야 할 것이다. 무엇보다도 금융기관들의 고객에 대한 과도한 정보 보유를 금지해야 할 것이다. 이미 해지한 사람이나 사망한 자의 개인 정보는 즉시 삭제해야 할 것이다. 또한 실질적인 손해배상과 정보유출

기관의 책임이 중요하다. 법원도 정보유출 손해배상액을 상당히 높여 정신적 손해를 인정해야 할 것이다. 그러나 무엇보다도 금융기관 임직원들의 정보보호 직업윤리의식의 강화와 정보 보호의 중요성을 인식하도록 노력해야 할 것이다.

26. 율곡의 십만 양병론

십만 양병론은 1574년(선조 7년) 만언봉사(萬言封事)와 1583년 4월(선조 16년) 경연석상을 통해 율곡 이이가 제안하였다. '10년이 못 가서 땅이 무너지는 화가 있을 것'이라고 1574년과 1583년, 두 번을 강조하고 있다. 율곡의 10만 양병론은 1592년 임진왜란이 발발하기 10년 전에 전란을 내다보고 주장한 것이라고 볼 수 있다. 그런데 율곡이 주장하고 있는 10만 양병론의 배경과 목적은 겉으로는 외세를 대비한 국가방위 전략이지만, 그 내면에는 천재지변을 민심의 동요 요소로 본 민란에 대한 우려와, 각종 사화를 거치면서 당파싸움으로 인한 종묘사직의 위태로운 안위를 경계하여 만들어낸 국내 변란 예방 차원의 국방전략이었다. 이에, 10만 양병론은 이른바 현대적 의미의 전략적 국가동원과 그 맥을 같이 한다고 '율곡의 10만 양병론'을 연구한 정남채 학생군사학교 교수는 주장하고 있다.

당시 선조로부터 의견 독촉을 받은 율곡은 선조 7년 (1574) 1월에 우부승지(右副承旨)로서 흰 무지개가 해를 관통하는 변고와 같은 재변의 원인을 없애기 위해 만언봉사(萬言封事)를 저술해 바쳤다. 만언봉사(萬言封事)란 '누설되지 않도록 밀봉한 1만 자에 이르는 상소문'이란 뜻이다. 국정자문의 성격을 띠고 있다.

율곡의『만언봉사』는 선조의 요구에 따라 저술된 상소문이다. 당시 천재지변이 자주 일어나는 것을 자신의 부덕(不德)때문이라고 여긴 선조는 조정의 신하들과 초야의 선비들에게 조언을 구했다.

율곡은 선조의 교지(敎旨)와 수교(手敎)에 부응하고자 서술한『만언봉사』의 제일 첫머리에서 다음과 같이 상소를 시작하고 있다.

"정치에는 때를 아는 것이 소중하고, 일에는 실(實)에 힘쓰는 것이 필요하다(政貴知時 事要務實)."

때를 아는 것이 중요하다고 한 것은 율곡의 시대 인식 때문이다. 율곡은 당시를 일대 경장(更張, 즉, 개혁)이 필요한 시기라고 보았다. 조선 건국 초기의 역동성은 사라지고 대외 문물교류의 필요성은 절박한데도 오히려 백성의 삶은 피폐해지고 국방력은 소진되어 가고 있었던 시기였다. 율곡은 조선 초에 "조종(祖宗)들께서 입법(立法)하시던 당초에는 극히 빈틈없었던 것"이라도 "200년이 지나는 동안 때로 바뀌고 일도 변화하여 폐단이 없지 않게 되었다"고 분석하고 이제 이를 "불을 끄고 물에 빠진 사람을 구해주듯 서둘러 개혁해야" 한다고 주장했다. 그러면서 그는 "다하면 변하고 변하면 통한다(窮則變 變則通)"는 옛말을 인용해 놓았다. 그리고는 곧바로 변(變)하고 통(通)하게 하기 위한 방법론으로 무실(務實)을 제시하였다.

율곡은 일을 이룸에 있어서 실(實)에 힘쓰기 위해서는 사람이 먼저 실(實)해야 한다고 주장했다. 또한 실(實)은 실공(實功 : 실천, 씨가 있어서 힘이 있음)이라는 것이다. 율곡사상을 연구한 황의동은 율곡의 실공을 다음과 같이 해석한다. "실공이란 실질적인 노력이요 실천성을 의미한다. 말뿐이 아닌 행동이요 이론만이 아닌 실천궁행을 의미하는 말이다. 적어도 율곡은 당시대의 모순을 경장(更張)함에 있어서 이 실천성의 미흡, 공리공론의 폐단을 통감했던 것으로 보인다." 율곡은 말뿐인 경장(更張)이나 형식적인 개혁(改革)이 아니라 실질적인 변통(變通)을 통해서 실효(實效 : 꽉 차서 쓸모가 있음)를 거두고자 했다. 또한 율곡은 "백성을 다스리는 관리들에게 있어서 가장 중요한 덕목은 청렴과 근면"이라고 공직자의 청렴성도 강조했다. 그는 "벼슬이란 남을 위한 것이요 자기를 위한 것이 아니라"고 주장했다. 최근 여야 정치권은 종북 논쟁만이 아니라 정치력이 실종되어 대치상태가 계속 이어지고 있다. 우리정부가 할 일은 많은데 조선시대 당파싸움처럼 오늘날에도 이어지고 있다. 이것은 국론을 분열하고 국력을 낭비하는 행위라고 본다. 이 와중에 일본은 자위대의 해외파병을 통해 군사력을 강화하고 있고, 미국과 중국은 부국강병의 길로 가고 있다. 무실과 경장을 중시했고 공리공담과 부정부패의 폐해를 강조한 율곡의 가르침을 인식해야 할 때이다.

27. 선거구조정과 정당공천무용론

국회의원에 당선되면 200가지 특권이 기다린다고 한다. 그래서 서로 하려고 이를 갈고 출마하고 있다. 국회의원 금뺏지 하나 달려면 눈두렁 정기라도 있어야 한다고 한다. 정치실력자라면 낙하산으로 내려와 쉽게 당선되지만 현실은 그렇지 못하다. 어떤 사람은 수십년 절치부심하여도 선거에 낙선되어 패가망신하는 경우도 주위에서 자주 본다. 그래서 선거구획정은 목숨보다도 중요하다. 1812년 미국 메사추세츠 주지사 게리는 자신이 소속된 정당의 의원에게 유리하게 선거구를 정하자 그 형태가 그리스신화에 나오는 샐러맨더(salamander;불 속에서 산다는 전설의 불도마뱀)와 똑같다고 개리만

더링이라하여 선거구를 무원칙하고 멋대로 고치는 것을 일컫는 말로 여겨졌다.

지난 12일 충청권에 기반을 둔 국회의원들이 "비정상적인 선거구를 조정해야한다"고 기자회견을 열었다. 여당의 최고위원인 모 국회의원은 "헌법재판소에서 표의 등가성이 훼손되고 있다는 것을 판결로 확인해주면 충청권의 선거구 증설 요구가 탄력을 받을 수 있는 만큼 헌법소원 심판 청구를 검토해 나갈 것"이라고 말했다. 또한 "표의 비등가성과 지역 간 대표성의 불균형으로 민주주의 기본원칙이 훼손되고 있다"며 "인구수를 선거구 획정에 가장 우선적으로 고려하는 합리적인 선거구 재획정 등이 필요하다"고 주장했다. 충청권 의원들은 "충청권 유권자 1표의 가치가 홀대받고 있다"고 주장한다. 그런데 19대 대전 선거구 당 평균 인구는 25만3천412명인데 반해 서울 21만4천204명, 인천 23만4천452명, 경기 23만563명보다 많은 전국 최고로 높은 수치였다. 즉 대전이 광주보다 인구가 5만 명이 더 많지만 선거구는 2개가 적고, 선거구수가 6개로 같은 울산보다 대전이 인구가 40만 명이 더 많다고 한다. 야당도 충청지역 선거구 조정 문제 등 지역 현안 해결을 위해 중앙당 차원의 지원을 건의했다고 12일 밝혔다.

최근 충청권은 청주통합시 출범, 세종권 행정 벨트, 대전광역시 인구확대 등으로 발전을 가속화하고 있어 인구나 규모면에서 조만간 호남권이나 영남권을 앞지를 수 있지만 국회의원 수나 예산배분 등의 불균형으로 인하여 불만이 고조되고 있는 실정이다. 충청도민은 그동안 영호남출신 대통령 배출에 들러리 역할만 하고 아무런 공도 없이 푸대접만 받아왔다. 기껏해야 국무총리로 만족했다. 이제는 여야가 합리적으로 선거구를 조정하여 충청권출신 국회의원을 한사람이라도 더 배출하여 지역발전에 동참하도록 해야 한다.

이와 함께 내년 지방자치선거에 있어서 정당공천제도를 보완해야할 시점에 왔다.

지방자치선거에 있어 정당공천을 실시하는 것은 지방의 신진 정치세력이나, 정당지도자들을 당선시켜 정당정치를 구현하는 제도라고 볼 수 있으며 지방자치단체장의 독주를 견제할 수 있는 통제장치라고도 볼 수 있다. 그래서 정당공천을 통해 당선된 인사들이 지역사무와 국가사무간의 유기적 관계를 형성할 수 있다. 그러나 진정한 주민의 풀뿌리민주주의를 구현하기위해서는 지역주민의 의사와 관심을 가지며 일을 도모해야 하는데 중앙정치가 개입된다면 진정한 지역정치가 훼손되기 쉽다고 본다. 지방자치는 분권정치다. 분권행정을 실시하기위해서는 지역일꾼이 당선되어 지역 발전과 특성을 위해 노력해야 한다고 본다.

정당공천은 중앙집권적인 측면이 다분하기 때문에 지방자치단체는 중앙당에 예속될 수밖에 없다고 본다. 이와 함께 특정정당이 지방의회를 독차지하여 자치단체장과 지방의회간의 견제나 균형장치가 깨지고 있는 실정이다. 현재 영남이나 호남 등 지방의회는 특정정당이 다수를 차지하고 있어 문제가 매우 심각하다.

지방의회의 자치단체업무 견제나 감사는 행정의 투명성이나 예산낭비 심의 등을 위해서도 중요하다고 본다.

우리나라는 지방선거 한번 출마하려고 해도 수억 수십억이 든다고 한다. 따라서 선거의 과열과 혼란, 부정부패가 심각한 지경에 이른 작금의 정단공천선거의 폐해를 직시하여 이를 폐지하는 것이 필요하다.

28. 국가정보원의 정치적 중립과 의무

국가의 안전을 기획하고 정보를 수집하는 국가정보원의 임무는 그 업무의 특성상 정치적 중립성을 지녀야 한다. 미국 CIA 영국 M16 그리고 이스라엘 모사드 등 해외 정보기관들은 국가안보의 정보를 위해 밤낮없이 음지에서 일하고 국민에게 최종적 책임을 가진다. 정권이 바뀌더라도 이들 정보기관의 임무는 흔들리지 않고 본연의 업무에 충실하고 있어 찬사를 보내고 있다. 물론 우리는 이들 나라의 정보기관들의 정보수집력의 우수성, 국가안위를 위한 조사분석 업무에도 칭찬을 아끼지 않고 있다.

최근 국가정보원이 여야 정치권 뿐만 아니라 국민에게 여러 가지 눈초리를 받고 있다. 즉 국정원의 대선당시의 선거개입문제와 노무현 전 대통령의 북방한계선 발언문제로 여론이 요동치고 있다.

먼저 국정원의 대선 개입과 경찰의 축소수사 의혹이다. 이 문제는 국정원 여직원의 선거관련 댓글로 시작되었고 경찰의 졸속수사와 수사발표로 의혹을 산 것이 쟁점이었다. 검찰의 수사로 전 국정원장과 전 서울경찰청장이 불구속 기소되었는데 이에 야당과 언론 시민단체에서 반발이 그치지 않고 있고 이에 여야는 최근 국정조사에 합의하였다. 또한 2007년 노무현 김정일 정상회담의 대화록의 공개로 여야가 사투를 벌이고 있다. 여당은 노 전대통령의 발언을 반역행위로 몰아붙이고 있고 야측은 북방한계선을 포기한 적이 없는데 여당이 정치화하였다고 주장하고 있다.

그런데 국정원의 대화록 공개는 그 부작용도 상당하다. 먼저 대통령기록물의 공개기준이 어느선에서 결정되는지도 문제이고 대통령이 정상회담에서 나눈 대화록을 이렇게 쉽게 공개할 수 있는 것인지도 걱정된다. 물론 국민들의 알권리라든지 국론분열의 해소를 위해 공개가 필요하겠지만 이번 국정원의 공개결정은 어딘가 개운치 않다는 느낌도 있다. 만약 우리나라 대통령과 해외정상들과의 회담내용을 일일이 공개한다면 누가 허심탄회하게 대화를 나누고 신뢰하겠는가?

국정원은 국정원 스스로 열심히 하였다고 하지만 결국 이렇게 정치적으로 전략적으로 휘둘린 점은 비난받아 마땅하다. 앞으로 국정원이 살려면 정보수집 본연의 임무에 노력하고 정치적 중립을 지켜야 할 때이다. 이제 탈 냉전시대에 있어서 정보기관들은 새로운 정보패러다임을 요구하고 있다. 과거의 군사정보나 정치공작에의 관심에서 벗어나 산업정보, 경제정보, 환경 테러 등에 중점을 두고 있다. 우리나라 국정원도 과거의 정치공작의 오명을 씻고 새롭게 환골탈퇴하는 모습이 필요하다. 이를 위해 먼저 국정원은 대북정보수집에 국한하여 업무를 수행하여야 한다. 국정원의 설립목적도 국가안보를 기획하고 대북정보수집인데 역대정권에서 국정원을 정권유지의 해결사 역할을 하도록 했다는 것이 부끄럽다. 두 번째는 정권이 바뀌어도 흔들리지 않도록 직원의 신분보장과 인사권의 독립이다. 이와 같은 인사권이 확보되질 못하면 정권이 바뀔적마다 국정원이 흔들릴 수 밖에 없다는 사실이다. 세 번째는 국정원의 기능과 조직을 정보전문가를 양성하는 기관으로 개편하여야 한다. 국경없는 시대에 살고 있는 이때 국정원이 살길은 전문성 배양밖에 없다. 원장부터 정보전문가가 되어야 한다.

이번 일을 계기로 국정원이 진정으로 거듭 태어나는 계기가 되어야 할 것이며 다시는 정치권에 좌고우면하는 일이 없어야 할 것이다.

29. 공직자 윤리

　인간은 사회적·정치적 동물이며, 인간의 사고력과 지식의 발전은 현대사회를 대규모화·복잡화되게 하였다. 이에 사회적 존재로서의 인간은 언제 어느 곳에서건 여러 가지 규범의 제약을 받으며 살게 되었다. 이러한 제 규범은 관습과 법 그리고 도덕 및 윤리로 대별되며, 이중 가장 기본적인 것은 윤리라 할 수 있다. 그 이유는 도덕 또는 윤리가 관습 또는 법을 평가하는 기준이 되기 때문이다.

　윤리(ethics)라는 용어는 아리스토텔레스가 사용한 희랍어 ethos에서 유래한 것으로 다양한 의미로 정의된다. 이러한 윤리에 대한 정의들은 대체로 도덕, 가치, 규범 등과 유사한 의미로 혼용되어 사용되고 있다.

　도덕은 어떤 이성적 관념의 체계에 속하는 것이 아니라 인간사회의 일반적 생활양식, 즉 풍습에서 유래하는 것이며, 윤리와 도덕은 문화적 산물이다. 규범은 사회적 혹은 개인적으로 수용 가능한 특정적·묵시적 기준으로 윤리, 도덕과 같은 범주에서 파악될 수 있는 것이다. 결국 윤리란 도덕, 규범, 의무 등과 비슷한 의미로도 사용될 수 있다. 또한 윤리와 혼동되는 용어로서 가치가 있다. 이는 주관적인 관념세계에서만 일어날 수 있는 것으로 동기를 유발시키는 힘을 가진 바람직한 것이며, 개인의 마음·지각·의식의 기능을 말한다.

　즉 윤리(ethics)란 일반적으로 사람이 지켜야 할 행위의 규범으로서 사회생활을 하는 사람들이 무엇을 어떻게 할 것인가에 대한 준거를 제공하는 것이다. 공직윤리는 행정행위에 요구되는 가치기준으로서 공직윤리나 행정이념과는 거의 같은 개념으로 쓰인다고 할 수 있다. 최근 청와대 대변인이라는 사람이 대통령의 미국 방문길에 어린

여학생을 성추행하여 나라 망신을 시켰고 국민들이 공분하고 있다. 이것은 공직자의 자세나 도리가 아닌 부끄러운 행위라고 볼 수 있다.

조선시대 다산 정약용은 목민심서에서 "관리는 너그럽고 엄정하게 처리하라"고 하였다. 그는 "엄정하게 하는 근본은 자기 몸을 바르게 하는 것이다. 자기 몸이 바르면 명령을 내지 않아도 바로 행해질 것이고, 그 자신이 바르지 못하면 명령은 행해지지 않는다"(.束吏之本 在於律己 其身正 不令而行 其身不正 雖令不行) 주장했다. 또한 다산은 이끌어주어도 깨우치지 못한다면, 가르쳐도 개전이 나타나지 않는다면 마침내 거짓을 행해 큰 해악을 끼치거나 농간을 부리는 자는 형벌로써 처리해야 한다 "(誘之不牖 敎之不悛 怙終欺詐 爲元惡大奸者 刑以臨之)고 강조했다.

조선시대 남녀간에는 유교사상의 영향으로 성규범이 엄격하였다. 그러나 조선 후기 성문제는 국가적 문제로서 혼외의 모든 성관계를 일체 범죄로 규정하고 있다. 오늘날 강간죄나 성희롱죄는 당시에도 엄벌에 처했으며, 화간 또한 중히 다스렸다. 간통죄도 중대범죄로 다스렸고 사형에 처한 적도 있다. 이러한 성관계범죄를 엄히 다스리는 것은 남녀 계급사회구조의 단면을 여실히 드러낸 것이라고 하지 않을 수 없다. 유교의 사상, 부부유별의 도덕관념, 보수적 가족관계 등이 여성 성범죄를 통제하였다고 본다.

이번 사건을 통해서 인사가 만사라는 생각을 다시 한번 일깨우게 한다. 공직자들은 평소 윤리와 처신을 잘하도록 노력하여야 한다. 공직자가 공직자로서 그 역할을 다 하지 못한다면 어찌 국민이 공직자를 신뢰하겠는가? 그 공직자밑에는 그 나라도 존재하지 않는 다는 사실을 알아야 할 것이다.

30. 남북갈등의 해법

북한의 위협이 계속되고 있다. 핵미사일로 한국뿐만 아니라 미국
도 공격할 수 있다는 능력을 과시하고 있고 미국의 언론이나 오바마
정부도 이를 심각하게 받아들이고 있는 실정이다. 일본 또한 이를
구실로 군사 우경화경향을 가속화하고 있다.

최근에는 남북화해와 경협의 상징이라고 할 수 있는 개성공단이
문을 닫고 있으며 극한 상황으로 치닫고 있다.

남북간은 과거 김대중 정부와 노무현 정부때 화해와 교류 협력의
장을 만들어 오다가 이명박 정부때 결정적으로 금이 갔다. 그러다가
박근혜 정부와서 최악의 상황에 봉착하고 있다. 남북한의 인식의 지
평이 멀어지고 상호 정치체제를 부정하여 문제해결은 어려운 실정
이다.

이러한 원인은 어디서 비롯된 것인가? 먼저, 북한체제를 정확하게
사실에 접근하지 않고 보도매체에 휘둘린 결과가 크다. 청와대, 정
치권 심지어 북한 연구를 한다는 전문가들도 정확하고 실증적인 내
용을 모르고 북한체제를 피상적이고 논리적 추론등에 메여 상대를
부정하고 매도하는 측면이 강하다. 특히 일부 신문과 종합편성 케이
블방송들이 북한 김정은 체제에 공격을 가했다. 김씨왕조의 붕괴를
재촉하기 위해 여론몰이식 비난을 가했는데, 북한도 이에 대응하여
한반도 불안에 불을 지폈다고 본다. 이와 같이 북핵 위협이 가속화
된다면 동북아 정세는 더욱 악화될 수 밖에 없다. 미국은 이를 구실
로 북한 공격에 정당성을 찾을 수 있고 일본도 군국주의로 치달을
수 있다. 중국도 1961년 7월 북한과 체결한 '중조우호협력호조조약'
에 의거 군사동맹으로서 북한을 돕기 위해 미국을 상대로 무력충돌

과 전쟁을 할 수 밖에 없다. 이렇게 된다면 한반도의 전쟁 발발 및 혼란은 명약관화한 사실이 될 것이다. 평화와 안정을 공고히 하기 위해서는 이와 같은 극단적 외길을 택해서는 안된다. 그렇다면 긴장을 풀 어떤 해법이 필요할까? 첫째, 북한체제의 인정과 인도적 호혜교류가 계속되어야 한다. 박근혜정부의 신뢰프로세스는 평화와 공동발전을 위해 남북한 체제의 신뢰회복과 북한주민을 위한 인도적 지원이 수반되어야 성과를 거둘 수 있다.

둘째, 상호신뢰를 위해 상시적 대화를 하도록 해야 하고, 중국 등 주변 강대국과의 긴밀한 협력을 강화하여야 할 것이다. 북한 변화를 위해 계속적인 대화와 교류협력이 필요하다. 북한이 긴장을 유발하고 핵위협을 하더라도 북측과 유화적인 관계를 모색하고 중국과 미국 등 국제사회의 협력을 이끌어 낼 수 있는 방안을 강구하여야 한다.

셋째, 북한 변화를 위해서는 정권이 바뀌어도 통합된 통일 로드맵에 의거 지속적인 통일정책이 필요하다. 보수정권이나 좌파정권이 들어서더라도 북한정부와 신뢰관계를 유지하고 인도적 지원이 지속되어야 한다. 지금처럼 최악의 남북관계는 조령모개식 통일정책의 산물이 문제라고 본다.

뿐만 아니라 개성공단이나 금강산개발도 다시 부활하여 남북관계를 정상화하여야 할 것이다. 그리고 북한주민의 인권도 중요하다고 본다. 탈북자가 계속이어지고 있다는 것은 북한주민들이 비인간적인 대우도 한 몫 한다고 볼 수 있다.

남북한 관계가 긴장과 강경일변도로 간다면 전쟁가능성은 언제라도 터질지 모르는 휴화산과 같을 것이다. 그렇다면 민족의 염원인

평화통일은 차치하고 국민들의 불안과 혼란은 가중되고 남북한 신뢰 프로세스는 불가능할 것이다. 박근혜 정부가 창조행정, 창조경제를 외치는데 남북한 문제도 예전보다 더 신선하고 개선된 창조관계를 찾아야 하지 않을 까 생각된다. 대통령과 여야 정치권의 초당적인 중지와 지혜를 모을 때이다.

31. 반부패제도 개혁방안

요즘 검찰제도를 비롯한 반부패 개혁방안이 정치권에서 논의되고 있다. 지난 대선에서 야당은 대검찰청 중앙수사부를 폐지하고 공직자 비리수사처를 신설하여 검찰권한 축소 및 통제를 주장했다. 이 제도는 검찰과 권한 다툼이나 법에 규정된 기소권과 상치되므로 실효성을 강화할 수 있을지 의문이다. 시민단체인 참여연대는 "검찰에 집중된 기소권과 수사권을 분산하고, 부당한 결정을 견제하는 시스템을 도입하는 방안도 추진돼야 한다"고 강조했다.

새누리당은 검찰개혁안으로 국회추천의 특별감찰관제를 도입해서 대통령 친인척 및 측근들의 비리와 부패를 근절하겠다고 한다. 이를 위해 독립성 보장을 위해 국회가 추천하도록 하고, 조사권도 부여하겠다고 하였으며 고위공직자의 비리 수사를 위해 상설특별검사제를 도입하겠다고 주장했다. 현재 검찰개혁의 중심은 대검중수부 폐지, 검찰인사제도 개혁, 비리검사 퇴출제도,검경 수사권 조정에 있다고 본다. 검찰제도를 개혁하기 쉬운 방안 중 하나는 인사권 독립이라고 본다. 검찰인사제도는 중립성을 담보할 수 있는 매우 효과적인 수단인데 역대정권이 검찰을 장악해야 국정운용이 손쉬울 것이라고 인식되어 법무장관이나 검찰총장을 충성심 강한 자기사람으로 임명하여 행정공무원이나 기업 등을 다루었다고 본다. 특히 검찰청 소속 현직 검찰관들을 청와대 민정비서관실에 파견 근무하게 하여 대통령의 통치행위에 조력하였다고 본다. 앞으로 검찰권을 새롭게 정립하기 위해서는 독립성과 중립성을 확보할 수 있는 제도적 장치를 수립하여야 한다.

먼저 가장 혁신적 방안은 지방검사장을 선거로 선출하여 검찰권을 청와대가 좌지우지하지 못하도록 하여야 한다. 법무부공무원에서 지역주민의 선거로 당선된 선출직공무원으로서의 권한과 권능을 가지고 독립적으로 수사권을 지휘하게 된다면 선출직의 권한 남용의 폐해라는 우려를 상쇄할 것이고, 시민들이 선출직의 정통성을 부여하게 되리라 사료된다. 그리고 검경과의 수사권 조정은 시대적, 외부 환경적 변화에 걸맞게 하여야 하는데 이를 위해 검찰에는 기소권과 정치경제분분야 수사권을, 경찰에게 강절도, 살인 등 강력범죄에 수사권을 부여하는 방안을 검토하는 것이 제기된다. 방대한 경찰조직에 완전한 수사권을 주는 것은 아직 시기상조라고 보는 학자들이 많다. 사실 경찰권은 업무영역, 인력이나 예산 등을 고려할 때 정부(우리나라의 경우 안전행정부 산하)부처의 산하에서 어느 정도의 통제가 필요하다고 본다. 또한 국민권익위원회의 기능과 역할이 재고되어야 할 것이다. 우리나라와 같이 부패 친화적인 환경이 뿌리 깊은 곳에서는 국민의 의식을 바로잡고 부패행태를 척결하기 위한 특단의 조치가 필요하며, 독립된 부패전담기구의 설치와 그것의 기능 강화가 무엇보다 절실한 과제가 아닐 수 없다고 주장한다. 국민권익위원회는 이명박정부 출범과 함께 탄생했는데 과거 국가청렴위원회를 옴부즈만 기구인 국민고충처리위원회 및 행정심판위원회와 통합하여 출현하였지만, 부패방지기능의 상대적 약화에 기구 존재가 유명무실화하는 것 아닌가 의구심을 가졌다. 시민단체 및 학자들은 반부패 기구로서의 역할을 충실히 수행할 수 있도록 현재의 부패방지 담당부서를 확대개편하고 조사권을 부여하여 공직자 부패조사기능을 강화시켜야 한다고 주장하고 있다. 이를 위해 부패방지기능 강화 및 대국민 홍보를 위한 예산, 인력 등의 대폭 확대할 필요가 있다고 한다. 필자가 볼 때 국민권익위원회는 과거 정부합동민원실이나 국민고충위원회 기능처럼 말 그대로 국민권익구현에 충실할 수 있도록 해야 할 것이다. 이를 위해 그 기능을 재정립하여야 하여야 한다. 즉 행정심판위원회는 법제처나 국무총리실로 이관하고 국민고충민원기능만 다루어야 한다. 부정부패 조사권은 검찰에 맡겨야 효율적이다. 왜냐하면 부패는 수사와 기소권이 반드시 따라야 하며 이는 반부패에 성공한 국가들인 싱가포르나 홍콩, 독일의 사례에서 볼 수 있다. 또한 공직자 재산심사를 실질적으로 검증할 수 있는 장치를 국회 입법조사처에서 담당할 수 있도록 해야 한다고 본다.

32. 군 복무 보상제도 제언

최근 정부는 병역의무를 마친 남성들이 공무원시험이나 취업등에 가산점제를 부활하는 등 군 복무자들에게 그에 걸맞는 보상을 정부가 추진하고 있다고 한다. 지난 1일 국가보훈처는 박근혜 대통령에게 업무보고를 하면서 군복무자에게 공무원이 되거나 공사기업에 취업할 시 3년을 연장해 주는 계획을 보고했다. 또한 국가유공자에 대한 보상 강화 및 의료·요양 등 복지 서비스 확대와 5년 이상 군

장기복무자를 위한 제대 후 일자리 5만개를 확보하겠다고 밝혔다. 군복무 가산점 제도는 국방의무를 한 남성들에게 보상차원에서 마련된 것으로 학업중단이나 희생, 경제활동의 지연 등의 사회적 박탈감을 국가가 나서서 배려하는 현실적인 대안이라고 본다.

우리나라의 군 복무 가산점제도는 1961년도부터 시행되어 오다가 1999년 여성과 장애인들뿐만이 아니라 군대를 못 가는 남성들에 대한 기회균등, 평등권이라든지 공무담임권, 직업선택의 자유를 침해한다고 헌법재판소의 위헌 판결로 폐지되었다. 그런데 미국은 1883년 펜들튼 법에 의거 제대군인의 고용 특혜가 최초로 확립되었으며, 지난 1979년에는 메사추세츠주의 한 여성 공무원 지망자가 미국 연방 수정헌법 제14조(평등권)을 침해한다는 이유로 주 정부가 시행중인 제대군인 가산점 제도에 대한 위헌소송을 제기하였다. 이에 미 연방대법원은 제대군인에 대한 고용우선권은 군필자들의 복무상 희생에 대한 정당한 국가의 보상이라고 하여 합헌 결정을 하였다. 이것은 제대군인들이 전역 후 사회생활로의 복귀를 위한 편의를 제공하고, 애국적 임무수행의 조장 및 충성스럽고 규율있는 인력을 공직자로 확보하기 위한 방안이라고 판결하였다. 우리나라도 신성한 국방의무를 필한 제대군인들에게 국가적 보상을 하는 것이 필요하다는 인식이 확산되고 있는 실정이다.

그러나 이 문제는 그동안 여성계, 장애인 등에게 평등권을 위배하고 고용기회에 차별을 가져온다고 하는 점도 간과할 수 없는 실정이라고 한다. 우리나라 헌법 11조는 모든 국민은 법 앞에 평등하며, 누구든지 성별·종교 또는 사회적 신분에 의하여 정치적·경제적·사회적·문화적 생활의 모든 영역에 있어서 차별을 받지 아니한다고 명시하고 있다.

사실 공무원시험에는 1점이나 2점으로 당락이 결정되기 때문에 신중을 기하여야 하는 문제가 있고 병역미필자에게는 역 차별성을 가져온다고 주장하고 있다.

따라서 국가가 군 복무 가산점제만이 아니라 다양한 방안을 심도 있게 강구해야 하지 않나 하는 시각도 있다.

먼저 군필자들에게 취업시 호봉이나 경력을 인정해 주는 방안을 실시하여 불이익이 없도록 해야 할 것이다.

두 번째는 군복무 기간 동안 국민연금 혜택을 주는 방안을 강구해야 한다.

세 번째, 취업시 군 복무자에게 3년 연장방안은 향후 공기업과 사기업 경제사정, 고용 불안정성 등으로 실익이 없다고 보기 때문에 좀 더 재고해야 할 문제라고 본다.

네 번째는 군복무 후 대학에 복학하는 학생들에게 장학금 혜택이나 등록금인하 등 보훈수혜방안을 강구해야 할 것이다.

군 복무 가선점제도는 분단국가라는 특수성을 고려하여 군제대자들에게 보상을 주고 자긍심과 배려차원에서 확립되었다. 분명 이 제도는 군필자에게는 상당히 매력적인 방안임에 틀림없다. 그러나 장애인 여성들에게 불평등하게 고용기회를 박탈해서는 안될 것이다. 군필자 여성,장애인 모두에게 혜택을 가질 수 있고 납득할 수 있는 방안을 모색하는 것이 중요하다고 본다.

33. 공직자 반부패 패러다임이 필요하다.

해방이후 오늘에 이르기까지 역사를 돌이켜보면 정치가 끊겨진 때는 있었어도 공직부패는 아직도 잔존하고 있다. 민의를 수렴하여 국정에 반영하는 정치는 이익과 권력을 쫓아 제갈길을 가고 있고, 국정감시기능은 상대적으로 미약했고, 오히려 행정에 정치가 부수적으로 종속했다는 인상밖에 주지 못했다. 정치에 대한 국민의 불신풍조가 싹트고 무관심 또는 방관적 태도로 외면해 오는 동안 우리는 관치에 완전히 순치 되어 왔다.

어느 나라고 거의 비슷하지만, 관료와 군대는 국가를 지탱하는 양대 지주라고 볼 수 있다. 명령에 의해 움직이는 방대한 조직과 기술 그리고 우수한 두뇌가 집합한 집단이라고 볼 수 있다. 그 위에 본원적으로 따르는 '힘'이 있는 것이다. 즉 권력의 행사와 집행이 그것이다. 어려운 상황과 질곡의 여건하에서 나라를 세우고 이제는 국제사회에서 당당하게 국위를 내세울 수 있는 공은 행정관료에 돌려도 틀림이 없을 것이다. 그러나 시대가 변하고 나라가 커 갈수록 정비례해서 행정기구는 비대해지고 그 권한이 커갈수록 관폐와 역기능이 나오게 되었던 것이다. 새삼 불미스럽고 불행스러운 과거의 관료폐단을 낱낱이 열거하지 않아도 어떤 부조리와 비위가 관가에 번창하였음은 우리들이 더 잘 아는 바이다.

최근 검찰과 노동부는 유명 대기업의 노조방해에 대하여 압수수색물 분석 등을 통해 위법을 지시한 윗선을 밝히는 데 수사력이 집중하고 있는데 여기에 공직자들도 연루되고 있다고 한다. 경찰도 대기업 경제수사를 하겠다고 하며 실제로 수사하고 있는 실정이다. 평소 박 대통령은 대기업이 소상공인들의 영역까지 침범하는 대형기업을 규제해야 한다고 말한 바 있어 검찰과 경찰 등 사정기관들이 경쟁하듯 반부패 수사에 나서고 있다.

1971년 영국에서 파견된 홍콩 총독 매클로스(Marry Maclehose)는 부정부패를 척결하기 위해 염정공서(ICAC:Independent Commission Against Corruption)란 반부패 기구를 창설하였다. 염정공서는 설립 시 중국인의 관습이나 관례에 어긋난다하여 많은 비판을 받았지만 부패사건의 수사 및 조사권, 사법권 및 구속권이 있고, 시민들에게 반부패 교육 예방 및 출판 발간. 훈련 등의 홍보프로그램 등을 통하여 홍콩정부의 정의와 공정한 사회의 룰을 정립하는데 기여하였다.

또한 영국에서 유학하고 온 이광요 전 싱가포르 수상은 1952년 반탐오조사국이란 것을 만들어 싱가포르의 부패방지와 조사를 책임 졌는데 초창기 여러 가지 어려움에 봉착하였지만 싱가폴 수상직속 으로 설치된 반탐오조사국은 모든 공직자들의 부정행위를 철저하게 조사·감시해 구조적인 부조리를 척결하여 세계와 아시아국가에서 가장 청렴한 국가로 만들었다.

부패는 수면하의 빙산같아서 잘보이지도 않고 드러나지도 않는다. 공직윤리라는 것이 단기간에 정립되는 것도 아니고 공직자의 조직문화라는 것도 변화가 필요함에도 바꿔지지 않는 이유가 무엇인가? 부패의 실체를 파악하고 분석하여 적절한 대책을 만들어 시행하여야 한다. 유리알처럼 투명한 국가, 반부패 법치주의,탈권위주의 정신 등이 요구 되고 있다. 그러나 무엇보다도 중요한 것은 공직자들의 윤리와 공복관의 회복이다. 아무리 개혁과 반부패대책을 한다 해도 위로는 대통령부터 아래로는 9급공무원에 이르기까지 공직자들의 국가와 국민을 위한 정신 혼이 없다면 나무에서 물고기를 찾는 것과 무엇이 다르겠는가?

34. 정부의 정치개혁

부패 현상이 특정 국가나 사회의 정치제도, 국민의 가치관 내지는 도덕성 그리고 사회적 경향을 반영하는 것이므로 부패의 개념에 대한 학자들의 견해는 매우 다양하며, 통일적인 개념 정의가 이루어지지 못하여 왔다. 부패, 뇌물의 역사는 구약시대부터 시작되어 창녀와 함께 가장 오랜 역사를 지닌다고 한다. 오늘날 우리는 정치·경제·사회·문화 등 모든 영역에서 대규모 조직의 지도자들이 비윤리적이고 비도덕적인 행위를 너무 많이 목격하고 있다. 이러한 비윤리의 세계에서 오직 정치에만 공직윤리를 강조하는 것은 설득력을 지니지 못하고 있다. 그러나 정치행정이 국가발전을 주도하여 온 우리나라에서는 이러한 비리가 모두 다 정치인의 문제라고 해도 과언이 아닐 것이다. 회사가 상품을 제조하면서 공해를 배출하듯이 정치권력도 발전을 제조하면서 부패를 배출하였던 것이다

2013년 한국행정연구원의 공직부패 조사에서 우리나라 일반기업인과 자영업자 등 1000여명은 정치인이 가장 부패한 집단이라고 응답했다.

정치인들은 선거자금 뿐 아니라 평소에도 정당을 유지하고 각종 정치활동을 전개하기 위하여 정치자금이 필요하다. 물론 대부분의 국가들이 정치자금에 관한 법을 제정해 놓고 있으나, 이에 저촉되지 않는 정치자금은 너무도 현실과 거리가 먼 작은 액수이다. 현실적으로 많은 정치인들이 불법적인 정치자금의 조달방법을 강구하게 되는데, 적지 않은 경우 특수하고 은밀한 이해관계를 갖는 기업으로부터 이를 수수하게 되는 것이다. 국회의원들의 부정중에서 가장 대표적인 것이 로비를 받고 청탁 알선하는 행위이다. 우리나라는 해방

이후 헌정사를 돌이켜 볼 때 정치인과 경제인 간의 유착 관계가 숱한 의혹과 불신으로 국민들을 경악케 하였으며 이들이 유발한 각종의 비리는 건전한 민주주의와 국민경제질서를 교란케 하였음을 부인할 수 없다.

이번 대선에서 여야 후보 모두 정치부패나 정치인의 특권부패를 척결하겠다고 약속했다.

무엇보다도 정치부패의 통제가 효율적이고 실천 가능한 정책이 수립되기 위해서는 철저한 원인과 처방을 강구하여야 하며 인간의 부정 행태를 규제하는 제도에서 가치를 두어야 할 것이다. 모든 권력기구와 마찬가지로 정당권력 역시 적절히 통제되지 않으면 안된다. 결론적으로 정치부패 구조의 대책을 다음과 같이 제시하고자 한다.

첫째, 정당공천제의 폐해를 공론화 하여 이의 적절한 제도개선작업이 필요하다. 정당공천 제도를 폐지 할 것인지 현직 단체장에게도 정치자금의 후원회제도를 활성화하여 투명성을 제고하던지 하는 방안을 모색하여야 할 것이다.

둘째, 국회의원의 특권을 개혁하고 그들의 특권부패의 감시와 견제가 매우 중요하다. 또한 국회의원의 의정활동의 투명성을 확보할 수 있는 제도적 장치를 강화하고 정치자금의 공개성을 통해 부패소지를 줄여나가야 한다.

셋째, 시민단체가 정치부패개혁의 역할을 할 수 있도록 시민단체의 지원과 협력 작업이 필요하다. 공천제도의 부패문제, 선거 이후 비리단체장의 소환제도나 주민감사제 등을 시민단체가 대리할 수 있도록 하여야 하며 시민정치참여방안이나 언론의 워치독 기능을 극대화하여 권력부패를 방지하도록 하여야 할 것이다.

무엇보다도 최고 통수권자인 대통령의 의지가 필요하다. 대통령이 강력한 반부패 정책을 펼쳐 나가야 하며 이와 같은 최고지도자의 확고한 반부패 의지와 추진력은 부패척결에 가장 강력한 성공요건의 하나로 작용한다는 것은 싱가포르의 사례에서도 볼 수 있다. 박근혜 대통령 당선인은 지난 2012년 정치쇄신 특위안을 발표하면서 "잘못된 정치가 국민을 얼마나 고통스럽게 하는지 절감하면서, 불퇴전의 각오로 국민의 행복을 가로막는 어떤 것과도 단호히 맞서 잘못된 제도와 관행, 모두를 바로 잡겠다"고 천명했는데 기대가 매우 크다.

35. 공직자의 특정업무경비 공개 강화

국가가 보유한 정보는 국민들이 향유할 수 있어야 한다. 즉 국민이면 누구든지 그에게 직접적인 이해관계가 있건 없건 국가 등이 지니는 정보의 공개를 법적으로 청구할 수 있다는 논리는 과거 국가의 정보는 당연히 그 통치자의 몫이고 시민은 당연히 거기에 접근할 수 없다는 기존 법 패러다임의 전환을 의미하는 것이었고 동시에 대중의 참여가 제한되는 엘리트 중심에서 참여민주주의에로 신호라고 볼 수 있다. 정보부패의 원인은 매우 다양하며 정책 분야에 따라서 상이한 양태를 보인다. 따라서 부패를 사전에 방지하고, 발생한 부패를 적발하여 적절한 조치를 하기 위해서는 해당 분야에 대한 조사가 필요하다고 본다. 하지만 모든 부패의 근원을 살펴보면 몇 가지 공통점을 발견할 수 있다. 국민이 행정정보에 접근하기 어려운 점과 국민과 정부기관간의 정보의 비대칭성, 혹은 정부의 정보우위이다.

행정정보에 대한 국민의 접근이 어렵고 행정의 투명성이 없는 경우 부패와 비리가 발생할 확률이 높으며 부패와 비리가 없는 경우에도 국민으로부터 적절한 신뢰를 확보할 수 없게 된다.

국민이나 시민단체에서 요구하고 있는 공공기관장의 판공비나 특정업무경비의 공개문제는 그 사용내역을 일반에게 공개함으로써 행정의 신뢰와 투명성을 확보한다는 측면에서 그 의의가 있다고 볼 수 있다.각 기관장에게 편성된 업무추진비나 특수 활동비등이 객관적이고 투명하게 집행되고 있는지에 대한 공개요구 및 감시는 시민의 정당한 권리라고 볼 수 있다. 기관장들이 많이 사용하는 판공비는 사용목적이 특정되어 있지만 행정기관의 예산집행관련 서류 중에서도 가장 공개를 꺼린다. 그러나 특정업무추진비가 공개된다면 여타 예산집행관련 정보들의 공개도 공개되어 자의적이고 선심성낭비를 줄여나가게 되는 계기가 될 수 있다. 서울시는 지난 1999년 11월에 서울시장의 판공비내역을 일부 공개한다고 발표하였는데 이는 시민단체인 참여연대가 '정보공개 거부처분 취소청구소송'을 제기함으로써 이루어 졌으며 1999년12월에는 기획예산처, 재경부, 행자부 3개 중앙부처에 대해 업무추진비 지출관련 서류의 정보공개청구를 하여 당시 행자부는 공개를 전면 거부하였고 기획예산처와 재정경제부는 부분공개를 결정한 전례가 있었다.

최근 헌법재판소장 인사청문회에서 소장 후보자는 헌법재판관으로 재직하던 2006년부터 2012년까지 월평균 400만원씩 지급된 특정업무경비를 개인 통장에 넣어 사적(私的)으로 썼다는 의혹을 받고 있으며 후보자 스스로 반박할 영수증을 제시하거나 시원하게 해명하지 못해 국회의원들로부터 질책받고 있다. 그런데 헌법재판소의 특정업무경비는 재판 자료 수집 같은 공적(公的) 용도에만 쓰도록 돼 있다고 한다. 이번 청문회에서도 출석한 헌재 담당 사무관도 특정업무경비를 개인계좌에 입금한 것과 관련, 부적절하다는 입장을 밝혔다.

현재 중앙행정기관은 특정업무경비나 판공비 공개를 아직도 비공개로 일관하는 경우가 있다. 그런데 공개하는 기관들의 일부는 편법으로 사용하고 있는 경우도 있으며 또한 판공비에 대한 부당한 지출을 금지하기위해 특수업무 추진비를 신용카드를 사용한다고 하지만 행정기관 주변에서는 카드깡으로 현금화하여 불법을 자행하고 있다고 한다. 특히 각 감사기관이 사용한 용도를 세밀하게 조사하지 않음으로써 탈법을 조장하고 있다.

사용내역에 대한 증빙자료가 필요하다는 기획재정부의 지침에도 불구하고 많은 기관들이 특정업무경비나 판공비를 공무원 쌈짓돈으로 사용하는 등 하나의 부패 관행으로 굳어져 버렸고 각 기관들이 공개하길 꺼리고 있는 실정이다.

따라서 특정업무경비의 공개 기준을 구체화하는 법적 뒷받침이 필요하며 공개와 비공개 기준의 가이드라인을 제시하여 비공개 사유로 인한 문제를 개선하여야 한다. 공무원들의 특정업무경비나 판공비 사용내역을 지정하고 사후적 공개목록의 지정과 함께 공개 기준의 구체화도 필요하다. 정보공개법의 조항을 구체화하는 데는 법이 갖고 있는 특성상 한계가 있지만 정보공개법에 규정된 내용을 행정기관별로 구체화하도록 하여 세부적인 공개 기준을 만들어 운용하는 것은 가능할 것이다.

36. 안보를 강화하고 이념을 초월한 민족정신

우사 김규식(尤史 金奎植)은 한국의 독립운동가이자 학자이며 정치가이다. 1922년 파리강화회의에 한국대표로 참석하였고 1945년 말에는 임시정부 일진으로 귀국하여 남조선 대한국민대표 민주의원 부의장을 역임하였다. 그는 좌우가 극한 대결을 벌였던 미군정 시기인 1946년 여름에서 1947년 말까지 좌우합작운동을 주도하였고 남조선과도입법의원 의장과 민족자주연맹의장을 역임하였다.

1948년에는 백범 김구와 함께 평양 남북연석회의 참가하는 등 통일노력을 하였는데 1950년 6·25남침전쟁 발발 후 납북되어 동년 12월 10일 평북 만포 북한군 병원에서 별세하였다.

우사 김규식은 1946년 5월 미소공동위원회가 무기 휴회되면서 본격적으로 빛을 발하게 된다. 미소공위 휴회 이후 좌우 양 진영으로 나뉘어 첨예한 갈등과 대립을 반복하는 상황에서 좌우합작을 추진했기 때문이었다.

당시 우익진영은 자율정부 수립이라는 명분으로 단독정부 수립운동을 전개했고, 이에 맞서 좌익진영은 총력을 기울여 미소공위 재개운동을 전개했다. 이처럼 좌우 양 진영이 정략적으로 별도의 운동을 벌여나가는 상황에서 우사 김규식은 좌우가 반목만 할 것이 아니라 내부적인 합의를 이루어 미·소의 협조를 이끌어내는 것이 급선무라고 생각하고, 이의 추진에 적극 나섰다. 일차적으로 합의가 가능한 중도세력이 뭉치고 이를 주축으로 양 진영의 합작을 도모하는 좌우합작운동에 나선 것인데, 이러한 우사의 노선에 미군정도 동의를 표하고 지원을 아끼지 않았다고 한다.

당시 이념을 초월하여 좌우가 합작해야 한다는 우사 김규식의 생각에 대해 적극적인 지지를 보내며 동참한 정치지도자는 조선인민당의 당수인 몽양(夢陽) 여운형(呂運亨)이었다. 건국준비위원회를 조직하고 인민공화국을 선포한 바 있었지만, 극좌노선과는 거리를 두었던 몽양 여운형 역시 미소공위를 통한 정부수립만이 한반도문제를 해결할 수 있는 유일한 방안이라고 생각하고 있었다고 한다. 그리고 이를 위해서는 무엇보다도 좌우가 힘을 합쳐 미소공위의 성공을 위해 노력하는 것이 필요하다는 견해를 갖고 있었다. 이처럼 우사나 몽양의 좌우합작운동은 한반도의 분열을 막고 민족의 단합을 위해 노력한 민족평화 자주운동이라고 볼 수 있다.

오늘날 남북분단의 상황하에서 한반도를 둘러싼 강대국의 힘의 논리라는 국제정세가 남북한을 가릴것 없이 우리민족 전체에게 매우 절박하리만큼 대단히 위험한 절체절명의 위기상황이라고 볼 수 있다. 굶주림에 허덕이는 북한주민을 외면하고 장거리 로케트 개발에 심혈을 기울인 북한 당국의 전술은 무엇인지 그 속셈을 간파하는 것도 필요하고 이에 대응하는 안보전략을 마련하는 것도 중요한 과제라고 볼 수 있다.

프랑스 철학자 기소르망은 중국과 북한에 관해 다음과 같은 입장을 피력했다. "중국은 두 가지 이유로 통일을 원하지 않는다. 하나는 북한이란 존재가 자신의 체제를 유지하는 동시에 국제정세에 영향력을 끼칠 수 있는 유용한 도구라는 것이다. 또 통일된 한반도는 중국에 군사적으로 매우 위협적인 존재일 수 있다. 중국의 체제 변화가 없는 한 중국의 대북정책이 변화하길 기대하는 건 힘들다"고 피력했다.

어떻게 하든 북한 체제는 큰 변화가 없을 것이다. 결국 북한 체제에 영향을 줄 수 있는 건 중국 체제의 변화뿐이라고 본다. 하지만 한국이 적어도 대화와 협력의 대북 노선을 펴면 북한에 대한 정보를 얻을 수는 있을 것이다. 한국이 북한 체제를 변화시키는 것은 어렵다. 그렇다고 대화가 단절되고 화해협력이 중단되면 안된다. 또한 미국·일본과 군사협력을 강화해 도발을 억제하는 한편 동시에 중국과의 전략적 협력, 북한과의 민족화해 협력을 더욱 강화하여 한반도의 평화체제를 구축해야 할 것이다. 우사 김규식의 민족통일을 위한 좌우 합작정신과 통일이념의 계승이 필요한 시점이다.

37. 대마도반환운동의 의의

1592년 임진왜란을 일으킨 토요토미 히데요시(豊信秀吉)는 대마도주(對馬島主) 소요시시게(宗義調)를 앞세워 조선을 침략하였다. 그 후 대마도는 조선과 단교로 경제적 어려움을 겪다가 다시 조선국의 곡식과 면포 공급을 제공받아 살아났다.조선 왕조 5백년간 대마도주는 대대로 조선의 관직을 받았으며, 한 예로 세조가 대마도주에게 내린 직명은 '숭정대부 판중추원사 대마주 병마도절제사'(崇政大夫判中樞院事對馬主兵馬都節制使)였다. 대마도 반환을 처음 공식적으로 제기한 사람은 초대 대통령 이승만이라고 한다. 1948년 8월18일, 이승만 대통령은 구한말 강점당한 대마도를 반환하라고 요구했고 일본은 포츠담 선언에서 불법 점령한 영토를 반환하겠다고 국제적으로 약속했다고 한다. 당시 국회는 대마도 반환 결의안을 마련했고 대마도 반환 조치를 요구한 것이 6.25때까지 무려 60여 차례나 이어졌다고 한다. 최근 괴산 군민과 지역시민단체가 함께 대마도반환운동본부를 창립하여 대마도반환운동의 불씨를 지폈다. 또한 김상훈 육군대령이 대마도 반환의 역사적 고증을 연구하여 발표하는 등 새로운 민족정신과 역사적 사실규명 운동이 발생하고 있다. 대마도 반환운동은 이 운동에 참가하는 개인이나 단체가 처한 입장에 따라 다양할 수밖에 없기 때문에 선택과 집중 조직의 효율성을 위해 다양한 운동방법이 추진되어야 한다. 지역이나 하는 일의 성격, 조직규모, 추진인원, 자원, 지원단체 등의 성격에 따라 각기 독특한 과제가 선정되어 추진되어야 한다. 반환운동은 국민자율운동이어야 하므로 민간사회가 단체가 주축이 되어 국민이 스스로 참여하고 실천해야 할 범국민운동으로 전파 되어야 한다.

따라서 대마도반환운동본부는 운동을 전개함에 있어서 필요한 정보나 자원을 제공한다든지, 다양한 사회단체간의 협조기회를 마련하는 등, 국민들 스스로가 실천할 수 있도록 자율성과 참여기회를 넓혀주는 역할을 해야 한다.

그러면 구체적 실천방안을 살펴보면 다음과 같다.

먼저, 대마도반환운동 과제와 방법은 그 운동에 참가하는 개인이나 단체가 처한 입장에 따라 다양할 수 밖에 없다. 그러므로, 각계각층의 국민들이 참여할 수 있는 분화되고 다양한 반환 프로그램의 개발이 필요하다. 지역이나 직종, 또는 계층이나 연령별로 각기의 상황과 처지에 맞는 반환운동 과제와 프로그램들을 개발하여 운동의 사회문화적 기반을 확충하는 것이 시급하다.

둘째, 반환운동은 국민자율운동이어야 실질적인 효과를 거둘 수 있고, 또 활력과 지속성을 지닐 수 있다는 것이 과거 관주도 국민운동에서 얻은 교훈이다. 그러므로, 반환운동은 우선적으로 민간자율에 의한 운동이 되어야 하며, 지방자치단체는 우선적으로 그러한 시민운동을 지원하고, 그것이 활성화될 수 있는 행정적, 제도적 여건을 조성하는 역할에 머물러야 한다.

셋째, 반환운동의 자율성과 독자성을 침해하지 않는 범위 내에서 시민단체와 정부기관간의 상호협력체계를 점진적으로 확대시켜 나가는 것도 동시에 추진되어야 한다. 특히, 정부는 운동의 실질적 제고를 위한 다양한 프로그램의 개발과 추진, 그리고 교육과정에서 시민운동 단체들의 전문가와 활동가들을 참여시킴으로써 정부내 운동에 대한 시민단체의 참여를 우선적으로 확대시켜 나가는 것이 효과적일 수 있다.

마지막으로, 반환개혁은 단기간에 성취될 수 있는 것이 아닌 만큼 장기적 전망 속에서 단계적론적으로 추진되어야 한다. 우선은 실천하기 쉬운 것부터, 즉 '작지만 의미있는' 운동부터 시작하여 점차 그 수위를 높여가는 것이 효과적이다. 이번 대마도반환운동이 일본의 배타적 민족주의나 반동주의적 극우주의에 일침을 가할 수 있는 계기가 된다는 측면에서도 의미있는 일이라고 볼 수 있다.

38. 공직자 부패행위를 감시해야

최근 국민권익위원회는 '2012년 국내기업인, 외국기업인 부패인식 조사 '를 발표했는데 조사에 응한 국내 기업인 가운데 우리 사회가 부패했다고 답한 이는 전체의 40.1%에 달했다. 공무원의 부패 정도에 대해서도 국내 기업인은 36%가 부패했다고 답했다.

독일에 본부를 둔 세계적 반부패 시민단체인 국제 투명성협회도 한국의 부패가 근절되지 않고 있고, 김대중 정부부터 이명박 정부에 이르기까지 부패인식도 지수가 개선되질 않고 있다고 한다. 그런데 이와 같이 부패의 심각성에도 불구하고 치유되질 않고 있는 이유는 아마도 여러 가지 부패 원인에서 찾아볼 수 있다.

첫 번째로는 국민들의 부패친화적인 유발 요소내지 문화로 볼 수 있다. 웬만하면 청탁과 뇌물로 모든 것을 해결하려는 사회 구조적인 분위가가 문제이다. 정치인, 공직자, 기업인들 모두 뇌물로 인한 유착관계가 견고하게 굳어져 이것을 어떻게 해결하고 풀어나가야 할지 암담할 뿐이다. 조선시대 선물이나 진상품은 고유의 미풍양속의 하나였고 예의였다. 이것이 전통문화로 고착되어 지금까지 내려오고 있는 실정이다. 그런데 오늘날 주는 자의 작은 정성이나 선물이 뇌물이나 청탁자금으로 변질되어 비합리적 절차와 문화를 만들어 버렸던 것이다.

지금도 외국기업이나 외국인이 한국에 투자하거나 공장의 인허가상의 절차에 문제가 많다고 하소연하고 있고 어느 정도의 뇌물성 윤활유가 필요하다고 주장하고 있다.

두 번째로는 일부 공직자의 윤리적인 자질이나 관행에 문제 소지가 있다고 볼 수 있다. 매년 우리나라 전 공직자 100만 여 명 중 수천명이 뇌물이나 비리문제로 징계를 받고 있다. 이와 같은 숫자는 전체공무원의 1퍼센트도 안되지만 국민들은 전체 공무원을 비리집단으로 인식하고 있으며 사심없이 열심히 일하고 있는 공직자들이 매도당할 수밖에 없다는 현실이 사실이다. 공무원이 공복의 정신자세가 아니라 탐욕과 금욕에 어두워 부정과 부패에 연루된다면 주인인 국민은 대리인인 공무원을 파면하여야 하는데 현 법규에 규정된 신분상의 보장으로 만만치가 않다. 선출직 공직자처럼 소환명령제를 만들어야 해결될 것 같다.

세 번째로는 우리나라의 고비용 정치구조라고 볼 수 있다. 자치단체장이나 지방의원에 출마하려면 공천헌금이 기다리고 있고, 출마해도 수억 수십억을 써야 당선될 수 있는 구조이다 보니 돈놓고 배지받는 실정이다. 우리나라는 정당공천제를 실시하고 있어 정당의 소속 국회의원이나 지역구 당협위원장의 추천없이는 공천받기가 쉽지 않다. 여기서부터 돈 다발이 오간다. 그러니 당선되고 부터 지역발전이나 풀뿌리민주주의가 어디 보이는가? 자기 돈부터 챙기려는 풍토다. 정당공천제의 공보다는 폐해를 직시하여야 한다. 선거자금의 투명성을 확보하기 위해 제도적 방안을 강구해야 한다.

이제 우리사회는 부정과 부패를 해결하고 척결할 수 있는 방안을 강구해야 한다.

공직자의 부패를 발본색원할 수 있도록 제도적 법률적 방안을 모색해야 한다. 싱가포르는 만원만 받아도 공직에서 추방된다고 한다. 또 태형을 가한다고 한다. 그리고 다시 재취업을 못하도록 한다.

우리나라는 공직자 징계도 있고 형법상의 뇌물죄도 있는데 지켜지지 않는 이유는 무엇인가? 부패사범에 대해 강력한 법적용과 실행이 필요하다고 볼 수 있다.

그리고 전 국민의 반부패 생활화와 청렴정신이 뿌리내릴 수 있도록 국민정신 변동 문화가 있어야 하겠다.

그러나 가장 중요한 것은 공직자 개개인이다. 공무원들이 변하지 않으면 부패척결이나 개혁은 연목구어에 불과하다. 다산 정약용은 "천하의 가장 나쁜 일들은 모두 돈을 버리지 못한데서 온다"라고 말했다. 공직자가 부정부패나 일삼아 청렴하지 못한다면 국민들은 그 누구를 믿겠는가? 공직자들의 윤리성과 공복정신이 필요하고 재정립할 때이다.

39. 대통령의 참회와 권력부패 방지방안

최근 이 대통령은 "근자에 제 가까운 주변에서, 집안에서 불미스러운 일들이 일어나서 국민 여러분께 큰 심려를 끼쳐드렸다"고 밝히면서 "그동안 저는 안타까운 심정으로 이를 지켜보면서 하루하루 고심을 거듭해왔다"고 대국민 사과를 하였다. 공직부패와 친인척비리로 현직 대통령이 사과를 한 것은 전직 대통령들이 친인척비리로 대국민 담화를 해온 것 처럼 똑 같은 전철을 밟아왔다는 점에서 안타까울 따름이다. 가장 도적적인 정부를 표방했었고 공정사회를 줄기차게 외쳐온 현 정부로서는 머쓱할 따름이다.

그동안 한국의 경제 압축성장은 정치행정엘리트들이 국가발전을 주도하였고 그 역할과 공은 상당하였고 이 상황에서 부패는 경제발전을 하는데 운활유 역할을 한 것이 사실이다. 기업도 정치권력과 유착하면서 비리공해를 배출하였고 관료들도 레드테이프라는 인허가상의 절차를 만들어 떡고물을 만진 것이다. 그래서 부정과 부패는 대한민국 건국 이래 가장 고질적인 암적 문제로 확대되었고 윤리적 가치와 의사결정은 도외시되었다. 오늘날 한국 사회가 전도된 아노미적 병리현상이 만연된 것은 부정과 부패가 그 요인이라고 볼 수 있다. 이것을 치유하고 개혁하고자 전직 대통령들이 많은 정책을 펼쳤지만 사상누각이 되고 말았다. 이제 이 문제는 대통령의 문제만이 아니라 국가존망의 문제로 대두되고 있는 실정이다.

한국전에 파병한 필리핀의 경우를 보자. 필리핀은 스페인과 미국의 식민지생활을 했지만 높은 교육열과 정치지도자들의 리더쉽으로 국난을 극복하여 한때 아시아국가의 경제선진국이 되었고 건축 기술도 대단했다고 한다. 서울의 중심부에 위치한 미국대사관이나 장충체육관을 필리핀이 건설했다면 놀랄것이다. 그러나 그것은 사실이었을 정도로 기술력과 풍요로움을 가진 나라였다. 그런 나라가 어쩌다가 지도자 잘못 만나 아시아빈국으로 전락됐고 고학력의 필리핀인들은 선진국으로 가서 노동자로, 가정부로 일하며 달러를 벌어 고국에 송금하고 있는 실정이다.

한편, 영국유학서 돌아온 리관유는 조국 싱가포르의 부정부패 척결에 일생을 바쳤다. 매춘,마약,조직범죄, 부정부패에 온통 썩어 문드러지는 싱가포르를, 백척간두에 놓인 그 나라를 반부패법과 제도화된 시스템으로 아시아국가 최고의 청렴국으로 만들어 놓았다. 반부패 성공정책 때문에 그의 장기집권과 독재에도 불구하고 싱가포르시민들도 서방언론들도 이의를 제기하지 않는다.

절체절명의 부정비리로 얼룩진 우리 대한민국이 좌초한다면 가장 불행한 것은 우리 국민들뿐이다. 그래서 필자는 다음과 같은 방안을 제시하고자 한다. 먼저, 권력형 부정부패나 친인척비리를 사전에 예방하는 제도적 장치와 공직자 재산심사를 실질적으로 검증할 수 있는 장치를 국회나 국민권익위원회에서 담당할 수 있도록 해야 한다고 본다. 논의되고 있는 공직자비리수사처는 검찰과 권한 다툼이나 법에 규정된 공소권과 상치되어 그 실효성이 떨어진다. 따라서 검찰은 반부패 수사권을 확실히 하도록 검찰중립성을 더욱 강화해 나아가야 할 것이다.

두 번째로는 반부패유발문화가 확산되도록 국민운동을 대대적으로 전개해 나아가야 한다. 아무리 반부패제도와 법이 있어도 지켜지지 않으면 연목구어와 마찬가지라고 본다. 청렴은 교육과 문화가 변화되어야 이루어 질 수 있다. 시민단체와 언론이 중심이 되어 반부패청렴운동을 실시해야 한다. 끝으로 정치인과 공직자의 윤리적 의사결정을 강화할 수 있도록 직업윤리와 행동강령을 강화해야 한다. 공직자의 높은 수준의 윤리적 행동과 품위를 기대하는 것은 국민의 권리이자 당연한 요구라고 본다.

40. 경찰수사권과 인권

문재인 정부에서 추진하고 있는 검찰권 견제와 경찰수사권보장은 이미 김대중·노무현정부에서 논의됐다가 흐지부지 사라졌다. 그 주된 이유는 국회법사위원들이 대부분 율사출신이기 때문에 경찰의 목소리를 대변하기 힘들었던 것이 사실이다. 또한 국민들도 경찰수사의 불신과 인권문제로 인해 지지와 성원을 받지 못했다.

그러던 것이 문재인 대통령이 당선되고 대선공약으로 검찰의 수사권과 기소권의 독점문제를 공론화하고 경찰에 이관하는 작업을 서두르고 있다.

우리나라 검찰제도는 일제강점기 일본 검찰시스템을 그대로 모방하여 사용하고 있다. 해방되고 미군정시기나 이승만정부에서도 그대로 전수되었다. 박정희 정부에서는 오히려 검찰만이 압수수색, 체포, 구속 영장청구는 검사만이 할 수 있도록 헌법까지 고쳤다. 검찰권의 강화는 이만저만이 아니었다. 검사는 '영감님'으로 호칭되었고 20대 검사가 50대형사한데 이리가라 저리가라 명령했고 제대로 수사서류가 미흡하면 경찰관의 뺨까지 때린 사건까지 발생했었다. 사실 검찰제도는 경찰 야경국가의 경찰권의 남용을 막기 위해 탄생했다. 그러나 현대에 와서 검찰 권력을 막는 견제장치는 아무리 찾아봐도 없다. 우리나라 형사소송법과 검찰청 법에는 검사는 수사지휘권이 있는데 순경부터 시작하여 경장 경사 경위 경감 경정 총경 경무관까지 지휘한다고 못 박았다. 경무관이면 충청북도 경찰청 차장급이다. 검찰제도는 국민의 인권과 경찰 권력을 견제하기 위해 탄생했는데 그동안 준 사법기관으로서 인권을 옹호하고 중립적으로 권한을 행사했는지 의문이다.

대한민국 현직 대통령의 파면사태까지 몰고 왔을 때 검찰은 무엇을 했는지 모른다. 부정부패를 척결하는 최후의 보루인 검찰이 직무태만한 것만은 분명하다. 그런데 사실 세계 각국은 검찰제도가 더 강하다. 최근에는 오스트리아나 스위스까지 검사가 경찰을 지휘하도록 사법시스템을 바꿨고 독일이나 프랑스도 검찰권이 강하다. 일본도 경찰이 수사권이 있고 경부가 체포영장청구권이 있지만 검찰이 최종적인 수사종결권을 가지고 있고 지휘권도 있다. 일본검찰은 다만 수사의 구체적 지시권은 없다. 다만 미국이나 영국 등 자치경찰제도가 강한 국가는 검찰과 경찰이 대등관계이고 검찰은 기소권 등 공소준비를 강조하고 있다.

현재 검찰은 현행제도를 유지하고 검찰의 인사 등 독립성과 중립성을 강조하면 된다는 입장이다. 경찰수사권 남용을 견제하도록 검찰역할을 강조해야 한다고 한다. 현 검찰총장도 기소를 하려면 수사가 반드시 필요하다고 역설하고 있다. 그러나 경찰은 다르다. 헌법에 검사의 영장청구권을 규정한 것은 대한민국헌법이 유일하다고 주장하고 있고 검찰이 무소불위의 권력을 가지고 정치권력부패를 제대로 단죄하지 못하고 있다고 한다. 일제 총독부때부터 내려온 검찰권비대화가 부패원인이라고 본다. 또한 수사권과 기소권을 분리하여 경찰이 독자적 수사권을 가져야 한다고 주장하고 있다. 그렇다면 어떤 해법이 필요한가?

첫째, 수사권을 현실적으로 분리하여야 한다. 정치 경제 등 특별수사는 검찰이 하고 강도, 강간, 폭력, 사기, 교통, 살인사건 등은 경찰이 1차적 수사권을 가지도록 한다. 경찰수사가 미흡하면 검찰이 보충적 수사권을 가지도록 하면 된다. 검찰도 기소에 중점을 두어야 하고 중요 정치권력 사건만 담당하도록 해야 한다.

둘째, 압수수색 등 영장청구는 경위 등 사법경찰관이 청구할 수 있도록 해야 한다. 영장발부는 판사가 하므로 구속적부심사를 강화하면 될 것이다. 일본도 경부부터 체포영장을 청구할 수 있도록 하고 있다.

셋째, 행정경찰과 사법경찰을 분리해야 할 것이다. 행정경찰은 행정안전부소속으로 하고 검찰의 수사보조인력 1여명과 경찰의 수사인력 2만여명을 합쳐 법무부 소관의 수사청을 발족하여 수사전문성을 높여야 한다. 이를 위해 현 경찰대학을 폐지하고 수사 전문대학으로 개편해서 수사의 과학성 전문성을 제고해야 한다.

넷째, 경찰의 인권기능을 강화하도록 시스템을 강화해야 한다. 검사의 유치장 순회를 강화하고, 수사절차상 인권침해는 사법경찰징계와 수사중지권을 시행하여 수사에서 완전 배제해야 한다. 검찰에 '경찰수사이의위원회'를 신설하여 부당수사를 신고하도록 한다. 검찰의 인권옹호감독기능은 더욱 강화하여 경찰의 수사남용을 막아야 할 것이다.

결국 검경수사권조정은 국민이 억울해 하지 않도록 국민을 위한 개편이 되어야 한다는 것이다.

Ⅱ

경제

1. 삼성의 환국경영

지난 2월 특검의 삼성그룹 이재용 부회장을 구속한 것은 유무죄를 떠나 우리나라 경영사에서 대단한 파장을 낳았다. 1938년 삼성상회에서 시작한 삼성의 80여년 역사에서 삼성총수가 구속된 것은 이번이 처음이다. 삼성그룹은 59개 계열사에 매출271조가 넘는 한국최대기업이고 세계적으로도 몇 안 되는 회사라고 볼 수 있다. 한국의 기술과 혁신의 총아라고 볼 수 있는 삼성전자는 세계어디에 내놔도 그 브랜드 값을 톡톡히 하는 대한민국 효자기업이라 할 수 있다. 삼성제품의 이미지와 신뢰는 이미 일본을 앞질렀고 삼성이 주는 고객만족서비스는 그 어느 기업도 따라가지 못할 정도로 정평이 났다. 삼성은 그동안 과감하게 기술개발에 투자한 것으로도 유명하다. 2012년 삼성전자의 기술투자는 미국 애플사의 두 배나 달했다고 한다. 당시 이건희 회장의 혜안과 결단이 아니었다면 삼성전자가 이렇게 세계적기업으로 발전하기가 힘들 것이다. 그러나 이번 이재용 부회장의 구속으로 삼성은 1966년 사카린 사건이후 최대의 시련을 맞고 있다.

우리나라는 정치인이든 기업인이든 구속해야만 유죄인 것처럼 여기는 문화가 있고 검찰도 죽기살기로 구속에 총력을 기한 것이 사실이다. 법원은 검찰의 영장청구에' 새롭게 구성된 범죄 혐의 사실과 추가로 수집된 증거 자료 등을 종합할 때 구속 사유와 필요성이 인정된다.'고 했다.

무엇보다도 사법부는 유죄가 확정될 때까지 무죄추정의 원칙을 적용하여 엄격한 증거력을 가지고 판결을 하여야 한다. 문제는 도주나 증거인멸을 하여야 구속하는데 이번에는 군중심리에 떠밀려 무리하게 구속하지 않았나 하는 의구심도 드는 것이 사실이다. 즉 여타 대기업 총수들은 수사도 미적거리고 구속영장신청도 하지 않고서 삼성만 한 것은 수사의 형평성도 중립성도 전혀 보이질 않는다.

세계적 기업총수를 구속함으로써 득과 실을 면밀하게 따졌는지도 의심이 든다. 특검은 이재용부회장이 경영권 승계를 위해 삼성물산과 제일모직의 합병을 기했고 이 과정에서 국민연금이 개입했고 최순실의 딸 정유라의 승마 비용을 지원했다는 것이다. 반면 삼성은 권력의 강요에 따른 피해자이고 재판에서 진실이 밝혀질 것이라고 표명했다. 박근혜대통령과 이재용 부회장 독대가 구체적 청탁을 할 자리가 아니다고 주장했다.

앞으로 구속의 적정성을 신중하게 따져야 할 것이다. 법원도 구속이 유죄가 아니듯이 합리적 의심을 배제하고 철저하게 증거를 가지고 엄중하게 판결해야 한다.

차제에 기업들도 권력의 눈치나 강요 탓만 할 게 아니라 이번 기회에 정경유착의 고리를 근절할 계기를 만들어야 한다. 정도경영 윤리경영이라는 시대적 요청에 따라 낡은 잔재를 타파해야 한다. 그래야만 경제정의도 수립할 것이다. 세계 각국들은 국제반부패거래관행

기준에 의거 회계, 감사, 기업지배구조 등의 투명성이 확보돼야 한다. 세계적으로 매출400조억원이 넘는 초일류기업 삼성이 이번 사태로 국제적 반패라운드와 국제입찰에서 불이익이나 차별받아서도 안 될 것이다. 이제 삼성은 환국의 윤리경영을 하여 반부패인식도를 제고해야 할 것이다.

그러려면 기업문화와 혁신이 필요하다. 또한 내부통제장치를 만들어 외부 정치권력에 초연해야 할 것이다. 마침 삼성이 10억원이상 출연은 이사회의 승인을 받도록 한 조치나 전경련에서 탈퇴하여 새로운 경영체제를 정립하려는 조치는 높이 평가할 만하다. 또한 미래전략실 등을 해체한 것도 삼성 각 계열사에 자율권을 줌으로써 경영의 독립성을 확보할 수 있게 된다.

국민들은 삼성이 기술혁신을 통해 한국 뿐만 아니라 세계의 초기업으로 계속남기를 바랄 것이다. 삼성도 이 기대에 부응하길 바라며 조속한 정상화가 필요하다고 본다.

초일류기업으로서의 규모나 지위에 상응하는 윤리경영 시스템을 확보하고 사회적 책임을 제고해야 할 것이다. 법원도 삼성의 국가경제에 미칠 파장과 국제적 신인도 회복, 국가경제에 기여한 공로를 참작해 신중한 판단과 시시비비를 기대한다.

2. 재벌청문회

28년전 5공화국 비리 청문회가 열렸다. 전두환 전 대통령이 일해재단을 만들어 재벌들에게 불법적으로 모금했고 재벌회장들은 검찰조사를 받는 등 고초를 겪었다. 당시 청문회에서 정주영 현대그룹

회장은 "편하게 살려고 돈을 냈다"고 항변했다. 28년 후 또다시 최순실 국정논단청문회가 열렸다. 800억 원 가까운 돈을 뜯긴 기업들은 할 말이 많았지만 말을 아꼈다. 청문회모습은 옛날이나 지금이나 별반 차이가 없다. 정경유착비리를 파헤치고자 청문회가 열렸지만 총수들 모두가 대가성을 부인했다. 그러나 그중에서 허창수 전경련 회장은 "정부 요청이 있으면 기업이 거절하기 힘든 건 한국적 현실"이라고 했다. 구본무 LG회장은 "정부정책에 따를 수밖에 없었다"고 주장했다. 또한 이재용삼성부회장은 최순실측에 돈을 건넨 것에 대해 "적절치 못한 지원이 있었다."고 사과하고 용서를 구했다. "미래전략실에 부정적인 인식이 있으면 없애겠다."강조했다.

우리나라 대기업은 이제 세계무대에서도 위상이 남다를 정도로 글로벌기업으로 우뚝 성장했다. 그런 기업들이 청와대 권력 앞에 주눅 들고 군신관계처럼 비굴하게 비쳐지는 모습에 세계가 조롱하고 있다. 이번 최순실 청문회에서 세계 외신들은 청문회 장면을 비중 있게 보도했다. AP통신은 "한국의 대기업 총수들이 TV 생방송에 나와 공개 심판(public reckoning)을 당했다"고 타전했다. 또한 AFP통신은 "대중에 노출을 꺼리던 총수들이 거의 30년 만에 처음으로 청문회장에서 가차 없이 들볶았다(grilled)"고 했으며 일본 교도통신이나 중국 CCTV도 청문회 상황을 시시각각으로 보도했다. 후진적 재벌경영시스템이 아직도 한국기업문화로 자리 잡고 있으니 문제가 아닐 수 없다. 대기업들이 떳떳하고 시스템으로 투명하게 작동한다면 문제될 것이 없지만 스스로가 많은 허점과 약점을 가지고 있다. 이런 함정을 권력이 노리고 있다. 청와대 권력은 검찰권을 가지고 있다. 말 안 드는 기업쯤은 단칼에 감옥에 보낸다. 반부패 사정을 통해서 말이다. 말이 사정이지 고분고분하지 않은 기업을 집어넣는 것이다. 역대정권마다 사정의 칼날에 재벌총수들이 감옥에 갔다. 또한 청와대 권력은 세무조사권을 휘두른다. 김영삼 정권시 현대나 포스코가 세무조사로 수백억 수천억을 추징당했다. 권력은 짧지만 그 기간 동안 마음만 먹으면 기업을 도산시켜버린다. 김대중 정권에서 신동아그룹은 공중 분해됐다. 또한 한국은 관료들이 가지고 있는 인허가권이 있다. 인가 허가권으로 기업을 옥죈다. 이와 같이 기업들은 권력과 유착할 수밖에 없다. 자의반 타의반 권력에 빌붙는다. 이번 청문회에서 대기업들이 모진 수모를 겪고 모욕을 당했는지 만 누구를 탓하랴 인과응보다. 기업들 잘못도 크다 그동안 기업이 윤리경영이다 회계투명성이다 하며 시스템을 고치려고 하지만 시늉만 하고 있다. 최근에는 기업들이 법인세인상에도 반대하고 있다. 그런데 준조세 성격의 불법모금에 대해서는 찬성하는 것인가?

이제 청와대권력의 기업간섭이나 불법적인 갈취행위는 사라져야 한다. 기업인들도 권력 앞에 NO라고 해야 한다. 그러려면 제도적 시스템을 혁신해야 한다.

먼저 재벌 등은 불법모금의 창구노릇을 한 전경련을 해체하고 미국헤리티지재단이나 브르킹스연구소 처럼 정책연구기능으로 환골탈태해야 한다. 다행이 삼성이 탈퇴한다고 하니 이 기회에 새롭게 변모해야 할 것이다.

두 번째는 대통령이 검찰 권력이나 국세청을 동원하지 말도록 법률개정이 필요하다. 검찰의 인사권을 대통령이 갖지 못하도록 해 야 할 것이다. 학계 시민단체 변호사 언론계 여성계가 참여하는 검찰인사위원회가 2-3배수로 검찰총장 후보를 천거해야 한다. 그리고 그 후보 중에서 임명하도록 해야 한다. 그리고 총장이 인사권을 행사해야 한다. 그래야 검사들이 인사에 청와대 민정수석 눈치 보지 않고 수사에 전념할 수 있을 것이다. 세 번째는 국세청이나 감사원을 국회 소속으로 하여 국회의 감독 하에 두어야 한다. 미국의 회계감사원은 국회소속이다. 세무조사를 견제하도록 세무조사감독권을 감사원에 주어야 할 것이다. 우리나라가 압축 성장을 하는데 있어 대기업이 기능과 역할을 다한 공은 인정하지만 과가 너무 많으면 안 될 것이다. 대기업 총수도 경영리더쉽이 없으면 스스로 경영자에게 물려주고 대주주로서 남아야 한다. 중요한 것은 투명하게 윤리경영을 하도록 시스템을 바꿔야 할 것이다.

3. 유라시아 철도의 초석

1891년 미국인 사업가 모스는 서울 인천 간 경인선철도부설권을 따내려다 일본의 반대로 어렵게 되자 이완용 등 친러파들을 매수하여 철도부설권을 받았는데. 그러다 사업비 부족으로 일본에 부설권을 170만원에 팔아넘겨 결국 일본에 의해 최종 인수되었다. 우리나라 최초의 철도역사는 이처럼 처음부터 부침과 난맥을 겪었다.

그동안 한국철도는 고속도로 등 육로 교통의 발전과 증가로 인하여 그리 쇠퇴의 길을 걷다가 김영삼정부시 프랑스 테제베 고속철도 도입으로 활기를 찾았다. 이제 한두 시간이면 전국 어느 곳이나 갈수 있는 철도망을 갖추었다고 본다. 유럽 등 선진국은 정부가 나서서 철도부설을 씨줄과 날줄처럼 촘촘하게 연결하여 철도 이용객들이 많고 즐겨 찾고 있다. 그러나 우리나라는 남북분단으로 철도망이 단절되었고 더 이상 발전의 촉매구실을 하지 못했다. 김대중 정부 때 남북한 화해모드 상황 하에서 486km 경의선 철도 연결을 위한 문산-

장단역간 12km 구간 복원공사 기공식이 2000년 9월 18일 임진각에서 거행됐다. 분단으로 서울-신의주간 철도운행이 1945년 9월이 마지막이었는데 그 아픔과 고난의 주마등이 우리의 삶을 맴돈다.

세계는 이제 철도의 시대를 맞고 있고 그 중요성을 인식하고 있다. 중국은 이미 강소성 연운항에서 네덜란드 로테르담까지 장장 1만 900km의 유라시안 철도망을 개통했다. 중국은 내륙철도망을 확충하여 고대 실크로드를 복원하였다. 중국은 사실 다른 속셈이 있었다. 즉 인도양이나 태평양을 장악하고 있는 미국의 영향권을 벗어나 자유롭게 중동의 석유를 공급받을 수 있는 방안을 골몰하다 철도 망루트를 생각해 낸 것이다. 이를 위해 중국은 우즈베키스탄이나 키르키즈스탄에 엄청난 경제지원을 제공했다. 러시아도 블라디보스톡크에서 로테르담까지 장장 1만3000km 라는 시베리아 횡단철도를 건설하고 있다. 러시아는 철도공무원이 100만 명에 달할 정도로 어마어마한 국영철도를 운영하고 있고 철도교통을 중시하고 있다. 이와 같이 철도는 세계적으로 교통의 한축만이 아니라 국가경제로서 중시되고 있는 상황이다. 이제 철도가 더 이상 고단하고 가난한 서민들의 상징처럼 생각할 수 없다. 우리나라가 남북 경의선복원이 완공되고 서울부산에서 출발하여 블라디보스톡에서 시베리아 그리고 파리까지 가는 시베리아 횡단철도(TSR)를 개발한다면 철도의 물류 파급효과는 엄청날 것이다. 시베리아 횡단만이 아니라 압록강을 경유하여 중국철도망을 이용하여 유럽까지 가는 중국횡단(TCR) 철도방안도 있다. 철도경제는 단순히 철도만 달리는 것이 아니다 역주변의 유통 통신등 복합개발과 국제평화를 가져오는 획기적 사업이라고 본다. 그런데 철도발전에 걸림돌은 북한이다. 북한은 우리나라가 국제철도협력기구에 가입하는 것을 반대하고 있다. 이들을 설득하는 방법은 러시아철도관계자 중국정부의 도움이 필요하다. 이들과 긴밀하게 협력하여 새로운 철도르네상스를 꽃 피워야 할 것이다.

최근 국토교통부는 철도 문화재의 체계적인 활용과 관리 등을 위해서 1천7억 원을 투입하여 2020년까지 국립철도박물관을 건립할 계획이라고 한다. 이에 충청북도는 국립철도박물관 유치 후보지로 청주 오송을 결정하였다고 한다. 현재 철도박물관 유치도시는 오송 이외에도 철도대학 철도연구원 민간철도박물관이 있는 의왕시, 코레일본사, 철도관사촌,기계연구원이 있는 대전시 등이 오송과 경합중이다. 국토부의 선정 기준은 접근성과 연계성, 상징성, 사업 추진 용이성, 해당 지자체의 적극성 등에 중점을 두고 있다고 하는데 투명한 선정이 요구되고 있다.

지자체 정치권 언론 등이 합심하여 충청권에 유치되길 노력하여야 할 것이다. 1936년 손기정선수는 유라시안 철도를 타고 독일 베를린 올림픽에 참가했다. 비록 일장기를 달고 출전했지만 마라톤으로 대한민국인의 혼과 기개를 세계만방에 알렸다. 한과 서러움 그리고 우리민초들의 고단함으로 덕지덕지 얼룩진 한국철도가 이제 웅비하여 철도물류 발전에 한 획을 긋길 기대해 본다.

4. 청년일자리 대책

1980년대 중반 경제 호황 시절에는 취업걱정을 덜한 것으로 필자가 기억한다. 대학교 학과사무실에는 대기업이나 은행에서 보낸 추천 원서가 있었고 가서 면접만 보면 합격했던 기억이 난다. 청년백수가 심각하다고 하는 요즘에는 취업하기가 하늘의 별따기라고 하니 제자들 취업걱정에 고민이 한 둘이 아니다. 공무원시험을 준비하는 학생들은 그들이 알아서 공부하겠지만 그렇지 않다면 각 기업에 추천 전화라도 해야 할 형편이다.

올 해 국민실질 국민총소득이 2010년 이후 처음으로 감소했다고 한다. 또한 올 2분기 성장률은 전 분기 대비 0.3%에 그쳤다고 한다. 이것은 현재 한국경제가 침체기로 벗어나지 못하고 있고 성장률이 둔화되었다는 것을 반증하는 표시라고 본다. 최근 중국경제의 침체는 우리나라 경제에 악영향을 끼치고 있다. 중국경제에 기대고 있는 우리나라 경제현실로 인해 중국 발 침체 먹구름이 대한민국 전역을 드리우고 있다. 이 와중에 우리 나라 기업들도 투자하기를 주저하고 국민들도 가계부채로 인해 허덕이고 있다. 즉 침체의 악순환을 어떻게 벗어 나냐가 중요하다고 본다. 대기업들이 투자를 하지 않으면 결국 피해보는 것은 20대 청년들이다. 이들이 고등학교나 대학을 졸업하고 첫 직장을 잡을 시기에 기회를 얻지 못하면 개인적 불만과 사회적 불안이 뒤엉키기 마련이고 상황은 더욱 악화될 수밖에 없다고 본다.

2013년 박근혜 정부가 창조경제를 국정지표로 내세우며 힘차게 전진하려고 했지만 쉽사리 창조경제 혁신드라이브를 펼치지 못하고 있는 실정이다. 박근혜 정부는 창조 경제활성화를 위해 벤처창업자금도 지원하고 올 초 100조원 가량의 정책자금을 쓰고 있지만 좀처럼 성장회복을 체감하지 못하고 있는 실정이다. 대도시 부동산만 잠깐 투기성요소로 반등했지 다른 분야는 허우적 거리고 있다.

이 원인이 어디에 있는 것인가. 먼저, 경제 선순환 환경을 만들 요소가 많지 않다는 것이다. 투자환경이나, 자금배분을 적기에 만들어 줄 시스템이 부족하다. 두 번째는 기업규제 덩어리를 일소할 수 있는 관이나 법령 등이 전 근대적이다. 규제요소가 단계별로 있어 이 것을 어떻게 해결해야 할지 해법을 제시하지 못하고 있다.

세 번째는 대기업의 투자 흥미를 상실했다. 대기업이 옛날만큼 투자 상품이나 투자처를 찾지 못하고 허둥지둥하고 있다. 이런 때에 정치나 정부가 대기업에 개혁의 칼을 휘두르려고 벼르고 있는 상황이니 '조용히 있자' 하는 분위기가 팽배하다. 네 번째는 노동개혁이 지리멸렬하게 진행되고 있고 노조도 정부의 노동개혁에 동조하지 않는 상황이 계속되고 있다는 사실이다.

이제 더 이상 70년대 80년대 한국경제의 역동성과 호황을 기대하긴 힘들다. 그런 상황이 재연되기도 어렵다. 그러면 한국정부가 해야 할 근본적 대책은 무엇인가?

첫째, 정부가 만든 관의 기업규제를 혁파해야 한다. 관은 규제개혁 시늉만 할 것인가? 기업이 투자를 할 수 있도록 폭넓은 지원을 해야 한다. 인허가, 세무, 공장건립 등을 지원할 수 있는 원스톱 기업 경제 지원시스템을 세워야 할 것이다. 기업의 애로 상황을 수시로 체크하여 이들에게 활력을 불어넣어야 한다.

둘째, 대기업이나 공기업 모두 부실기업을 정리해야 할 것이다. 언제까지 은행돈으로 부실기업을 연명할 것인가? 이자만 갚아가는 그들의 거품 장부, 부실회계를 정리해야 한다. 국민세금이 밑 빠진 독에 계속 쏟아 붓는 현재의 공기업 체제로는 안된다. 경쟁체제로 가야 한다. 그리고 부실공기업은 민영화로 돌려 국가부채를 줄여야 한다. 셋째, 국가경제를 생각하고 청년실업을 해소 할 수 있는 방향으로 노사정 노동개혁이 필요하다. 임금피크제, 정규직과 비정규직의 차별해소, 청년일자리 창출 등을 위한 노동개혁은 시대적 당위이고 어두운 경제를 해결하는 마중물이다. 대기업과 노조가 상생하고 공멸하지 않는 지혜야 말로 청년일자리 대책의 시금석이다. 또한 정부와 공무원들의 일자리 정책 액션플랜(Action Plan)의 실시도 필요하다고 본다.

5. 재벌의 투명성이 시급하다.

해방이후 우리나라는 물질적 빈곤과 저생산을 벗어나고자 수출일변도의 성장을 강화시켰다. 미국이나 일본 독일 등 선진국의 기술지원과 하면 된다는 한국 국민의 근면성으로 초단기적 압축성장을 이루었다. 외국인들은 이를 한강의 기적이라고 한다. 그런데 1970년대 이후 급속한 경제발전의 이면에는 각종 부조리와 탈법비리를 창출했다. 정책과정에서 수단이 목적을 합리화시켰고, 사회전체적으로 윤리의 문제는 관심을 끌지 못했다. 이제 후진국을 벗어나는 경제구조가 아니라 선진국으로 진입하기 위한 경제구조를 정착시키기 위해서는 윤리와 가치 시스템의 재구축을 모색하는 과정이 필요하다. 즉 윤리경영은 핵심적인 과제로 부각되고 있다. 더군다나 21세기에 들어서면서 세계경제기구와 선진국들 중심으로 반부패 움직임이 강화되고 있으며 미국주도로 국제상거래에서의 뇌물방지와 기업의 공정한 생산과 경쟁이 필요하다는 인식을 가지고 반부패 라운드 출범이라는 결실을 맺었다. 특히 반부패 라운드를 계기로 투명한 경제시스템과 공정경쟁을 추구하는 국제적 트랜드는 더욱더 가속화 될 전망이다. 이제 국제경제사회에서 윤리경영은 21세기 최고의 기업가치요 덕목이라고 보며 부패기업과 국가는 국제적 신인도 추락으로 대외경쟁력이 약화된다고 보고 있다. 사실 부정부패가 한나라의 사회문화적 소산이라고 볼 때 한국의 기업문화, 총체적 의미에서의 한국 국민들의 사고방식, 가치관 및 행동양식과 의식에 대한 그동안의 지배적 견해는 부정적이라고 볼 수 있다. 왜냐하면 지연 학연 혈연이 중시되는 한국적 연고주의라든지 합리가 지배하기보다는 온정적이고 향리적 파벌주의가 강한 것이 한국사회의 문화적 특징이기 때문이다. 또한 우리나라는 고도의 경제성장의 경제하에서 기업들은 외형확대를 중시한 나머지 대기업의 사회적 책임의식은 상대적으로 미흡하다고 볼 수 있다. 대기업이 국가경제 발전에 크게 기여해 왔음에도 불구하고, 정경유착, 부동산투기, 탈세와 외화밀반출, 불공정 하도급거래 등으로 국민들의 불신을 양산하였다. 또한 한국기업들은 윤리경영에 대한 국제적 변화를 인식하고는 있지만 아직은 시급한 개혁과제로 받아들이지 않고 있다.

최근 한국 5대 기업이라 할 수 있는 롯데그룹의 상식밖의 이전투구식 권력싸움은 국민들의 비판 냉소 불만을 자아내고 있다. 사건의 발단은 롯데 신격호 회장의 장남 신동주씨가 경영권을 되찾기 위해 친위쿠데타를 일으키자 동생인 신동빈씨가 곧바로 이사회를 열어 아버지를 퇴임시키는 등 골육상쟁의 추태를 보였다. 현재 한국롯데는 매출83조원 가량의 5대 재벌이다. 롯데는 창업자 신격호씨가 혈혈단신 일본으로가 맨주먹으로 기업을 일군 기업이다. 어렸을 적 롯데 츄잉껌을 씹던 기억이 날 정도로 껌과 제과로 성장했다. 그동안 롯데는 국민들의 성원과 정부의 유착하에 제과 서비스 등 유통신화를 불러 일으켰고 문어발식 기업확장으로 외형을 키웠다.이런 기업이 골육상쟁으로 피투성이 경영권 다툼을 벌이고 있다.

우리는 롯데그룹만이 아니라 삼성·현대·두산·금호아시아나·효성 등 거의 모든 재벌 그룹에서 창립자 사후 친족과 형제들이 재산·경영권 싸움을 지켜보았다. 국민은 아랑곳하지 않고 싸우고 있다. 국민이 냉소하고 비판하는 것도 모르고 부모 형제를 비난하고 맞소송을 일삼고 돈 앞에서는 부모도 형제도 없다는 비교육적 장면이 언론을 통해 고스란히 전해지고 있다. 외국의 경우 미국의 대기업들, 독일 BMW 등 선진국은 가족이 경영하지 않고 전문경영인들이 기업을 경영하도록 분명한 원칙을 지탱하고 있다. 가족들이 경영에 참여하려면 엄정한 경영능력이 있어야 하고 주주들로부터 인정을 받아야 한다. 결국 대기업 창업자 가족이나 친족들은 주식만 가지고 있고 마음대로 인사권이나 회계재정권을 휘두르지 못하도록 감시하는 시스템을 갖추고 있다고 한다. 그러나 우리나라는 아직도 전근대적 친족 족벌경영이 판을 치고 있다. 이를 개혁하는 것이 윤리경영의 첫걸음이다. 이를 위해 소유구조의 투명성, 소유와 경영의 분리, 순환출자의 구조적 문제를 걷어내는 작업이 필요하다.

6. 세금과 복지

우리나라는 GDP 대비 사회복지 지출예산이 2012년도에 9.3%에 불과해 복지 강국인 프랑스(32.5%), 스웨덴(28.1%)과는 형편없다. 미국은 19.7%이고, OECD 34개 국가 중 멕시코(7.4%)만이 한국보다 뒤쳐져 있다고 한다. 그러나 유럽이나 일본의 경우 복지과잉으로 국가재정건전도가 나빠져 수정하려는 움직임이 있다.

우리나라는 선진국에 비하면 복지가 필요하다. 소외된 계층이 너무 많아 양극화 경향이 심화됐다. 지난 대선때 복지 담론이 넘치더니 달콤한 복지공약으로 국민들의 표심을 흔들었다. 요즘 우리나라는 복지공약 이행으로 인한 재원마련이 어려워 증세문제로 골머리를 앓고 있다. 한정된 돈으로 나갈 데는 많아 이대로 계속 복지확대로 간다면 실제 그리스나 남미처럼 국가파산으로 치달을 수 있다는 우려가 있고 실지로 그런 징후는 보이고 있다. 우리나라 무상복지 예산이 2012년 14조에서 2014년 24조로 늘어난 데 반해 세금징수는 형편없다. 2012년 개인소득세는 45조에서 작년 49조로 징수됐고 법인세는 45조에서 40조로 떨어졌다. 이와 같은 상황에서 복지를 확대하면 2012년 적자상태가 2033년 국채발행으로 국가재정의 부도가 이어질 수 있다.

지금처럼 노인들의 복지가 팽창하면 다음 세대가 결국 부담하게 되어 세대간 계층이 심각할 것은 불을 보듯 뻔하다. 화려한 장밋빛 공약으로 유혹하여 국민을 미혹시키더니 나라가 걱정일 수 밖에 없다.

최근 연말정산문제로 월급쟁이 소득자들의 분노는 하늘을 찌를 듯하고 지지율은 역대정권 최악의 비난을 받고 있다. 세금없이 어떻게 복지가 가능한가? 증세는 해야 하는데 국민들의 눈치를 봐야 하니 참으로 난감하다. 정부가 솔직해야 한다. 이실직고해야 한다. 국민들에게 돈이 없으니 공약을 수정하겠다고 선언해야 한다. 왜 사과를 못하나. 그래도 정부는 자신감이 있으니 걱정말라고 한다. 그래서 정부가 비과세·감면 정비로 18조원, 지하경제 양성화로 27조원, 세출 구조조정을 통해 84조원의 재원을 마련하겠다고 한다. 정부는 SOC·산업·농림 분야에서 올해 2년 동안 8조7000억원을 줄이겠다고 했다. 그러나 실제 예산은 오히려 4조9000억원 늘어났다고 한다. 세수증대를 위해 지하경제를 양성화한다는데 큰 성과가 없다. 비과세·감면 축소도 납세자들의 조세저항에 부딪히고 있다.

그동안 곳간은 비었는데 복지랍시고 돈이 여기저기 뿌려졌다. 65세

이상 노인들에게 월 최대 20만원의 기초연금이 지급됐고, 0~5세 아이를 위한 무상 보육, 초·중·고 학생을 위한 무상 급식이라든지, 대학생들의 반값 등록금이 실행됐다. 이와같이 기초연금·무상 보육·무상 급식·반값 등록금에 들어간 돈은 2012년 14조원인데 현재 27조원으로 팽창했다고 하니 나라살림이 어떻겠는가. 이런 원인이 어디에서 연유하나? 정책이 이렇게 조령모개식으로 바뀌면 어떤 결과가 오는지 뻔히 아는 관료들이 왜 이런 정책을 실행하나? 관료의 잘못이 아니다. 정치인들의 선동적인 복지공약 남발로 인해 벌어진 탓이 크다. 아동학대문제가 나오니 여기에 돈주며 청사진을 발표하고, 연말정산 반발하니 없던 일로 덮고 오락가락행정이 계속되니 누가 정부를 신뢰하겠는가?

땜질식 처방으로 이어나가니 문제는 커지고 있다. 근본적인 해법은 없는 것인가?

이제라도 잘못을 인정하고 새롭게 복지정책을 짜야 한다. 인기영합적인 세금정책도 고쳐야 한다. 시원하게 쾌도난마 정책이 필요하다. 증세없는 복지는 있을 수 없다는 사실을 국민들에게 정확하게 알리고 공약을 수정해야 할 것이다.

가난한 자, 부자, 소외계층, 어린이, 대학생, 여성 등 누구나 복지혜택 받으면 얼마나 좋겠는가? 그러나 보편적 복지를 펼치기는 돈이 없다. 우선 소외된 계층에게 집중하고 선별적 복지를 해야 한다. 누구에게나 복지혜택을 받는 다면 누가 세금내나. 또다시 경제위기가 온다는 것은 명심해야 한다. 이제라도 늦지 않다.

대통령께서 국민들에게 소상하게 말씀해 주길 바란다. "국민여러분 죄송합니다. 나라에 돈이 없습니다. 정말 죄송합니다. 복지혜택 줄이겠습니다" 그렇다면 국민들은 용서할 것이다. 호소하는 대통령

을, 근심하는 대통령을 누가 탓하겠는가? 대통령의 진정성을 국민들
은 화답할 것이다. "그래요 걱정하지 말아요"

　무엇보다도 정치권이 정신차려야 한다. 선동적으로 정책난발하면
망한다는 것을 알아야 하는데 아직도 정신을 못차린다. 선거때 표로
보여줘야 할 것이다.

7. 철도 비리를 혁파해야 한다.

　10년전 필자는 독일 뮌헨 밑의 작은 마을에 있는 슈파이어국립행
정대학원에 방문학자로 보낸적이 있다. 당시 짬을 내서 베를린, 뮌헨.
하이델베르크 등을 여행한 적이 있는데 그 중 가장 놀란 것은 독일
전역에 씨줄과 날줄처럼 촘촘하게 얽혀있는 독일 철도망이었다. 어
디를 가든 철도로 대중교통이 가능하고 먼거리는 고속철도인 이체
(ICE)를 타고 다녔다. 이체는 산간 지형과 언덕이 있는 곳에는 천천
히 가다가 평지에는 놀라울 정도로 빠르게 달리는 자연친화적인 철
도로 유명하다. 우리나라는 일제시대때 만들어진 철도산업이 더 발
전하지 못하고 버스 화물 등이 이용하는 고속도로 건설에만 치중하
였다. 지난 2000년 김대중 정부시 남북분단과 함께 단절된 남북철도
연결에 합의했고 시베리아를 거쳐 러시아, 구라파까지 이어지는 유
라시아철도부설을 약속했다. 그러나 이명박 정부때 남북관계가 냉각
되어 또다시 좌절됐다가 이번 박근혜 정부때 '유라시아 이니셔티브'
정책과 함께 유럽까지 잇는 '실크로드 익스프레스'를 구상하고 있다.
이와 같이 한국철도는 여러번 부침과 조직변천으로 흔들렸다. 무엇
보다도 철도는 국가기간산업으로서 경제메카니즘과 개방이라는 큰

틀에서 짜여 져야 한다는 사실이다. 철도산업은 공공재의 성격을 띄고 있기 때문에 그 자체로 수익을 목적으로 하는 사업이 아니다. 그 산업 파급효과는 매우 크다. 그러나 이러한 공공성을 추구한다는 명목으로 적자의 규모가 매우 큰 기차역을 폐쇄하지 않는 것은 국가 재정낭비이며 더 큰 부패문제를 초래한다. 최근 철도비리로 사법처리된 국회의원들이나 철도공단 직원의 부정부패는 국민의 안전을 팽개친 비리라고 볼 수 있다. 적자가 날게 뻔한 기차역을 증설하여 비리를 저지른다 든지, 철도부품 납품업체로부터 금품을 받는 행위, 철도레일 납품업체와의 담합 유착비리, 내부정보 유출비리 등 다양하게 나타났다. 그래서 그런지 우리나라 철도는 사고와 부패로 오명을 뒤집어 썼다. 툭하면 열차 추돌사고나 고속철도 사고로 국민의 불만이 이만저만이 아니고 철도민영화로 인한 철도조직의 분열로 코레일의 공적 신뢰는 땅에 떨어졌다고 본다.

통일대박이라는 큰 화두에 발맞춰 철도산업을 부흥하기 위해서는 철도라는 것이 국가 성장동력이고 한반도 통일과 평화를 가져오고 군사적 긴장을 완화할 수 있는 촉진기제라는 인식을 가져야 한다. 특히 남북한 철도 개통은 더욱 그렇다.

독일, 프랑스 등 유럽연합(EU)이나 미국이 철도를 통해 국가의 분권화된 연방시스템을 통합하였고, 과거 청일전쟁이나 러일전쟁도 세력 확장을 위한 열강들의 철도부설권과 관련이 있었다고 한다. 특히 독일은 모든 제조업을 철도를 통해 유기적으로 유통하고 있으며 불란서, 이태리도 국가경제를 위해 철도통합을 추진하고 있다. 또한 영국도 철도 등 공기업의 민영화를 철회하고 국가기간산업으로 추진하고 있다. 필자는 국민의 불신과 방만경영으로 인한 적자, 부정부패를 해소하기 위해 다음과 같이 제언한다.

먼저 철도공사와 철도시설공단으로 이원화된 두 조직을 통합하여야 한다. 현재 코레일은 철도영업을 하고 있고 철도공단은 철도레일과 시설 토목공사를 맡고 있는데 조직이원화로 인하여 방만경영적자가 매우 심하다. 조직, 인사, 기술 등을 통합하여 조직을 슬림화하고 혁신하여야 한다. 두 조직을 분리하여 부패의 사각지대를 만들어서는 안된다. 두 번째는 철도청을 부활하여야 한다. 철도관련 일을 하는 인력만 수만명이 되는데 이를 직접적으로 관리 감독하는 주관청이나 부가 없어서는 안된다. 현재의 국토부의 철도담당만으로는 거대 공룡화된 코레일이나 공단을 감독하는 것은 사상누각이다. 세 번째는 철도비리를 단절하기 위해 철도 공사 발주부터 감리, 궤도자재 검증까지 투명한 입찰시스템을 만들어야 한다. 시민안전과 직결된 철도공사를 내부공단직원이나 업체가 유착 담합하여 부패를 조장하는 현 시스템으로는 청렴하기가 어렵고 국민안전을 해친다. 철도를 감사하는 감사원 감사관도 비리를 저지를 수 밖에 없는 구조적 병폐를 단죄하지 않으면 통일이 대박이라는 말은 희화화될 수밖에 없을 것이다.

8. 담배값 인상 유감

1492년 8월 스페인 탐험가 크리스토퍼 콜롬버스는 오랜 항해 끝에 기적적으로 한 섬에 도착하였는데, 이곳이 현재의 중미 바하마제도인 산살바도르였다. 그때 그는 원주민인 아메리카 인디언들이 피는 담배(Nicotiana tabacum)에 호기심을 가지고 담배잎을 가져가 말려 핀 것이 담배의 시초다. 담배는 인디언뿐만 아니라 우리나라 조상들도 각성효과가 있다고 믿고 몸이 아플 때나 우울할 때 담배 한 모금으로 진통제 역할을 대신 했다. 담배는 실제로 한방에서 독한 니코틴 때문인지 몰라도 구충제 역할을 톡톡히 하는 것으로 알려지고 있다. 어렸을 적 집에서 긴 곰방대와 재떨이가 있었는데 애연가인 아버지로 인하여 매일 재떨이를 청소한 기억이 난다. 필자의 연구실에도 재떨이와 담배가 놓여있는데 담배를 끊었지만 아직도 재떨이를 버리기가 아깝다.

조선시대 황금 찬란한 문예 르네상스의 꽃을 피웠던 정조는 애연가로 유명하다. 돋보기 안경을 써가며 학문을 사랑했던 그는 한편으로 반대파 정적들의 암살의 위협을 받기도 했다. 사도세자인 아버지를 그리워하다가 잠시 시름에 빠지면 담배를 피며 한시름을 놓았던 그였다. 대표적 허무주의 시인으로 알려진 공초 오상순 선생은 하루에 10갑 이상을 피웠다고 한다. 공초란 말이 비움을 초월한다는 뜻인데 그는 항상 비우면서 담배연기로 허기진 정신을 채웠다. 중국 등소평도 영국 처칠도 담배를 늘 피운 애연가였다. 또한 김대중 전 대통령도 민주화운동 시절에는 헤비 스모커였다고 한다. 우리나라가 1997년 외환위기로 어려울 때 직장을 잃고 암울했던 당시에는 50억 갑 이상 담배가 팔렸다고 한다. 그만큼 담배는 서민들의 애환과 함께 자리매김했다. 우리나라 담배는 유럽이나 미국에 비해 싸기로 유명하다. 또한 술과 함께 누구나 살 수 있다. 한때 담배는 전매품이었다. 국가가 '전매청'이라는 조직을 만들어 독점 관리했다. 당시 양담배를 피면 공무원들은 해임조치를 당하는 등 애연가들의 수난도 있었다. 그런데 담배는 한방에서 각성효과와 구충효과가 있다고 하는데 그 독성으로 인하여 백해무익의 하나로 전락됐고 건강이상이나 성인병을 유발한다고 하여 수난을 받고 있다. 요즘 담배피면 취업도 어렵고, 거리에서 이상한 눈초리를 받기도 하고 심지어 신고당하기도 한다.

담배는 4000여 가지 독소가 있고 성인병이나 암을 유발한다고 주장하고 있다. 건보공단의 지난해 연구보고서에 따르면, 흡연으로 인한 건강보험 진료비는 4년 동안 48.7%증가했다고 주장하고 있다. 2011년에는 흡연으로 인한 뇌혈관질환에 3771억원, 고혈압에 3470억원, 기관지·폐암에 1988억원의 진료비가 들었으며, 뇌혈관질환 진료비는 4년 새 62%, 기관지·폐암은 4년 만에 53%늘었다고 한다. 흡연자는 금연자에 비해 후두암에 걸릴 위험이 2.74배, 폐암에 걸릴 위험은 2.63배, 정신·행동장애가 발생할 위험은 2.14배, 식도암에 걸릴 위험은 1.92배 높다고 한다. 이렇게 해악이 큰데 정부와 담배공사는 그동안 무엇을 했단 말인가? 무엇보다도 국민건강을 팽개친 게 아닌가 하는 의구심이 든다. 최근 정부가 담뱃값을 대폭 인상하겠다고 한다. 그 돈으로 국민건강도 챙기고 세수도 확보한다면 얼마나 좋으랴! 그러나 그렇지 않다는 반론이 만만치 않다. 한 해 걷히는 담뱃세는 6조8000억원 가량이라고 한다. 담배공사에 의하면 2500원인 담뱃값은 제조원가와 유통마진이 950원이고, 나머지 60.2%(1550원)는 복지부나 안전행정부 등 5개 부처가 세금·부담금 명목으로 떼간다고 한다. 문제는 정부가 담뱃값에서 나오는 건강증진기금을 본래 용도가 아닌 엉뚱한 데 쓰고 있다고 비난하고 있다는 사실이다. 실제로 올해 담배에서 거두는 건강증진기금 2조원 중 절반인 1조원을 건강과 관련 없는 건강보험 재정을 지원하는 데 쓴다는데 있다. 정부가 금연 사업에 쓰는 돈은 1.2%인 243억원에 불과하다고 한다. 담뱃값 인상으로 구멍난 세수를 막으려한다든지, 건강증진기금을 흡연자의 건강이나 금연사업에 쓰지 않고 전용한다면 정부의 담뱃값인상에 국민들의 비난을 어떻게 불식하고 동의를 구해야 할지 의문이다.

9. 대기업의 사회적 책임

IMF 경제위기가 닥쳐을 때 외국학자들은 한국경제추락의 뿌리에는 정부의 지나친 규제에 대한 기업의 정경유착적 경영과 관치금융의 폐해, 고비용의 정치구조화 탓이라고 지적하였다.

관치금융과 각종 규제의 경직성을 완화하고 자율적인 시장메커니즘에 의한 금융제도가 운영되어야 함에도 각종 인·허가권을 가진 관료의 재량행위, 복잡한 행정의 절차와 제도,정부 정책의 규제 일변도로 인해 필연적으로 각종 뇌물과 급행료, 유착성 로비자금을 낳게 했다고 주장했다. 사실 개발도상국에서 부패문제는 경제발전을 위해 필요악이었고 경제운영에 있어서 윤활유로 여겨졌다. 또한 무엇인가 바쳐야 한다는 사회의식과 관행 이른바 미풍양속으로 합리화되기도 하는 백색부패(white corruption)화 되었다. 그래서 부패는 정치인, 관료, 사회 모든 계층에 이르기까지 풍토병처럼 만연되었다. 자본주의는 이윤창출과 시장경제원리라는 보이지 않는 손에 따라 움직여야하고 기업은 비용과 수익이라는 회계원리의 기초에서 경영되어야 한다. 그러나 뇌물이나 급행료, 부정한 로비성자금 등이 기업경영의 주요변수가 될 때 부패는 경제발전의 강한 저지요인이요 저해요인이 되는 것이다.

유착부패의 전형이라 할 수 있는 한보기업을 비롯한 대기업 부도 사건을 볼 때 이것이 '기업이 과다한 대출을 무리하게 추진하는 과정에서 일어난 금융사고'라고 간단히 설명하기에는 너무나 엄청난 정·경·관 그리고 일부 언론이 결탁한 구조적 검은 커넥션의 실체라고 볼 수 있다. 우리나라 대기업은 그동안의 정경 유착성 경영으로 자생력을 키우지 못한 탓으로 상당한 문제를 야기하고 있다. 그래서 대기업 책임과 윤리경영이 제기되고 있다. 지난 해 한 여당의원은 "대기업은 거대 자본을 갖고도 좁은 국내시장에서 중소기업 영역과 골목 상권을 침범하는 일은 볼썽사납다"며 "골목상권의 무차별 잠식, 납품단가 후려치기, 기술 탈취 같은 탐욕에 의한 횡포는 사라져야 한다"고 말했다. 특히 편법 증여나 특수 관계인에 대한 부당지원 등은 상법이나 법집행으로 책임을 확실하게 물어야 한다고 본다. 무엇보다도 소비자나 거래 중소기업, 비정규직 근로자들의 자위권 보장을 위해 징벌적 손해배상제도나 집단소송제도를 도입해서 대기업의 지나친 횡포를 통제해야 한다고 본다.

대기업의 기업윤리는 생산성 증가로도 연결된다고 한다. 미국 경제학자 스캇 캘런과 자넷 토마스의 연구에 따르면, 미국의 대기업 441개 중 윤리와 사회공헌을 강조하는 기업은 그렇지 못한 기업에 비해 재무적 성과가 높았다고 한다. 이것은 직원들은 수익뿐 아니라 사회적 가치를 중요시하는 기업 문화에 자부심을 가져오고 업무 효율과 고객만족 상승으로 이어진다는 것을 의미한다. 결국 윤리경영, 투명경영, 사회적 책임이 중요하다고 볼 수 있다.

과거 대기업과 협력 중소기업의 동반성장을 위한 실질적인 방안을 마련하기 위해 이익공유제라는 것도 사실 정도경영이고 윤리경영의 한 방안이다.

그런데 최근 언론에 보도된 대기업회장들의 고액연봉은 국민들의 허탈감을 자아내기 충분했다. 어떤 회사는 300억이 넘고 어떤 기업은 100억이 넘는 연봉을 받았다고 한다. 물론 회사와 주주의 이익을 저버리지 않고 열심히 일한 대기업주가 받는 다면 무슨말을 더하랴. 연봉공개의 취지가 윤리경영인데 교도소에서 지낸분들이 수백억 연봉을 받는다면 이것 또한 지탄받기 십상이고 위화감을 조성하지 않을 수 없다. 회사돈을 횡령하거나 배임하는 경우 이러한 고액연봉을 삭감하는 방안을 모색해야 한다. 그러나 회사경영능력이 남달리 뛰어난다든지 경영실적이 높다면 고액 연봉을 받아도 충분하다고 볼 수 있다. 경제 민주화바람이 거세게 불고 있는 이때에 이와 같이 기업정서를 저버리는 추한 행태가 계속 나온다면 국민들도 가만있지 않을 것이다.

10. 규제권의 개혁

요즘 대학생들의 최대 관심사는 거창한 민주주의와 같은 정치문제나 국가의 문제도 아니다. 그저 졸업해서 하루 빨리 번듯한 직장 잡는 것이 가장 필요하다고 생각한다. 대학도 기업의 입맛에 맞게 실무형 인력을 창출하기위해 학과도 구조조정하고 있다. 그렇다고 대학생들이 중소기업에는 여간해서는 가질 않는다. 대기업 아니면 공무원,공기업 등에 가고 싶다고 한다. 그래서 최근 대기업이나 공무원시험은 고시나 마찬가지로 여긴다. 9급공무원이나,대기업에 합격하면 학교에 현수막이 걸린다. 9급 공무원시험이나 경찰관시험도 경쟁률이 높아 만만하게 봤다가는 떨어지기 십상이다. 학생들이 공무원 시험을 준비하고 공무원으로 가고 싶은 이유는 안정적이고 사기업보다 업무가 편하고 공무원으로서 권한도 있기 때문이다.이제

공복이라는 개념은 어디간데 없다. 그런데 권한에는 재량행위가 따르기 마련이고 이러한 재량권 행사를 통하여 부패는 잉태한다. 즉 모호한 법령에 대한 공무원의 재량적·자의적 해석에 의해서 부패가 발생하기도 한다.

특히 경제활동과 국민생활에 대한 관료의 규제와 인·허가 등 행정규정과 절차 때문에 부패의 소지가 많다는 사실이다. 공무원이 재량권에 편승해 뇌물이 오가는 풍토는 기업경쟁력을 떨어뜨리는 요인이 되고 있다. 과거 주한 다국적기업최고경영자협회도 "기회가 있으면 한국을 떠나겠다는 사업가가 한둘이 아니다"라고 발표했던 적이 있다. 공장 하나 건축하려도 이것 저것 따지니 마냥 세월은 가고 인허가는 함흥차사다. 경제의 고비용 저효율구조는 여기에서도 연유한다. 기업과 주민은 관의 규제의 그물을 뚫어야 하고 그러기 위해서 손쉬운 뇌물공세에 호소하려는 유혹을 받게 된다. 문제는 규제의 단계마다 독점적인 권한을 가진 관료들이 너무 많다는데 있다. 이들이 제각기 뇌물을 요구하다보면 기업이나 장사하려는 사람이 부담하는 '추가세금'은 눈덩이처럼 불어난다. 규제가 많으면 상납과 같은 조직적인 부패구조가 탄생하는 것이다. 문제는 부패가 규제를 줄이는 효과가 있더라도 부패한 공무원들은 더 많은 규제를 만들어 이를 상쇄해 버린다. 독점적 권한을 확대하려는 관료들의 시도는 자연히 규제의 확대로 이어진다. 불필요한 규제가 많을수록 부패가능성이 높아진다는 점에 관해서는 이론의 여지가 없다. 과거 일본기업들의 대장성 관료에 대한 과잉접대사건도 불필요한 규제가 때문에 발생한 것이라는 점에 의견이 일치했었다. 우리나라에 투자하고 공장지려는 외국인 상사들이 대만이나 싱가포르로 가버린다고 한다. 최근 박근혜 대통령이 "지역 투자의 걸림돌이 되는 규제는 과감히 풀어야 한다. 그린벨트 같은 규제만 아니라 건설, 유통, 관광 등 지역 밀착형 사업 규제를 발굴해 획기적으로 개혁해야 한다"고 말했고 "규제는 우리가 쳐부술 원수(怨讐), 제거하지 않으면 우리 몸을 자꾸 죽이는 암 덩어리"라고 갈파했다. 시의적으로 적절한 말씀이시다. 현재 우리나라의 규제는 1만5269건에 이르고 지난 10년간 규제가 연평균 700건 늘었다고 규제개혁위원회는 주장하고 있다. 상공회의소가 지난해 전국 4020개 중소기업을 대상으로 '지방자치단체의 규제 실태'를 조사했는데, 기업의 36.3%가 지방자치단체 규제 때문에 제대로 기업을 하기 어렵다고 답했다고 한다.

우리나라는 정권이 바뀔적 마다 규제개혁,규제혁파,규제총량제라는 말을 들고 나왔다. 그러나 대통령 임기 초기에는 관료들이 듣는 척 하다가 임기 3년이 지나면 새로운 규제를 만들어 자기들만의 권한과 권력을 휘두른다. 규제는 지방관가가 더 심하다. 구청장이나,시장, 군수들이 제멋대로 규제를 만들어 인허가권을 주무르고 있다.

지방에서 벌어지는 규제로 인하여 국민권익위원회는 지방주민들의 민원 성토장이 되버렸다. 축사를 만들겠다고 건축허가를 신청하면 여러 가지 이유로 불허하고 도로를 개설하던지 다른 요구조건을 하라고 행정 명령한다. 숙박시설이나 주유소 등을 짓기 위해 농지전용허가를 신청해도 여간 쉽지 않다. 몇 년이 가도 전봇대하나 뽑지 못하는 이런 행정가지고 어떻게 선진국이 되고 지방행정이 발전하겠는가? 관청이기주의에 빠져 지역주민의 고통을 외면하는 규제는 하루빨리 철폐돼야 하고 규제를 양산하는 기관이나 조직은 해체해야 한다. 또한 규제를 양산하는 기관은 징벌적 제재를 가하고 그 조직에는 예산을 삭감해야 할 것이다. 또한 규제의 성과를 매년 측정 평가해서 규제를 저지르는 공직자에게 응분의 책임을 묻도록 해야 할 것이다.

11. 철도파업과 민영화

미국에서 공부할 때 나는 자동차를 사서 돌아다닐 여유가 없어 웬만한 도시는 철도를 이용하였다. 내가 살고 있던 워싱턴디시 시내가 지하철로 잘 건설되어 큰 불편이 없었고 학술대회가 열리는 곳에 참가를 위해 암트랙을 타고 다녔다. 그 후 독일에서 연구할 때 필자는 독일 고속열차인 이체를 타고 뮌헨도 가고 베를린도 다녔다. 정확한 시간의 출발과 도착, 친절함, 열차의 안정감 등 그때 느낀 인상은 지금도 잊혀지지 않는다. 시민을 위한 교통이 무엇인지를 실천하는 선진국의 철도정책을 부러웠다.

최근 철도노조의 파업으로 시민들의 고통이 이만저만이 아니다. 사측은 경쟁으로 부채를 줄이겠다고 하고, 노는 철도를 민간에 파는 행위를 용납하지 않겠다고 극렬 반대하고 있다.

원래 우리나라 행정공기업은 체신, 철도, 전매 등이 있었다. 과거 전매청은 담배인삼공사로 개편되었고 철도청은 철도공사로 체신은 우정사업본부로 바꿨다. 이런 공사체제를 다시 민영화나 경쟁체제로 전환하려는 이유는 비용 효율성이다. 부채로 인해 더 이상 독점체제로 해서는 안된다는 것이다. 영국은 1994년부터 2002년까지 민영화를 단행했는데 인명사고라든지 요금 인상 등으로 2002년 부터는 철도선로분야를 재공공화하고 있다. 그래서 연간 8000억원 가량의 비용을 절감하고 있다고 한다. 독일은 1994년부터 동서독 철도국유화의 개혁을 단행하여 민간회사의 시장진입을 허용하여 현재 지선 철도시장의 20%이상은 민간사업자가 운영하고 있다고 한다. 일본도 경영적자 해소를 위해 1987년 철도공사 운영을 6개 지역여객회사와 1화물회사로 민영화하였고 현재 199개 철도사업자가 경쟁하면서 경영흑자를 보이고 있다고 한다. 우리나라는 김대중 정부부터 민영화를 추진했지만 아직까지 실현되고 있지 않다. 현재 철도부채는 10조원이 넘고 해마다 5,000억 이상 적자를 낸다고 한다. 이런 상황에서 공기업 부채를 해결하려면 경영혁신이나 민영화내지는 쟁쟁체제가 필요하다고 주장하는 것은 설득력이 있다고 볼 수도 있다.

현재 파업쟁점은 노조원들이 수서발 KTX 법인이 민영화 수순이라고 보는데 있다. 그러나 정부와 코레일은 연기금, 지방자치단체 등 공공부문이 수서발 KTX 법인 지분의 59%를 차지하고 코레일의 지분도 41%이기 때문에 맘대로 할 수 없다는 것이다. 또한 공공부문이 민간에 지분을 매각하지 못하도록 정관에 규정하면 된다는 입장이다. 그러나 철도노조는 정관 규정만으로는 주식 양도를 제한할 수 없다는 입장이다. 상법 335조는 이사회 승인으로 주식의 양도를 제한할 수 있도록 하고 있지만, 대법원은 판례를 통해 "주식 양도를 제한하는 방법으로서 이사회의 승인을 요하도록 정관에 정할 수 있다는 취지이지 주식의 양도 그 자체를 금지할 수 있음을 정할 수 있다는 뜻은 아니기 때문에, 정관의 규정으로는 주식의 양도를 제한하는 경우에도 전면적으로 금지하는 규정을 둘 수는 없다"면서 정부의 계획이 효력이 없다고 주장하고 있다. 이와 같이 양측의 팽팽한 대결과 불신은 해결의 기미가 전혀 보이지 않고 있고 있다. 그렇다면 어떻게 문제를 해결해야 하는가? 먼저 노사 양측의 대화를 통해 문제의 소지를 해결하도록 노력해야 하고 공권력 투입이나 징계로 갈등을 조장해서는 안된다고 본다. 정부도 민영화가 아니라고 매번 입장을 밝히고 있지만 노측에서 이를 믿지 못하고 있기 때문에 원점에서 출발하여 국민의 동의를 받도록 해야 한다. 두 번째로는 철도의 부채나 경영관리의 취약체제를 혁신해야 한다. 이를 위해 외부 전문가위원회나 경영혁신 구조조정위원회를 만들어 방만 경영을 수술해야한다. 회사가 없어진다는 각오로 임해야 한다. 세 번째로는 수서발 KTX 법인 출범이 진정으로 경영이윤을 가져올 것인지, 아니면 요금 인상이나 사고로 시민들의 불만을 가져올 것인지 면밀한 분석이 필요하다. 우리나라와 같은 분단 상황에서 민영화가 얼마나 이익 효율성을 가져올 것인가? 공공재로서는 이익이나 경영혁신을 창출할 수 없는 것인가? 라는 의문에 연구하고 고민해야 할 것이다. 끝으로 정치권은 조정력과 정치력을 복원하여 문제를 협상토록 중재해야 할 것이다. 여당이 나몰라라 하는 것도 문제이고, 야당도 과거 주장했던 민영화 철도정책을 언제했냐 하는 식으로 변명해서도 안된다. 정치는 오간데 없고 종교만 눈치보는 대한민국의 현실이 비정상이다.

12. 국민세금은 눈먼 돈

매년 12월이 되면 나눔과 기부운동이 활발해지고 주위의 어려운 이웃을 돕기위해 한푼 두푼 성금을 모아 훈훈한 인정을 나눈다. 기부운동 상징인 세 개의 빨간 열매는 나와 가족 그리고 이웃을 상징한다고 하여 우리 모두가 협력하여 가난하고 소외받는 이웃을 향해 관심을 가지고 십시일반 정을 나눈다는 취지다 . 우리나라는 공동모금회라는 커다란 단체가 이 역할을 한동안 했는데 이 단체가 한때 자선의 기능을 망각하고 수년간 성금분실,장부조작,공금유용으로 감사원의 철퇴를 받았다. 그런데 최근 검찰과 경찰이 지난 6월부터 국가보조금 관련 비리(非理)에 대한 집중 단속을 했는데 그중 3349명을 입건하고 이 중 127명을 구속 기소했다고 한다. 이들이 부당하게 지급받거나 유용한 국가보조금은 1700억원에 이르고 복지 분야 부정 수급액이 405억원으로 가장 많았다고 한다. 국가보조금 횡령에는 공무원도 보조금 신청자로부터 금품을 받고 비리부패를 저지른 경우도 많다고 한다.

지난해 우리나라 보조금 액수는 46조 4900억원으로 전체 국가 예산의 14%를 차지하고 있는데, 이렇게 규모가 크고 복지회계가 복잡해 제대로 관리되지 않고 있어 오래전부터 "정부 돈은 먼저 차지하는 사람이 임자"라는 말이 공공연하게 나돌고 있다.

정부는 복지세금을 마련하기위해 봉급생활자들을 쥐어짜지만 이렇게 거둬들인 세금도 언제 빠져나가는지 모르게 줄줄 세고 있고 밑빠진 독에 물붓기식으로 국민세금은 유용되고 있는 실정이다.

이들 유용된 자금은 장애인이나 취약계층이 쌀을 사야할 돈을 아파트로 산다든지, 휠체어 살 돈으로 외제차를 굴린다고 한다. 또 횡령에 앞장선 공무원들은 복지급여를 빼돌려 유흥비나 부동산 투기에 앞장섯다. 이러한 보조금 지급실태가 마음만 먹으면 공무원들이 횡령할 수 있다는 현재의 취약한 복지시스템으로는 고쳐지지 않고 있는 실정이다. 이와 같은 시스템은 하루빨리 개선하고 혁파해야 한다.

먼저, 전국 시군구 복지예산 사용실태에 대해 감독 감사를 실시해야 한다. 중앙정부는 감사원이, 지방자치단체는 감사원과 각 도청이 나서서 예산집행과 사후 검증을 해야 한다. 정말로 국가 보조금이 제대로 사용되었고 지급되었는지 감사해야 하고 공무원이 부당지급하거나 착복한 액수가 얼마인지도 살펴야 할 것이다. 그래서 불요불

급한 국가예산을 감축하고 투명한 복지예산을 수립해야 할 것이다.

두 번째는, 현행 복지보조금의 혈세가 누수되는 원인을 분석하여 지급회계시스템을 바꿔야 할 것이다. 이를 위해 복지보조금지급 대상과 금액을 품목별로 나누어 지급액의 지급과 사용을 상시 점검하여야 하고 복지보조금 지급대상도 대폭 축소하여 실제로 수급받아야 할 대상 즉 장애인이나 취약계층에게만 적용되도록 규정을 개선해야 한다. 이번에 적발된 사례를 보면 어린이집 보육보조금부터 복지시설 지원보조금, 직업훈련소 장려금, 농업개발지원금 등 부정수급이 적발된 분야는 사회 구석구석 전 방위에 걸쳐있다고 한다. 왜 이렇게 대상을 확대하여 정부가 나서서 지급하는지 의심이 들고 있고 국가가 이런 분야까지 국민세금을 지급할 필요성이 있는지 이상할 따름이다. 결국 보조금 혜택 대상이 늘고 금액이 많으면 많을수록 공직자들이나 수급자들의 횡령비리가 발생할 여지는 커진다는 뜻이다.

세 번째는, 공직자들의 '자율적 내부통제'를 강화해야 한다. 이것은 충청남도 예산군청이 실시하려고 한 것인데 기존의 사후감사체계와는 달리 자치단체 스스로가 공무원의 업무처리과정에서 발생하는 오류, 부정, 비리 등을 전산으로 자동 색출할 수 있는 시스템을 도입해 수시로 확인 및 점검을 통해 사전에 예방하는 감사제도라고 볼 수 있다. 이를 위해 예산군청은 공직자 '자기진단제도'도 아울러 실시하려고 한다는데 이것은 IT기반 업무이외에 시스템으로 나타나지 않는 복지, 건축 인허가 등 부서별 업무를 선정하고 업무 처리과정에서 공무원 스스로가 사전진단 해(Self-Check) 업무착오나 비리 발생을 억제하는 것이라고 한다.

앞으로 박근혜 정부는 복지확대정책에 앞서 이렇게 줄줄 새는 눈먼 돈을 상시 감사하고 감독하여 투명한 복지시스템을 만들어야 할 것이다.

13. 공기업비리

일찍 찾아온 무더위로 인하여 공공기관이나 민간기업 등은 직원들이 땀을 흘리며 지내고 있다. 정부의 절전 대책으로 전기도 내돈 내고 맘놓고 쓰지 못하는 상황으로 치닫고 있다.

정부는 모든 공공기관에 대해서 7~8월간 전력사용을 20%까지 감축하기로 했으며, 또 계약전력 5000kW 이상 전기다소비업체를 대상으로 하는 절전규제는 겨울철에만 실시해 왔으나 이번 여름철에도 실시할 계획이며 불이행시 과태료를 부과한다고 한다.

이 원인은 어디에서 비롯됐나? 공기업의 비리로 귀인되고 있다.

공기업인 한국수력원자력의 원전부품 시험 성적서 위조로 인하여 원전 3기가 가동되지 않고 있다. 원전비리는 구조적으로 부패하여 이를 막을 대책도 상당히 중요한데 정부는 원전부품 검증기관에 퇴직자들이 재취업을 금지하고 입찰참여를 공정하게 하겠다고 한다. 박근혜대통령도 원전비리에 대해 강력한 처벌의지를 밝혔다.

원전비리는 원전 직원과 퇴직자간의 유착 연줄 부패라고 볼 수 있다. 이와 같은 알선 청탁과, 연고주의적 문화가 원인이라고 하겠다. 즉, 회사 선후배들이 뇌물공범자로서 역할을 다하고 있다는 것을 드러냈다고 본다.

또한 외부감찰이나 평가가 있어도 봐주기식으로 땜질식으로 일회성으로 그친 경우가 허다했다. 폐기해야 할 원전부품을 중고부품으로 갈아 끼운다던지 페인트칠을 하여 새 부품으로 교묘하게 둔갑하는 경우도 있어 잘못하면 대형 참사가 발생할 수도 있다는 사실이다. 공기업의 윤리와 도덕은 사라지고 말았다.

원자력관련비리는 국민생명과 안전을 파괴하는 중대범죄이다. 따라서 원전비리를 근절할 수 있는 법적 제도적 장치를 마련해야 한다. 이를 위해 다음과 같은 방안을 제시하고자 한다.

첫째, 원자력 관련 공기업 직원들의 재산등록을 의무화하여야 하겠다. 현재 공직자들은 하위직급까지 재산등록을 의무화하고 있는데 반해 공기업은 사장이나 감사 상임이사만 등록하고 있다고 한다. 실질적으로 뇌물잔치를 벌이고 있는 중상급 간부들의 도덕적 해이를 단죄할 수 있는 방안을 마련해야 할 것이다.

둘째, 원전부품 납품업체라든지 원전발주처의 직원 등을 낱낱이 공개하여야 할 것이다. 일부 원전부품업체만 수의계약을 한다던지 등록된 업체만 돌아가면서 독과점적으로 계약하여 이득을 챙긴다던지 하는 행태를 근절해야 한다. 원전직원이 부품구매부터 검수단계까지 관여하는 구매 프로세스를 바꿔야 할 것이다.

셋째, 공기업퇴직자들을 다시 관련업체나 위장 페이퍼 컴파니에 취업하는 것을 막아야 할 것이다. 이번 원전비리도 퇴직자들이 관련업체를 설립하여 유착비리를 생산했다. 퇴직자들의 유착비리를 근절할 수 있는 방안을 실시해야 한다.

넷째, 내부비리를 고발하는 위슬블로어들에게 직장을 보장하고 보상을 강화하는 방안을 마련해야 할 것이다. 현재 100여개의 기업이나 공기업이 보안과 익명성을 보장하는 레드휘슬 반부패시스템을 시행하고 있다. 이것은 익명제보자의 인터넷이나 스마트폰을 역추적할 수 없게 하여 휘슬블로어를 보호하는 장치라고 한다.

국민권익위원회와 검찰도 휘슬블로어를 보호해야 할 것이다. 국민권익위원회는 내부비리제보자에 대해 공익신고자보호법 등 관계법령에 따라 신분과 제보 내용의 비밀을 보장하여야 하고 검찰도 신분상의 불이익이 없도록 최대한 배려해야 할 것이다.

14. 충북 경제자유구역청의 방향

지난 4월 충북경제자유구역청이 개소되어 업무에 들어갔다고 한다. 충북 경제자유구역청은 충주와 오송 그리고 청원을 중심으로 450제곱km의 면적에 사업비 2조원이 넘는 막대한 자금이 든다고 한다. 경자청의 개소 시발로 낙후된 충북지역이 진정한 균등발전의 한 획을 그을것이라는 희망이 가득하다. 그런데 우리나라의 경제자유구역은 지난 10년의 세월동안 시·도에 한 개씩 설치되었고, 총 132조원이 들어갔지만 아직도 표류하고 있다고 한다. 정부의 예산지원도 10%이상으로 지원되고 있는데 사업실적은 답보상태에 놓여 있다. 특히 경제자유구역 5곳은 외국인 투자가 거의 없다고 한다.

정부가 지난해 7월 6개 구역 85개지구에 대해서 사업평가를 하였는데, 11개가 부진하고 18개가 보통점수라고 평가하였다. 경제자유구역이 10년간 유치한 외국자본은 6%에 불과한데 외국 자본 유치특구가 외국자본으로부터 외면받고 있다는 것을 나타내고 있다.

경제자유구역의 본래 설치목적이 외국자본 유치를 통해 지역경제 활성화와 투자촉진인데 외국자본이 유치되지 않는 원인은 무엇인가?

먼저 경제자유구역에 외국인을 끌어들인 유인책이 적다는 사실이다. 외국인들은 경제자유구역에 의료나 교육 서비스 등에 한국행정의 고질적 규제와 절차상의 문제로 한국에 투자하기를 꺼리고 싱가포르나, 홍콩, 말레이지아 등 동남아로 눈길을 돌리고 있다. 이는 경제자유구역지역에 주어진 생활이나 환경이 매력적이지 않다는 사실이다. 현재 동남아 지역은 선진국의 교육투자를 유치하고 있고, 두바이는 관광이나 병원시설 유치에 열을 올리고 있다. 우리나라는 사실 노동비용도 상당히 높아 외국인들이 투자를 외면하고 있고 행정규제나 노조문제 등으로 더욱 어려움을 맞고 있다.

또한 우리나라 경제자유구역선정이 정치권의 선심성 선거공약의 나눠먹기로 시작되어서 구역의 특성이나 투자여건을 충족하지 못한 면이 많았다. 따라서 획일적이고 무분별한 사업진행으로 사업의 효율성을 떨어뜨렸다고 본다. 또한 전국의 경제자유구역청의 사업계획이 관광레저, 외국투자 산업유치, 첨단산업 등으로 이루어져 출범 취지인 지역경제 특화와 전문화가 없어졌고 비효율성이 증가하였다고 본다.

이와 같은 측면에서 충북경제자유구역청이 나아가야할 방향은 무엇인지 살펴보자.

첫째, 외국인 투자유치를 위한 투자 유인책을 강구하여 외국자본이 착근할 수 있도록 노력하여야 한다. 아무리 세금을 깎아 주고 충북도가 인센티브를 제공하더라도 외국인이 살 수 없는 생활환경이라면 외면 받을 수밖에 없을 것이다. 외국인 투자자가 투자할 수 있도록 매력적인 여건을 만들어야 한다.

둘째, 외국인투자자가 교육이나 병원설립 등을 할 수 있도록 행정규제를 대폭완화하거나 철폐해야 한다. 이를 위해서 투자와 영주를 할 수 있도록 규제보다는 지원정책에 적극적인 차별화된 프로그램을 만들어야 한다.

셋째, 외국인들이 투자할 수 있도록 하기 위해서는 전국의 경자청이 하는 천편일률적인 투자유치활동과 같은 것보다도 충북지역에 적절한 정책선택과 정책집중을 하도록 방안을 모색하여야 한다. 충북도가 지닌 투자여건과 환경은 무엇이고 난점은 무엇인지 분석하여 타 경제자유구역의 투자실패를 거울삼아야 한다.

또한 충주, 오송, 청원으로 나눠 지역주민의 패거리주의, 선심성 지역안배와 같은 나눠먹기식 파행은 성공하지 못한다는 것을 명심해야 할 것이다. 무엇보다도 지역이기주의와 지방자치단체간 갈등을 불식하여야 균형발전에 성공한다.

이를 위해서 충청북도, 충북도의회, 지역시민단체, 지역언론, 학계 등이 지원과 관심을 가지고 협력하여야 한다.

15. 경찰의 경제수사 유감

경찰청이 지난 3일 대통령직 인수위원회에 보고한 내용을 보면 향후 5년간 경찰인력을 매년 4000여명씩을 늘린다고 한다. 이것은 앞으로 5년간 2만명을 증원한다는 박근혜 당선인의 공약을 실천하는 방안을 마련하고 있다. 이같은 경찰관 인력 증원은 그 유래를 찾아 볼 수 없을 정도로 많은 인력이 충원돼는 것으로 법질서 안전 공약을 실현하겠다는 의지가 보인다고 할 수 있다. 특히 경찰은 범죄를 예방하는 기능에 전체 인력 증원 규모인 2만명의 43%에 달하는 8700여명을 투입하며 112신고 초동수사와 지구대 파출소의 범죄예방 인력 증원이 주요 골자라고 한다. 만시지탄감이 없진 않지만 우리 시민들은 안전하고 쾌적한 삶을 원하는 것은 당연하다. 최근 경찰은 대통령 당선자의 선거 공약인 경제민주화에 발맞추어 기업범죄를 강화하겠다고 발표했다. 즉 대기업이 중소기업과 상생하지 않고 영업을 방해하거나 불법기밀을 빼가는 등 해악행위를 수사하겠다고 한다. 이를 위해 지능범죄수사대·외사과 형사 인력을 보강하고 대기업 관련 내사를 확대하겠다는 것이다. 경찰청 관계자는 "대기업이 우월적 지위를 악용해 중소기업의 핵심 영업기밀이나 우수 인력을 빼가는 행위 등을 집중적으로 단속할 방침"이라며 "중소기업이 대기업 등에 범죄 피해를 당할 경우 신속하게 수사하고 피해 중소기업을 위한 구조금 조기지급 등 행정지원도 적극적으로 할 것"이라고 말했다.

중소기업을 보호하고 상생의 협력을 보장하겠다는 취지는 매우 좋다. 우리나라 경찰이 국가경찰로서 대통령의 선거공약을 실천하고 일조하겠다는데 누가 나무랄 이유가 없을 것이다.

그러나 경찰이 경찰 본연의 업무라고 볼 수 있는 치안질서 유지나 도시안전을 위해 노력해야지 대기업이나 주요 공기업의 정보캐기 기업수사나 하면서 권력에 굴종하거나 검찰과의 경쟁이나 하면 경찰의 존립 목적에 타당하지 않다고 본다.

전국 수사 경찰관들이 실적을 내겠다고 대기업이나 공기업을 상대로 내사와 정보 수집 활동을 벌이고 정보 수집이나 내사 과정에서 확보한 기업 비리나 약점을 다른 목적으로 이용한다면 상당한 문제를 발생할 수 있다.군사정권시대 경찰의 사찰시대로 회귀하는 불명예를 얻을 수도 있다. 기업범죄 혐의란 범죄사실 존재의 개연성을 말하며 이는 주관적 혐의와 객관적 혐의로 구분할 수 있다. 전자는 수사기관이 범죄의 혐의를 주관적으로 인정한 경우이며 주관적 혐의가 자의적이어서는 안된다. 후자는 범죄의 혐의가 증거에 의하여 객관적으로 뒷받침되는 경우로서 객관적 혐의는 그 혐의가 합리적이고 현저해야 한다. 기업수사는 합리적이고 구체적 사실에 근거를 바탕으로 이루어져야 한다. 대기업 수사의 필요성이 존재하지 않음에도 불구하고 행하는 내사나 수사행위는 경제행위에 미치는 파장이 커서 잘못하면 교각살우의 우를 범할 수 있다.

현재 경찰은 각종 폭력사건, 강도강간, 살인사건을 맡고 있고 그 전문성은 세계적으로 인정받고 있다. 또 검찰은 정치부패, 횡령, 배임, 대기업비리 등에 상당한 노하우를 가지고 있다. 서로의 영역과 임무를 존중하면서 전문성과 과학수사력을 배양하는 것이 중요하다. 그것이 국민을 위하고 경찰과 검찰이 사는 길이다. 참고로 우리나라의 대기업 비리는 검찰기관뿐만 아니라 공정거래위원회·국세청·식약청 등에서도 하고 있다.

16. 양극화 문제의 해법

최근 국민권익위원회가 학습지교사나 보험설계사, 간병인 등 특수직업에 종사하는 근로자들에게 최소한의 권익과 기본 권리를 보호하는 법률을 만드라고 고용노동부에 권고했다고 한다.

특수직 근로자는 우리 주위에 많은 분들이 일하고 있는데 학습지교사, 보험설계사, 골프장캐디, 간병인, 레미콘기사, 학원강사, 수도검침원, 야쿠르트배달원, 퀵서비스 배달원 등 그 숫자는 약 300만 여 명이 된다고 한다. 이들은 그동안 근로기준법이나 최저임금법 등 근로자의 권리와 권익이 보장되질 않고 있는 그야말로 사각지대에 방치되어 있었다. 이들은 사업주가 멋대로 핸드폰 메시지로 해고 통보를 하면 어디 하소연할 수 없고 하루 아침에 실업자가 되고 만다. 현재 근로기준법은 주당 근로시간을 40시간으로 정해 놓았는데 간병인이나 특수직 종사자들은 하루 10시간을 넘기기 일쑤이고 학습지 교사는 하루 15시간을 한다고 한다. 이들은 국민연금이나 건강보험 등이 지역보험으로 가입되어 있고 산재보험은 거의 없다고 한다. 이들은 최소한의 노동권도 보장 못받고 있다.

그런데 이런 상황하에서 정반대의 삶을 살고 있는 계층이 있으니 분노하지 않을 수 없다. 최근 국회 예결위원들이 중남미와 아프리카를 순방한다고 출국했다가 국민들의 호된 비난을 받고 돌아왔다고 한다. 그들이 예산심사시스템을 연구한다고 거창하게 출국이유를 밝혔는데 우리보다 못한 아프리카 국가나 중남미에서 무슨 시스템을 연구하는가? 이들은 자기 지역구 민원을 반영하기위해 예산을 물쓰듯 나눠먹기 행태를 벌인 인물들이다. 국민 돈으로 꾸리는 예산을 자기 호주머니 돈으로 착각하는 이들의 행태는 도저히 국회의원의 기본 윤리마저 망각한 처사라고 하지 않을 수 없다.

국회의원은 단 하루만 해도 65세부터120만원씩 연금을 지급받는다고 한다. 일반근로자는 30년을 월 30만원씩 부어야 겨우 받는다고 한다. 비리로 감옥갔다온 의원도 받고 의원직을 단 하루, 한달을 해도 연금을 받는 의원연금제도하나 해결 못하는 국회를 이대로 방치해선 안된다. 이번 대통령선거에서 여야 후보는 불체포특권,의원연금 등 국회의원 특권을 포기하겠다고 했지만 슬그머니 사라졌다.

이것 말고도 우리사회에서 지탄받아야 할 문제는 또 있다. 중소기업을 살리지는 못할망정 갑과 을의 관계로 중소기업인 약자를 대기업이 괴롭히고 횡포를 하는 행태이다. 재벌이 지역의 빵가게, 피자가게, 만두가게, 통닭가게 등을 하겠다고 한다면 서민들이 살자리를 강제로 뺏는 재벌의 부패 행태이며 착취행위이다. 이들은 과거부터 국가로부터 갖은 특혜와 유착 비리로 얼룩졌으며 해외밀반출, 부동산 투기, 불공정 상거래로 지탄받아 왔다.

오늘의 한국 대기업은 기술력과 경쟁력을 제고하기 위해 불철주야 노력해야하고 중소기업이 살 수 있도록 공존의 윤리가 필요한데 정 반대로 가고 있다.

문제는 비난받아도 고치겠다는 태도와 윤리의식이 없다는 것이다. 또한 하루가 멀다하고 보도되는 공직자의 부패뉴스를 보면 회한과 한탄마저 나온다. 이와 같은 문제를 해결하려면 대통령의 리더쉽이 중요하다. 좋은 약은 쓰고 충언은 귀에 거슬리지만 대통령은 서민들의 목소리에 더욱 귀 기울려야 한다. 또한 거창한 문제보다는 작은 문제부터 해결하는 자세가 필요하다.

대통령에 당선된 박근혜 당선인이 서민위주의 정책, 잘 살아보세 라는 희망석인 구호를 외쳤는데 실질적으로 피부에 와닿는 실천적 자세가 중요하다. 박당선인이 내세운 여러 공약은 국민과의 약속이다. 약속은 신뢰이고 지지다. 부디 이번만은 48%의 국민의 여론을 수렴하고 민생위주의 정책을 펼쳐 서민들의 자긍심과 삶의 질을 제고하는 대통령이 되길 바란다.

Ⅲ

사회 · 범죄

1. 헌재 판결 이후

지난 10일 대한민국 대통령은 국민의 믿음을 배반한 죄로 파면됐다. 그동안 우리나라 대통령들이 감옥에는 갔지만 임기도 마치기 전에 중도에서 물러나는 것은 헌정사상 처음 있는 일이다. 헌법재판관 관 8인 전체가 한 목소리로 대통령은 중대한 법을 위반했다고 했다. 무소불위의 권력을 휘두르는 한국대통령. 무엇을 잘못했단 말인가? 헌법재판소는 박근혜 전 대통령이 재단설립과정에 최순실의 사익을 위해 대통령으로서의 지위와 권한을 남용했다고 판단했다. 특히 대통령은 사인의 국정농단을 숨기기에 급급했고 언론의혹을 불식하지 못했다는 것이다. 또한 검찰이나 특별검사의 수사를 거부한 것은 헌법수호의지가 전혀 없다고 보았다. 대통령이라고 해서 형사상 불소추권이 있다고 하지만 재직 중 잘못한 것은 적극적으로 해명하고 조사에 응해야 마땅한 도리다. 그러나 조선시대나 있을법한 왕의 권력처럼 민의를 무시하고 법적 권한을 남용한다면 누가 이를 용납하고 수용하겠는가?

대통령의 인식과 판단에 문제가 있는 것인지 아니면 참모나 지지

충의 잘못된 보고나 건의에 민심을 오도한 것인지 씁쓸하기만 하다. 이번에 헌재는 중요한 법적 판단을 제시했는데 그것은 세월호 사태와 인사개입 문제이다.

즉 헌재는 세월호 희생사건에서 대통령이 성실의무를 이행하는 것은 맞지만 이것이 탄핵심판사항은 아니 다고 못 박았다. 또한 문화체육부 직원인사문제도 충분한 증거가 없다고 했다. 이번 헌법재판관의 결정은 국민들에게 혼란과 갈등을 종식시킬 충분한 법적 권위를 내포하고 있지만 아직도 한쪽에서는 국론분열양상과 폭력상태로 치닫고 있는 실정이다. 탄핵되었다고 야당이 집권한다고 보는 시각도 가져서도 안되고 보수가 좌절됐다고 생각할 필요도 없다. 이 문제는 대통령 개인의 권력남용의 문제이다. 투명하고 공정한 법치주의를 확립함으로써 대통령의 책임을 강조한 것 밖에 없다. 이제 남은 것은 무엇인가?

먼저 검찰조사다. 검찰도 조사를 하겠다고 통보를 하였고 박 전 대통령도 조사에 응하겠다고 하니 대통령의 과오와 잘못을 숨김없이 조사하고 검찰도 실체적 진실을 파헤쳐야 한다. 정치적 풍향에 따라 좌고우면하지 말고 투명하고 공정하게 수사하여 국민에게 그 결과를 공표해야 한다. 이를 위해 첫 번째는, 검찰은 선거를 의식해서도 안되고 사실대로 신속하게 조사해야 한다. 그동안 검찰이 제대로 국가권력부패를 제대로 감시하고 조사했다면 이렇게까지 사태가 악화되지는 않았다. 대통령이나 청와대의 살아있는 권력 앞에 제대로 조사조차 못한 것이 검찰이다. 이 때문에 각 정당들도 최근 검경 수사권조정, 공직비리조사처 신설 등 검찰권 분산을 공약으로 내세운 만큼 검찰개혁을 점진적으로 개선해야 할 것 같다.

두 번째는 선거중립이다. 어제 황교안 총리가 불출마를 선언하고 선거관리에 최선을 다하겠다고 발표했다. 선거가 혼탁하고 분열과 폭력, 흑색선전으로 흘러가서는 절대 안되고 검찰과 경찰은 선거사범을 발본색원해야 한다. 선거가 시작되기도 전에 야권유력대선후보가 치매에 걸렸다고 인터넷에 흘리는 등 과열양상이 나오고 있다. 엄중한 대처가 필요하다. 공정한 선거가 이루어질수록 대한민국은 법치주의가 위력을 발휘할 수 있다. 황교안 대통령 대행이 그 역할과 책임을 다하길 바란다.

세 번째는 개헌이다. 지금의 헌법은 전두환 군사독재를 타파하고 민주주의를 확립하기 1987년 6공화국헌법이 여야의 합의로 탄생했는데 나름 민주주의를 확산하는데 기여했지만 제왕적 대통령제도 때문에 문제점이 많이 노정되었다. 그래서 프랑스식 이원집정부제나 의원내각제를 도입하자고 정치권에서 주장하고 있다. 앞으로 다원화된 한국사회에서 과거와 같이 권력을 휘두르는 시스템으로는 정치환경에 맞지 않는다. 대통령 권한축소, 임기 4년중임, 감사원의 국회소속으로의 독립, 대법판 판사수 증원, 검찰제도의 개혁 등 헌법내용을 바꾸어 시대정신에 부응하도록 해야 할 것이다.

이제부터는 헌재의 불가역적 결정에 승복하고 상처를 치유하는 시간을 가져야 한다. 정치권력의 부패나 폐습은 내던지고 권력의 분산과 공유시스템으로 한국정치의 개혁이 필요하다. 이를 위해 정부, 정치권, 정당, 언론, 대통령후보자들의 지혜와 용기가 그 어느 때보다 필요하다.

2. 의문의 여인(mysterious woman)

박근혜 대통령은 25일 비선 실세의혹에 대한 대국민 사과를 통해 취임 전 후에 최순실씨에게 연설과 홍보에 관하여 사실을 인정하였다. 그러나 JTBC는 최 씨가 연설만이 아니라 국정 모든 것에 관여한 것으로 방송하고 있다. 이와 같이 정부의 공식직책도 없는 민간인이 청와대의 중요문건을 봤다는 것은 심각한 문제이고 기록물관리법위반행위라고 볼 수 있다. 국민들도 참담한 상태이고 국가의 혼돈을 걱정하고 있다. 이미 AP통신 등 외신들도 최 씨를 불가사의한 의문의 여자(mysterious woman)라고 하며 어둠의 실력자라고 보도하고 있다. 현재 한국의 주요 언론들도 최 씨의 국정농단이나 인사개입을 보도하고 있으며 비선개입이라든지 국가통치시스템이 과연 제대로 작동하기나 한 것인지 비판하고 있다. 여당이나 야당들도 특검에 합의하며 진실규명에 박차를 가하고 있다. 대통령의 도덕성과 권위가 추락하고 있는 실정이다. 많은 국민들은 이와 같은 파문에 크게 걱정하고 있다. 이제 국민여론은 탄핵 하야까지 나오고 있다. 정부 공무원들도 심각한 동요와 자괴감에 빠지고 있다. 한마디로 국정마비다.

이와 같은 문제가 나오게 되는 근본적 원인은 어디에 있는가? 먼저 사정기관의 기능이 제대로 작동되지 않았기 때문이다. 그동안 청와대 민정수석실은 무엇을 하였단 말인가. 민정수석실은 최 씨의 국정농단을 포착하지 못했단 말인가 아니면 알고도 침묵했는가? 이런 의혹을 어떻게 변명할 것인가. 또한 미르·K스포츠재단을 만들어 재벌들에게 800억 원 가량을 내게 한 힘은 누구인가? 장사하는 사람들이 자발적으로 돈을 내기란 쉬운 일이 아닌데 군사 정부 때와 같이 단기간에 돈을 걷은 것은 도저히 이해 할 수 없다.

두 번째는 외국에 잠적해 있는 최 씨를 강제 소환하여 조사해야 한다. 신병도 확보 못하고 어떻게 검찰이 수사한단 말인가? 수사를 하려면 용의주도하게 하여야 하는데 변죽만 울리면 누가 믿겠는가? 이번에도 살아있는 권력은 수사 못하고 압수수색 흉내만 낸다면 그 시간에 청와대 관련자들은 증거인멸을 시도할 것이다. 이번에 검찰이 제대로 수사하지 못한다고 많은 언론들은 지적하고 있다. 그만큼 검찰이 보여준 행태가 미덥질 못하다. 왜 특검에서 파헤쳐야 한단 말인가? 그만큼 검찰은 성찰하여야 한다.

세 번째는 청와대 비서관이 최 씨에게 청와대 문건들은 갖다 준 자료들이 외교 국방 등 국가의 중요한 문서들이기 때문에 이러한 기밀들이 유출된 것은 보통 큰 문제라고 볼 수 있다. 대통령 기록물은 국가의 안위와 같이 중대한 정보다. 이런 정보를 반출하고 파기하는 것은 대통령 기록물관리법 위반행위다. 대통령의 연설문을 어떻게 민간인에게 전달하고 수정할 수 있는 가. 이것은 대한민국 헌법가치를 파괴하고 국기문란행위라고 볼 수밖에 없다. 이와 같은 와중에서 그래도 권력부패를 파헤치는데 언론이 큰 역할을 하였다고 본다. 처음부터 끝까지 비리를 추적하며 증거를 수집하고 분석하는 등 수사관의 역할까지 한 JTBC 등 여러 언론사 기자들의 소명의식과 탐사정신을 높이 평가한다.

대한민국은 현재 백척간두에 놓여 있다. 정치도 안보도 경제도 어려운 위기상태이다. 국가의 운명을 위해 환골탈태하고 국가시스템을 개조해야 한다. 그렇다면 어떻게 해야 할 것인가? 대통령은 국정을 일대 혁신해야 한다. 먼저 인사문제다. 청와대 비서진들을 교체해야 한다. 국기문란행위나 범죄혐의가 있는 자 들은 일벌백계 다스려야 한다. 또한 책임행정을 펼치지 못하고 좌고우면하는 장차관들도 바꿔야 한다. 또한 대통령은 당을 탈당하고 거국내각을 수립해야 한다. 내년 대선까지 중립적인 운영을 통해 국민들에게 용서를 구해야 한다. 국민들이 납득할 수 있도록 수습책을 내놓지 못하면 이 정권은 붕괴되고 말 것이다. 대통령은 이제 남은기간 책임지는 모습을 보여주지 않으면 그 권위는 추락하고 말 것이다. 박근혜대통령께서는 진정으로 나라를 위하는 길이 무엇인지 심사숙고하고 고뇌해야 한다.

3. 김영란법 발효

2012년 처음 입법 예고된 '부정청탁 및 금품수수 금지법(김영란법)'이 28일부터 시행된다. 5년여의 산고 끝에 탄생했다. 이 법은 먼저 적용대상이 400만 명이 넘어서고 있다는 점에서 국민적 관심이 예사롭지 않다. 즉 공직자만이 아니라 공공기관 종사자, 언론사 임직원, 국립학교나 사립학교 등 교직원이나 임원도 포함됐다. 뿐만 아니라 이들 배우자까지 대상이다. 기존 뇌물범죄보다 상당히 진일보한 측면이 있다고 본다. 현재 우리나라는 한 해 접대비가 43조원이 넘어서고 있을 정도로 부정부패가 심각하다. 독일의 시민단체인 '국제투명성협회'가 발표한 한국의 부패지수는 55점대이다. 1위가 95점 이상인 핀란드다. 아시아 국가 중 투명하다고 소문난 싱가포르는 88점대이다. 10년 넘게 50점대에 머물고 있다. 우리나라는 과거 관존민비사상으로 인해 권력에 아첨하고 청탁하려는 풍토가 무엇보다 강하다. 또한 학연 지연 혈연 등 연고주의가 판을 쳐서 청탁문화가 형성돼 있다. 정권이 바뀌면 특정지역에서 싹쓸이 하는 것이 일반적인 현상이다. 능력 있고 성실한 일꾼이 승진하는 문화가 조성되어야 하는데 비정상적 루트가 오랫동안 지배해 왔고 인사비리가 난무했다. 관의 규제와 절차가 심해 급행료가 윤활유 역할을 하고 있다. 또한 유전무죄현상이 심하다고 인식할 정도로 법조비리도 한몫하곤 한다. 편법과 특권이 날뛰고 이런 변칙과 괴물적 존재들이 사회를 파괴하면 결국 피해보는 것은 국민들이다. 정직하게 세금내고 일한 국민들은 무엇인가?

이미 선진국들은 우리나라 보다 먼저 시행하고 있는데 미국은 1962년부터 선물은 20달러, 연간 50달러를 받지 못하도록 하고 있다. 일본도 1인당 우리나라 돈으로 5만원 가량 되는 5000엔으로 접대비를 정했다. 28일부터 발표되는 이 법의 금품수수금지 내용은 돈·물품·상품권·부동산 등 일체의 재산적 이익, 음식물·주류·골프 등의 접대·향응이나 교통·숙박 등의 편의 제공, 채무 면제, 일자리·이권 부여 등 유·무형의 경제적 이익이 포함될 정도로 상당히 포괄적이다. '부정 청탁'도 인·허가, 행정처분·형벌 부과, 공직 인사, 각종 수상·포상, 계약의 선정·탈락, 보조금·교부금·기금 사용, 각급 학교의 입학 성적, 수행 평가, 징병 검사 등이 부정청탁으로 열기되어 있다. 이 법을 통해 투명한 국가가 될 수 있도록 정부는 탈규제와 인허가시스템을 고쳐나가야 한다. 그렇지 않다면 은밀하게 청탁하고 유야무야 사문화되고 말 것이다. 먼저 이법의 미비점은 고쳐나가야 하고 법원판례를 통해서 정착되도록 해야 할 것이다. 이 법을 보면 300만원을 초과한 금품을 받으면 형사처벌 하도록 되어있다. 그러나 사교목적 등의 식사나 선물은 총액상한액에 제한을 받지 않기 때문에 원칙을 만들어야 할 것이다, 예를 들어 상급공직자등이 위로, 격려, 포상 등을 목적으로 하급자에게 제공하는 선물 등 금품은 예외로 하고 있기 때문에 논란거리가 되고 있다. 반면에 이 법으로 대학이나 학교에 고질적으로 만연한 선물, 촌지 풍토는 사라질 것이다. 예를 들어 대학원생이 지도교수에게 선물주는 행위, 대학생이 학점을 청탁하여 고쳐주는 행위, 스승의 날 고가의 선물이나 향응 등은 이젠 자취를 감출 것이다. 초등학교 운동회 날 학부모들이 교사들에게 음식물 건네는 것이나, 대학교수가 졸업 앞둔 제자를 위해 강의나 시험을 면제하거나 리포트로 대체하는 행위도 위반이다. 검찰과 경찰은 서면신고 등으로 과잉 수사를 하지 않겠다고 했지만 허위사실신고, 일부 수사기관의 실적 올리기, 반대편의 인사 처벌하기, 상급관청의 지시 등으로 조사할 수 있다. 검찰은 허위사실신고 등은 무고사범으로 형사처벌해서 법의 적절성과 공정성을 유지해야 할 것이다. 무엇보다 공직자는 원칙과 규정에 따라 직무를 수행하도록 해야 한다. 그래야 국민은 공감할 것이다. 이 법이 대한민국 반부패 투명도 인프라를 제고하고 국민들의 청탁 관행을 혁파하는 한 획을 긋는 계기가 되길 바란다.

4. 언론의 자유와 언론인의 윤리

군부독재가 한창일 때 아침마다 배달되는 신문은 목마름을 가시는 오아시스의 물 그 자체였다. 언로가 막히고 언론보도가 통제받던 시절 신문은 나의 유일한 친구였다. 그중에서도 선우휘나 김중배의 칼럼을 읽는 동안은 배고픔도 잊어버렸고 언론인들이 권력의 서슬 앞에서도 당당하게 일필휘지 써내려간 춘추필법은 불편부당 그것이었다. 언론은 사회의 목탁 소금역할을 하는 것은 당연한 책무라고 본다. 사회의 비리와 부패를 보도하고 정권의 권력 앞에 기죽지 않는 자세는 지금이나 예나 갖춰야 할 덕목이다. 오늘날 언론은 정부와 함께 제4부라고 칭하는 것도 언론의 기능이 광범위하여 취재영역이 미치지 않는 곳이 없기 때문일 것이다. 사회적 환경감시기능, 탐사기능, 기획취재 등을 통해 올곧은 부패통제기능을 다하고 있다. 언론은 또한 계도기능을 다해야 한다. 국민의 정신을, 민도를 한층 끌어 올리는 기능을 하는 것도 언론의 몫이다. 그만큼 그 필봉은 무력보다 강한 것이다. 진시황이 충언을 듣기 싫어 유학자를 산채로 땅속에 묻고 모든 책들을 불태워 버렸지만 실패했다. 정적보다 무서운 것이 언론이었던 것이다. 우리나라도 대사헌 대사간 춘추관 등이 있어 왕도정치를 펴도록 진언하고 감시했다. 일제의 암흑기에 영국인 베텔은 대한매일신보를 창간하여 조선민중을 계몽시켰다. 계몽하고 깨우쳐야 독립을 가져올 수 있다고 확신했다.

신채호는 역사는 '아와 비아의 투쟁'이라고 말했다. 꺼져가는 백천간두의 대한제국의 운명 속에 그 시절 언론은 아를 성숙시켜 비아와 투쟁하게 한 감초역할을 했던 것이다. 1972년 닉슨대통령이 재선을 위해 민주당본부에 도청장치를 설치한 워터게이트사건때 백악권 권력을 몰아낸 것도 워싱턴포스트기자들의 탐사적 정신이 아니었으면 결코 어려웠을 것이다. 대한민국이 산업화를 넘어 민주화를 달성한 것도 언론의 외침이었다. 꺼지지 않는 혼 불처럼 말이다. 파란만장한 부침의 세월을 거치면서 한국의 언론은 더욱 단단해졌다. 정의와 진실을 위해 싸웠다.

언론과 권력은 긴장관계 그 자체다. 권언유착이 판을 치면 언론은 총기가 흐려져 부패의 늪에 빠지고 만다. 언론인은 항상 타협하지 않고 정도를 가야 한다.

최근 한국을 대표하는 보수언론사와 청와대 권력과의 싸움이 식을 줄 모른다. 권언간의 쟁투는 그 본질과 팩트를 떠나서 교훈과 시사점을 던져주고 있다.

여당법사위 소속 국회의원은 유력언론사 주필이 대우조선해양사건에 연루돼 호화 향응의혹을 폭로했다. 여당의원은 이 언론인이 지난 2011년 대우조선해양으로부터 전세기 요트 골프 등 2억대 가량의 향응을 받았다고 한다. 이 발표 후 해당언론사는 주필을 사임케 했다. 추후 검찰수사로 진실이 밝혀지겠지만 이것이 사실이다면 언론인의 일탈을 행위로서 기자의 윤리, 청렴관에 금이 간 것이다.

청와대는 언론 등 부패기득권세력이 청와대 비서관을 죽이기에 나섰다고 비난했다. 유력언론사는 최근 한 달여 동안 청와대 비서관의 비리를 보도해왔다. 이에 청와대는 부인하고 당사자를 계속 신임하고 있다. 그렇다면 무엇이 문제이고 어떻게 해야 하는가?

첫 번째는 언론인의 청탁이 있느냐 하는 것이다. 청탁이 있었다면 무엇이고 누구와 무엇을 상의했는가 하는 문제일 것이다. 만약 이것이 사실이 다면 형법상 처벌은 차치하고 언론인의 윤리를 의심케 하는 것이라고 하지 않을 수 없다.

두 번째, 청와대 비서관이 떳떳하다면 사실을 밝히고 자기를 공격한 해당자를 무고로 고발해야 한다. 언론공격에 당당히 나서야 하고 프라이버시 침해에 손해배상을 해야 할 것이다. 만약 검찰수사로 죄가 된다면 처벌받아야 할 것이다.

세 번째, 대우조선해양 경영진들이 5조원이 넘는 국민혈세를 멋대로 쓰고 분식회계를 했다면 또한 뇌물청탁을 하여 대우조선회계에 중대한 손해를 끼쳤다면 엄벌에 처해야 할 것이다. 이것은 대한민국 정관업 유착의 최대 스캔들이다.

결국 검찰이 명명백백하게 밝혀야 한다. 검찰이 투명하고 국민이 납득할 수사로 메스를 가해야 할 것이다. 검찰은 청와대 비서관의 의혹을,특별검찰관의 압수배경, 언론인의 향응, 대우조선해양의 부패 등 모든 것을 수사하여야 할 것이다. 좌고우면하지 않고 검찰권을 휘둘러야 할 것이다. 그래서 다시는 권력유착이 없어야 하고 부정청탁을 발본색원해야 할 것이다.

5. 접대와 청탁부패

지난 7월 28일 헌법재판소는 부정청탁금지 및 공직자의 금품수수를 금지한 '김영란 법'이 헌법에 위배 되지 않는 다고 판결했다. 이 법은 지난해 3월에 국회를 통과하였는데 다음달 28일 에 시행된다. 이법은 공무원 등이 1회에 100만원, 연간 300만 원 이상 금품을 받을 경우 직무관련성이나 대가성을 묻지 않고 처벌하도록 규정했다. 이와 아울러 국민권익위원회는 시행령에서 식사는 3만원, 선물 5만원, 경조사비 10만원으로 정했다. 이에 따라 전국의 공무원 공공기관임직원, 언론계종사자, 사립학교 임직원 등 전국 240만 명이 대상이고 배우자까지 포함하면 400만 명이 넘는 포괄적이고 방대한 반부패 방지법이 탄생한다고 볼 수 있다. 지난 201년 김대중 정부 때 부패방지법이 제정된 이래 우리나라는 반부패제도, 내부고발자 보호, 3만원 및 5원이내의 식사 및 선물 한도를 정해 시행해 왔다. 또한 국가청렴위원회, 국민권익위원회를 통해 전 공공기관의 반부패청렴도 실시, 반부패정책드라이브를 한층 강화해 왔다. 이번에 이법의 시행으로 한층 반부패사회가 될 것은 명역관화하다. 우리나라 형법에는 공무원의 뇌물죄가 있다. 그러나 형법에는 공무원이 금품·향응을 제공받았다 하더라도 직무 관련성이 있어야 형사처벌이 가능하다. 그러니 검찰 경찰등 권력비리가 수시로 발생하고 명절 떡값, 촌지, 골프 접대,룸싸롱 성상납, 전별금, 휴가비 등 관업비리가 관행이라는 이름으로 부패의 잔치를 벌여왔다. 그동안 경조사비는 합법적 뇌물 수단으로 부패문화로 형성됐다. 아시아국가에서 가장 청렴국가로 소문난 싱가포르는 청렴지수가 85점 이상이다. 우리나라가 청렴도 지수 55점에 그치고, OECD 하위에 머무는 것과 비교하면 상당히 반부패 모범국가라 할 수 있다. 싱가포르는 아직도 태형제도가 존속하고 있다. 부패를 저지른 공직자는 가차 없이 파면하고 재취업을 못하도록 금지하고 있고 태형을 곡 부가하고 있다. 윤리적 문화적 처방으로는 어렵다고 판단한 리관유 전 수상의 특단의 반부패 정책이었다. 핀란드는 유럽뿐만 아니라 전 세계적으로 청렴 최고 모범국이다. 십 년 전에 노키아 부사장이 55km구간도로에서 75km 속도로 달려 교통법규위반사건에서 핀란드 사법당국은 1억5천만 원 벌금형을 부과했다. 그는 오히려 잘못을 시인하고 핀란드 국민에게 용서를 구했다. 핀란드는 가난한자와 부자의 부정을 가려 차등 벌금을 부과한다. 국회의원의 45%는 여성으로 선출되도록 법제화했다. 어렸을 때부터 아이들이나 학생들이 반부패, 도덕적 가치, 공고의 윤리교육을 강조하는 도덕적 국가이다. 미국은 20달러이상의 선물이나 식사 등 접대를 이미 수십 년부터 시행하고 있다. 또한 부자들의 세금탈루를 방지하기 위해서 미국세청이 유리알처럼 투명하게 비리를 포착하고 있다. 미국의 회계감사원은 공공기관의 회계투명성을 세밀하게 검증하고 있다. 행정부 소속이 아니라 국회소속으로서 중립성을 강화하고 있다. 연방수사국FBI 는 공직자의 반부패수사를 누구의 지시나 압력이 아니라 독자적으로 하고 있다. 그러나 우리나라는 법은 많지만 유명무실하게 지켜지지 않는 규정들이 많다. 규제권을 가진 공직자들이 자기들 입맛당기는 대로 인 허가권을 휘둘러 부정의 소지는 항상 도사리고 있다. 인가와 허가를 규정대로 한다면 무엇이 문제랴. 그러나 현실은 그렇질 않다. 지방 군수나 시장 등 자치단체장들의 갑질행위는 뇌물을 잉태하고 있다. 그 아래 호가호위하는 지방 관리나 세리들은 부패의 싹을 먹고 산다. 이제 헌법재판소가 밝힌대로 청탁금지법이 공직을 추구하는데 유용하리라고 판단하지만 한편으로는 이법으로 감시사회가 될 수 있다고 우려한다. 공무원 교직원 언론인과 식사라도 하려면 조심해야 한다. 밥값이 상한액을 초과한다면 사법적 잣대를 들이될 것이 뻔 하기 때문에 친목다짐에서의 회식은 처벌받기 십상이다. 또한 이법은 농수축산업계가 위축되어 전 산업에 미치는 영향은 지대하고 내수경기가 하락할 수밖에 없다고 하소연 한다. 이미 식당들의 반발도 상당하다. 앞으로 이 법이 법제정의 취지를 살리려면 문제점 등을 살려 새로운 시행령을 만들어야 할 것이다. 언론계 사립학교 까지 포함했는데 금융계 법조계 의사 대기업 시민단체 등을 제외시킨 것은 문제가 많다고 본다. 또한 선출직국회의원을 제외시킨 것은 법의 정당성을 훼손하고 있다고 본다. 그리고 공직자가 4촌 이내 친족과 관련된 직무방지나 산하기관에 공직자 가족채용 금지 등 이해충돌방지 제도를 포함시켜야 할 것이다. 법과 제도가 고발사회나 위축사회가 되질 않고 투명한 사회를 지향하도록 정부는 법 개정의 취지를 고민해 봐야 할 것이다.

6. 부정청탁금지법

1997년 외국공무원들에게 뇌물을 주는 것을 방지하기 위하여 OECD에서 최초로 '국제상거래 에 있어 외국공무원에 대한 뇌물제공행위방지협약'을 제정했다. 세계적으로 반부패라운드가 조성되었고 국제적 반부패 기준과 투명성이 요구되었다. 우리나라도 이에 따라 1999년 '국제상거래뇌물방지법'을 제정해 국제적 부패라운드에 동참했다. 그러나 우리나라는 각종 관의 규제에 대해 인허가와 부정청탁이 판쳤고 연고주의와 레드테이프가 부패의 싹을 키웠다. 특히 선물문화라는 잘못된 관행이 수백 년 동안 내려왔다. 이와 같은 부패문화로 인하여 합리적이고 정상적인 국가행정이 발전할 수 없었고 부패 병은 치유할 수 없는 상태에까지 이르게 됐다. 이에 정부는 새로운 정부입법안을 제출했는데 그것이 김영란법 이라고 불리는 '부정청탁 및 금품 수수 금지법'이다. 작년 3월 국회에서 통과되었는데 1년6개월의 유예기간을 거쳐 올 9월 28일부터 시행된다고 한다.

이 법안을 보면 1회 100만원(연300만원)을 초과하는 금품을 수수하면 3년 이하의 징역이나 5배 이하의 벌금을 받게 된다. 100만 원 이하일 경우 직무관련성이 있을 때에만 금품가액의 2배에서 5배 이하의 과태료를 부과하도록 하고 있다.

가족의 경우에도 공직자직무와 관련하여 금품을 받을 경우에 처벌하도록 하고 있다. 공직자가 직무와 관련하여 100만원이 넘는 금품을 받은 사실을 알고도 신고하지 않으면 처벌받도록 하고 있다. 또한 공직자는 법에서 규정한 인허가, 처벌감경, 채용 승진 등 인사, 계약, 직무상비밀누설, 평가 감사, 단속, 징병검사 등의 부정청탁을 받아 직무를 수행하면 형사 처분 받도록 하여 반부패의 기초를 다졌다고 본다.

또한 이법은 공직자만이 아니라 언론사 종사자, 사립학교 유치원의 임직원, 사학재단 이사장과 이사가 직무관련성이나 대가성에 상관없이 본인이나 배우자가 100만원을 넘는 금품을 받으면 무조건 형사처벌 받도록 하고 있다. 법 적용대상은 가족범위를 배우자로 한정하여 법적용대상이 1800만 명에서 300만 명으로 줄어들어 과잉입법논란을 불식시켰다.

그러나 이법을 두고 여러 가지 논란이 있다.

첫째, 선출직공직자, 정당, 시민단체 등이 공익적 목적으로 제3자에게 고충민원을 전달하거나 법령개선을 제안하는 경우에는 적용을 배제하고 정치인에 대해서는 예외적인 조항을 만들었다는 비난이 쏟아지고 있다.

둘째, 사립학교 교직원과 언론사 종사자에까지 적용범위를 넓혀 규제하고 있는 것은 교육의 특수성이나 언론취재 활동의 위축을 가져올 수 있다는 논란이 제기된다. 이로 인하여 검찰권이 비대해지고 일부 비판언론에는 표적수사의 대상이 될 수 있다는 것이다.

셋째, 시민단체나 변호사, 의사, 관세사, 변리사, 세무사, 회계사 등 전문직종사들이 부정청탁금지법 대상에서 빠져 있어 형평성논란이 제기되고 있다. 이들 직역종사자들은 관료나 정치권에 부정청탁이나 로비가능성이 있을 수 있는데 이들 직역 군을 제외시킨 것은 법의 상당한 하자라고 볼 수 있다. 최근에 선물수수범위를 5만원으로 정해 농림축산인 소상인에게 피해를 줄 수 있다고 경제단체들이 들고 일어났다. 이들은 부정청탁법시행령이 그대로 시행될 경우 소매업, 음식점업 등 소상공인 업계는 연간 2조6000억 원의 피해가 발생할 것으로 보았고 업체당 월평균 매출이 31만원 감소할 것이라고 주장했다. 또한 선물을 업종 구분 없이 일률적으로 규제하는 것은 선물 매출 중심의 농축수산물유통과 화훼, 음식점 업계 피해가 크다며 반발하고 있다. 결국 업계 주장대로 국민들의 소비심리 위축과 내수침체 가속화가 될 것인지 아직 판단하기 어렵지만 관련업계나 시민단체들의 합의를 통해 적절한 범위를 정해야 할 것이다. 또한 정치인이나 전문가를 제외시킨 것은 커다란 문제라고 본다. 이들을 포함시켜 법의 실질적 실효성을 제고할 수 있도록 해야 할 것이다.

이 법을 통해 부정청탁과 비정상의 대한민국 환부에 메스를 가할 수 있는 기폭제가 되길 바란다.

7. 징역75년과 집행유예

지난 2012년 미국 맨허턴 최고법원은 첫 출근을 하는 여교사를 총으로 협박하며 성폭행한 경찰관을 유죄로 인정하여 징역 75년을 선고 했다. 무기징역이나 마찬가지라고 할 수 있다. 당시 피해 여성은 "그날 이후 내 인생이 완전히 망가졌다"며 "모든 것을 할 수 없게 됐다"고 울부짖었다. 이와 같이 미국 법원이나 외국사법제도는 성폭행 범을 중죄로 인정하여 수십 년 이상을 선고하여 사회에서 격리조치하고 있는 실정이다. 그러나 우리나라는 강간이나 성관련 사건에서 합의만 이끌어도 징역형에서 벗어나거나 집행유예로 간단하게 처벌하고 있다. 또한 술을 먹고 한 행위라고 이를 정당화하려고 한다. 이러한 솜방망이처벌로 인하여 성폭행사건은 해마다 증가하고 있는 실정이다. 워싱턴디시 조지타운대학의 로빈 웨스트는 강간을 "영혼을 살해(spiritual murder)"하는 파렴치 범죄라고 하며 피해자에게 평생지울수 없는 "육체적 정신적 공격이며 상처"라고 말했다.

최근 전남신안군 섬에서 초등학교 여교사를 남자 3명이 집단 강간하는 사건이 발생했다. 이중 한명은 학부모라고 한다. 스승의 발자국은 밟지도 않는다는데 자기 자식을 가리키는 교사를 술을 먹여 정신이 혼미한 상태에서 육체를 유린하고 욕심을 채운 이들의 행태는 도저히 용서받을 수 없다고 본다. 전쟁상태에서도 포로나 부녀자를 강간하면 안 된다고 하는데 이는 금수보다 못한 악마적 소행이다.

만약 이 여교사가 이 사실을 신고하지 않았다면 영원히 묻힐 사건이었다. 이 여교사의 남자친구는 곧바로 SNS에 알려 이 사건이 만천하에 드러났지만 우리나라에서 발생한 성관련 사건들은 대부분 쉬쉬하며 감추기 일쑤이다. 범죄는 흔적을 남긴다. 요즘은 과학수사가 발달하여 모든 범죄는 DNA로 해결할 수 있다. 성폭행범죄를 방지하기 위한 해결책은 무엇인가?

첫째, 무엇보다도 여성들의 신고정신이 중요하다. 사건이 발생하면 몸을 씻지 말고 곧바로 신고하여야 한다. 경찰관의 보호아래 속옷, 체모, 정액 등의 채증을 통해 범인을 추적할 수 있다. 최근에는 경찰도 여성경찰관을 동행하여 여성의 수치심을 자극하는 심문을 하지 않도록 하고 있다. 또한 경찰에 갈 수 없다면 병원에서 의사와 변호인의 보호아래 조사받을 수 있다.

둘째, 처벌법규를 대폭 강화해야 한다. 성범죄는 공소시효를 없애 끝까지 추적할 수 있도록 해야 한다. 강력한 처벌이 능사는 아니지만 어느 정도 응보형의 효과를 볼 수 있어 형량을 강화해야 한다. 또한 술을 먹으면 양형을 고려하여 감형하는데 이러한 법의 제도적 취약성은 성범죄의 근절을 기대하기 힘들다. 술을 먹고 한 행위는 오히려 가중처벌 하는 법규를 만들어야 한다. 우리나라는 술을 먹고 한 운전사고도 감형을 해주고 있는데 외국에서는 주취운전은 살인 범죄로 여긴다.

셋째, 학교교육의 변화가 필요하다. 바른 가치관 인성, 윤리나 도덕적 재무장을 강화하도록 교육의 이념이나 철학을 변화시켜야 한다. 남녀 간의 동등한 인격체교육, 올 바른 성윤리의 정립이 필요하다. 정부가 성폭력범죄를 방지하겠다고 하는데 중요한 것은 청소년의 성윤리, 바른 성가치관의 함양교육이 실시되어야 한다. 교육의 근본이 바뀌지 않는데 어떻게 성범죄를 예방 할 것인가?

넷째, 범죄 예방환경을 조성해야 한다.CCTV,방범창, 안전 벨 설치도 필요하겠지만 여교사들이 같이 지낼 수 있는 관사가 필요하다. 단독관사보다는 공동 관사를 임대하여 이들이 안전하게 숙식하도록 마련하여야 한다. 또한 도서벽지나 낙도 오지에는 여교사의 발령을 자제하는 것은 남교사의 역차별이라고 나올 수 있기 때문에 동시에 같이 근무하도록 남교사들도 발령을 내도록한다.

다섯째, 여교사가 많은 현 상황에서는 교육대의 입학정원을 남녀 구별하여 선발하여 남자교사의 증원도 필요하다고 본다. 2015년 기준 우리나라 여성교사의 비율은 초등학교 77%, 중학교 69%, 일반고 52%다. 이와 같은 상황에서 도서벽지 여교사 부임자제는 근본적인 대책이 아니다. 따라서 이를 타개하기 위해서는 남학생 입학정원을 확대하던지 사범대 남자 졸업자들의 채용으로 이를 갈음하여야 한다.

중요한 것은 여성의 성적 자기결정권을 보호하고 여자의 성적 인권을 존중하는 방향으로 나아가도록 교육부와 관계부처는 인식의 전환이 시급하다고 본다.

8. '김영란 법'은 무엇인가

2012년 당시 국민권익위원장인 김영란 씨가 정부입법으로 추진했었던 '부정청탁 및 금품 등 수수의 금지에 관한 법률'이 오는 9월 28일부터 시행된다. 이 법 요점은 공직자가 직무와 관련이 없더라도 100만원을 초과하는 금품을 받으면 형사 처벌받고 공직에서 파면된다는 것이다. 여기에 공무원만이 아니라 사립학교 교직원 언론종사자까지 포함하여 법안 심의시 매우 큰 논란을 빚은 바 있다. 이 법은 유치원부터 대학까지 적용되고, 국공립 대학만이 아니라 사립대학까지 포함하였고 신문방송 심지어 인터넷언론 종사자까지 포함하였다. 또한 이들의 배우자까지 처벌받도록 하였다. 처벌기준은 직무연관이 있는 사람에게서 100만 원 이하 금품을 받으면 2배에서 5배의 과태료를 부과 받고 직무관련성이 없어도 동일인에게 1회100만원 또는 300만원 넘는 금품을 받을 때는 3년 이하 징역과 3000만 원 이하의 벌금형이 부과되도록 하였다. 또한 외부강연료도 교수와 언론인은 100만원, 장관은 50만 원 이상을 받지 못하도록 하였다.

지난 9일 국민권익위원회가 발표한 시행령은 공직자, 교원, 언론, 사학 등 사교 의례목적으로 제공하는 음식물의 상한액을 3만원, 선물은 5만원, 경조사비는 10만원으로 정했다. 법안을 만들기 전에는 경조사비가 5만원이 상한액이었는데 이번에 10만원으로 조정됐다.

일단 국회권익위원회는 앞으로 40일간의 입법예고를 거친 뒤 의견을 수렴하여 최종 시행령을 결정하겠다는 입장이다. 국민권익위원회는 직무와 관련해서 100만 원 이하 금품 등을 수수하면 과태료를 부과 받는다고 하였다. 다만 '원활한 직무수행 또는 사교 의례 또는 부조의 목적으로 제공되는 음식물, 경조사비, 선물은 규제하지 않기로 한다고 발표했다. 국민권익위원회는 그동안 국민여론조사를 하였는데 국민들은 음식물은 3만원, 선물은 5만원에 동의하였고 경조사비는 5만원 내지 10만원으로 분분 하였는데 최종적으로 경조사비만 10만원으로 상향 조정했다.

그러나 여당을 비롯한 정치권일각에서는 선물을 5만원으로 정할 경우 농수축산물 선물세트는 사라질 수밖에 없다고 엄살을 부리고 있다. 이법 제정 당시 농축산물 업자와 단체들은 반대시위를 하였고 정치권도 이에 동조하였다.

현재 더민주당은 '먼저 시행한 뒤 보완하자'는 입장이고 국민의당은 '헌법재판소 판결을 기다려 보자'고 주장하고 있다. 새누리당은 '시행하기 전에 보완하자'고 하고 있다. 결국 농어촌 출신 여야 국회의원들의 반대 움직임이 이법의 향배가 바뀔 전망이다. 박근혜 대통령 또한 이법이 '내수를 위축할 수 있다'며 우려를 표명하였다.

그러나 시민단체, 언론, 학부모들은 깊은 우려를 표출하고 있다. 첫 번째로는 공직자의 반부패법이라 할 수 있는 이 법이 근본 취지인 청탁금지에 초점을 두어야 하는데 적용대상이 너무 포괄적이어서 실효성이 있겠는가 하는 점이다. 먼저 유치원교사나 사립학교 교직원, 언론단체 종사자까지 포함하여 적용한다는 것은 너무 광범위하고 애매모호하다고 본다. 법적 타당성을 상실할 우려가 없지 않다는 것이다. 여기에 그 배우자까지 포함하여 적용하는 것은 연좌제 문제의 소지가 크다는 것이다. 두 번째로는 금액이 100만까지 정한 것은 그 이하의 경우는 어떻게 할 것인가 하는 점이다. 단돈 몇 만원만 받아도 처벌하는 것이 공직자의 청렴의무인데 100만원까지 상한액을 정해 놓고 적당히 알아서 윤리적 행동을 하라는 것은 너무나 이율배반적이다. 세 번째로는 언론종사자들을 넣은 것은 언론의 공공성, 책임성 그리고 환경감시기능 구현에 비추어 언론역할을 위축할 수 있다는 것이다. 언론부패의 가능성이 일부 있을 수 있겠지만 그렇다고 사회의 목탁구실을 하는 이들에게 청탁금지법의 공직자들과 똑같이 이법의 적용을 하라는 것은 결국 검찰의 언론 옥죄기로서 볼 수 밖에 없다는 것이다. 헌법에 보장된 언론과 표현의 자유를 심히 침해한다고 볼 수 있다. 언론인이 언론사 스스로 윤리강령을 만들어 그들에게 맡기는 것이 필요하다고 본다. 결국 '김영란법' 적용의 실질적 효과성을 심각하게 고민 할 필요가 있다고 본다.

9. 테러방지법 쟁점

15년 전 미국 뉴욕과 워싱턴디시에서 발생한 테러로 무고한 시민들이 한순간에 숭고한 목숨을 잃었다. 현재도 미국만이 아니라 프랑스, 아랍 등 전 세계에서 벌어지는 테러사건으로 슬픔과 분노를 자아낸다. 우리나라도 북한의 테러위협으로 인해 국민들은 불안에 떨었고 앞날을 예측하기가 힘들다. 미국테러사태이후 2001년 국회에 낸 테러방지법안은 아직도 잠자고 있다. 19대국회가 1월 임시국회에서 통과하겠다고 하는데 국회선진화법으로 인해 제대로 통과될지도 모른다.

테러방지법은 군, 경찰, 국정원으로 분산된 대테러업무조직을 하나로 통일하여 선택과 집중의 전략을 짜자는 것이다. 오늘날 지구촌에서 벌어지는 각종 무자비한 테러사건과 위협은 우리나라에도 커다란 경각심과 예방장치가 필요하다. 이를 집중시켜 국가안보에 효과적으로 대처하는 것이 테러방지법의 취지이다. 이를 위해서 테러방지법은 국가정보원장 산하에 '대테러센터'를 두어 국방부, 행정안전부·경찰, 법무부·검찰 등 관계기관의 대테러업무를 기획·조정하도록 하였다. 특히 테러방지센터는 테러단체 구성원으로 의심되는 외국인에 대해 동향 파악과 자금지원 여부를 확인한 뒤 법무부장관에게 출입국 금지를 요청할 수 있다. 또한 국가방위시설을 테러로부터 보호하기 어려운 때에는 대통령에게 군 병력 지원을 건의할 수 있도록 하였다.

문제의 핵심은 테러방지 컨트롤타워를 어디에 두느냐 하는 문제와 인권침해소지가 우려된다는 야당과 시민단체의 주장이다.

첫 번째로 여당은 테러방지의 중심조직을 국가정보원에 두자는 주장이다. 무엇보다도 테러 위험인물에 대한 출입국·금융거래·통신 정보 등을 수집·조사하고 외국 정부·단체와 정보 협력을 강화한다던지 외국과의 테러 공조나 정보기관 간 정보 교류를 위해서는 국가정보원에 대테러방지센터를 두는 것이 현명하다는 것이다. 특히 국가정보원의 축적된 국가안보기능을 십분 발휘하여 방지대책을 둔다면 상당히 효율적으로 운용된다는 주장이다.

그러나 국가정보원이 테러를 둘러싸고 비밀정보를 독점하고 권한을 남용한다면 권한 비대화와 부작용이 엄청날 수밖에 없다는 반대논리 또한 만만치 않다. 그래서 나온 것이 국회에 연락사무실을, 국무총리실에 대테러방지기구를 두자는 것이다. 이렇게 되면 국정원의 힘의 비대화에서 비켜갈 수 있고 견제와 균형을 갖출 수 있다고 한다. 또 다른 안은 수사기관이 갖는 것이 필요하다고 한다. 그래서 검찰과 경찰이 테러방지기구로 해야 한다고 한다. 현재도 경찰이 정보수집이나 보안기능 수사기능을 가지고 있어 가능하다는 것이다. 그러나 경찰이 국정원이나 검찰을 지휘하고 그 권능을 제어할 수 없다는 한계가 있다.

두 번째로 지적되는 문제는 테러방지법이 제정된다면 국민의 인권이 제대로 지켜지고 확보될 수 있느냐 하는 문제다. 테러방지를 위해서는 감청과 자금추적권을 주어야 하는데 과연 국민의 인권과 자유가 보장될 수 있느냐 오히려 제한되고 무력화될 수 있다는 논리이다.

그동안 도·감청으로 수많은 정치 인사들이나 재야인사들이 정신적 고통을 받았기 때문에 이 문제에 더욱 예민해질 수 있다. 물론 법원의 영장을 가지고 감청과 자금 계좌추적을 해야 하겠지만 막상 테러 현실 앞에서 제대로 지켜질 리 만무하다. 따라서 이런 문제로 야당과 시민단체 등이 반대하고 있다.

이런 상황에서 돌파구는 없는 것인가? 언제까지 국회에서 표류하고 있을 것인가. 대한민국과 국민의 안전을 기획입안하고 보장해야 하는 것이 국회의 책무인데 이를 방기하고 모른 체한다면 이것이 배임행위고 무엇이겠는가.

여론조사 전문기관 '리얼 미터'가 조사한 결과를 보면, 국민들은 테러 위험인물에 대한 감시 등을 할 수 있는 테러방지법의 필요성에 대해 질문한 결과 필요하다는 의견이 64.8%, 필요하지 않다는 의견이 22.6%로 국민 대다수가 찬성하고 있다. 이번임시국회에서 여야는 당리당략을 떠나 양보와 타협으로 테러방지법을 제정하도록 하는 노력을 걸기대해 본다.

10. 검찰권의 견제

우리나라는 대륙법계 국가로서, 특히 프랑스 검사제도가 일본 강점기에 계수되었다. 한국검찰은 기소권과 수사권을 가지고 있어 해외 어느 나라보다도 검찰권이 강하다. 가까운 일본은 2차 세계대전 이후 맥아더가 검찰이 수사를 하지만 경찰을 지휘하지 못하도록 제도를 바꿨고 미국도 수사는 경찰이 하고 있고 검찰은 기소권을 가지고 있다. 우리나라와 비슷한 제도를 가진 곳이 독일인데 검찰이 경찰을 협조할 수 있지만 지휘권은 없다. 형법과 검찰청법을 보면 검사는 법무부에 속하는 단독제의 행정관청이며, 자기 이름으로 검찰사무를 행할 권한을 가진다. 다만, 검사동일체의 원칙에 따라 상명하복의 관계에 있지만, 직무상으로는 상사의 보조기관이 아니며, 각자 독립된 국가행정관청이다. 또한 검사는 국가 또는 공익의 대표자로서의 지위를 가지며, 원고로서 피고를 소추하고 구형하는 피고인의 반대 당사자이지만, 동시에 법령의 정당한 적용을 청구하고, 피고인의 정당한 권리와 이익을 보호하며, 인권옹호에 관한 직무도 수행해야 할 지위도 가진다.

대한변호사협회가 지난 21일 변호사들이 검사를 평가하는 '검사평가제'를 시행하겠다고 밝히면서 검찰 권력의 부당한 독주를 견제하겠다고 벼르고 있다. 즉 평가를 통해 우수검사와 하위검사를 내놓겠다는 것이다. 현재 대학교수도 학생들의 수업평가를 받고 있어 교수들의 인성, 강의수준이 적나라하게 공개되고 있다. 이제는 연구하지 않고 뼈를 깎는 노력 없이는 강단을 떠나야 하는 시기다. 마찬가지로 검사평가를 통해서 검사의 윤리성, 인권 의식, 적법 절차 준수, 정치적 중립성 등 여러 항목을 평가하는 것은 검찰 발전을 위해서라도 긍정적인 장치라고 볼 수 있다.

그동안 검찰권의 견제가 제대로 작동하지 않아 언론이나 국민들의 비판적인 시각이 대세였다. 이와 같은 측면에서 김대중 정부부터 추진되어온 검찰과 경찰의 수사권 조정이 쟁점화 되었고 아직도 휴화산처럼 언제 터질지 모르는 이슈이고 대통령 후보들의 단골 공약이 돼 버렸다.

검찰의 사명은 무엇보다도 부패척결이다. 추상같은 사정을 통해 정의를 바로세우는 역사적 과업을 수행하는 것은 당연한 책무라고 본다. 그러나 검찰권이 정치적 중립성보장하지 않고 수사에 편파성이 개입된다면 검찰제도의 본질을 훼손하는 것이라 볼 수 있다. 지난번 성완종 경남기업회장의 자살사건으로 드러난 이완구 전 국무총리와 홍준표 지사의 검찰수사의 불구속기소는 무엇을 수사했는지 하는 비판을 받았다. 포스코수사도 진척이 없다. 박근혜 대통령이 "비리의 뿌리와 그 뿌리가 움켜쥐고 있는 비리의 덩어리를 파헤쳐야 한다"고 강조했던 국방 방위사업 비리도 속 시원한 수사결과가 없다.

검찰수사를 받다 자살한 피의자만 해도 십 수 명이 넘는다.

현재 검찰은 모 대학교 건축 비리를 조사한다면서 충청북도와 괴산군을 수사하고 있다. 건축법위반은 박근혜 정부의 안전 정책 우선이라는 국가정책에 부응하기 위해서도 조사가 당연하다고 보지만 학생들의 학습 환경권을 무시하고 대학을 마치 비리집단 인양 언론에 표출함으로써 해당 대학과 구성원들의 명예의 실추와 좌절감은 이만 저만이 아니다. 검찰이 물리력을 동원하는 강제수사가 없어졌지만 아직도 불편하다. 검찰이 비리를 수사하는 것은 검사의 사명이지만 진리탐구의 장인 대학의 입장도 고려하는 것도 필요하다. 즉 대학의 사회적 역할과 공적기능의 중요성을 간과해서는 안 될 것이다. 국민들은 검찰의 피의자 출석요구 전화만 받아도 잠도 못자고 괴로워한다. 검사가 겁주기보다는 국민의 인권을 강화하고 국민에게 다가가는 검찰상을 구현해야 한다. 지방검찰은 더욱 그렇다. 지방검찰이 토착비리를 척결하는데 앞장서야겠지만 지역사회의 공적 특수성을 무시해선 안 된다. 지난 봄 김영란법'(부정청탁 및 금품수수 금지에 관한 법률)이 국무회의에서 심의 의결됐는데 이젠 대가와 관계없이 100만원만 받으면 공무원직에서 떠나야 한다. 이와 같은 반부패법의 등장으로 수사권과 기소권을 가진 검찰은 더욱 권력화 될 것이라는 기우가 만연하고 있다. 그래서 정부와 야당은 검경 수사권독립, 공직자 비리조사처 신설 등을 고려하고 있다. 절대 권력은 절대적으로 부패한다는 액튼경의 경구가 생각난다. 검찰이 표적수사와 무소불위의 힘을 자랑하기보다는 국민들로부터 지지와 찬사를 받는 검찰로 다시 태어나도록 검찰 스스로 개혁하여야 한다. 검찰을 상징하는 칼은 정의를 지키는 것이지 사람을 죽이는 것이 아니기 때문이다.

11. 사형제 폐지론 유감

2007년 6월 강원도 춘천시 서면에서 두 명의 부녀자를 납치하고 야산에 암매장한 살해사건이 발생했다. 이 사건은 청송교도소에서 만난 두 명의 범죄자들이 한증막에서 나오는 두 명의 여자를 트럭으로 가로막고 30만원을 빼앗은 강도 살인사건이었다. 범인들의 범죄행태에 많은 이들의 분노를 자아냈으며 유가족의 슬픔과 고통은 무엇으로 형언하기 어려울 정도였다. 김영삼 정부는 이들을 사형이라는 극형으로 죄값을 치루게 했다. 해방이후 우리나라는 920명 가량 사형이 집행됐고 현재 60여명이 교수형을 기다리고 있다. 그러나 1997년 이 후 사형제 폐지국이라고 일컬을 정도로 사형을 실시하지 않고 있다. 인권단체인 국제엠네스티는 한국의 사형제도가 인권을 침해한다며 사형제도를 폐지하라고 촉구하고 있다. 매년 발생하고 있는 연쇄살인범,어린이 살해범, 신체훼손 살인범죄를 한 이들의 만 행을 보면 사형은 반드시 필요하다고 입을 모은다. 기원전 함부라비 법전은 '눈에는 눈,이에는 이'라는 보복성 응보형주의를 주장했고 우리나라 고조선에도 8조 금법에서 사람을 살해한자는 죽인다고 기 록돼 있다. 그러나 17-18세기 유럽에 불어 닥친 계몽주의 사상은 인 간의 존엄과 가치,평등을 주장하면서 국가의 사형실시에 거부감을 드러냈다. 근대 형법학의 아버지라고 할 수 있는 이탈리아의 베카리 아는 '범죄와 형벌'에서 최초로 사형제 폐지를 주장했다. 그는 "인간 은 오류 없는 존재일 수 없으므로 사형을 내릴 만큼 충분한 확실성 이 결코 보장될 수 없다. 사형은 국민에 대한 국가의 전쟁이요, 법을 빙자한 살인이다"라고 사형제도를 비판했다. 1977년 12월 국제사면 위원회가 사형에 무조건 반대한다는 '스톡홀롬 선언'을 발표하면서 사형제도는 변화가 불가피했고 오늘날 세계 162여 개국이 사형제 완전 폐지 혹은 법률상 실질적으로 폐지한 국가가 되었다. 우라나라 는 헌법재판소에서 5:4의 의견으로 합헌 결정이 내려져서 법률적으 로 아직 폐지가 시기상조라고 볼 수 있다. 지난 7월 6일 여야 국회 의원 172명이 사형폐지 특별법안을 발의했다고 한다. 사형폐지 특 별법안은 사형 관련 조항이 포함된 법률에서 관련 조항을 삭제하고 이를 감형 또는 사면없는 종신형으로 대체하자고 한다.

발의에 관여한 유인태 국회의원은 "1997년 12월 30일 마지막 사

형 집행 이후 17년 넘게 사형집행이 중단된 대한민국은 이미 국제
사회에서 실질적 사형 폐지 국가로 분류되고 있다"면서 "이제 우리
는 '죽음의 문화'를 '생명의 문화'로 바꾸고 인권선진국의 대열에 오
를 기회의 문 앞에 서 있다"고 주장했다.

그는 "이번 19대 국회가 '생명존중 국회', '인권존중 국회'로 역사
에 남을 수 있도록 끝까지 노력하겠다"며 강한 자신감을 보였다.

그러나 사형제도는 반인권행위라고 인권단체들이 주장하고 있지
만 범죄피해자 가족들의 고통과 절규는 무엇으로 대변한단 말인가.
피해자들은 한결같이 주장한다. 국가가 국민을 보호하고 법이 정의
를 보장해야 하는데 어떻게 가해자들을 보호하고 인권을 얘기한단
말인가 항변한다. 또한 사형제를 주장하는 이들은 국가형벌권의 실
행이야말로 범죄를 예방하고 범죄를 억지할 수 있다고 한다. 만약
사형제가 폐지된다면 유가족의 한과 원은 무엇으로 보장한단 말인
가? 범죄의 발생은 증가하고 치안은 무너질거라고 한다. 또한 과학
적 수사기법, 법원 판결의 신중성, 절차적 민주주의로 사형수에 대
한 판결 오판가능성은 없다고 항변한다.

그러나 한편으론 인간의 죄라는 것은 스스로 잘못을 인정하고 회
개하고 뉘우칠 기회를 주어야 한다고 주장한다. 사형제 폐지론자들
은 사형제도가 범죄 예방 효과가 없다고 주장하고 있다. 미국 법학
자 셰링은 사형 집행과 범죄 발생의 함수관계에 대해 연구한 결과
통계적으로 아무런 관계가 없었다고 한다. 그는 "범죄를 저지르는
사람들은 대다수가 인격적 정신적 결함이 있거나 정신적으로 자제
력이 떨어지는 격정 범죄자들이다. 범죄자들이 범행 순간에는 사형
제도가 있다는 사실을 잊는다며 사형은 억제적 요소가 없다"고 주장
한다

사형제 폐지론자들은 법원이 오판하여 사형 판결을 내릴 경우 사형당한 사람을 부활시킬 수 없다고 한다. 과거 남미나 아시아, 아프리카, 북한, 구소련 등 독재 국가에서 군사정권에 의한 정치적 살인까지도 있을 수 있다고 우려한다.

이와 같이 폐지론자와 유지론자 간의 논쟁과 간극은 쉽게 메워지기 어려운 실정이다. 다만 중요한 점은 피해자의 보복감정과 법의 예방효과를 어떻게 풀어 나갈 것인가 하는 점이다.

12. 국가위기관리

국가의 존립목적은 무엇인가? 국민의 안전과 행복을 증진하기 위해 노력해야 한다. 국가는 이와같은 기초적 의무를 잊어서는 안된다는 사실이다. 주인으로서 국민은 국가에 안전과 치안을 대신 맡겼고 국가는 대리인으로서 그 의무와 책임을 충실히 해야 한다. 이를 위해 국민은 납세의 의무가 있고 정보공개의 권리가 있다. 그러나 국가가 그 의무를 충실히 하지 못한다면 어떻게 해야 하는가? 결국 위기와 파국을 맞게 된다는 것이 역사를 통해서 증명됐다.

메르스(중동호흡기증후군)로 인해 국가가 혼란과 위기상태에 놓여 있다. 국민들도 불안하고 정부를 신뢰하지 못하고 있다. 가장 중요한 이유는 정부가 체계적으로 위기관리를 하지 못한 탓이다. 메르스는 그동안 병원에서 대부분 전염되고 있다고 한다. 그렇다면 병원을 통제하고 관리하는 것이 중요한데 그 임무마저 제대로 지켜지지 않았다는 것이다. 정부가 질병관리본부라는 기관에 감시감독업무를 맡겼지만 우리나라 행정조직상 명령통일이나 통솔범위가 제대로 지켜지지 않을 것이라는 것은 자명한 사실이었다. 왜냐하면 한국의 행정조직계층제상 1급 공무원이 본부장을 맡고 있는데 어느 부처가 말을 듣고 시도지사 등 지자체장을 통솔하기가 쉽겠는가? 메르스 확산이후에도 정부는 팔짱만 끼고 있다가 보건복지부로 국무총리로 격상하면서 대책회의를 가졌다. 이 와중에 지자체장들이 나서서 정보공개를 하고 정부에 병원에 으름장을 하면서 북치고 장구치고 하는 등 조직관리가 대혼란에 빠졌다. 정부는 지자체장들이 독자적으로 행동을 하지 말라고 하고 지자체장들은 이때다 하며 자기리더쉽을 홍보하였다. 사실 현재 국무총리도 없다. 인사청문회가 진행되니 장관들도 나몰라라 하는 둥 하였고 국무총리대행도 국제회의 참석하느라 안중에도 없었다. 이렇게 대한민국의 리더쉽이 실종된 한달이었다.

2003년 싱가포르가 사스(중증급성호흡기증후군)의 직격탄을 맞았을 때 정부수반인 고촉동 총리가 나서서 적극 질병통제에 나섰다. 심지어 "자가 격리자가 전화를 받지 않으면 경비원이 집으로가 전자팔찌를 채우겠다 "고 공언했다. 이 나라는 정부와 국민이 혼연일체가 돼서 두달만에 전염병을 퇴치했다. 최근 중국이나 홍콩 대만 등이 한국여행을 중지시키고 회의를 취소하는 등 한국에 적대적으로 나섰다. 이들 국가들이 메르스사태를 이용하여 한국의 국게위상을 깎아먹고 있는데 우리정부가 적극 나서야 한다. 그래도 미국 질병통제본부는 큰 문제가 아니라고 한국을 두둔했다.

이를 해결하기 위해서는 어떻게 해야 하는가?

첫 번째는 국가위기관리의 리더쉽이 중요하다. 한국같은 행정시스템은 청장도 장관도 먹혀들지 않는다. 국무총리도 힘들다. 대통령제 국가라는 상황에서 대통령의 말 한마디가 장관 열명보다도 더 힘이 있다. 대통령께서 국정리더쉽을 보여줘야 한다. 사실 질병문제라든지 국가사태마다 대통령이 나서는 것은 거대화 되고 분권화된 민주국가의 현실에서는 우스운 모양새라고 볼 수 있지만 위기시에는 중앙집권적 리더쉽이 중요하다. 대통령이 나서지 못한다면 주무장관과 청와대 수석이 나서서 적극적인 대책이 필요하다고 본다. 두 번째는 질병관리본부의 기구나 조직위상을 개혁해야 한다. 지금처럼 1급이 수장을 맡고 있는 현실에서는 지휘통제가 힘들다고 본다. 국가안전처가 있지만 질병에는 기능밖이라 문제라고 볼 수 있다. 질병까지 포함하는 국가안전부를 수립하던지 질병관리청을 신설하던지 하여야 할 것이다. 한국행정시스템을 효율적으로 움직이기 위해서는 이 문제를 검토해야 할 것이다.

세 번째는 병원관리의 획기적 전환이다. 우리나라 최고 병원이라 공언했던 삼성병원에서 무더기 환자가 발생했다는 것은 보통 큰 문제라고 하지 않을 수 없다. 또한 여타 병원들도 질병통제를 제대로 대응하지 못한 책임이 크다. 여기에는 병원의 책임도 크지만 일반 병의원들이 정부의 지시나 통제에 제대로 따르지 않은 면이 크다고 본다. 질병관리수칙이나 규정이 느슨하고 직원들도 대수롭지 않게 여긴 탓이 크다. 특히 병원들의 정보공개가 이루어지지 않았다는 것은 메르스사태를 키운 가장 큰 원인이다. 네 번째 공직자들의 안일한 대처와 근무라고 볼 수 있다.질병관리본부 직원만이 아니라 여타 관료들도 비상사태라는 위기의식이나 관리가 전혀 보이지 않았다고 한다. 병원에서 알아서 하겠지 하는 식은 더 이상 전염병에는 먹히지 않는다. 어느 보건소에서는 환자에게 "대학 병원에 가는 게 어떠냐"고 했을 뿐 방역 당국에 신고하지 않았다던지 40대 여성 감염자가 스스로 격리 조치를 요청했는데도 이를 거부한 질병관리본부의 무사안일함은 무엇으로도 변명할 수 없다.

끝으로 국민들의 대오각성이다. 보건당국의 지시에 따르지 않고 자기 멋대로 행동하여 메르스사태를 확산시켰기 때문이다. 지금은 공동체윤리의 회복이 시급한 때이다.

13. 백수오 파동

옛날 하씨성을 가진 사람이 58세가 되어도 몸이 약해 장가를 가지 못했다고 한다. 그러다 꿈속에서 한 노인이 나타나 "이것을 정성들여 먹으라"고 인삼 비슷한 무엇을 권했다고 한다. 그래서 하씨노인은 정성들여 이것을 달여서 먹었는데 이것이 하수오(何首烏)라고 한다. 이것을 먹고 백발 머리카락이 까마귀처럼 검게 되었다고 한다. 하수오는 동의보감에서도 그 효능을 인정하고 있다. 콩팥기능을 좋게하고 뼈와 근육을 튼튼하게 한다고 한다. 하수오는 하얀하수오와 붉은 하수오로 나뉘는데 전자를 백하수오라고 부른다. 그동안 백하수오라고 할 수 있는 백수오 등 복합 추출물'은 우리나라 식품의약품안전처와 미국 식품의약국(FDA), 캐나다 식약청에서 여성 폐경기 증상 개선에 효과가 있다고 검증받았고 정부도 2013년 백수오 복합 추출물을 '대한민국 10대 신기술'의 하나로 선정했다고 한다. 이와 같이 여러 효능을 인정받은 백수오제품은 여성들의 패경기 제품으로서 홈쇼핑에서 인기리에 방송되었고 그 판매고도 엄청났다고 한다. 그러던 것이 갑자기 가짜논쟁으로 가더니 백수오 업체는 지금 망하기 일보직전에 처했다고 한다. 최근 식품안전처와 소비자원에서 백수오제품에서 백수오가 아닌 이엽우피소라고 단정했다.그럼 이엽우피소는 무엇인가? 이엽우피소는 백수오와 모양이 비슷하여 전문가가 아닌 일반사람들이 분간하기에는 어려울 정도로 흡사하다고 한다. 특히 이엽우피소는 주요성분 등이 상이해서 간의 독성·신경쇠약·체중감소 등의 부작용을 유발할 수 있다는 연구결과 보고가 있다고 한다. 또한 식품의약품안전처도 식품원료로 이엽우피소 사용을 금지하고 있다. 그런데 이엽우피소는 백수오보다 가격이 써서 시중에 많이 유통되고 있고 건강기능식품에 많이 사용하고 있다고 한다. 지금까지 많은 사람들이 백수오를 구입하여 섭취하였는데 독성이 있는 가짜 이엽우피소를 먹었다니 배신감과 함께 놀라울 따름이다. 요즘 건강음료라든지 홍삼제품들이 우후죽순처럼 생산되고 판매되곤 하는데 일부제품은 국민들을 현혹시키고 있어 국민건강에 큰 위협이 되고 있는 것이 사실이다. 그전에는 담배인삼공사라는 기관에서 독점하여 관리감독이 되고 있지만 지금은 전매권도 사라져 누구나 제품을 만들고 팔수있다니 국민의 한사람으로서 언제 가짜를 먹을지 의심이 들지 않을 수 없다. 국민들의 먹거리문제는 오랫동안 지적된 문제이다. 중국산 농약이 섞인 비위생의 문제라든지 독성의 안전문제가 떠오르고 있다. 이와 같은 문제를 해결하기 위해서는 무엇보다도 정부의 철저한 관리감독이 필요하다. 국민의 안전을 위해 국무총리실산하에 식품안전처를 승격했지만 이 기구가 국민의 위생안전의 총사령탑으로서 그 역할을 제대로 하고 있는지 의심스럽다. 이번 파동도 안전처가 미리 전수조사를 한다던지 감독했더라면 이런 문제를 사전에 예방할 수 있다고 본다 . 이 문제를 최초 제기한 기관은 한국소비자원 이었다고 한다. 식품안전처의 기능이 효율적으로 작동하기 위해서 무엇이 문제인지 그 기능과 역할을 검토해봐야 한다. 국민의 식품안전을 위해서 농수축산의 검역원이라든지 식품안전처의 감독이 서로 유기적인 협조와 관리가 필요하다. 그렇지 못하다면 조직통폐합을 하여 효율적인 안전시스템을 만들어야 할 것이다.

두 번째로는 모든 한약재를 과학적으로 검증할 수 있도록 하여야 한다. 국민이 마음놓고 한약재를 사먹도록 하고 한의원에서도 전국적으로 통일된 안전한 한약재를 처방하도록 관리 감시가 필요하다. 한약재로 짓는 보약값이 한의원마다 틀리고 한약재 원산지도 중국산인지 한국산인지 다르니 누가 한방을 신뢰하겠는가?

세 번째는 의약품안전은 국가국민 신체안전과 직결되기 때문에 독성이나 약품관리 등을 체계적으로 감독하고 평가할 기관이 필요하다. 의사 한의사 약사업계가 상호 협력하여 이 문제를 해결하도록 노력해야 한다.

네 번째는 이번 백수오 파동에서 선량한 재배농민이나 업체는 보호와 구제가 필요하다. 백수오가 우리나라만이 아니라 미국이나 카나다도 그 효능을 인정했으므로 그 효능을 수용하는 것도 중요하며 재배농민들의 피해를 최소화 하도록 해야 한다.

이번 가짜파동이 발생한 업체만이 아니라 국민안전을 위협하는 사이비업체는 검찰이 나서서 실체적 진실규명을 위한 수사와 강력한 처벌을 하도록 해야 한다.언제까지 장난치는 업체와 판매자를 솜방이 처벌을 하며 방면할 것인가? 이들이 다시는 이 땅에 발붙이지 못하도록 사직당국이 나서서 척결해야 한다.

14. 의정부 화재사건의 교훈

지난 주 토요일 발생한 경기도 의정부시 화재사건은 또 다시 인재

사고라 하지 않을 수 없어 국민들의 분노를 가져왔다. 의정부시 아파트와 도시형생활주택에서 발생한 이번 사고에 130여명의 사상자가 발생했다니 어처구니 없다. 왜 이런 사고가 계속 발생하는가? 무엇이 문제인가? 우리는 이런 대형 사고앞에 어디 한번 속시원하게 대답하는 공무원이나 관청이 없다는 것이 문제다. 책임귀결이 두려워서 그런가?

이번에 사고가 난 곳은 오랜된 아파트도 아니고 신축건물이나 다름없는 건물들이 화마속에 무너지는 이런 희한한 광경에 억장이 무너진다. 건물에 방재시설이나 대피 메뉴얼도 없으니 더 큰 피해가 발생한 것은 당연한 것인지도 모른다.

무엇보다도 이번 화재의 원인은 안전규제를 강화하지 않고 느슨하게 풀어 헤쳐버린데 그 원인이 있다. 규제라는 것이 행정서비스에 암적 존재라 혁파내지 폐지하자고 해서 규제개혁목소리가 오래전부터 여기 저기서 외쳐대고 있지만 그래도 안전이나 환경·건강·보건분야는 계속 규제를 강화해야 하는데 이런것도 분간 못하는 공직자나 정부가 문제다. 국민생명과 밀접한 건축건설·소방은 계속 규제를 강화해야 한다. 그래야 안전하게 살 수 있다는 것은 삼척동자도 아는 사실이다. 그런데 왜 안전분야에 규제를 풀어주자고 하는가? 특히 이명박 정부때부터 나오기 시작한 도시형 생활주택들이 느슨하게 안전규제를 피해 건축되어 언제 불타는 타워링이 될지 모른다. 국토교통부 자료에 의하면 전국에 인·허가를 받은 도시형생활주택이 무려 35만 6074가구라고 한다. 이 모든 도시형생활주택이 화재에 취약하다고 볼 순 없지만 건축규제가 느슨하게 지워진 것은 분명한 사실이다.

현행 건축규정은 30층 이상 건물에는 불에 타지 않는 불연자재를 사용하고, 11층이상 고층 건물에만 방재장치인 스프링클러장치를 사용한다고 한다. 10층 건물은 없다니 안전 사각지대, 무원칙의 법규라고 하지 않을 수 없다. 그리고 건축업자들이 돈을 벌려고 싸구려 가연성 스티로폼 단열재를 시공하여 언제 어디서 활화산이 될지 모른다. 대구 지하철사고 당시 불연재를 사용하지 않아 지하철이 다 타버려 많은 인명피해를 냈음에도 교훈으로 삼지 않는 한국의 관료 부패병을 어떻게 할 것인가? 고질적인 안전불감증을 해소 하기위해서는 무엇보다도 안전분야라든지 환경보건분야는 법적규제를 강화해서 다시는 이런 사건이 재발되지 못하도록 해야 할 것이다. 먼저 건축·건설분야는 국민의 삶과 안전에 직결되므로 법과 규정에 따라 인허가를 해야 할 것이다. 불연자재 사용의 의무화라든지,도시형 주택이나 원룸·고시원 등 건물들의 안전규제 강화를 해야 할 것이다. 이번 의정부 화재사고시 아파트 외벽에 스티로폼 단열재를 사용하여 화재진압이 쉽사리 되지 않은 점에 비추어 비용이 들더라도 불연자재를 사용하도록 관계당국은 법을 제정해야 할 것이다.

또한 소방차 도로의 주차 금지와 처벌을 강화해야 할 것이다. 2013년 소방방재청 조사를 보면 소방차 진입이 불가능한 지역이 전국 1600곳, 716㎞에 달한다고 한다. 주거지역이 968곳(428㎞)이고, 전통시장 등 상업지역이 349곳(137㎞)으로 나타났다. 아파트 단지 478곳도 소방차 진입이 곤란하다고 한다. 충청북도 청주같은 경우 소방차 진입을 가로막는 상습 불법 주정차가 시장, 원룸밀집지역, 단독주택단지 등에 많이 있다고 한다. 이와 같은 상습 불법 주정차는 화재가 발생할 때 인명사고의 개연성이 높다. 이를 위해 교회,성당,은행 같은 각종 기관의 부설 주차장을 적극 활용해야 할 것이다. 공공청사나 공공건물의 부설 주차장은 야간에, 교회나 도심사찰,성당 주차장은 평일에 개방하여 주차난 확보나 소방차 도로를 대체해야 할 것이다. 이미 충청남도 공주시는 교회 47곳의 부설 주차장을 주민에게 개방해서 호응도나 소방안전에 기여하고 있다고 한다. 대전이나 청주같은 대도시의 초등학교운동장을 야간에 주차장으로 이용하는 것도 고려해 봐야 할 것이다.

앞으로 모든 건축물은 높이나 용도에 상관없이 불연재를 사용하고 화재위험을 구체적으로 평가할 수 있는 화재영향평가제를 실시하여야 한다. 안전해야 국민도 정부를 믿고 따를 것이 아닌가?

15. 생활안전지도의 공개

김택 중원대 경찰행정학과 교수

오늘날 급격한 산업화나 도시화에 인해 물질적 풍요에 대한 욕구 증대로 여러 가지 심각한 사회문제가 발생하고 있는데 그중에서도 각종 범죄의 발생이 사회적으로 커다란 파장을 낳고 있고 재난·재해사고로 국민의 불안이 날로 커지고 있는 실정이다. 우리나라는 압축 성장으로 인하여 한탕주의나 이기주의가 판을 치고 있고 윤리나 도덕규범이 무너지는 가치관의 일탈현상이 나타나고 있다. 각종 관료부패나 비리,범죄,재난 등을 효율적으로 통제하고 방지해야 할 정부책임이 크다고 본다. 이를위해 정부는 국민에게 보다나은 치안서비스나 안전정보를 제공함으로써 이와 같은 불안을 해소하여야 하는 책무가 있다.

안전행정부가 어제부터 시작한 생활안전지도는 시민들에게 치안, 교통, 재난 사고 등을 인터넷이나 모바일을 통해 정보를 제공함으로써 국민 생활안전서비스를 한층 높이는 과학적인 시도라고 볼 수 있고 범죄예방의 계기를 마련했다고 본다. 안전행정부는 이번에 공개되는 15개 1차 시범지역의 성과를 분석해, 오는 12월에는 100개 지역으로 확대하고 2015년에는 전체 지자체를 대상으로 생활안전지도 서비스를 확대해 나갈 계획이라고 한다. 또한 공개분야도 현재의 4개 분야에서 2015년에는 시설안전과 사고안전 분야로, 2016년에는 산업안전과 보건식품안전을 추가한다고 한다.

이번에 충청지역은 충주시와 천안시가 시범지역으로 선정되어 실시된다고 한다. 그동안 우리가 살고 있는 지역에서 발생하는 각종 범죄들인 성폭력이나, 강절도, 폭력 등을 손쉽게 식별하고 인식할 수 있도록 안전지도를 만들어 제공하는 것은 범죄예방에 긍정적인 기능을 하리라 본다. 범죄의 발생이 모든 지역에 동일하지 않고 그 빈도나 발생유형,인적대상의 밀도 등이 상이하기 때문에 이와같은 점을 인식하고 감시하고 감독하는 방안이 모색되어야 하고, 이에 대한 접근가능성을 용이하게 하여야 한다.

국민들은 인터넷 상의 생활안전지도(www.safemap.go.kr)를 방문하거나 스마트 폰에서 안전지도 앱을 다운받으면 정보를 2차원 내지 3차원 지도로 확인할 수 있다. 범죄발생 빈도에 따라 빈도가 높은 지역은 붉은 색으로, 낮은 지역은 흰색으로 표시하여 위험수위를 쉽게 확인할 수 있다.

이미 미국이나 영국 일본 등에서 범죄지도를 만들어 배포하고 있고 범죄예방의 차원에서 매우 효과적이었다. 미국 샌프란시스코에서 과거 8년동안 범죄지도를 만들어 70%이상 예방효과를 보았는데 여기서는 교통사고,총기사고, 강도 강간, 폭력 등 범죄 발생지역과 유형을 면밀하게 분석하여 범죄를 크게 줄였고 주민들의 치안만족도가 매우 높았다고 한다.

　안전지도는 시민들이 스스로 치안의식과 범죄 예방활동을 강화하는 측면이라든지 범죄방지를 위한 국가예산 확충, 경찰서나 경찰관을 범죄발생지역에 상시 순찰하게 하는 등 여러 가지 순기능을 가져올 수 있다고 본다. 무엇보다도 안전취약계층인 노인들이나 어린아이들의 안전지도 접근성이나 편의성을 개선해야 할 것이다. 그러나 부작용도 만만치 않다. 특히 경제적인 측면에서는 범죄 노출빈도가 많은 지역은 자산가치가 떨어지고 그 지역에서 다른 지역으로 이사감으로써 지역의 공동화, 낙후, 슬럼 가능성도 발생할 수 있다. 범죄가 많이 발생하는 지역에는 교육적인 환경도 취약해질 수 있다. 뿐만 아니라 범죄자나 범죄피해자들이 노출되어 개인의 프라이버시나 인권이 침해될 수 있다. 이와 함께 범죄가 많이 발생하는 장소가 알려지면 범죄가 빈번한 장소로 낙인되어 주민반발과 위화감이 조성될 가능성이 농후하다고 본다. 이번에 안전행정부가 공개한 생활안전지도에는 도로, 보행길, 공원 등 비주거 지역에만 침수정보, 범죄정보를 제공하고 지역 상호간 비교가 불가능하도록 하는 등 노력한 흔적이 엿보인다. 우리나라는 지난 2004년에 소방방재청이 재난지도를 만들어 실시하려다 지자체의 반대로 실패한 적이 있다. 이번 생활안전지도가 범죄를 예방하는 긍정적 기능이 있지만 지역간 갈등이나 인권침해 우려도 없지 않기 때문에 이러한 문제점을 불식할 수 있는 방안도 모색해야 할 것이다.

16. 아동학대 범죄는 국가죄악이다.

몇 주만 지나면 신록의 5월이 된다. 그런데 요즘은 기후 온난화로 인해 4월에도 꽃이 활짝피고 신록의 물결이 난무한다. 봄은 또한 어린 아이들의 세상이다. 해맑게 뛰놀고 있는 소년 소녀들의 모습을 보노라면 그렇게 흐뭇하고 기쁘기 그지없다. 일찍이 영국의 시인 윌리엄 워즈워드는 "어린이는 어른의 아버지"라고 갈파했다. 미래를 이끌고 갈 어린이는 그만큼 소중하고 인격체라고 볼 수 있다.

그러나 한편으론 어둡고 우울한 소식도 있다. 가정파괴나, 아동학대 등으로 가정이 해체되고 있는 실정이다. 지난 11일 경북 칠곡에서 여덟 살 의붓딸을 짓밟고 때려 장(腸) 파열로 숨지게 한 계모에게 징역 10년을 법원이 선고했다고 한다. 또다른 계모도 어린 의붓딸을 주먹과 발로 머리와 가슴을 수차례 때려 숨지게 하여 징역 15년을 선고했다고 한다. 일부에서는 형량이 낮다고 항의하고 있는데 그 이유는 어떻게 여덟살 딸을 때렸는지 몰라도 부검 결과 갈비뼈가 거의 다 부러졌는데 살인죄로 단죄하여야 하는 것 아니냐고 학부모들은 울부짓고 있다.

한창 자라나는 어린 아이가 무엇을 알겠는가? 그런 아이를 학대하고 육체적 정신적 고통과 상처를 주는 행위는 있어서는 안 될 일이다. 그동안 우리나라는 아이 때리는 것이 양육의 방법이고 교육이라고 부모들은 생각한다. 학교체벌도 그와 같은 수단의 하나라고 여겨 아직도 근절되지 않고 있고, 대학에서도 군대식문화가 아직도 잔존하고 있는 실정이다. 2001년부터 최근까지 아동학대로 사망한 아이들은 100여명에 이르고 있다고 한다.

외국은 이미 아동학대행위 범죄에 적극 대처하고 있다. 영국은 아동학대범죄에 관해 살인죄를 적용하고 무기징역을 선고하고 있다. 영국은 이미 아동학대만이 아니라 제대로 돌보지 않거나 방임하는 정서적 학대도 처벌하고 있다. 독일도 영국과 마찬가지로 처벌하고 있다고 한다. 2007년 카롤리나라는 세 살된 여아의 계부가 피해자를 구타하고 뇌손상을 입혀 사망하게 한 사건에서 살인죄를 인정하여, 무기징역을 선고했다. 미국도 아동학대나 방임하는 경우 처벌하고 있는데 작년 엘리 존슨이라는 여아의 계부가 피해자에게 수차례 폭력을 휘두른 뒤 바닥에 집어던져 숨지게 한 사건에서 '1급 살인죄'를 적용해 무기징역을 선고했다고 한다. 이와같이 외국은 아동의 학대범죄에 살인죄를 적용하는 등 엄하게 다스리고 있다. 우리나라는 갈비뼈가 부러지는 등 폭력으로 사망한 서현이 사건을 계기로 아동학대 방지법을 만들고 대책을 마련하였지만 좀처럼 학대는 줄어들지 않고 증가하고 있는 추세이다. 문제는 종합적이고 통합적인 정책 시행이나 단속이 효율적으로 이루어지지 못하고 있다는 것이다. 우리나라는 아동 문제는 보건복지부에서 다루고, 청소년 정책은 여성가족부에서 각각 담당하고 있다고 한다. 중복분산정책이 순기능도 있겠지만 역기능이 많다는 사실이다. 보건복지부가 의료, 연금이나 복지문제에 집중하지 아동문제를 집중하기에는 우선순위가 낮을 것이다. 정책이라는 것이 선택과 집중으로 정책의 효율성을 기하여야 하는데 모든 것을 다하려다 교각살우의 우를 범할 것이다. 또한 이번 아동학대범죄에 대해 계모에게 내린 형량이 아주 낮다는 사실에 많은 국민들 특히 아이를 키우는 엄마들의 분노가 하늘을 찌르고 있다. 양형의 기준이나 국민 법감정에 어긋난 이번 판결에 법원만 비난할 것이 아니라 법의 허점을 보완해야 할 것이다. 현재 대법원양형위원회는 아동학대치사 형량을 최고 9년으로 정하고 있다고 한다.

또한 현행법은 존속살해는 가중처벌하고 있지만 비속살해나 친부모에 의한 아동학대에 대해서는 가중처벌 규정이 없다고 한다. 최근한 야당의원이 아동학대범죄를 가중처벌하는 법안을 마련하겠다고 법안을 제기했는데 환영할 만하다. 그리고 중앙정부나 지방자치단체에서 아이의 학대사실을 조사하고 예방교육을 실시하는 방안을 마련해야 할 것이다. 전국의 아동학대보호기관이 지방자치단체 관리하에 있으므로 해당 자치단체는 신속한 보호조치가 되도록 노력해야 할 것이다. 이를 위해 지방자치단체에 더 많은 예산지원도 있어야 한다고 본다. 또한 각 경찰서나 지구대에서도 아동학대범죄를 줄이기 위한 지역사회경찰활동도 강화하여야 할 것이다. 그러나 무엇보다도 우리 이웃들이 아동학대 사실을 적극적으로 신고하는 정신자세가 중요하다고 본다.

17. 결혼이민자의 조건

고향을 떠나 한국에 와서 살고 있는 결혼이민자들은 한국에서의 차별과 일부 남편의 폭력으로 힘들게 살아가고 있다. 이들을 따뜻하게 보듬아주고 한국사회에 적응할 수 있도록 하는 것이 국제사회로 가는 한국의 위상에도 걸맞는다.

지난해 우리나라 사람과 가정을 꾸린 결혼이민자는 약 14만8498명(법무부통계)이라고 한다. 상당히 많은 외국인이 한국남자 한국여자와 가정을 이룬셈이다. 주로 베트남, 중국, 일본, 필리핀, 캄보디아, 태국, 몽골, 우즈베키스탄이다. 이들은 부푼 기대와 꿈을 갖고 한국에 왔지만 삶은 그리 행복하지만은 않다. 남편의 폭력, 고부간의 갈등, 외로움과 우울증 등 많은 문제를 낳고 있다. 그 중 가장 큰 원인은 언어문제다. 한국말이 서투른 이들이 한국사회에서 대접받고 살기도 힘들뿐더러 남편과의 대화도 없어 어떤 문제가 발생하더라도 해결하기가 힘들다. 그런데 최근 법무부는 결혼이민자의 비자발급을 엄격하게 하는 정책을 시행하겠다고 발표했는데 그 내용은 다음과 같다. 먼저 한국어능력이 1급수준 정도 돼야 한다고 한다. 우리나라 국립국제교육원에서 주관하는 한국어시험을 토픽이라고 하는데 이것은 재외동포·외국인의 한국어 능력을 측정하는 시험인데 어휘·문법, 쓰기, 듣기, 읽기 시험의 결과를 토대로 초급(1·2급), 중급(3·4), 고급(5·6급)등 모두 6등급으로 평가한다고 한다. 초급수준정도 돼야 물건 사는것, 차타는 것 등 한국단어 800개정도 구사하는 정도라고 한다. 두 번째는 가족을 부양할 수 있는 경제능력인데 한국인 배우자가 외국인 배우자를 초청하려면 1년간 소득(세전)이 가구수별 최저생계비의 120%(차상위계층)에 해당해야 하는데, 2인 가구 기준으로 연 1479만원 정도라고 한다. 이미 미국이나 선진국 등도 초청인의 소득을 증명하고 있다. 이렇게 되면 결혼이민 비자 발급이 20~30% 줄어든다고 한다. 이와 같은 개선안을 시행하면 의사소통조차 되지 않는 남녀가 단기간에 혼인하는 비장상의 국제결혼 문화가 정상화될 수 있고, 한국인과의 결혼을 국내 입국 목적으로 악용하는 사건도 미리 막을 수 있을 것이다. 뿐만 아니라 국내외국인 범죄도 상당한데 입국이나 비자관리를 투명하고 효율적으로 하는 측면도 있다. 그런데 문제는 있다. 한국어교육을 어디에서 실시하고 부양능력을 제대로 제시할 수 있는 지 의문이다. 즉 한국으로 시집오는 동남아 처녀들이 한국어교육을 받기에는 경제적인 면이나 학원유무가 문제이다. 그들 대부분이 산골에 살고 있는 사람들인데 이들을 교육시킬 만한 학원이나 학원비가 있는지 묻고 싶다. 베트남에서 한국어를 배우려면 40만원(350달러)정도 든다고 하는데 이돈은 한 두달 생활비라고 한다. 결국 무자격 학원만 음성적인 거래로 살찌우는 결과를 낳게 된다. 또한 한국 농촌총각이나 빈곤층들이 대부분 형편이 어렵고 가족부양능력이 그리 좋지 않다. 국제결혼의 약 70-80%가 저소득층인데 장가가기는 더욱 어렵다. 이와 같이 비자제한 정책이 시행되면 다문화가정이 많은 우리 충청도지역 농촌총각의 장가는 어떻게 해결해야 할까 막막하다. 그리고 한국어교육으로 국제결혼비용도 결국 높아지게 될 것이다. 이와 같은 점을 개선하기 위해서는 다음과 같은 방안이 필요하다. 첫째, 한국어교육 프로그램을 지방자치단체에서 의무적으로 실시하여야 할 것이다. 각 시도에서 결혼이민자 가정의 교육을 맡아 방문교육이나 지정학원 교육을 6개월에서 1년정도 실시하도록 하고 그 비용을 국가가 부담해야 한다. 둘째, 농촌총각들이 결혼할 수 있도록 장려방안을 마련해야 한다. 농촌총각과 결혼한 이민자들이 한국에 와서 농업이나 서비스업에 종사하며 지역경제에 기여하는 바가 크다. 향 후 이들의 출산율 확대는 저출산으로 인한 우리나라 산업고용의 문제를 해결하고도 남는다. 세 번째, 가정폭력이나 체류외국인의 범죄대책은 정부가 심도있게 분석하여 해결방안을 강구해야 할 것이다. 일부 가정폭력만으로 전체 다문화사회를 비난해서도 안되고 혼인의 자유를 봉쇄해서도 안될 것이다. 끝으로 다문화 가족의 자식들이 한국사회에 통합할 수 있도록 군입대가 허용되어야 한다. 프랑스나 미국도 다국적 이민자들의 군입대와 군공동체 경험을 통해 자국의 애국심을 고취하고 결속과 사명감을 불어넣고 있다. 하루빨리 시행되어야 할 것이다.

18. 청문회 유감

청문회(Hearing)는 미국 의회에서 보편적으로 운영되고 있는 심문절차라고 볼 수 있다. 청문회 또는 공청회를 통해 사건 사고의 행위를 절차적, 사실적, 민주적으로 파헤치려는 의사처리 과정이라고 볼 수 있다. 1972년부터 1975년까지 미국에서는 당시 닉슨 대통령까지 사퇴시킬 정도로 엄청난 일이 벌어졌는데 이것이 워터게이트 스캔들이다. 이것은 닉슨정부가 야당인 민주당 베트남전 반대자들을 불법 사찰한 것인데, 수도 워싱턴 디시의 워터게이트 호텔에 도청장치를 설치하여 발생했다. 결국 워싱턴 포스트지의 탐사 보도와 미국 상원특별위원회의 청문회 심문으로 닉슨은 임기중 사임하는 불명예를 겪었다. 우리나라는 지난 1988년도에 청문회가 도입되어 열렸다. '5공화국 정치권력형 비리청문회'라고도 하는데 일해청문회·광주민주화운동청문회·언론통폐합청문회 등이라는 명칭으로 불리면서 비리조사의 성격을 지녔다. 그 후 조사 청문회는 97년도에 한보사건 청문회가 유명하다. 우라나라는 정권이 바뀔적마다 국무총리를 비롯하여 장관 임명시 인사청문회가 수시로 열렸다.

최근 국정원 댓글사건 청문회가 열려 국민들의 관심을 불렀지만 무의미한 결과만 나왔다는 평이다. 먼저 의원들의 불손하고 충분치 못한 태도가 거스른다. 청문회에 나온 증인들도 질문하는 의원과 같은 인격자고 인간으로서의 존중을 받아야 함이 당연한데도 증인들을 범죄인처럼 다루는 고압적 말투나 깔아뭉개는 태도는 볼쌍사납다고 볼 수 있다 .증인들도 자기가 무슨 죄인처럼 제대로 증언하기가 어려운 실정이다.

두 번째로 지적하는 것은 청문회라는 것이 진실을 파헤치고 사실을 표출시켜야함에도 불구하고 아무런 소득이 없이 전파낭비만 한다는 비난을 가지고 있다. 이는 청문회에 참가하는 의원들의 충분한 준비부족과 정보분석이 제대로 갖추지 못한 결과라고 볼 수 있다. 질문항목의 체계적인 자료분석과 수집이 부족하다는 것이다.

세 번째는 증인들이 선서를 거부한다든지, 모르쇠로 일관하는 증언태도, 기억이 나지 않는다고 부인하는 자세 등이 문제라고 볼 수 있다. 이와 같은 태도로 일관하는 증인들의 행태를 처벌하는 규정도 없다 보니 증인들도 사실을 은폐하고 호도하기 십상이다. 네 번째는 의원들이 특정정당의 이념이나 정강에 매몰되어 진실을 파헤치려는 중립적 자세가 전혀 없다. 국정조사나 청문회는 여야를 떠나 초당적으로 문제를 파헤치려는 자세가 중요한데 소속 당의 정치색깔에 묻혀 질문하나 제대로 하질 못하고 있는 실정이다. 심지어 지역감정을 조장하는 발언을 하는 의원이라든지, 초등학생과 같은 질문을 하는 의원들은 자기자신이 정말로 국가나 지역구민을 생각하는지 묻고 싶다.

청문회는 진실을 파헤쳐 국민들에게 알권리를 제공하는 것이라고도 볼 수 있다. 또한 청문회는 행정 및 입법 기관이 법안의 심의, 행정처분, 소청의 재결 등을 위해 필요한 증언을 수집하는 절차라고 볼 수 있다. 따라서 청문회의 효율적인 개선을 위해서는 좀더 선진화된 방안이 모색되어야 한다. 먼저 청문회 증인의 심문을 위해서 상당한 조사기법이 요구된다. 당해 사건의 정보의 수집, 자료분석이 필요하고, 증언자의 답변의 검토나 신상정보 등을 집중적으로 분석하여 대처해야 한다. 의원 보좌인력뿐만 아니라 국회에 청문회 분석 등을 담당하는 실무인력을 신설하여 조사및 인사청문회에 자료를 제공할 수 있도록 하여야 한다. 두 번째는 우리나라는 청문회 하나

열기위해서 여야가 당파적으로 분산되고 지리멸렬하게 운영되는 것이 현실이다. 이것은 국력의 낭비라고 볼 수 있다. 국회가 가뜩이나 할 일도 많은데 청문회로 3개월이나 6개월씩 시간을 낭비한다면 그 손해는 이루 말할 수 없다. 그래서 특별위원회 개최보다는 해당 상임위원회에서 개최하여 신속하게 처리하도록 하는 것이 효율적이다. 해당상임위원회는 어느 정도 전문성도 있지 않은가. 마지막으로 증인을 심문하는 조사기법이 필요하다. 지금처럼 윽박지르고 호통치고 안하무인의 질의자세는 국민들의 비난만 받을 뿐이다. 향후 우리나라도 미국처럼 청문회에서 변호사가 심문하는 방향으로 나아가도록 개정하여야 한다. 여야가 추천하는 율사로 하여금 증인을 심문하는 방안이 필요하다.

19. 여성 성범죄의 변화와 대응

요즘 우리나라는 성범죄를 비롯한 강력범죄가 기승을 부리고 있으며 특히 인터넷 등 사이버상의 성범죄 노출 유발요인이 상당한 지경에 이르렀으며 미성년자에 대한 성범죄로 국민들이 분노하고 대통령까지 나서서 유감을 표명한 적도 있었다. 이에 사정당국은 각종 성범죄 대책들을 백가쟁명식으로 논의하고 발표한 적이 있으며 일부에서는 사형제를 다시 집행하자는 의견과 가해자 남성의 화학적 거세 뿐만 아니라 물리적 거세의견까지 나왔다. 이미 법무부는 성범죄자들에 대해 전자발찌로 보호 관찰되고 있다. 또한 경찰도 2년 전부터는 사실상 실시되지 않고 있는 불심검문도 강화하겠다고 한다. 성범죄는 어떤 이유라도 용납될 수 없는 사회적 중대 범죄이다. 특히 피해자에게는 지울 수 없는 상처를 준다는 점에서 가볍게 처리할 수 없다.

조선시대에도 성 범죄가 많이 발생하여 가중 처벌 법규를 만들어 이에 대처하였고 강간범을 비롯한 성폭력범은 극형에 처하고 강간 미수범은 곤장 100대를 치도록 하였다.

우리나라는 그동안 성범죄에 대해 피해자가 고소해야 처벌하는 친고죄로 규정되었는데 이 형법조항은 1953년 제정되었는데 60여년 이나 지속되었다. 친고죄라 함은 범죄의 피해자나 기타 법률이 정한 자의 고소가 있어야만 검찰이 공소할 수 있는 범죄인데 형법상 간통죄, 강간죄, 미성년자 간음죄 등의 각종 성범죄와 사자명예훼손죄, 모욕죄 등을 말한다. 형법에서 그동안 친고죄를 실시했던 이유는 범죄를 당한 피해자나 피해자 가족의 의사와 명예를 존중할 필요가 있었고 성범죄 죄질이 약한 경우 국가의 형벌권을 최소화 하고자 하였다. 그러나 지난달 6월 19일 부터는 성폭행 피해자의 고소가 없더라도 또한 합의했더라도 가해자를 처벌하도록 법률조항이 개정되었다.

즉 피해자의 고소가 없어도 성범죄자를 처벌할 수 있게 되고, 성범죄의 대상도 '부녀'에서 '사람'으로 확대되었다. 강간살인죄는 공소시효가 없어졌고 성폭행과 강제추행죄도 피해자가 13살 미만이거나 장애인이면 공소시효 없이 처벌할 수 있게 되었다. 강간죄의 피해자를 '부녀'로 한정했을 경우에는 성인 남성에 대한 성폭행을 처벌할 수 없었지만, 강간죄의 피해자를 '사람'으로 개정한 경우, 남성에 대한 성추행도 처벌할 수 있게 됐다는 의미이다. 또한 폭행, 협박을 동반한 구강, 항문 성교는 강제추행죄보다 형량이 중한 '유사강간죄'로 처벌할 수 있게 되었다.

특히 아동, 청소년을 강간하거나 음란물을 제작한 범죄자는 최대

무기징역을, 13세 미만 아동,청소년,장애인을 상대로한 강제추행죄에 공소시효가 사라져, 어릴 적 당한 피해를 성인이 돼서도 처벌할 수 있는 길이 열렸다.

이번 성범죄 관련 법 개정은 성범죄자에 대한 처벌과 고발은 쉽게 하도록 하였고, 사후 예방을 위한 성범죄자의 공개를 확대하였으며, 형량 강화 등 과거에 비해 성범죄의 불합리한 조항이 많이 개선되었다고 본다.

검찰이나 경찰의 성범죄 수사정책의 본질은 성범죄 원인을 철저히 규명하여 범죄 예방정책을 수립하는데 그 목적이 있다고 본다. 따라서 성범죄 예방을 위해 발생가능성을 차단하여야 하는데 성범죄노출 가능성이 많은 도시나 농촌 환경이라든지 여성들이 외진 곳에 출입하거나 심야시간에 범죄 노출정도가 심하기 때문에 이를 보호할 수 있는 방범시스템과 예방 순찰을 주기적으로 실시하여야 한다.

특히 경찰의 관할 지역주민과 경찰관과의 커뮤니티폴리싱(community policing)을 더욱 강화해야 한다. 또한 성범죄에 있어 피해자의 보호대책에도 신경을 써야 할 것이다. 과거 조두순사건에서도 볼 수 있듯 가해자가 아니라 피해자의 인권이 유린되어 피해자의 부모가 고통을 호소한 적이 있다. 대부분 성폭력피해자들은 언론 보도로 2차 피해를 받을 우려가 상당하고 경찰관서에서 조사 받을 때도 남자경찰관들의 조서로 그 심적 고생이 이만저만이 아니었다. 성폭행피해자들의 인권도 고려하는 수사기법과 기술이 필요하다고 본다.

그리고 엄정한 법집행을 통해 성범죄자는 반드시 체포되거나 처벌될 가능성이 높다는 사회인식이 확산되도록 언론과 교육 역할이 중요하다고 본다. 특히 대학 신입생이나 교수들의 성폭행이나 성희

롱 예방교육도 필요하다고 본다. 이런 교육을 통해 여성성의 소중함
과 잘못된 행태를 성찰할 수 있는 계기도 될 수 있기 때문이다.

20. 응보형주의와 성폭력 대책

요즘 우리나라는 성범죄를 비롯한 강력범죄가 기승을 부리고 있
는데 특히 아동 성범죄로 국민들이 분노하고 대통령까지 나서서 유
감을 표명하였고 각종 대책들이 백가쟁명식 논의되고 있고 발표되
고 있다.

사형제를 다시 집행하자는 의견과 가해자 남성의 화학적 거세 뿐
만 아니라 물리적 거세까지 나오고 있는 실정이다. 또한 2년 전부터
사실상 실시되지 않고 있는 불심검문까지 부활하겠다고 한다.

1994년 미국 청년 마이클 페이는 싱가포르를 여행하였다. 당시 18
세의 이 청년은 길가의 자동차에 페인트를 하고 계란을 던지다 체포
되어 싱가포르법원에 의해 벌금형과 태형을 선고 받았고 미국을 비
롯한 세계 각국의 인권 침해 비난속에도 곧장 4대를 집행하였다.

아직도 태형제를 폐지하지 않고 있는 싱가포르는 이 제도 덕분인
지는 몰라도 범죄율이 다른 나라보다 상당히 낮다는 것이 일반적인
현상이다. 싱가포르 리관유 전수상은 "서구의 제도를 아시아에 강요
할 필요는 없다"며 아시아에는 아시아식 민주주의가 필요하다"며
아시아적 가치 주장과 함께 태형 제도를 유지중이다.

조선시대 우리 형사법 내용은 경국대전,대명률직해,추관지 등에
적시했는데, 처벌은 태형,장형,도형,유형,사형 등 다섯가지 형벌을

내렸다. 태형은 가벼운 범죄자에게 볼기를 치는 벌이고 50대의 곤장을, 장형은 태형과 동일한 신체형벌로서 굵고 긴 방망이로 100대까지 치도록 하였다. 특히 강간범을 비롯한 성폭력범은 교형의 극형에 처하고 강간미수범은 태형100대를 치도록 하였다. 조선후기에는 성범죄가 많이 발생하여 조정에서는 가중 처벌 법규를 만들어 이에 대처하였다.

세계적 인권단체인 국제 앰네스티의 발표를 보면 우리나라는 실질적 사형폐지국이라고 한다. 중국이나 아랍국가, 북한, 미국 일부주 등에서나 사형이 실시되고 있고 유럽이나 선진 국가들이 이미 사형 제도를 실시하지 않고 있는 실정이다. 사형제 폐지론자들은 국가가 개인의 생명을 박탈할 권리가 없으며 누군가를 죽인자를 또다시 죽인다는 것은 형벌권의 남용이라고 주장한다. 특히 인권운동가들은 사형제도가 범죄억지력이나 강력범죄를 줄이는 수단이라고 보지 않고 있으며 그 효과도 의문이라고 한다.

반면에 이슬람국가나, 북한, 중국에서 사형제를 비롯한 응보형주의가 행형의 주요수단으로 사용되고 있는데 이들 국가들의 강력한 처벌은 범죄예방의 순기능적인 측면을 가져온다고 주장하고 있다. 실제로 싱가포르국가나 이슬람의 응보형 처벌은 범죄억제에 효과적이고 흉악범을 사회와 격리시키려면 사형 처벌이 국민의 법감정에 부합한다는 것이 기능주의자들의 시각이다.

형사정책의 본질은 범죄원인을 철저히 규명하여 범죄 예방정책을 수립하는데 그 목적이 있다고 본다. 먼저, 범죄가 일어날 가능성이 많은 도시 농촌 환경이라든지 여성들이 외진 곳에 출입하거나 심야시간에 범죄 노출정도가 심하기 때문에 이를 보호할 수 있는 방범시스템과 예방 순찰을 주기적으로 실시하여야 할 것이다. 특히 정복경찰관이 거리에서 자주보이도록 하고 지역주민과 경찰과의 커뮤니티 폴리싱(community policing)을 강화해야 한다. 이와 함께 엄정한 법 집행을 통해 성범죄자는 반드시 체포되거나 처벌될 가능성이 높다는 사회인식이 확산되도록 언론과 교육 역할이 중요하다고 본다.

최근 새누리당의 한 여성국회의원은 '성폭력범죄자의 외과적 치료에 관한 법'에 물리적 거세를 발의했는데 이 법안이 늘어나는 성범죄를 줄여 나가는 계기가 될지 아니면 무용지물이 될지 두고 볼 일이다.

21. 범죄예방과 경찰의 책임

우리나라가 청년실업이나 경기침체 등으로 사회적 불안이 고조되어 있고 이런 것을 제대로 해결하지 못하는 정부의 정책에 불만을 가진자들이 상당히 늘어나고 있다는 것이 우려스러운 일이다. 이와 함께 범죄문제가 심각한 사회문제로 대두되고 있고 실제 치안 상황이 갈수록 악화되고 있다고 본다.

특히 최근 발생하고 있는 성폭력사건이나 묻지마식 흉기난동은 과연 한국경찰이 제 역할을 하고 있는지, 걱정스럽고 부정적이라고 아니 할 수 없다. 시민의 안전을 위협하고 있다면 적극적인 대처와 수행을 통해 범죄억지력을 강화해야 하는데 그렇지 못한 상황이라고 볼 수 있다. 최근 우리나라 수도 한복판에서 과거 다닌던 회사에서 차별받았다고 동료직원들을 칼로 찌른 경우나, 도심 전철에서 무고한 시민들에게 공업용 커터칼을 휘둘러 다치게 하는 행태는 단순한 묻지마 범죄식으로 다룰 것이 아니라 사후 이러한 범죄를 예방하는 차원에서라도 철저한 대책과 방책이 필요하다고 본다.

일본도 과거 묻지마 범죄(히키코모리)가 만연하여 국가적 문제로 골머리를 앓아 왔고 우리나라도 이와 같은 유사한 묻지마 범죄가 최근 빠른 속도로 증가하고 있다.

묻지마 범죄는 여러 가지 원인에서 발생하지만 다음과 같은 주요 요인에서 비롯된다.

첫째는 환경적 측면에서 찾아볼 수 있는데 사회에서 낙오한 계층들이 저지른다고 볼 수 있다. 교교나 대학을 졸업하고도 사회에서 받아주지 않자 쉽게 좌절하고 절망함으로써 은둔형 외톨이가 되는데, 약 20만명 정도가 은둔형 외톨이로 지내고 있다고 한다.

둘째는 어린 시절 심각한 학대나 학교폭력피해자들이 자라면서 사회나 동료에 불만을 표출하는 경우가 있다. 특히 교사나 학교친구로부터 무시당하거나 동네 선배로부터 폭력이나 성적학대를 경험한 청소년이 사회에서 이와 같은 범죄를 일으킬 가능성이 농후하다고 본다.

셋째는 형사 정책적 교정의 문제를 지적할 수 있는데 성폭력이나 묻지마 범죄자들은 전과라든지 재범율이 많은 것이 특징인데 형사 정책적 교정과 교화가 미흡하다고 볼 수 있다. 특히 교정과 교화가 사회로 복귀토록 해야 하는데 전과자라고 하여 단절되고 있다.

성폭력사건이나 묻지마 흉기난동사건을 줄이기 위해서는 다음과 같은 점에 유의해야 한다.

먼저, 경찰은 치안 안전만이 아니라 시민의 생활영역을 확보하는 것이 경찰의 임무라고 본다. 국가 안전규제기관으로서 신종범죄·성범죄정책을 강화하여 범죄에 대한 시민들의 두려움을 떨쳐 버리고 삶의 질을 강화하느냐 하는 목표가 있다.

범죄 경제학적 측면에서 살펴보면, 국가가 범죄 예방을 위해 더많은 예산을 투입하게 되면 범죄비용을 증가시키지만 범인의 체포나 범죄 억지력을 강화 하여 결국 범죄 공급감소를 가져온다고 한다. 범죄학자 베카리아도 "범죄 예방이 처벌보다 낫다"라고 강조한 만큼 정부예산을 강화하여 국민의 편안한 삶을 살 수 있도록 적극적인 순찰과 예방강화를 하여야 한다.

또한 사회적 낙오자, 전과자, 은둔형 외톨이들에게 관심과 격려, 사회의 복귀와 재취업이 가능하도록 법률적 제도적 시스템이 마련되어야 한다.

지금까지 교정정책이 재범예방과 교화에 중점을 두었다면 이들이 사회에 복귀해서 재취업을 하여 사회 구성원으로서 역할을 할 수 있도록 교정기관과 기업간의 연결망을 만들어야 한다.

이외에도 가족들의 사랑과 학교 교육담당자의 관심이 중요하다고 본다. 범죄학자 켈링은 "공공건물에서 깨진 유리창이 수리되지 않는다면 사람들은 무질서하다"고 인식하여 더 많은 유리창을 깬다는 '깨진 유리창이론'을 주장했는데 무관심과 배려가 없는 환경에서 범죄는 더욱 기승을 부리고 독버섯처럼 증가하기 마련이다. 우리가 살고 있는 이웃과 청소년에게 관심을 가지고 학교교육과 대학교육이 성적보다는 인성과 도덕이 체화되도록 노력해야 하겠다.

22. 소방관의 기도

"신이여 제가 부름을 받을 때는 아무리 강력한 화염 속에서도 한 생명을 구할 수 있는 힘을 저에게 주소서" 미국 어느 소방관의 글이다

우리나라 소방관들의 희생정신, 시민을 위한 서비스, 책임성은 열악한 장비나 처우에도 불구하고 세계 제일이다. 고장 난 문도 고쳐주고, 닫힌 자동차 문도 열어주고 심지어 아파트 형광등도 교체해달고 119에 신고한다. 그렇다고 출동하지 않을 수가 없다 그들의 직무가 대민서비스이니 거절할 수 없다. 하루에도 수십 차례 출동해야 하고 불이나면 소방장비 30-40kg의 장비를 가지고 화재현장에 제일 먼저 도착해야 하고 불속으로 뛰어 들어가 시민을 구출해야 한다.

현재 소방관은 매년 300명 넘게 부상당하고 있고 한 해 평균 10명이상 순직한다고 한다. 지난 2001년 홍제동 화재시 6명이 순직됐고 2014년 세월호 사태시 강원소방서 직원들이 20년이 넘는 헬기로 수색하다 추락됐다. 그동안 부상당한 소방관만 해도 4,000여명이 넘는다. 그런데도 부상자들을 위한 국립소방병원하나 없다. 방화복 품질도 형편없다. 장비도 녹슬었다. 이런 허술한 장비를 가지고 화염 속으로 직행해야 하는 사실을 우리정치인들은 아는지 묻고 싶다. 신분도 지방직이라 장비나 처우도 지자체들마다 들쭉날쭉하다. 소방사 기본급은 180만원이고 여기에 수당 13만원이 고작이다. 미국의 소방관은 사회적 인식이나 처우가 남다르다. 먼저 미국의 소방관들이 받는 보수수준은 경찰관이나 교사보다 천여만 원 더 많다고 한다. 입직경로도 우리나라처럼 필기시험만 보면 합격하는 것이 아니다. 미국의 소방관 채용은 화재진압 실기가 더 중요하다. 자격증도 중요

시 한다. 체력시험도 매우 까다롭다. 현장을 거친 다음 정식소방관이 되도록 했다. 무엇보다도 사회적 인식이다. 과거 보스톤에서도 6명의 소방관이 순직한 사고가 있었는데 당시 클린턴 대통령은 이런 말을 해서 심금을 울렸다. "누가 우리를 구하여 줄 것인가?" 하는 소명에 "여기 내가 있소. 나를 보내 주오."(here am I, send me) 라고 추모사를 하였다. 2001년 911 테러시 뉴욕소방대원들이 보여준 활약상은 전 세계 사람들을 감동시키기에 충분했다. 뉴욕테러 화재 빌딩에서 347명의 소방관이 숨졌다. 이 당시 부시대통령도 소방관들의 헌신적인 희생과 구조에 열렬한 감사를 보냈다. 우리나라 소방관이야 2만 5천여 명 정도 되지만 미국은 120만 명이 넘는다고 한다. 미국은 자원봉사자들이 소방 활동을 주로 한다. 피곤한 몸을 이끌고 화재에 각종사건사고에 구조 활동을 하고 있고 살인적 격무에 시달리고 있는 것이 분명하다. 그런데 지난 5일 소방공무원들은 열광했다. 그들의 염원이라 할 수 있는 소방청 독립이 문재인대통령의 약속으로 부활한다고 한다. 문 대통령은 7일 용산소방서를 방문하고 소방관들의 열악한 처우나 장비에 관심을 기울였다고 한다. 우리나라 소방은 지난 75년 내부부 소방국이 창립되고 우여곡절 끝에 소방청이 탄생했지만 박근혜정부에서 국민안전처로 통폐합되어 사라졌다. 그러다 이번에 행정안전부 산하 소방청으로 독립된다는 것이다. 소방전문기관으로 재탄생 될 수 있는 계기를 마련했다고 본다. 이번 소방청 독립과 함께 다음과 같은 방안도 추진해야 한다. 첫째, 소방인력의 개편이다. 지방직화의 국가직 변경, 인력의 대폭적인 확충이다. 지자체마다 장비나 서비스가 다르다면 이것은 국민에 대한 모독이다. 또한 4교대 업무를 시행하여 피로와 격무에 시달리는 소방관을 화재 진압하도록 해서는 안 된다. 고도의 책임과 희생정신이 요구되는데 피곤해서 어떻게 진압할 수 있겠는가?

둘째 국립 소방 전문병원 신설이 요구된다. 화재부상으로 수천 명의 부상자와 수백 명의 순직자가 발생했는데도 소방병원하나 없다는 것은 문제가 크다. 외상후 스트레스장애로 고통 받는 소방관도 너무 많다는 사실을 깨달아야 한다.

셋째, 장비의 선진화와 소방관 보수 및 화재수당의 대폭적인 처우개선도 필요하다. 이와 아울러 소방관 채용 시 현재의 필기위주에서 벗어나 체력시험강화, 자격증소지자 의무화, 소방 관련학과 특채 등 입직단계의 전문성을 중시해야 한다. 관련 법안이 통과되도록 국회의원들의 관심, 지지와 문재인 대통령의 결단을 촉구한다.

문화 · 교육

1. 폴리페서? 프로페서!

대통령선거일이 다가오고 있다. 이번 5월 9일에 대한민국의 미래를 짊어질 새 대통령이 탄생한다. 박근혜 전 대통령의 탄핵으로 장미꽃이 활짝 피는 5월에 한 표를 행사하게 되었다. 선거가 다가올수록 대통령후보자들의 선거캠프에는 다양한 전문가들이 정치에 참여하고 있다. 물론 대학교수도 예외는 아니다. 이미 어느 후보 측 캠프에는 1,000여 명이 넘는 교수들이 기웃거리고 있다고 한다. 캠프에서 전화 한번 받지 못한다면 무능한 교수라고 낙인찍힐 수도 있을 것 같다. 대선 후보들마다 어림잡아 교수들 수백 명이 자리 하나 얻으려 자칭 타칭 전문가라며 여기저기 기웃거리며 행보를 하고 있다. 교육과 연구는 사라졌다. 물론 대다수 교수들은 묵묵히 연구에 몰두한다. 이들이 있기에 대한민국의 앞날도 밝게 비출 것이다. 해방 후 인재부족으로 우리나라는 대학교수나 박사학위자를 장차관 등 고위공직자에 임명하였다. 당시에는 공부한 사람이 없기에 이것이 가능했다. 그러다 박정희정권에서 유신헌법에 가담하는 등 교수들은 어용교수 소리를 들었다. 정통성 없는 독재정권의 철학과 정책을 합리화하는 등 지식인들이 연구는 뒷전이고 샛길로 흘렀다. 불의를 보고 싸우기보다 권부에 곡학아세하는 그들의 말로는 초라했다. 군사정권에서도 교수들을 권력의 우산에 가두고 옥죄었다. 청와대는 당근과 채찍을 사용했다. 행동하는 양심은 없었다. 미국은 대학교수를 중앙부처의 과장급에 임명하여 경험을 쌓고 전문성을 발휘하도록 한다. 그러나 우리나라는 사농공상의 직업문화관으로 인해 교수들을 우대하였다. 정치권력의 단맛을 빠는 그리고 권력의 호가호위를 즐기는 이들을 폴리페서라고 한다. 폴리페서는 politics(정치)라는 말과 professor(교수)의 합성어라고 볼 수 있다.원래 professor는 전문성을 의미하는 profession에서 유래한다. 역대정권마다 대학교수들이 많이 중용되었다. 이들의 관념과 추성적인 이론을 관에 접목하기는 쉽지 않다. 그러나 관료들은 이들을 반겼다. 왜냐하면 각종 규제권과 인 허가권을 모르는 교수들에게 관료들은 자기들의 권력을 지키기에 임시직인 교수들이 쉬울 것이기 때문이다. 대학교수가 연구와 강의에 소홀히 한다면 그 피해는 학생들이다. 비씬 등록금가지고 상아탑에서 진리탐구에 여념 없는 그들에게 더 나은 양질의 지식을 전수해야 할 교수들이 권력이라는 마약에 도취된다면 누가 존경하겠는가? 그러나 그들의 비난에 폴리페서들은 항변한다. 전문지식을 국가정책에 반영한다면 효율적인 국정운영에 도움이 될 수도 있는데 왜 백안시하냐고 말이다. 교육도 다 국가를 위해서 존재하는 것이고 교수의 전문성도 국가를 위해 일하는데 무슨소리냐고 소리친다. 어느 정도 일리 있는 주장이지만 그렇지 못한 교수들도 상당하다. 전문성도 없는 교수들이 정치판에서 정치인과 관료들에게 휘둘리고 들러리 역할만 하다가 감옥도 가는 경우도 부지기수다. 향후 폴리페서들의 문제를 해결하기 위해 교육부와 대학은 일정한 기준과 규정을 만들어야 한다.

첫째, 정치권이나 정무직에 입문하는 경우다. 국회의원이나 지방자치단체장이 되기 위해 선거에 출마하는 경우 사직을 하도록 하는 규정을 두어야 한다. 당선되든 당선이 안 되든 그들이 학교에 더 이상 머무를 수 있는 명분은 없다. 그들은 이미 정치인이기 때문이다. 정치와 학문은 분리되어야 한다. 학생들의 수업권침해도 상당하다. 수업권을 훼손하면 손해배상도 가능하도록 해야 한다.

둘째, 정무직의 경우다. 공공기관의 장에 취임하는 경우 그 재임기간을 마치고 다시 복직하는 경우 곧바로 강의에 임하게 해서는 안 된다. 1년 더 휴직하도록 하도록 하여 정치냄새를 없애야 한다. 대학도 이들의 휴직기간동안 시간강사로 대체하고 새로운 교수를 선발하지 못하는 부작용이 있다. 그래서 이들의 전공 분야는 반드시 충원하도록 하여 학생들의 양질교육에 힘써야 할 것이다.

셋째, 교수들의 임명직급도 문제다. 지금도 9급으로 시작하여 5급 사무관이 되는데 25년에서 30년이 걸린다고 한다. 교수라고 하여 단번에 장차관에 임명하기보다 국과 장에 임명하여 그야말로 행정경험도 배양하고 전문성을 발휘하도록 해야 할 것이다. 그렇게 함으로써 국가정책에 관료들과 정책형성을 공유하고 논의하는 시험장이 될 것이다. 우리나라에 존재하는 교수들이 명예의 거품을 제거하고 실력을 보일 수 있는 계기가 돼야 한다. 진정으로 적폐청산을 하려면 폴리페서들부터 도려내어야 한다.

2. 소녀상

　지난 17일 경기도 의회와 시민단체가 독도 소녀상 건립모금을 도의회로비에 설립모금함을 설치하자 일본 기시다 후미오 외교장관이 "독도는 국제법상으로나 역사적으로 일본 영토"하고 주장했다. 이에 한국정부는 "명백한 도발"이라고 항의 하며 "일본정부가 명백한 우리고유의 영토인 독도에 대한 부질없는 주장을 즉각 포기하라"고 촉구했다. 일제는 '어떤 목적을 위해 솔선해서 몸을 바치는 부대'라는 뜻의 '정신대'라는 용어를 사용하며 일본군 종군위안부를 만들었다. 그 후 종군이라는 말이 군을 따라갔다는 의미가 있자 책임회피를 하려고 종군을 없애고 위안부라는 용어를 사용했다. 유엔인권위원회나 전 미국 국무장관 클린턴은 일본군 성노예라는 표현을 사용하며 일본군의 불법강제성을 천명하였다. 사실 일본군은 상해사변에서 중국 여성을 강간하는 등 중국인의 반감이 심화되자 조선여성을 강제 모집하는 정책을 만들어 인간사냥을 행하였고 조선총독부도 조선의 도·군·면에 동원 칙령을 은밀히 하달하여 지역 면장 책임 하에 16세 이하 어린여성을 납치하였다. 이들은 위안부가 아니라 간호보조나 군수공장의 여공 등으로 일하면 돈을 많이 번다고 속여 머나먼 버마, 오키나와 등 동남아로 끌고 갔다. 이들은 강제불임당했고 하루 일본군 15명을 받는 등 성노예로 청춘을 보냈다. 이들은 한국에 오지 못하고 오키나와 대만 베트남 섬에서 일생을 마친 여성도 부지기수라고 한다. 먼 남양군도로 끌려갔던 우리 소녀들이 수송도중 미군의 폭격이나 어뢰로 수송선이 격침되어 바다속 혼령으로 사라진 것도 부지기수였고 전투 와중에 죽는 경우도 많았다. 일본군은 패배가 짙어지자 철수를 하였고 이 당시 일본군의 만행에 한을 품은 원

주민들은 한국인 위안부들을 죽이기도 하였다. 그 후 전쟁이 끝나자 미군 배편으로 고국 땅에 왔지만 설움과 멸시 등으로 한 많은 세월을 보냈다. 현재 국제인권사면위원회 앰네스티는 인도적 차원에서 이 문제를 제소한 상태이다. 그러나 정작 책임을 져야 할 일본정부는 아직도 진정성 있는 사과를 하지 않고 있고 회피로 일관하고 있다. 독일정부가 이스라엘에 무릎꿇고 진심으로 사과하고 빌고 있는데 일본은 카멜레온처럼 이리 바꾸고 저리 바꾸는 등 회색분자처럼 교묘한 말 바꿈으로 반세기를 지탱하고 있다. 가깝고 먼나라 일본국의 행태에 국민들은 분노한다. 소녀상은 일본군의 위안부만행을 해결하라는 촉구메시지다. 그동안 평화의 소녀상은 국민들의 한 푼 두 푼 모아 전국 27곳에 설치됐고 미국 캘리포니아 주 글렌데일 시립공원에도 건립되어 일본군 위안부 강간만행의 실상을 표현하고 있다. 그러나 일본은 위안부만행에 진심어린 사과는커녕 독도 문제를 들고 나오고 있고 미국에 도움을 청하는 등 이중적 플레이를 하고 있다. 일본 수상 아베는 지지율 만회를 위해 이 문제를 계속 물고 늘어질 전망이다. 문제는 소녀상 건립에 따른 한일문제 냉각기를 어떻게 풀어야 하는가? 첫째, 일본국은 진정성 있는 사과와 화해를 추구하여야 하고 책임 있는 자세를 보여야 한다. 단지 위안부 문제 해결을 위해 10억 엔 출연했다고 발뺌하지 말고 정말 독일처럼은 못해도 일관성 있는 반성의 자세가 필요하다. 세계경제대국, 문화대국으로서 책임있는 자세를 보여야 할 것이다. 둘째, 한국정부는 동북아 평화협력관계속에서 이 문제를 바라봐야 한다. 박근혜정부는 위안부 문제 해결 없이는 일본과의 화해를 거부했다가 미국의 외교복원요구로 갑자기 합의를 하였는데 정부가 국익을 위해서라도 복잡한 외교관계를 동시에 풀 해법을 제시하도록 외교술을 발휘해야 한다. 셋째, 우리국민들의 성숙한 자세가 필요하다. 단세포적이고 분노 화만 내세울 것이 아니라 극일 지일의 실력을 쌓아야 한다. 더 이상 일본이 야만의 족발이가 아니다. 소녀상을 세우고 역사의 정기를 세우는 것은 반드시 필요하다. 그러나 그것이 일본국대사관 앞이냐 하는 것은 생각해봐야 할 것이다. 감정만 내세워 이것을 빌미로 일본국 수상은 반한 혐한 감정을 이용하며 여론을 등에 업고 활개치고 있기 때문에다. 넷째, 국력을 키워야 한다. 힘이 약하니 중국에 타격받고 일본의 방해공작에 농락당하고 미국의 눈치를 보는 게 한국의 정세다. 구한말 일본수신사 황준헌은 '조선책략'에서 러시아 남진을 막기 위해 '친중 결일 연미'를 해야 한다고 했다. 그러나 현재 대한민국은 분열과 갈등으로 일촉즉발의 폭탄인데 어떻게 대응한단 말인가? 굳건한 한미동맹을 통해 중국과 일본, 러시아와의 긴장관계를 협치로 이끌도록 정치권이 노력해야 할 것이다.

3. 새벽을 알리는 정유년 희망

정유년 새해다. 아직 음력이기 때문에 새해는 한 달 후다. 명리학에서는 입춘인 2월4일에야 새해로 본다. 고대 중국에서는 동지가 지나면 새해로 봤다. 이때부터 낮이 길어지기 때문이다. 1894년 갑오경장이후 우리는 양력을 쓰고 있고 군부정권에서는 양력 신정을 강요하기도 했다. 그러다가 음력 설날이 부활됐다. 아무튼 정유년 닭띠해가 밝았다. 정유(丁酉)는 붉은 달이다. 정은 붉은 촛불을 의미하고 유는 서를 의미하고 서쪽을 지킨다고 한다. 천상계와 지상계의 집사역할을 한다고 한다. 서쪽을 의미하며 금의 기운이 강하다. 원래 닭은 창공을 날았다. 그러나 인간이 길들여서 날지 못하고 몸보신하는데 이용했다. 우리나라 닭은 원래 3000 년 전에 지금의 미얀마나 인도네시아에서 야생하던 것을 중국을 통해 들어와 길들였다고 한다. 우리나라 한 사람이 년 8마리를 잡아먹는 다고 한다. 5000만 국민이 닭 4억 마리를 먹는 셈이다. 닭의 수명은 10년 가까이 된다고 한다. 그러나 한 달 만에 잡아먹는다.

최근 조류독감으로 수천만마리가 살 처분되고 있다. 태어나서 생명을 모레목욕도 못 누리고 죽임을 당하고 있다.

경주김씨 시조가 김알지다. 알에서 태어났다고 한다. 삼국사기를 보면 다음과 같이 기록돼 있다. "서기 65년 봄날, 왕은 밤에 왕궁 서쪽 숲에서 닭 우는 소리가 나는 것을 듣고 새벽녘에 사람을 보내 살펴보게 하였노라. 금빛 나무상자가 나뭇가지에 걸려있고, 흰 닭이 울고 있었노라. 그 나무상자를 왕궁으로 가져와 열어보니, 사내 갓난아이가 있지 않은가. 왕은 '이 어찌 하늘이 내게 아들을 준 것이 아니겠는가'하며 놀라서 거두어 길렀다고 한다. 그 이름을 알지라 하고 금궤에서 나왔다고 하여 김 씨로 삼았노라. 경주 김 씨의 시조인 김알지니라." 고구려 무용총에도 수탉끼리 싸우는 벽화가 그려져 잇다. 닭의 볏은 벼슬을 상징하고 문(文)을 상징한다. 발톱은 무관(武官)을 상징한다. 꽃중에서 맨드라미도 벼슬을 의미한다. 그래서 닭의벼슬과 맨드라미 문양은 관운을 상징한다. 닭의 울음소리는 태양을 부르고 세상의 하루가 시작됨을 알린다. 새벽1시의 울음은 제사를 알리고 5시는 하루의 일과가 시작됨을 의미한다고 하다. 닭이 울면 귀신들이 제일 싫어한다고 한다. 우는 즉시마귀와 귀신들이 도망갔다고 한다. 그래서 주술적 힘이 강하다고 하여 무당이 굿을 할때 피를 뿌린다. 닭은 미래를 알리고 상서롭고 뜨거운 기운으로 예부터 서조(瑞鳥)라고 한다. 닭띠 해에 태어난 사람들은 고집은 세지만 주관이 뚜렷하고 의리가 있고 결단력이 있다고 한다. 올 정유년은 하늘을 훨훨 나는 새처럼 홰에서 비상하는 닭의 한해가 되길 기원한다. 뭔가 변화가 있을 것 같다. 대한민국이 병신년 환국의 정치를 자초했는데 이제 새로운 정도령이 나와 정치를 하여 국민들의 희망이 넘치도록 해야 한다.

먼저 국민을 위한 지도자가 탄생해야 한다. 거짓과 불의를 타파하고 공평무사한 자세로 국민을 위한 정직한 사람이 대한민국 호를 재건해야 한다. 정권잡기에만 혈안이 된 사람은 추방해야 한다. 이를 위해서는 언론의 역할이 중요하다고 본다. 언론이 검증을 해야 한다. 그리고 국민에게 계도해야 한다. 이런 인물이 국사를 맡기기에 괜찮다고 천거해야 한다. 잘못된 지도자 만나 국론이 분열되고 나라 망신시켜서는 안 된다. 두 번째는 다시는 기업을 괴롭히는 정치인은 철퇴를 내려야 한다. 정경유착의 고리를 단절할 수 있는 결단력 있는 지도자가 필요하다. 기업이 기업운영과 기술개발에만 전념할 수 있는 환경을 조성해야 한다. 기업도 윤리경영에 심혈을 기울여야 한다.

세 번째는 부정부패를 일소할 수 있는 지도자가 필요하다. 이를 위해서는 검찰, 국세청, 경찰, 감사원 권한을 견제하고 통제하는 것이 필요하다. 이들 기관의 인사권을 자체기관에 이양해야 할 것이다. 인사권이 대통령한데 있으니 대통령눈치만 보는 형국이다. 그러니 최순실 사태도 온 것이다.

네 번째는 경제를 아는 지도자가 나와야 한다. 성장, 물가, 취업, 노동개혁 등을 할 수 있는 식견과 의지, 추진력이 필요하다. 대한민국이 다시 한강의 기적처럼 고속 성장할 수 없지만 경제의 동력을 잃어서는 안 된다. 다시 부흥하도록 경제 감각과 지식을 갖춘 인물이 필요하다.

정유년 새아침에 우리 모두는 희망을 품어본다. 혼란스런 병신년은 갔지만 아직도 대한민국은 분열과 반목이 우리 주위에 남아 있다. 광장민주주의를 승화시켜 국민이 주인 되는 세상을 만들어야 할 것이다.

4. 대학의 사명과 평생교육

우리 사회의 인재를 양성하고 있는 대학은 자유와 자율 속에 국가발전의 견인차 역할을 해왔다. 특히 압축성장의 한국경제에 있어 교육은 국가발전의 기능을 톡톡히 해왔다고 본다. 대학의 본질적 요소인 연구의 자유나 표현의 자유는 대학 행정의 논리나 공공성에 상충되곤 하지만 창조적이고 비판적인 인재양성의 역할은 변하지 않고 있다. 대학이 인재양성을 위해 과거나 지금도 학교주체인 교수나 학생들의 사회적 책임은 매우 중요하게 요구된다.

교수는 연구와 교육을 통하여 학문을 창조했으며 학생들은 창의적이고 사회문제를 해결할 수 있는 능력을 배양하게 된다. 일찍이 교육학자 J.퍼킨스는 대학의 기능은 지식의 획득·전달이 중요하다고 보았고 또한 지식의 적용을 위해 노력해야 한다고 주장했다. 따라서 교수나 학생, 대학은 공동체로서 지식과 지적문화를 위해 노력해야 한다. 사회의 분화에 따라 학문의 변화는 계속 필요하다. 과거 진리탐구의 집단에서 현재는 산업사회의 전문가를 배출해야 하고 또 이들을 재교육하는 것은 시급하다고 본다. 이젠 대학이 더 이상 과거의 상아탑의 전통의 우물 안 개구리 식으로만 남을 수 도 없는 형편이다. 기품 있는 교양인의 배출도 필요하지만 지식 사회에 있어 이에 걸맞은 리더를 배출하는 것이 대학발전에 유용하고 기여할 수 있다는 점이다. 학문의 자유나 연구의 자유 못지않게 대학의 자치도 무시 못 한다고 볼 수 있다.교수의 자치, 학생의 자치, 인사권이나 입학권의 자치도 필요하다. 이를 위해서는 국가권력의 대학행정에의 부당한 개입이라든지 통제를 해서도 안 된다. 대학행정이 자율적으로 운영된다면 대학의 저항이나 비리는 줄어 들 수도 있다. 통제와 권력에 부패가 싹트기 때문이다.

최근 대학들의 시위로 학교는 방학임에도 불구하고 시끄럽다. 즉 평생교육 단과대학 철회를 요구하는 이화여대나 동국대 등의 농성이 대표적이다. 평생교육은 국가교육의 중장기적 과제이다. 그러나 최근 교육부가 재정을 미끼로 몇 대학을 선발하여 시행하고자 하는데 문제가 발생했다. 정부는 평생교육을 시행함으로써 산업인력의 재교육과 전문가를 양성하려고 하지만 대학들은 돈 몇 푼 받고 재정위기를 벗어나려고 몸부림치고 있다. 이런 문제의 저변에는 작금의 한국대학의 재정위기가 심각하다는 것이 문제다. 또한 산업사회에 전문가적 인재를 배출하지 못하고 있고 그렇다고 교수들도 학문적 성과가 높은 것이 아니다. 논문만 많이 쓰면 되고 질적 평가가 필요 없다. 논문 같지 않은 논문이 산더미처럼 양산되고 있다. 대량생산 시스템처럼. 학생들도 졸업하고 곧바로 실업자가 된다. 취업이 안 되니 너도나도 9급 공무원이 되려고 공무원학원은 때 아닌 호황을 맞고 있다. 이제 대학은 학문의 탐구나 진리의 산실이 더 이상 아닐 뿐더러 재정을 타개하려고 돈벌이에 급급하다. 일찍이 앨빈 토플러는 "대학이 10마일 달릴 때 기업은 100마일 달린다. 고 말했다. 우리나라에서 가장 변화가 느린 곳이 대학이다. 정부가 2008년 이후 대학등록금을 동결하고 있어서 대학의 재정은 형편없다. 일부 사립 대학의 기금이 10조원이 넘지만 부동산이나 이자수입이 대부분이라 저금리 상태인 현재로서는 적립금도 감소하고 있다.

대학들도 재정위기상황에서도 긴축행정을 펼치지 못하고 건물 짓는 외형 장사에 심혈을 기울였다. 교수나 학생들도 기득권유지로 그 저항이 만만치 않다. 망하는 지름길이다

이런 와중에 교육부는 10조원이 넘는 세금을 대학에 지원하지만 재정지원사업을 통해 선별하여 지원하고 있다. 즉 대학의 부익부 빈익빈 구조가 악화되고 있다. 결국 학생들이나 학부모만 손해보고 있는 셈이다. 이를 개선하기 위해서는 대학구조개혁법을 제정하여 부실대학을 퇴출하고 대학을 정예화하고 발전시켜야 한다. 국가보조금을 가지고 줄 세우기 재정지원사업을 해서도 안 된다. 대학의 부실화를 막고 내부갈등의 잔존요소를 해소할 수 있는 정책대안을 국회는 마련해야 한다. 이제 대학구성원인 교수와 학생은 변화와 혁신의 주체가 돼야 한다. 더 이상 지체해서는 안 된다. 진퇴양난의 갈등속에 심각한 고뇌를 해야 변화한다. 마치 옥을 얻기 위해서는 수만 번의 절차탁마가 필요하듯이 말이다.

5. 스쿨폴리스

2005년 서울 고법은 교내 집단따돌림에 의해 자살한 초등학교 학생 사건에 대해서 배상판결을 내렸다. 초등학생 부모가 경기도 교육청과 가해학생 부모를 상대로 한 손해배상 청구소송에서 법원은 "만 12세 전후의 가해학생들은 자신의 행위에 법적책임을 질 능력이 없

는 만큼 부모들이 자녀를 감독해야 할 법정 의무가 있다"고 하였고 "학교 또한 보호 감독할 의무가 있다"고 판결하였다. 그런데 초등학생 피해 부모도 주의를 게을리 한 면이 있는 점을 감안하여 피고의 책임을 70%로 제한한다고 판결하였다. 일본에서는 오랜 전부터 이지매라는 용어를 사용한다. 특히 일본은 명치유신 이후 집단 따돌림이 더욱 심각해졌다. 당시 무스히토 국왕은 국력을 바로잡고 강대국으로 진출하기 위해서 헌법을 잔인하고 폭력적인 내용으로 개정하였고 일본국민을 우민화시켰다. "개인에 의한 이익을 접어두고 전체에 의한 이익을 추구한다."는 방침에 집단 이지매현상이 묵인되었다. 오늘날 집단 따돌림을 간단히 "왕따"라고 표현하기도 하는데, 이 용어는 왕(王)따돌림의 준말로서 1997년 당시 중·고등학교폭력과 관련하여 언론보도에 처음으로 등장하며 사용된 은어로서 볼 수 있다. 정부는 2012년 학교폭력을 예방하기 위해 경찰관들을 학교에 파견하여 보호하겠다고 '학교 전담경찰관제도'를 시행하였다. 이른바 스쿨폴리스제도다.

가해학생선도나 피해학생보호, 폭력정보수집, 학교와의 긴밀한 협력체계구축, 학교폭력예방교육, 폭력대책자치위원회 설치나 117전화설치를 통한 상담실시 등을 골자로 하고 있는데 현재 1,000 여명이 넘는 전담관이 있고 이들이 전국 1만 6,000개 가량의 학교를 관리하고 있다.

이 제도는 학교폭력을 감소하는 역할을 톡톡히 하였는데 즉 9.6%에서 0.9%로 감소하는데 기여했다. 또한 경찰에 검거된 학교폭력 가해자는 2012년 2만 3,877명에서 지난해 1만 2,495명으로 현저히 줄었다고 한다.

그러나 보여주기식 홍보나 전담관의 비윤리적 행태로 폐지움직임이 설득력을 얻고 있다. 최근 부산사하경찰서와 연제경찰서 소속 경찰관들이 학교 여고생들과 성관계를 맺은 사실이 전직경찰서장의 내부고발로 드러나 충격을 주고 있다. 특히 이 두 명의 경찰관들은 징계도 받지 않고 퇴직금까지 챙기는 등 그 부도덕성이 심각한 지경에 이르렀다고 한다.

현재 우리나라 법은 만 13세 이상의 여자와의 성관계는 돈이 개입되던지 강제성이 있을 경우만 형사 처벌할 수 있다. 그런데 이 여고생은 이번 사건으로 자살까지 시도했다. 이와 같은 정황들을 보더라도 이번 사건을 유야무야 넘어가서는 안 될 것이다. 철저한 조사와 수사가 필요하다.

아울러 이번 사건으로 학교폭력예방을 위해 설치된 학교전담경찰관제도가 좀 더 실효성을 얻기 위해서는 획기적인 개선책이 필요하다는 지적이 많다.

첫째, 형식에 치우치지 말고 전문성과 실효성을 지녀야 할 것이다. 학교전담경찰관들은 잠시 거쳐 가는 보직으로 생각하지 말고 전문적인 자질과 상담능력을 갖추어야 한다. 또한 전담경찰관들이 심리적 치유기술이나 상담교육을 받도록 하여 범죄예방심리의 전문성을 지녀야 할 것이다.

둘째, 여중고 학교 폭력예방은 남자경찰보다 여자경찰관으로 대체하도록 해야 한다. 현재 1,000여명의 경찰관중 여자전담관은 349명에 지나지 않는다고 한다. 이번사건에서도 경찰차에서 남자 경찰관이 여고생을 상담했다고 하니 도무지 믿기지 않는다. 다 그렇다고 할 순 없지만 남자경찰관보다는 여성경찰관을 상담관으로 변경해야 할 것이다.

셋째, 이번 사건으로 전담경찰관제도를 해당교육청이 중단하겠다고 폐지의견을 냈는데 학교폭력을 예방하고 학생을 보호하기 위해서는 폐지보다 경찰과 학교가 연계시스템을 강화하고 정보공유를 하도록 하여 효율성을 제고 할 수 있도록 해야 할 것이다. 경찰이 공권력의 상징으로서 그 역할과 임무를 다하려면 신뢰제고와 치안서비스를 창출해야 한다. 여기에 부응하지 못하는 몇몇 미꾸라지 같은 경찰관들로 인하여 경찰전체조직을 먹칠한다면 그래서 아직 사회성이 부족한 어린여고생들을 농락한다면 누가 공공의 안전파수꾼이라 할 수 있으며 한국경찰을 신뢰하겠는가. 경찰관들의 일대혁신이 필요하며 자정과 신뢰회복이 시급한 때이다.

6. 대학 구조개혁의 방향

정부가 추진하고 있는 대학구조조정이 겉돌고 있다고 한다. 저 출산으로 인해 대학입학정원을 줄여야 하는데 정원감축이 싫지만은 않다. 현재 56만 명의 대학입학정원이 2023년에는 40만 명으로 줄어든다. 그렇다면 16만여 명을 줄여야 하는데 이를 강행한다면 대학이나 지역경제에 막대한 손실을 가져올 것이 명백한 사실이다.

현재처럼 대학을 졸업하고도 취업을 하지 못하는 대졸백수를 양산하고 있는 실정이나 백화점식 학과나열로 전문가적 인재를 배출하지 못하는 현재의 상황은 대학의 책임이 매우 크다는 것을 웅변한다. 1990년대 118개 대학이 있던 우리나라는 2014년 199개로 늘어났다. 지금 정원도 못 채우는 부실대학이 여기저기서 발생하고 있고 2년 후에는 대학입학정원이 고교졸업생 수를 초과하는 문제가 발생한다고 한다. 교육부는 부실대학을 퇴출하고 정부 예산을 줄여나가는 '대학구조개혁에 관 한 법률'을 제정하려 애썼지만 19대국회에서 통과도 못하고 자동 폐기되어 버렸다.

문제는 대학의 장기발전적인 대안이 보이지 않는다는 것이다. 교육부는 대학정원 감축과 재정지원을 연계하는 시스템으로 정책을 추진하였는데 이는 부실대학을 퇴출시키고 정원을 감축해야 하는 방안과는 동떨어진 것으로서 모든 대학들의 정원을 감축하려는데 문제를 내포한다. 교육부는 부실대학을 퇴출해야 하는데 그렇지 않은 대학까지 감축해야 하는 딜레마를 어떻게 설명할 것인가? 교육부가 대학에 쏟아 붓는 예산이야 10%에 불과하는데 대학정원이나 입시제도 심지어 등록금까지 좌지우지한다면 이것이야말로 교육부의 규제요 권한남용이라는 것이다. 교육부가 초등학교나 중고등학교처럼 지침을 동일시해 대학에 적용한다면 이는 대학개혁이 산으로 올라갈 수밖에 없다. 작금에 교육부폐지론까지 들먹이는 정치인들이 있는 실정이다.

최근 언론보도에 발표한 4년제대학중 192곳의 입학정원을 보면 알 수 있다. A등급을 받은 34곳의 대학중 29개교가 3800명 정원을 감축했지만 최하 E등급을 받은 6곳은 1024명줄이고 그중 3곳은 한명도 줄이지 않았다고 한다. 이는 교육부가 재정지원을 가지고 감축흥정을 한 것밖에 안된다.

향후 대학구조조정이 실효성 있게 추진하려면 다음과 같은 방안을 모색하여야 할 것이다. 첫째, 부실대가 퇴출할 수 있도록 사학설립자에게 재정적 보상을 해주어야 한다. 현행 사립학교법은 사학법인 해산시 재산이 자치단체나 국고에 귀속하도록 되어있는데 출연금을 돌려주거나 사회복지법인으로 전환할 수 있도록 해주어야 대학퇴출이 용이할 것이다.

둘째, 지금처럼 교육부가 재정지원을 미끼로 구조조정을 유도하는 대책을 걷어치우고 부실대학을 퇴출할 수 있도록 강제하는 방안을 마련해야 한다. 비리혐의로 얼룩지고 상처난 대학들이 많은데 이들을 계속 연명할 수 있도록 도와주는 현행 교육부의 행태는 매우 잘못됐다고 본다.

셋째, 교육부관료들의 부실사학의 총학 학장 진입으로 인하여 교육부는 이들 퇴직관료들의 로비나 비리를 눈감아주고 감싸주는 연줄주의나 패거리주의가 나타날 수 있다. 이를 일소하도록 전관예우 금지법안을 만들어야 한다. 이래야 현직 후배 교육 관료들이 눈치안 보고 일 할 수 있지 않겠는가?

넷째 새 국회는 19대 국회에서 자동 폐기됐던 구조개혁법을 다시 입안하여 법을 통과시켜야 한다. 무엇이 국가이익인지 대학발전인지를 국회의원들이 명심하고 법안을 마련하길 바란다. 대학은 정치의 흥정거리가 아니다. 좀 더 거시적이고 발전적인 대학정책법안이 되도록 여야가 머리를 맞대야 한다.

이제 대학은 무한경쟁의 시대에 놓여 있다. 대학도 스스로 뼈를 깎는 자정의 시대이다. 학과통폐합을 과감하게 단행하고 국가와 사회가 요구하는 인재가 무엇인지 인식해야 한다. 3-4평 남짓한 교수 연구실에 앉아 학과라는 좁은 우물 안 개구리식 사고에 갇혀버린다면 대학은 발전할 수 없다 융합의 시대에 변화와 개혁을 두려워한다면 대학의 존망은 더 이상 기대하기 힘들다는 진지한 반성이 요구되는 시점이다.

7. 아동학대의 경우

아동학대는 어린이에 대한 신체적 심리적인 학대로서 부모에 의해서 발생하는 경우가 대부분이다. 우리나라 부모들은 훈육을 핑계로, 아이들을 가르친다는 명분으로 감정적으로 때리거나 화를 내는 경우가 많다. 서양에선 이것을 범죄로 보고 폭력의 순화과정이 된다고 본다. 어린 시절 학대를 받는다든지 무시당하고 폭력을 경험한 아동은 성장해서 청소년기나 성인이 되어서 반사회적 행동이나 사이코범죄를 저지를 경향이 농후하다고 범죄학자들은 경고한다.

미국에서는 8세부터 10세 아동이 집에 혼자 있으면 부모가 체포된다. 호주에서는 아이가 혼자 집 열쇠로 문을 개문하면 체포 및 처벌을 받는다. 동양적인 가치관이 뿌리박고 있는 한국에서 이와 같은 일이 당연시되고 자주 발생하지만 내 자식 내가 키우는데 왜 상관하냐고 한다면 경찰도 학교도 할 말을 잃게 된다.

지난해 인천에서 11세 소녀가 부모의 학대의 두려움에 맨발로 뛰쳐나와 탈출한 사건이 발생했다. 이에 정부가 전수조사를 벌이는 등 대책방안을 내놓는 시늉을 하곤 했다. 최근 충청북도 청주에서 발생한 계부의 4살 된 딸 암매장 사건도 우리를 우울하게 만들고 있다. 경기도 평택에서 계모가 7살 된 아이를 학대해 숨지게 하는 등 아동학대사건은 줄지 않고 있다.

2014년 통계를 보면 아동학대의 40%가 이혼 가정에서 벌어지고 있다고 한다. 그렇다고 이혼을 금지 할 수도 없다. 매년 이혼은 11만 건이 넘는다. 비이혼 60%의 가정에서도 아동학대가 발생하고 있는 점은 간과해서도 안 된다.

정부는 무엇보다도 근본적인 해결대책을 제시해야 할 것이다. 그런데 최근 서울가정법원은 부부가 이혼시 아동학대 예방교육을 반드시 교육받도록 하겠다고 한다. 다행한 일이라고 본다. 법적인 장치를 통해서라도 시행한다면 줄어지게 될 것이다. 그러나 정부와 지방자치단체가 적극적으로 나서서 이동보호관찰 시스템을 시행해야 한다. 하루이상 장기 결석 중인 초등학생은 전국에 220명에 달한다고 한다. 그런데 문제는 학교나 관계기관이 현장점검도 못 한 아이가 108명이나 된다고 한다. 아동학대가 어디서 어떻게 발생하고 있는지 알 수 없다는 것이다. 학교에서 출석독촉장을 보내도 아무런 답변이 없고 어디에 있는지 알 수 없다. 이와 같은 학대 범죄발생 때문에 이에 대한 획기적이고 과감한 대책이 필요하다고 본다.

먼저 학교에서 형식적으로 조사하고 있는 현 시스템을 고쳐 지역 시청, 군청, 구청에서 수시로 아동의 학대실태를 전수조사 벌여야 한다. 또한 적극적인 행정지도를 통하여 아동인권과 복지시스템을 연계화하여야 한다. 따라서 아동인권센터를 설치하여 아동을 직접 면담하고 문제점을 확인하여야 한다. 이를 통해 전수조사의 실효성을 제고해야 할 것이다.

두 번째로는 해당 지역의 경찰관이 범죄예방교육을 강화하고 순찰 및 면담을 해야 할 것이다. 경찰이 지역사회경찰활동(Community Policing)을 강화하는 것은 결국 국민의 경찰 치안서비스 체감도를 고양하고 범죄예방을 강화하는 첩경이다. 경찰의 아동학대범죄를 미연에 예방하는 것이 절실하다고 본다. 세 번째로는 법원에서 아동학대 방지 교육을 강화하도록 해야 한다. 앞에서 지적 했듯이 법원이 이혼가정에 학대예방교육을 하는 것은 만시지탄감이 있지만 다행스런 일이다고 본다. 이혼가정이 많아지고 있는 현실에서 법원의 예방교육이야말로 어느 정도 예방 실효성을 거둘 수 있다고 본다. 네 번째로는 아동학대특례법을 강화해서 이와 같은 범죄가 발생하지 않도록 경각심을 지녀야 할 것이다. 현재 학대의 경우 2년 이하의 징역 또는 500만 원 이하의 벌금을 부과하고 있는데 이를 강화할 필요가 있다. 미수범은 처벌규정도 없다고 한다. 법적 강화가 필요하다

그러나 무엇보다도 중요한 사실은 이웃의 관심과 격려라고 본다. 주변의 관심이 극단적인 범죄를 줄일 수 있다고 본다. 또한 신고문화가 활성화되도록 언론과 지역사회단체가 적극 홍보 및 계몽해야 할 것이다. 우리나라는 신고가 외국에 비해서 저조한데 이런 점 때문에 가정폭력이나 부부폭력 사건이 빈발하고 있다. 아동학대를 인지한 이웃이나 사람이 신고하지 않으면 처벌하도록 하는 법규도 이울러 도입할 필요가 있다.

8. 대학의 사명과 구조개혁의 상생

최근 대학가는 구조조정으로 몸살 이를 앓고 있다. 학령인구의 절대적 감소추세는 대학의 구조조정과 통합이라는 문제에 봉착하고 있다. 교육부는 2016년까지 4만 7천명을 감축하여야 한다고 주장하고 있고 2022년까지 16만 명을 줄여나갈 계획이라고 한다. 그렇다면 2023년에는 대입정원이 40만 명으로 감축된다. 대학교 3분의 1일 사라지고 말 것이라는 우려가 현실로 다가오고 있다. 그래서 이를 뒷받침하기 위해 가칭 대학구조개혁법이 나왔고 급기야는 2014년 여당의 발의로 국회에서 논의 되고 있지만 야당의 반대로 국회에 계류 중에 있다. 최근 한국대학교육협의회과 한국전문대학교육협의회에서 국회에 낸 자료를 보면 2015년 전국 4년제 26개 대학의 충

원 율이 미달됐다고 한다. 90% 미만인 대학은 2014년 11개 대학, 2015년 8개 대학인 것으로 나타났다. 지방소재 어느 종교대학은 이미 충원 율이 4%에 불과하다고 한다. 제주도의 모 대학은 2014년 26%,2015년 52%로 심각한 수준에 이르고 있다.

이제 대학은 지성과 낭만의 광장이 아니라 가혹한 생존의 논리가 지배하고 하고 있다. 그러나 정부의 대학구조조정에 반대의 목소리도 있다. 즉 대학의 고유 이념과 아카데미즘을 간과해서 되겠는가 하는 점이다. 백화점식 학과 나열의 현행 시스템으로는 사회의 수요나 구조를 기대하기 어려운 미스매치의 상태를 연출하게 된다는 것이다. 또 하나는 왜 정부가 나서서 감축을 하느냐. 대학구조조정이라는 것이 시장논리에 의해 부실대학이 자연스럽게 퇴출되도록 해야 하는데 교육부가 나서서 인위적으로 새판 짜기를 해서야 되겠는가하는 비판이 있다. 즉 대학이 기업도 아니고 이윤을 추구하는 집단도 아닌데 하는 반대논리가 그것이다. 이런 와중에도 지방대학은 그 어려움은 더욱 가속화되고 있고 고충을 토로하고 있다. 가뜩이나 신입생 구하기도 어려운데 정부가 나서서 콩내놓으라, 팥내놓으라 하면 되겠는가 하느냐이다. 한국갤럽이 조사한 자료에 의하면 국민의 74%는 정원감축보다는 부실대학을 먼저 폐쇄하라고 한다.

이러한 원인은 무엇보다도 교육부의 잘못이 크다. 김영삼 정부 때 일정기준만 충족되면 대학설립을 인가해 준 이른바 '대학설립준칙주의'로 인하여 1980년 85개교에서, 1990년 107개교, 2000년도에는 161개교가 우후죽순처럼 늘어났다. 자연히 부실대학, 무능교수를 양산해 냈다. 이 책임을 이제 와서 대학 탓으로 돌리는 귀인이론이 잘못됐다는 점이다.

이제 이러한 대학의 위기에 어떻게 해야 하는가? 정말로 과거의 정형화된 대학의 이데올로기 마인드에서 벗어나지 못하는가? 대학이 미래지향적이고 창의적인 인재창출이라는 개혁을 선도해야 하는데 어떻게 해야 하는가? 첫째, 단순한 인원 조정보다 대학의 근본적 문제가 무엇이지를 인식하고 국가와 사회에 적합한 책무를 수행해야 할 것이다. 둘째, 학사커리큘럼도 사회수요에 요구되는 복수전공이나 다중전공을 통해 전문적 인재개발이 우선되어야 할 것이다. 그렇다고 이공계나 의료 인력만 특화해서도 안 된다. 셋째, 인문사회학적인 교양을 바탕으로 한 학문융합이 필요하다. 수십 년간이어 내려온 한국 대학의 아카데미즘을 인식하여 인문학을 도외시해서도 안 될 것이다. 또한 대학이 가지고 있는 특성을 무시해선 안 된다고 본다. 셋째, 이를 위해 교육부는 최근2000억 원 가량의 거대 프라임 사업(PRIME·산업연계교육 활성화 선도대학 사업)의 방향을 선택과 집중으로 대학 근본 시스템을 바꿔수 있도록 지원해야 할 것이다. 이를 위해 정량평가만이 아니라 정성평가의 중요성을 지적하고자 한다.

중요한 점은 이제부터다 신입대학생들을 어떻게 교육하고 어떤 커리큘럼을 가지고 대한민국 21세기에 걸맞는 인재를 교육하고 배출하는 것이 중요하다고 본다. 이를 위해 교육부는 인위적인 구조조정과 통합에서 벗어나 대학의 근본체질을 경량화하고 대학의 특수성을 인정하여 자율적으로 개혁하도록 유도해야 할 것이다. 이와 아울러 지방대학이 그동안 지역과 국가발전에 기여한 점을 잊어서도 안 될 것이다. 지역균등발전이라는 큰 틀에서 지역대학을 살리는 상생의 해법을 제시해야 할 것이다.

9. 대통령공약과 교육재정

박근혜 대통령은 지난 2012년 12월 대통령선거가 임박한 가운데 전국의 아이를 가진 30대-40대 엄마들에게 혹하는 선거공약을 내걸었다. 이른바 "국가책임 보육체계를 구축하고 5살까지 맞춤형 무상보육을 실시하겠다."는 공약을 내걸었고 결국 전국 엄마들의 전폭적인 지지로 당선되었다. 박대통령은 당선 후 "보육사업과 같은 전국단위로 이뤄지는 사업은 중앙정부가 책임지는 게 맞다"고 다시 한 번 주장했다. 그러나 정부는 대선이 끝나자 무상보육을 지방교육청이 부담해야 한다고 떠넘겼고 이것이 사실 보육대란의 단초가 됐다고 본다. 무상보육을 하느라 10조원 넘게 빚진 지방교육청들은 불만을 표출했고 결국 교육감들이 예산 편성을 거부하며 정부에 반기를 들었다.

그러나 지난 1월 누리과정(3~5세 무상보육) 예산 중단사태로 서울·인천 등 전국 교육청과 지방의회 앞에 유치원장·학부모 수천명의 시위로 몸살을 앓았다. 현재 유치원이나 어린이집들은 교사월급이나 급식비로 지자체와 교육청으로부터 한 달에 한 번씩 재정지원을 받고 있다.

무상 보육 정책은 상당히 진일보한 교육정책이라고 볼 수 있는데 우리나라 가임여성의 출산율이 1.21명에 불과한 현실에서 이를 타개할 정책으로 나타났다. 이 문제는 고령화 저 출산 문제를 풀어보기위해 여야가 이구동성으로 내세운 공약이라고 볼 수 있다. 그러나 현재 무상보육정책이 헛돌고 있고 해결의 접점을 찾지못한채 중앙정부와 지방교육청이 벼랑끝 싸움을 지속하고 있다. 무엇보다도 천문학적인 예산이 든다는 점이다. 유치원에 드는 비용이 1조9000억

원이고, 어린이집은 2조1000억 원이 넘는 예산이 드는데 이를 놓고 샅바싸움을 하며 한 치의 양보도 없어 보인다. 이 문제는 먼저 지방교육감들이 보육정책은 국고지원을 해야 한다는 입장이고 정부는 법률상 시도교육청의 의무라고 주장하고 있다. 서로 책임소재를 전가하고 있다. 즉 유치원은 교육부관할이어서 재정을 지원할 수 있지만 어린이집은 보건복지부관할이어서 교육청이 지원을 할 수 없다는 것이다.

정부예산 책임자인 경제부총리와 교육부장관은 "이미 누리 예산은 다 지급됐다"며 "각 교육청이 불필요한 지출만 줄여도 수천억 원을 아낄 수 있다"고 강변했다. 또한 박근혜 대통령은 "지난해 시도지사·교육감 협의회에서 지방교육재정교부금에 누리 예산을 포함시키는 방안에 찬성하지 않았느냐"며 "받을 돈은 다 받아가 놓고 이제 와서 다 썼다고 또 달라는 것은 말이 안 된다 "다고 불만을 토로했다.

현재 충청북도교육청도 정부의 누리과정지원목적으로 국회가 신설한 3,000억 원의 예산 일부를 지출하기로 했다고 한다. 충청북도에는 55억 원이 지원받지만 누리과정 예산인 69억 원에서 14억 원이 부족한 형편이라고 한다. 이에 따라 김병우 충청북도 교육감을 포함한 전국 14개 시.도교육감들이 "누리과정은 대통령이 책임져야 한다"고 항변하고 있다. 이 문제를 해결하기 위한 방안으로는 무엇보다도 지방교육재정교부금법의 개정이 필요하다고 본다. 현재 내국세의 20%가 넘는 41조 원가량의 교부금을 용도를 지정하지 않고 지방교육청에 나눠주고 있다. 용도가 지정하지 않은 돈을 지방교육청은 자율적으로 재량에 맡겨쓰다보니 탈이 난 것이다. 정부가 누리과정보육예산을 시도교육청의 의무경비로 용도를 못 박아야 하는데 그러질 못하고 있는 실정이다. 따라서 교부금의 용도를 분명하게 정하는 법 개정이 시급하다고 본다.

두 번째는 지금의 무상교육 책임소재를 분명하게 해야 한다. 유치원은 교육부소관이고 어린이집은 보건복지부관할로 이분화되어있는데 이를 교육부와 교육청으로 이관해야 한다. 교육 따로 책임소관 따로 노는 이런 행정은 문제를 야기할 수밖에 없는 상황으로 갈 수 있다. 국민들이 낸 세금으로 예산을 편성하는데 교육부소관, 교육청 소관, 보건복지부소관 이렇게 분리되어 누가 잘못한 것인지, 책임은 누가 지는지타령만 하고 이를 방기하고 회피한다면 국민들은 허탈하고 분노할 수 밖에 없다. 지금이라도 정부와 국회는 법을 개정하여 인사조직의 기준배치, 보육예산의 용도와 편성, 책임소재의 일원화를 분명히 해야 할 것이다.

10. 종교와 치외법권

불란서 법학자 피에르 에로는 최초로 치외법권 원리를 주장했고 구체적으로 19세기에 와서 이 원칙이 제도화되었다. 치외법권은 외국인 자신이 체류국가의 법률과 규칙을 따르지 않아도 된다는 권리라고 볼 수 있다. 외교사절의 치외법권은 1708년 대영제국 앤 여왕 시절 러시아 대사가 부채로 인해 체포되는 사건이 발생했다. 이 사건을 계기로 '대사의 외교특권 보호법률'이 제정되었다. 미국도 1790년 '외교관계 빈 협약'을 제정하였다. 치외법권은 행정권이나 재판권, 조세권 등이 면제되는데 경찰권이나 통신 여행의 자유도 포함된다. 이렇게 외교관들의 직무수행을 위해 광범하게 인정하고 있다.

최근 우리나라에선 조계사로 도피중인 한상균 민노총 위원장의 체포문제로 치외법권이 논란이고 그 원칙이 변질되어 국민의 혼란을 가져오고 있다. 현재 한상균 민노총 위원장은 법원에 의해 구속영장이 발부되었다. 한 위원장은 지난 '4·24총파업대회'와 '2015 세계노동절대회'에서 집회를 주도하면서 집시법 위반과 일반교통방해를 주도한 혐의로 기소됐다고 한다. 또한 한 위원장은 기소된 재판에서 4차례나 불출석하였고, 검찰은 지난 11월 11일에 법원을 통해 정식으로 구속영장을 발부한 상황이다고 한다. 이를 집행하기 위해 경찰은 공권력 투입을 고려하고 있고 조계종단은 강제집행에 대하여 반대와 우려를 표시하고 있다. 조계종 화쟁위 측은 한 위원장의 거취와 관련해서 "한 위원장의 거취문제와 관련하여 지속적인 대화를 하고 있다"면서 "한 위원장을 강제로 끌어내지 않겠다"는 입장을 시사했다. 조계사의 본종인 조계종은 1980년 전두환 정권시절 '불교 정화'라는 이름으로 전국 사찰이 유린되는 불행한 격변을 겪었다. 이러한 과거로 인하여 조계종은 공권력 진입에 대해서 극도의 알레르기 반응을 보이고 있다.

이 같은 정부와 조계종단과의 갈등으로 인해 많은 국민과 불자 등은 종교시설인 조계사가 치외법권의 지역으로 인식되는 불편한 상황을 보면서 착잡한 심정이다. 우리나라 헌법이나 그 어떤 법률에도 치외법권은 없다. 법은 만인에게 평등하다. 노조위원장이라서 국회의원이라서 성직자라서 지위를 우대해서도 안 되고 노동자라서 빈민가라서 약자라서 차별해서도 안 된다. 불교나 기독교 천주교 민족종교 등은 헌법상 종교의 자유가 있다. 과거 개발독재시절 민주주의와 인권을 위해 천주교 명동성당은 정치적 종교적 치외법권의 보루로서 영광을 안고 있다. 당시 김수환 추기경은 국가를 위해, 이 땅의 민주주의를 위해 정권과 배치되는 강론을 주저하지 않았으며 그 용기 있는 말씀 하나하나에 권력층의 불만을 갖게 했다. 그분의 일거수일투족은 외신들의 취재대상이었고 국민들도 추앙과 함께 존경을 받았었다. 그것은 독재정치에 저항하는 양심의 표상이었고 행동이었다. 많은 민주인사들이 성당에서 몸부림쳤을 때 그것을 용인했고 함께하셨다. 김영삼 전 대통령과 함께 민주화를 위해 헌신했던 김대중 전 대통령도 천주교 신자로서 정치적 양심에 따라 민주화운동에 헌신했다. 그가 종교적 양심을 가진 것도 천주교 김수환 추기경의 영향이 무척 크다고 한다. 정치적 양심수들이 핍박받던 시절 교회나 성당 그리고 절은 양심수들의 심적 안정처였다. 고되고 힘든 영혼의 쉼터였다. 신부님, 목사님, 스님들도 그들과 함께 민주화 운동에 동참했다. 산업화와 민주화 이후 우리는 새로운 세계질서의 각축과 도전에 직면하고 있다. 그러나 우리 대한민국은 아직도 시위문화가 독재시대에 했던 데모하던 그 모습이나, 요구와 별반 다르지 않고 있다. 법과 질서를 준중하지 않는 시위는 국민들로부터 외면 받을 수밖에 없다. 운동권적 사고와 행동은 시대정신과 배치된다. 변화와 혁신이 요구되는 시대에 과거의 습성과 타성, 문화로 세상에 호소하려고 한다면 누가 지지하겠는가? 또한 종교집단이나 종교인사가 특권으로 비치거나 국민의 여론과 배치될 때 종교의 설자리는 무너지고 만다. 종교는 포용해야 하지만 교만해서도 안 된다. 종교시설이라서 특별대우 받아서도 안 된다. 그렇다고 역차별 받아서도 안 된다. 시위문화에 대하여 국민들의 인식은 과거와 같은 모습으로 비추는 행태에 강한거부감을 가지고 있다. 야당, 노조, 단체의 시위문화는 바꿔야 하고 조직의 변화와 혁신이 있어야 한다. 더 이상 종교집단이 치외법권이 되어서도 안 되고 정부도 법집행을 통한 법치주의가 선행되도록 노력해야 한다. 이번 한상균 사태는 정부와 경찰의 책임이 매우 크다. 과거에도 철도파업 노조자들이 종교시설에 들어 갔는데 경찰은 방치했다. 치외법권을 정부가 인정한 셈이다. 이제라 도 조계종단을 비롯한 종교집단이 국민들이 무엇을 원하는지 알아 야 하고 불자나 신도들의 마음을 읽어야 외면 받지 않을 것이다. 종 교의 본질과 궁극적 도의 이치가 무엇인지 깨달아야 한다. 이제는 조계종단과 정부, 경찰의 현명한 판단이 필요하고 전과 다른 모습을 보여 주어야 할 때이다.

11. 바른 역사관

미국 하버드대학교수로 봉직했던 미래학자 다니엘 벨은 1960년도 한 평론집에서 이데올로기의 종언(End of Ideology)을 주장했는데 그는 미국의 과학과 사회의 변화로 더 이상 마르크스주의가 현대 산 업사회에서 발붙이지 못한다고 보고 이데올로기는 낡은 것에 불과 하다고 보며 폐기를 주장했다. 마르크스와 레닌에 의해 강조됐던 유 물사관과 이념논쟁은 구소련의 몰락과 함께 정당성은 상실되고 만 다. 선진국을 비롯한 세계는 이제 자유와 평등, 복지와 자본, 인권 등 인간의 삶과 직결된 문제를 중시하고 있다. 심리학자 매스로우는 인간 욕구의 5단계설을 주장하면서 최상의 목표가 자아실현(Self actualization)을 강조하고 있다. 인간의 삶을 중시한다는 뜻이다. 박 근혜정부 출범 후 대한민국은 대통령의 국정철학인 '비정상의 정상 화' 정책을 실현하고자 관료들은 밤잠을 설치고 있다. 부정과 부패, 낡은 이념의 틀을 깨트리기 위해 개혁에 박차를 가하고 있다. 요즘 정부는 공무원연금개혁, 노동개혁, 이념개혁을 위해 국회와 대립각을 세우며 싸우고 있다.

국정교과서도 바른 역사관을 통해 나라의 정통성을 강화하고 바른 가치관을 심어주겠다는 취지이다. 문제는 이와 같은 정부의 강경태도가 야당이나, 국민들의 컨센서스를 이끌어내지 못한다는 것이다. 시민들은 평화와 공존 다양성을 갖추는 것이 중요하다고 생각한다.

물론 역사는 다양한 견해와 비판이 뒤따른다. 그러나 더욱 중요한 사실은 공정하고 투명한 역사기술에 있다. 그동안 역사교과서가 너무나 편향된 집필로 문제점을 노정시켰다. 먼저 불균형 되고 왜곡된 측면이 많다는 지적이다. 검인정교과서를 보면 쉽게 인식할 수 있다. 먼저 일제강점기 표현이다. 그전에는 일제시대라고 했는데 이 표현을 쓰는 것은 북한의 미제강점기 표현에서 따온 것처럼 느낀다. 동학혁명이 농민전쟁인가, 항일 전쟁인가의 해석, 이승만의 분단책임과 폄훼논쟁도 혼란을 불러일으키고 있다. 즉, 정읍발언이 분단의 시작이라는 일방적 주장의 오류성을 지적하지 않을 수 없다. 이와 함께 미군정기의 정치적 무질서와 미군정 전반에 대한 부정적인 평가, 이승만의 농지개혁평가의 부정적 좌편향적 시각도 보수진영에선 비판한다. 우리나라 역사중 근 현대가 친북 민중노선사상과 유사하거나 일치하다면 바른 역사라고 말할 수 없을 것이다. 현재 국사교과서에 근·현대사 비중이 50%나 된다니 5000년 한국 역사가 너무 한쪽에 편향됐다는 측면이 강하다. 대한민국의 역사의 시작인 단군조선이나, 삼국시대의 문화, 고려의 통일과 몽고항전, 조선의 문화와 기술 역사가 빈약하다. 학생들에게 자랑스러운 면을 보여주어야 하고 긍지를 갖도록 해야 하는데 그렇치 못하다. 건국과 산업화과정시기에 혼란과 불안 독재사관을 심어줄 수 있는 현행 국사교육이 바른 가치관과 애국심을 가질 수 있는지 의문이다. 친일세력, 독재세력,

분단세력이 대한민국을 이끌어 왔다는 反대한민국 이데올로기가 판을 친다면 이것을 가지고 바른 역사관을 형성할 수 있는지도 되묻고 싶다. 두 번째는 그동안 좌파 정권 10년동안에 교육부관료나, 국사편찬위원회,역사학자들이 도대체 무엇을 했는지 직무유기가 아닐 수 없다. 역사가 덧칠하고, 하나 더하고, 빼고 하는 것인가? 역사는 사실을 기록하는 것이다. 사마천이 궁형이라는 치욕의 형벌을 당했어도 오로지 역사적 사실의 역사서 '사기'를 기술했다. 진시황제가 분서갱유라는 패악을 저질렀을 때도 사관들은 바른 것을 상소했다. 연산군의 무오사화시 사관들은 능지처참 당하고 부관 참시 당하여도 선비들은 정의를 두려워하지 않았다.

역사학자들은 조선시대 사관의 혼을 가져야 한다. 역사적 혼을 지니지 못한다면 얼이 빠진 것이다. 얼이 없는데 어떻게 정통성을 지닌 역사서를 발간하겠는가? 얼과 혼을 지니고 치열한 자기성찰과 냉철한 지성으로 무장해야 한다. 또한 역사관은 균형과 상생이 필요하다. 좌편향 역사도 문제이지만 극우적인 역사관도 경계해야 한다. 좌우를 어우르고 상생하는 자세와 태도가 중요하다. 역사가 단편적인 기록이 아니라 정의의 씨줄과 날줄의 촘촘한 조합일진데 대한민국 역사를 폄하하고 패배주의로 얼룩지게 한다면 그것은 역사라 할 수 없다. 최근의 역사논쟁에서 필자는 다음의 말로 문답함으로 가름하고자 한다. 무엇이 정의인가? 공정함이다. 바른 역사는 무엇인가? 투명성이다. 역사가는 무엇이 필요한가? 균형성이다.

12. 역사란 무엇인가

역사학자 E.H 카는 캠브리지 대학 강의에서 "역사란 역사가와 사실 사이의 상호작용의 부단한 과정이며, 현재와 과거와의 사이의 끊임없는 대화이다."라고 주장하며 "역사에 있어서의 진보는 사실과 가치와의 상호의존과 상호작용을 통해서 이룩되는 것"이라고 말했다. 그러면서 "이러한 상호과정을 가장 깊이 통찰할 수 있는 사람들이야말로 객관적인 역사가 "라고 말했다. 그의 주장대로 과거와 현재 미래라는 세계에서 단절되지 않고 이어지는 열린 체제라고 할 수 있다. 그의 주장대로 "역사의 이름에 부끄럽지 않은 역사라는 것은, 역사 자체의 방향감각을 찾고 받아들이는 사람들만이 쓸 수 있는 것이고 우리들이 온 방향에 대한 믿음은 우리들이 가고 있는 방향에 대한 믿음과 굳게 연결되어 있는 것"이다.

결국 역사는 사실과의 상호작용을 통해 끊임없이 환류 하는 과정이라고 본다. 그래서 사실에 기반을 두지 않는 북한이나 일본의 역사왜곡과 날조는 비판받고 있고 역사적 실체를 인정하지 않는 것이다.

최근 교육부는 우리나라 국사 교과서를 국정화한다고 발표했다. 그 이유는 편향된 시각의 역사오류를 바로잡고 학생들에게 바른 역사를 시작하겠다는 방침이다. 이를 위해 다음 달 집필에 착수해서 2017년에는 역사교과서를 일선현장에 배포하겠다는 입장이다. 이와 같은 집필 강행은 역사사료 수집이나 기록이 부실화할 수 있으며 심충적인 편찬이 훼손될 우려도 없지 않다는 측면이 지배적이다. 또한 국가교과서에 의해 독점된다면 그동안 검인정교과서를 선택한 일선 학교의 선택권기회를 박탈할 우려도 제기된다고 한다.

전국 17개 시·도교육청의 '고교 한국사 선정 현황(2014년 10월

기준)'에 따르면 미래엔 교과서를 채택한 학교가 759개교(33.2%), 비상교육 672개교(29.4%), 천재교육 366개교(16%) 순으로 나타났는데 총 8종의 검정 한국사 교과서 가운데 미래엔·비상교육·천재교육·금성출판사·두산동아 등 5종의 교과서 채택률이 89.7%를 차지하고 있다고 한다. 이른바 좌편향적 교과서라고 말하는데 채택률은 더 높다. 이와 같이 현재 검인정교과서를 채택하고 있는 작금의 현실에서 국가가 나서서 이를 인정하지 않고 국정 화하여 하나로 통일시킨다면 그 좌우 정치이념체제의 혼란은 매우 크다고 할 수 있다.

미국이나 영국 등 선진국은 국민들이나 학생들이 배우기 쉽게 편찬하고 있고 역사적 사실에 근거하여 기술하고 있는 정말 살아있는 교육자체이다. 우리나라는 그동안 국사편찬위원위라는 기관에서 국사편찬을 기획 및 편찬업무를 하고 있지만 그 기능과 역할이 제대로 수행해 왔는지 또한 그동안 균형 있고 실력 있는 집필진 선정을 제대로 했는지 의문을 갖지 않을 수 없다. 정부가 올바른 역사관을 가지고 바른 가치관을 심어주는 것이 역사교육의 본질인데 그 의무를 해태한 것은 책임이 매우 크다고 본다. 그동안 우리나라 역사교과서나 역사논쟁이 좌우 정쟁으로 얼룩지고 국론분열로 치달았다는 것은 우리 모두가 부끄러워해야 한다. 자라나는 우리 미래세대에게 사실에 근거한 역사 교육과 바른 가치관교육을 해야 할 책무를 망각한 학자들도 책임을 져야 한다. 따라서 정부도 만시지탄감이 있지만 국정화에 국민들이나 학자들의 반대논리가 무엇인지 진지하게 고민해야 한다.

또한 국정교과서를 만든다면 이에 걸맞은 역사학자들을 예를 들어 좌 우편향을 뛰어넘는 중도적이고 실력 있는 역사학자들을 필진에 포함시켜야 하는데 이런 노력을 어떻게 할 것인지 의문이다. 정부는 학자들의 반대성명 목소리를 겸허하게 경청하여 객관적이고 중립적인 대안을 제시해야 한다. 더욱 중요한 사실은 남한과 대치하고 있는 북한의 역사나 인권에 대해서 사실에 근거한 기술을 외면하고 편향과 왜곡, 날조의 역사기록 계속 일삼으면 역사편찬은 허위에 찬 껍데기이며 사상누각에 불과하다는 것을 직시해야 할 것이다. 우리 모두가 바라는 것은 정말 사실에 근거한 과거를 보는 것이다. 그래야 현재도 미래도 끊임없이 대화하고 소통할 것이다.

13. 무너지는 지방대학

영국 캠브리지 대학은 대학의 사명을 "최고 수준의 교육(education)과 학습(learning) 연구(research)를 추구하며 사회봉사를 통해 인류에 기여한다"며 학생들에게 최고의 교육을 베풀고 학문적 활동을 수행하는 것이라고 본다. 대학은 지식수호자이며 창조자 역할을 하고 있고 오늘날 시대변화에 사명의 본질이 새롭게 요구받고 있다. 전통적 사명을 수행하고 변화하는 현재와 미래에 적합한 창조적 인재를 배출하는 것은 대학의 책무라고 본다. 그러나 1980년대 이후 신자유주의 물결은 대학에도 변화와 개혁을 요구하고 있다. 더 이상 대학이 지식공동체로서 학술 연마의 장은 사라지고 있고 지식창조의 의미만이 최선이라는 고전주의 사상은 먹혀들지 않고 있다. 대학교수들도 공공성에 관심 없는 배타적 학술연구는 도외시 되고 있다. 정량화된 지표에 따라 대학의 순위가 결정되고 수치적 성과만능주의가 판을 치고 있다.

최근 교육부는 우리나라 대학을 A~E까지 다섯 단계로 평가해

등급으로 나누어 발표하였고 나쁜 등급을 받은 대학은 정부재정 지원이나 학자금 대출도 제한하겠다고 발표했다. 전국 66개 대학이 부실판정을 받았고 충청북도 지역에서는 6개 대학이 포함됐다. 이렇게 되면 하위등급을 받은 대학들은 신입생모집에서부터 난관에 부딪치고 결국 학생 등록금으로 움직이는 대학들이 도태될 수 있다는 분석이다. 대학의 황폐화의 원인은 여러 가지인데 먼저 학령인구의 감소 추세에 비롯된다. 이번에 가장 큰 타격을 받은 충청북도의 대학들은 고민이 한두 가지가 아니다. 이번 판정으로 지역경제의 위축과 지방대학의 수도권 이전이 가시화되었고 이미 일부 대학은 이미 경기도로 이전캠퍼스를 차리고 있다. 우리나라 대학생 수가 1970년대 14만 명에서 2015년 211만 명이 넘어서고 있다. 그런데 학령감소로 2013년 63만 명의 고등학교 졸업생 수가 2023년엔 40만 명으로 줄어든다고 한다. 그렇다면 현재 대입정원 56만 명을 40만 명으로 줄여야 한다는 얘기다.

두 번째는 대학이 그동안 순수학문에만 중시하다 보니 실용적이고 기업에 적합한 인재를 배출하지 못하고 있다고 한다. 대학을 졸업하고도 다시 기업에서 1년씩 실용적 기술을 연마해야 한다고 하니 기업이 요구하는 기술지식을 외면했다는 비판을 받고 있다. 세 번째는 1990년대 이후 정부의 무분별한 대학의 인허가 남발로 대학정원이 확대되어 부실대학으로 이어졌다는 분석이다. 외적으로 전문대학이나 4년제 대학의 구별이 없는 상태로 치달았고 혼란을 가중시켰다.

이를 해결할 방안은 무엇인가? 첫째, 지역대학이 지방대학의 특성과 산학협력의 기능인력 배출이라는 측면을 고려해야 한다. 이번 대학부실 판정에 공정성과 투명성을 가지고 임 했겠지만 지방대학이 많이 포함된 것은 지역사정을 고려하지 않은 면이 강하다고 볼 수 있다. 지방대학이 정량적 평가라는 벽에 고배를 마실 수밖에 없는 면은 정부의 지방대학 및 지역균형 인재육성 정책과도 배치되고 있다.

둘째, 지방대학의 경쟁력 강화와 구조조정 노력이 필요하다 지방대학은 그동안 정부의 행·재정적 지원을 받아왔고 학생들의 등록금으로 연명했다. 또한 외국인 학생들을 입학시켜 입학생을 수를 부풀어 왔다는 비난을 면키 어렵다. 이제라도 대학의 경쟁력을 강화하는 길이 무엇인지를 생각하여 선택과 집중의 개혁에 앞장서서 학문과 학과의 실용적인 인재양성에 부응해야 한다.

셋째, 법·제도적 측면에서 구조조정에 관한 법안을 만들어 부실대학을 퇴출하도록 해야 한다. 현재 교육부는 대학 평가 및 구조 개혁 법안을 국회에 제출했는데 아직 통과되고 있지 않다. 쟁점은 대학재산을 공익법인에 처분할 수 있게 하는 것을 놓고 여야가 대립중이다. 하루빨리 이 법안이 만들어져서 대학구조조정을 용이하도록 해야 할 것이다. 대학은 더 이상 무풍지대가 아니다. 지방대학이 지역경제의 지역산업의 동력을 제공할 수 있는 인재양성의 장으로 탈바꿈해야 한다. 그렇다고 대학의 사명을 도외시하자는 것은 아니다. 대학의 본래적 사명인 지식과 진리탐구의 장이라는 의미를 되새기면서도 대학이 현실과 변화를 고려하는 자세가 필요하다. 정부 또한 지역대학이 발전하고 재경대학과 상생 발전할 수 있는 정책적 방안이 무엇인지 실천계획을 내놓아야 한다.

14. 불효자는 웁니다

옛날 중국의 한 지역에 한 노인이 까마귀들이 지저귀며 먹이를 물고 어디론가 가곤 하는 모습을 유심히 지켜 보았다. 노인은 까마귀들이 나무위 둥지에서 털이 수북하게 빠진 늙은 까마귀들에게 먹이를 주곤 하는 모습을 지켜봤다. 먹이를 되먹이는 습성을 반포(反哺)라고 한다. 부정적 이미지를 갖고 태어나 천대받던 새인 까마귀들이 자기를 낳아준 부모새를 극진히 봉양하는 모습에 감동받았는데 반포지효(反哺之孝)란 고사성어가 여기서 나왔다. 원래 까마귀는 두 달 동안 부모새들의 정성으로 자라는데 그 후 부모새는 새끼들에 버림받지 않고 효도를 받는다고 한다.

효도에 관한 고사성어로서 반의지희(斑衣之戲)란 말도 있다. 늙어서 효도하는 것을 말하는데 중국 초나라의 '노래자'라는 사람이 칠십살에 늙은 부모님을 위로하려고 색동저고리를 입고 어린아이처럼 뛰고 기어 다녔다는 말이다.

혼정신성((昏定晨省))이란 말도 있다 밤에는 부모의 잠자리를 보아 드리고 이른 아침에는 부모의 밤새 안부를 묻는다는 뜻으로, 부모를 지극 정성으로 모시고 효성을 다한다는 말이다. 조선시대 율곡 이이는 어머니가 일찍 돌아가셔서 새엄마 밑에서 자랐다고 한다. 그러나 계모는 얼마나 독했는지 율곡은 아침마다 저녁마다 흐르는 눈물이 마를 줄 몰랐다. 그래도 아침 저녁 문안 인사하고 계모를 향한 지극한 정성과 효도는 이루 말할 수 없을 정도였다. 계모는 죽을 때 율곡의 손을 잡고 자신의 모짐을 한탄하고 율곡이 보여준 효도에 눈물을 흘렸다고 한다. 이와같이 부모의 효도와 공경은 한국 사회를 지키는 바른 가치관이고 예도 이자 법도였다. 사농공상 누구나 지켜야 할 수기치인의 원리로서 유교사상의 으뜸가는 도덕 가치였다. 그러나 오늘날 이러한 효와 윗사람에 대한 공경과 예절은 식어가고 사라져갈 운명에 놓여 있다. 최근 부모를 모시지 않겠다고 제주도 여행을 가서 치매어머니를 놓고 가는 젊은이들이 증가하고 있다. 제주 경찰에 이런 사고는 자주 일어나곤 한다. 부모가 자식 낳아주고 애지중지 길러 준 부모님의 참사랑을 어찌 알겠는가?

풍수지탄(風樹之歎)이란 말이 있다. 공자(孔子)가 길을 가는데 어디서 몹시 애처롭게 우는 소리가 길에서 들렸다. 공자가 울고 있는 사람에게 까닭을 물었다. "상을 당한 것도 아닌데 어찌 그리 슬피 우소?" 그러자 이 사람 "저에게는 세 가지를 잃었는데, 공부만 하고 제후에게 유세하느라고 부모를 뒤로 했고, 두번째는 내 뜻을 고상하게 하느라 임금을 섬기는 일을 등한시 했습니다. 나무가 조용히 있고 싶어도 바람이 그치지 않고, 자식이 봉양을 하려 하지만 부모는 기다려 주지 않습니다(樹欲靜而風不止). 한번 가면 쫓아갈 수 없는 것이 세월이요, 떠나가면 다시는 볼 수 없는 것이 부모님입니다" 하고 한탄하며 그 자리에서 죽고 말았다고 한다. 공자가어(孔子家語)에 나오는 말이다.

지난 주 국회는 부모가 자녀에게 재산을 증여한 경우 자식이 부양 의무를 소홀히 하면 이미 넘겨준 재산을 돌려받을 수 있도록 하는 내용의 민법 개정을 추진하기로 했다고 한다. 법무부도 2013년 같은 내용의 민법 개정안 시안을 만들었다고 한다. 우리나라 민법 556조는 부모가 자녀에게 재산을 증여하기로 약속한 경우 '자녀가 부모에게 범죄행위를 하거나 부양 의무를 이행하지 않을 때는 증여를 해제(취소)할 수 있다'고 돼 있다. 그러나 558조는 '증여를 이미 이행한 때는 취소할 수 없다'고 한다. 만약 이법 개정안이 시행된다면 증여

절차가 끝나도 재산도 돌려받을 수 있다고 하니 부모재산에 눈독을 들이는 패륜아들에게는 정신이 반짝 드는 뉴스임에 틀림없다. 작년 부모 학대건수가 5772건에 이르고 있다고 한다. 부양은 못할망정 까마귀만도 못한 인간 파탄자들이 너무 많다는 사실에 놀랄 따름이다. 또한 부양료소송도 2001년 60건에서 작년 262건으로 증가했다고 한다. 부모 자식 간의 패륜이나 학대행위를 법이 단죄한다는 것은 인간 세상에 슬픈 일임에 틀림없지만 그렇다고 방치할 수 만은 없지 않은가. 자식들이 부모에게 효도를 강제할 수 없지만 여기저기서 벌어지고 있는 불효를 법으로 단죄해야 하는 세상에 살면서 씁쓸한 마음을 지울 수 없다.

15. 이승만 건국 대통령인가

올해는 이승만(李承晚) 전 대통령이 미국 하와이로 망명하여 서거한지 50년이 되는 해다. 그는 4·19혁명이 발발하자 대통령직에서 하야하고 미국 하와이로 떠났다. 1965년 7월 19일 하와이 현지의 요양병원에서 쓸쓸히 세상을 하직했다. 죽기 전 이승만은 "조국 땅 다시 밟고 죽는 게 소원"이라며 유언아닌 유언을 남겼다. 최근 우리나라학계나 시민단체에서 이승만 재평가작업이 백가쟁명식 불을 지피고 있다. 사실 우리가 중·고등학교에서 배운 이승만은 김구 선생과 함께 일생을 독립운동에 바쳤고 대한민국 헌법의 기초를 닦았고 한미동맹이라는 자유민주체제를 기초했다는 것이다. 그런데 그가 독재자로 낙인받고 국부로서 예우와 추앙을 받지 못하고 있으니 이것이야말로 불행이라고 본다. 대한민국을 건국한 대통령으로 자리매김하려 하지만 재야나 시민단체 야당에서는 이와 정반대로 대척점에 서 있다. 그는 어떤 인물이기에 이렇게 논란이 많은가? 미국의 조지 워싱턴,터키의 케말파샤, 중국의 모택동,이집트의 나세르 등 나라의 건국을 위해 힘쓴 이들은 국민들이 당연하게 국부로 생각하고 존경하고 있는데 대한민국의 초대대통령을 지낸 그는 이렇듯 논란 대상이 되고 있다는 것 자체가 불행이다. 그가 욕먹는 이유는 다음과 같다. 먼저 그가 6.25 전쟁 발발시 국민에게 안심하라고 방송하다가 자신은 부산으로 먼저 피난갔고 나중에는 일본망명설을 요청했다는 설이다. 이미 국영 방송 KBS가 '이승만 정부, 한국전쟁 발발 직후 일본 망명 타진'이라는 보도로 기정사실화 했다. 그는 또한 해방 후 극심한 좌우대립의 상황에서 자신과 정치적 반대세력들을 감시하고 통제하기 위해 권력을 휘둘렀다는 점이다. 국가보도연맹을 조직했다든지 김구암살의 배후가 이승만이라는 설이 난무했다. 또한 12년간 집권하면서 이기붕과 함께 독재를 행하고 4·19혁명시 학생들을 총칼로 진압한 인물이라고 비판하고 있다.

그의 이러한 반대세력의 주장에 대해 건국대통령 이승만 기념사업회라든지 우호적인 이승만 재평가 측은 즉각 반대논리를 펴고 있다. 그야 말로 진정한 건국대통령이라고 주장하며 그 역사적 공로를 인정해야 한다고 한다. 첫째, 계몽운동이다. 그는 1895년 말 미국에서 돌아온 서재필이 배재학당 내에 협성회를 조직하자 이에 가담하였고 협성회회보와 매일신문을 창간하여 그 주필과 사장직을 맡아 언론인으로서 그 역할을 다했고, 독립협회 산하의 만민공동회를 통해 부패·무능한 정부를 비판하고 독립·민권사상을 고취하는 등 민중계몽에도 앞장섰다고 한다. 둘째,독립운동이다.

1945년 8월 광복 후 귀국한 이승만은 독립촉성중앙위원회 총재,

대한국민대표민주의원 의장, 민족통일총본부 총재 등을 역임하면서 미·소 등의 신탁통치안 반대, 좌우합작 반대, 미소공동위원회 참가 거부, 김구·김규식 등의 남북협상 거부 등 반탁과 반공노선을 견지했다. 셋째, 건국운동이다. 1948년 5월 남한에서의 총선거가 실시되고 제헌국회가 구성되자, 그는 초대국회의장에 선출되었다. 이승만은 국회의장으로서 대통령 중심제 헌법을 제정하는 데 결정적인 역할을 하였다. 넷째, 봉건제 타파다. 초대 대통령으로서 그는 농지개혁을 단행하여 농민들의 불만을 해소하고, 의무교육제를 도입하고 각급 학교를 증설하여 전 국민의 교육수준을 높이는 한편, 국내의 공산주의운동을 분쇄하고, 일본에 대해서는 강경외교를 견지하였다. 다섯째, 반공운동이다. 이승만은 결단력과 리더쉽으로 공산주의를 물리쳐 한미동맹을 굳건하게 했는데, 6·25전쟁이 발발하자 그는 대미외교를 통하여 미군의 신속한 개입, 파병을 실현시키고 유엔군의 도움을 얻어 공산군을 격퇴하였다. 전쟁중 무력통일을 실현시키려했던 그는 국토가 분단된 상태에서의 휴전협상에 강력히 반대하다가 1953년 6월 남한 각지에 수용되어 있던 반공포 2만 7,000여 명을 유엔군 측의 사전 양해 없이 석방하였다. 여섯째, 한미동맹을 굳건히 했다는 점이다. 휴전협정이 조인되자, 미국이 한국과 상호방위조약을 체결한다는 조건으로 이를 수락하고 그 조약을 실현시킴으로써 휴전 후 한국에 대한 미국의 군사지원을 확약받았다. 이와같이 그는 초대대통령으로서 그 역할과 책무를 다했음에도 또 국부로서 당연히 예우해야 하는데 그렇질 못하고 있다. 이승만이 건국대통령으로서 재평가받기 위해서는 그의 공과를 정확하고 심도있게 분석하여 그가 현대사의 한 획을 이끈 초대대통령으로 인정받아야 한다. 가족이 뿌리가 있듯 뿌리가 없는 국가가 어디 있겠는가? 부끄러운 일이다. 하루빨리 정부, 정계, 학계, 시민단체가 역사적 검증을 통해 그의 공을 기리고 과를 겸허하게 수용하여 현대사의 크나큰 쟁점이라 할 수 있는 이승만 굴곡을 새롭게 정립해야 할 것이다.

16. 신경숙

1956년 이어령 교수는 5월 6일자 한국일보에 기고한 '우상의 파괴'에서 '우상화된 문단 원로를 파괴하고 그 숭배자들은 각성하라'고 기성문단을 비판한 적이 있다. 그 후 문학 원로를 공격하는 글은 자취를 감췄다. 그 후 우리 문단은 문단권력, 산업출판메커니즘, 기성문인들이 그들만의 견고한 성을 쌓아 비판이 있어도 무너지지 않는 잔치를 벌였다. 평론의 입김은 더 이상 힘을 발휘하지 못했다.

작가 신경숙은 전라북도 정읍출신으로 16세에 서울행 야간열차를 타고 공장을 다니며 야간산업체 고등학교를 다니며 창작의 열의를 다졌다. 그녀는 수많은 베스트셀러 작품을 발표했고 전 세계적인 작가로 알려졌다. 특히 '엄마를 부탁해'는 여러나라에서 번역되어 발간 되었다고 한다. 우리나라에서도 200만부라는 경이적인 판매고를 올렸다. 장래 한국을 대표할 신 작가는 장래 노벨상도 도전할 정도로 문단에서 기대하였다. 그런데 최근 신 작가를 고발한 이응준 시인은 지난 16일 허핑턴포스트 코리아를 통해 신경숙의 단편소설 '전설'(1996)의 한 대목이 미시마 유키오의 단편 '우국'(1983)의 일부를 표절했다고 주장했다. 신 작가는 일본작가 미시마 유키오의 우국을 표절하여 검찰 고발까지 당했다. 우국이란 작품은 1983년 주우라는 일본 출판사에서 발표된 것인데 중일전쟁 당시 일본군 장교의 애정 소설이라고 할 수 있다. 그런데 이 우국이란 작품을 신 작가는 '전설'이란 그녀의 작품에다 표절을 하여 십자포화를 당하고 있다.

신 작가는 23일 경향신문과 인터뷰에서 "문제가 된 미시마 유키오의 소설 '우국'의 문장과 '전설'의 문장을 여러 차례 대조해 본 결과, 표절이란 문제 제기를 하는 게 맞겠다는 생각이 들었다"고 말하며 "아무리 기억을 뒤져봐도 '우국'을 읽은 기억은 나지 않지만, 이제는 나도 내 기억을 믿을 수 없는 상황이 됐다"고 특유의 화법을 동원해 가며 사과하고 그 사실을 인정했다. 이미 지난 2000년 문예중앙 가을호에서는 정문순 평론가도 이 문제를 거론한 적이 있다. 정 평론가는 "일제 파시즘기 동료들의 친위쿠데타 모의에 빠진 한 장교가 대의를 위해 자결한다는 '우국'의 내용과 한국전쟁 때 한 사내가 전쟁터에 자원입대해 실종되는 '전설'은 남편들이 국가를 위해 목숨을 버릴 때 남은 아내들의 선택에 초점이 맞추어지는 점에서 주요 모티브부터 유사하다"고 주장했다. 또한 "10여 개의 비슷하거나 거의 동일한 문구는 물론이고 남편의 죽음이나 참전을 담담하게 수용하는 아내의 태도, 역순적 사건 구성, 서두에 역사적 배경을 언급한 전개 방식 등의 유사성은 우연의 일치나 영향 관계로 해석될 여지를 봉쇄해버린다"고 제기했다.

외국의 유명 언론사인 뉴욕타임스도 <엄마를 부탁해>로 한국에서 가장 유명한 소설가 중 한명인 신경숙씨가 동료 작가에 의해 표절 의혹을 보도했고 월스트리트저널도 신씨의 표절 파문과 사과 소식을 전했다고 한다.

특히 일본의 우익언론 산케이신문은 "한국의 저명한 여성작가인 신경숙이 미시마 유키오의 작품 '우국'의 문장을 훔쳐 쓴 사실을 사실상 인정해 한국 내 파문이 확산되고 있다"고 비난했다. 앞으로 이 문제를 어떻게 해결해야 하는가?

먼저 문인들의 표절 가이드라인을 만들어 표절행위가 다시는 발을 붙이지 못하도록 해야 한다. 표절은 사기행위고 절도행위라고 할수 있다. 순수한 창조행위를 파괴하는 기만적인 이런 행태는 반드시추방되어야 한다. 윤리규정이라든지 처벌규정을 만들어 이를 어겼을때에는 제재를 가하도록 해야 할 것이다.

두 번째는 문단이나 문인협회 등에서 이 문제에 대해 공론의 장을만들어 어떤 결의나 자정이 있어야 한다. 문인들의 문제에 대해 아무런 반응도 없고 대충 넘어가려는 행위는 문단권력의 기득권층 강화라고 볼 수 밖에 없다. 협회차원의 노력이 필요하다고 본다. 세 번째는 이번 사태를 계기로 출판사들의 상업적 마케팅에 제동을 걸어야 한다. 출판사들이 돈벌이 되는 작가는 지원하고 그렇지 못하는작가나 신진들은 출간도 꺼리는 풍토를 바로 잡아야 한다. 유망한문학 기대주들을 배출하고 지원하도록 출판 산업들이 나서야 할 것이다. 이번 신 작가의 파문을 계기로 문인들의 독자에 대한 책임의식 제고가 더 한층 필요하며 권력에 급급한 문단과 출판사들의 비합리의 치부를 도려내는 기회가 되어야 한다.

17. 스승의 날

1963년 강경여자고등학교 학생들은 병환으로 누워계신 선생님들을 방문하여 위로와 간호를 한 것을 계기로 시작된 스승의 날은 그동안 불신과 부침을 겪으면서 기념의 날로 자리잡았다. 스승의 날은원래 5월 26일인데 1965년 '적십자중앙 학생협의회'에서 세종대왕

탄신일인 5월15일로 변경하였다.1973년 박정희 정부하에서는 서정 쇄신이라는 명목으로 사라졌다가 1982년 전두환 정부에서 다시 부활되었다. 학생들이 스승을 찾아 그 은혜와 사랑을 추억하고 감사를 나누는 풍습은 정말 아름답고 좋은 본보기라고 볼 수 있다.

미국도 매년 5월 첫째 화요일을 교사들의 감사주간(Techer Appreciation Week)으로 하여 그 고마움을 표시하고 있고 대다수 나라들도 스승의 날을 기념하고 있다.

우리나라는 그동안 일부초등학교에서 적지 않은 촌지나 격려금 명목으로 학부모들이 교사에게 선물을 주고 물의를 빚어 한 때 사회적 이슈가 되고 돈받은 교사들이 징계받는 경우도 나타났다. 물론 학부모들은 순수한 마음으로 감사를 표시하기도 하고 또한 자기 자식 챙겨주길 바라며 선물을 줄 것이고 이것을 받은 교사들도 부모의 부탁이나 선물을 받은 처지라 특정아이에게 관심을 갖지 않을 수 없는 것이 인지상정이라고 볼 수 있다. 그러니 많은 학부모들이 선물 보따리를 들고 찾아간다. 우리나라는 선물문화가 유독 발달하여 그냥 맨손으로 가기에는 뭔가 이상하고 아무것도 없이 방문하면 예의가 없다고 손가락질 한다. 이런 선물문화는 결국 부패문화로 자리잡게 되고 우리나라의 고질적인 행정부패의 부패친화적 풍토를 조성하게 만들었다. 그렇다고 학부모나 제자들의 정성이 든 선물을 뿌리치기가 쉽지 않다. 미국도 50달러 이상은 받지 않고 20달러 내외로 선물을 하고 있다고 한다. 우리나라 공무원행동강령에는 경조사에 5만원 이상을 받지 못하도록 규정했다. 또한 식사는 3만원 미만이라고 한다. 그러나 10여년 전에나 만든 이런 법규가 지금도 지켜지고 있는지 의문이다. 이 규정을 넘어서서 모든 교사들을 범법자로 만들기보다는 스승의 날도 선물규정을 만들어 교사들이나 학부모들이 적정한도를 준수하고 그 기념의 의미를 다져야 할 것이다. 또한 스승의 날을 계기로 교원들의 사기진작과 사회적 지위향상을 법제도적으로 정착하게 하여야 한다.

요즘 교권은 추락되고 학생들이나 학부모들도 교사들 대하는 태도나 인식이 상당히 우려할 만한 수준으로 저하됐다. 이 원인은 무엇인가? 먼저 교육의 정책이나 철학이 학생들의 인성교육이나 윤리제고가 아니라 성적만이 최고라는 사회적 룰이 지배하여 몰인정 비합리 윤리성 파괴가 형성되었다. 우리나라의의 전통윤리는 지켜야하는데 배금주의, 권력만능주의, 출세주의, 극단적 이기주의가 판을 치고 있다. 스승은 부모와 군주와 한 몸이라는 군사부일체라는 말은 어디로 간 것인가? 제자들을 바로 가르치기 위해서 교사들은 학교당국은 어떻게 해야 하는가? 정말로 신중하게 고민할 때다. 영국최고의 귀족들이 다니는 이튼 스쿨은 아직도 회초리로 체벌을 하고 있다고 한다. 우리는 체벌금지규정으로 또 학생인권이라는 명목으로 교사가 회초리를 든다면 학부모가 고발하는 세상이니 교육이 황폐화되고 있다. 교육현장에서는 교사들이 중심을 못잡고 있다. 우리나라 교육계가 이념이나 정치투쟁으로 변질되어 갈피를 잡지 못하고 있다. 일선학교 교장은 교사들의 노조로 눈치보기에 급급하다. 교사들도 정부탓 만 한다. 초등학교나 중고등학교에서 바른 인성교육과 효나 경로사상을 가르치지 않으면 대학에서 사회에 나가서 언제 무엇을 배우고 부모를, 어른을 공경하겠는가? 정부의 교육정책의 근본적 변화와 개혁이 필요하다. 교사들이 교육윤리가 정립되도록 노력해야한다. 바른 학생윤리와 가치관의 형성을 위해서 한국의 교육철학이 바뀌어야 한다. 언제까지 성적만능주의에 머무를 것인가? 성적이 좋아 좋은 대학가고 좋은 직장 잡아도 인성이 그릇되고 이기적 자아만 지배한다면 그들이 사회의 엘리트라고 할 수 있겠는가? 이를 위해 정부는 교육정책을 혁신해야 한다. 무엇보다 중요한 것은 교사들의 교권확립이 형성되어야 한다. 교사들의 처우도 많이 나아졌다고 하지만 아직도 부족하다. 모든 선생님들께서 교직이 천직으로 생각하도록 우리가 지지하고 성원하자. 학생들의 관심과 고민을 같이 공유하고 정말 친자식처럼 사랑하며 바른 길로 인도해 나가도록 우리 모두 노력한다면 우리교육도 일취월장 달라질 것이다.

18. 대학의 경쟁력

21세기 무한경쟁시대에 있어 대학의 역할과 사명은 그 흐름과 변화에 엄청난 도전에 직면해있다. 대학은 그동안 국가사회에 많은 기여를 해 왔다. 대한민국이 압축성장을 통해 선진국의 문턱에 다다른 것도 대학의 인재배출과 연구능력이었다고 본다. 그러나 한편으론 대학이 시대정신에 뒤쳐져 있다는 비판을 받고 있고 환경변화와 적실성있는 지식정보를 제공하지 못한다는 기업들의 하소연도 있다.

전통적으로 대학의 사명은 교육과 연구를 통해 인류발전의 초석 역할을 해 왔다. 또한 대학이 사회봉사의 역할을 충실히 함으로써 사회와 국가에 헌신과 실천적 인재를 배출하는 것도 중요한 사명이라고 본다. 최근 우리나라는 대학의 부실화, 학령인구의 감소로 인한 유령대학의 증가, 취업률 제고로 인한 대학의 학원화 등 많은 문제를 발생하고 있다. 이를 위해 교육부 나름대로 대학교육의 경쟁력을 강화하기 위해 입법화 작업을 하고 있는데 이것이 대학구조개혁법이다. 교육부는 올 임시국회에서 이 법률안을 통과하여 가을부터 전국의 모든 대학을 구조 조정하겠다는 방침이다. 그래야 대학이 나름대로 경쟁력을 갖추고 창조경제를 구현하는 기능을 할 것이라는 예측이다. 극심한 저출산 고령화사회에 접어든 한국 사회에 있어 대학생이 없다면 어떻게 될 까? 이런 우려는 현실로 다가온다. 2023년에 이르면 고졸자가 40만명인데 지금처럼 대학입학정원이 57만명 가량 된다면 많은 대학들이 학생없는 유령대학이 될 게 뻔하다. 따라서 대대적인 구조조정과 학과조정을 통해 대학개혁이 필요하다는 게 중론이다. 그러나 대학들은 구조개혁의 칼날을 피하려고 온 갖 전략을 짜고 있다. 그래서 요즘 전국의 대학들이 구조개혁평가에 대비하여 몸살을 앓고 있다. 어떻게 하면 구조조정에서 살아남을 수 있느냐 하는 대학들의 고민이 날로 커가고 있다. 이번 구조개혁법에 의하면 교육 여건이나 성과, 학사 관리, 학생 지원 등으로 구성되어 있다. 또한 학생들의 취업률이나 성적의 상대평가도 포함됐다. 지방 대학들은 사실 취업도 어려운 마당에 학생들의 성적도 상대평가로 낮게 주어 학생들이 불만도 높다. 교수들도 학생들의 취업을 위해 동분서주하고 있다. 필자도 작년 3명의 학생들을 취업시켰는데 마음 고생도 컸다. 연구는 뒷전이다. 문제는 연구항목이 평가항목에서 빠져있어 교수가 연구를 게을리 할 수밖에 없게 된다는 것이다.

국가경제가 살고 대학이 살려면 과학기술 등 연구능력이 중요하다. 한 사람의 천재가 수백만명을 먹여 살린다고 한다. 그만큼 부가가치가 큰 과학기술의 연구가 대학에서 활화산처럼 폭발해야 한다는 것을 정부도 인식해야 한다. 인문학의 고사라는 말도 사실 연구능력을 하찮게 여기는 우리사회 풍토의 결과이다. 연구의 기초가 인문학이고 인문학의 뒷받침이 있어야 형이하학의 발전이 오지 않겠는가?

이번 구조개혁법이 서울 소재대학을 살리고 지방대학이 불이익이 되지 않을까 하는 우려도 많다. 이명박 정부때 부실대학 퇴출이라는 극약처방을 했지만 다시 원점으로 돌아갔고 부실대학 지정을 해제하여 연명시키는 정책을 씀으로써 대학의 경쟁력 강화가 퇴색됐다. 앞으로 대학이 살고 국가경쟁력 강화를 위한 길은 무엇인가? 먼저 평가항목의 객관적인 지표가 필요하다. 정성평가·정량평가 방식의 구체화와 투명화가 마련되어야 한다. 학생들이나 교수들의 연구시설, 학생시설도 중요하다. 도서관,기숙사 등도 중시해야 한다. 학생들이 얼마나 좋은 환경에서 공부할 수 있는가 하는 것은 학부모들의 바람이다. 두 번째는 부실대학은 퇴출하되 경쟁력있는 지방대학은 선별하여 집중 지원해야 한다. 지역균등발전전략에 따라 지방대학을 육성하는 것은 필요하다. 그러나 부실 지방대학까지 살려줄 필요는 없다. 학생이나 학부모 국가에 큰 피해를 끼치는 부실대학을 정리하는 것이 먼저다.

세 번째는 전문대학의 4년제화 같은 지방대학육성정책은 근본적인 대학발전을 저해한다고 본다. 전문대학의 본래 목적은 전문기능인을 배출하는 것인데 4년제와 별반 다르지 않게 수업연한이나 늘림으로써 구조조정의 여파를 피하려한다면 산업현장에 필요한 전문인은 누가 담당한단 말인가? 고비용 취업교육으로 학생들만 고통을 주고 고등교육정책의 혼란을 가져온다면 지방대학이나 전문대학은 모두 도태되고 말 것이다. 국회와 교육부는 대학의 순기능을 인식하되 역기능이 무엇인지 진지하게 고민해야 할 것이다.

19. 어린이 학대

　"하늘의 무지개를 보면 내마음 뛰누나... 어린이는 어른의 아버지 (My heart leaps up when I behold A rainbow in the sky..The child is Father of the man)" 일찍이 영국의 낭만파시인 워즈워즈는 무지개(Rainbow)에서 이렇게 갈파했다. 아직 때묻지 않은 순수, 그 자연 그대로의 모습이 마치 신처럼 경외감을 지녀서 어른의 스승이 된다는 역설적 의미라고 할 수 있다. 그러나 우리의 현실은 참담하다. 과거 복건복지부가 발표한 자료에 따르면 아동학대는 아버지만 있는 가정에서 많이 발생하고 학대받는 아동의 나이는 10~12살(24.3%)과 7~9살(24.1%) 등 초등학교 학생들이 절반을 차지하고, 4~6살 (16.3%), 13~15살(15.1%) 등 이었다고 발표한 적이 있다. 심지어 1살 미만 유아도 3.7%나 된다고 발표한 적이 있다. 이들의 학대는 친아버지가 대다수라고 한다. 또한 아동학대 유형으로는 방임(35.9%)과 정서적 학대(29.2%), 신체 학대(27.5%)이고 성 학대(4.6%)나 유기(2.8%)도 있다. 한편, 여성부 산하 해바라기아동센터의 자료를 보면 성폭력 피해어린이를 분석한 결과 7살 이하가 전체의 53%, 8~13살이 40%, 14살 이상이 3%의 순으로 나나났는데 여아가 아닌 남아도 전체의 10%를 차지했다고 한다. 이들 성폭력피해 학대 유형은 피해자에게 성적 수치나 혐오감을 느끼게 한 추행이 65%, 폭행 또는 협박에 의한 강제추행이 16%, 항거불능의 상태를 이용한 강간이 7%였다고 한다. 캐나다 일간지 내셔널포스트에 의하면 부모에게 매질을 당한 어린이는 애완동물에게 폭력등으로 학대하거나 애완동물을 지저분하게 방치하는 특징을 나타난다고 한다.

　최근 인천이나 전국 모든 지역에서 어린이집 보육교사들의 아동학대로 부모들의 공분을 사고 있다. 아이 폭행도 성인들의 폭력과 별반 다르지 않을 정도로 심하게 행사하는 장면이 CCTV 동영상을 통해 보여졌다. 무지막지한 비윤리적인 보육교사의 행태에 국민들은 분노와 황당함을 느꼈다. 전국 어린이집이 4만 4천여개 가량 된다고 한다. 이곳에서 매년 약 200여건 가량 아동학대 사건이 발생하고 있다고 한다. 이번에 발생한 인천은 빙산의 일각일 정도로 전국적 보편 현상이라고 한다. 왜 이런 학대가 끊이지 않는가? 먼저 보육교사들의 비윤리와 비 인성,가치관의 혼재탓이라고 본다. 아이들을 가리키는 직업은 소명의식과 가치관이 매우 중요하다. 자질을 검증하지 않고 형식적으로 학원이나 인터넷으로 자격증을 받아 취업하다보니 따뜻한 인성을 언제 기르고 베풀수 있겠는가. 보육자격증이 100만여 명에 이른다고 하는데 쓸모없는 장롱면허로 전락해 버린 것이 아닌가 하는 생각이 든다. 보육교사부터 대학교수까지 아동이나 학생들을 가리키는 직업은 가치관과 윤리가 정립되질 않고서는 교단에 설 수가 없다는 것을 직시해야 한다. 그러나 대한민국 교육윤리는 붕괴되어 이런 것이 중요하질 않다. 그저 직업으로서, 월급받는 직장으로만 생각하지 헌신과 봉사 천직의 자세는 온데 간데 없다.

두 번째는 정부의 잘못 탓이다. 현재 전국 4만 3700여곳의 어린이집 중 정부의 평가인증을 받은 곳이 3만2500곳이나 된다고 한다. 거의 모든 곳이 평가인증을 받았다고 볼 수 있다. 평가인증이 양적평가에 그쳐서 안전시설이나,교사대 아동비율, 화장실 등 시설의 상태만 보고 일정점수만 되면 평가인증을 하고 있어서 가장 중요한 교사 자질이나 원장의 사명감 같은 질 관리는 무용지물이 되고 있다. 이런 상태에서 보육은 정부보조금이나 받아 돈벌이 장사로 그쳐 버리고 만다. 심지어 어린이집까지 권리금이 붙어 매매 양도한다고 하니 교육이 아니라 영업행위다. 우리나라 보육료가 정부규제로 자율책정하지 못하다 보니 적은 금액으로 많은 아동을 관리해야 하는 고충이 있고 열악하기 그지없다는 것은 이미 다 알려져 있다.

세 번째는 보육은 정부가 책임져야 하는데 보육료 지급이나 CCTV 설치가 전국적으로 균등하게 혜택을 받지 못하고 있다. 물론 프라이버시가 침해된다고 하지만 아이들 인권도 중요하고 교사의 비윤리적 행태를 보려고 하는 부모들의 응답적인 요구도 중요하다. 정부가 사설유치원보다 국공립유치원을 많이 건립하여 교육의 질적강화를 하는 것이 필요한데 다른데 돈쓰고 교육이나 보육에는 예산이 형편없다. 최근 국회어린이집이나 세종정부청사의 어린이집을 보면서 국민들은 정부의 이율배반적인 보육관리에 감정이 상했고 이럴 수가 있나 하는 배신감이 치민다. 국회직원들이나 관료들의 자식들에게는 콘도식 안락시설에서 편하게 지낼 수 있고 스마트앱으로 자기자녀들이 어떻게 지내는지 볼 수 있으니 서민들은 어떤 생각이 들겠는가? 그게 다 서민들이 낸 세금으로 예산편성하고 배정한 것이 아닌가? 우리 시민들은 언제 갑과 을이 하나 될 수 있나? 그런 세상을 꿈꾸고 만드는 것은 당연하고 자연스러운 것이 아닌가?

20. 교황의 공감리더쉽

이번 프란치스코 교황의 한국방문은 세월호 참사 여파로 하루 하루 고된 삶을 살아가고 있는 국민들에게 영적 충만과 에너지를 부여하셨다. 특히 교황은 낮은 자세로 겸양과 사랑의 삶을 실천하고 가난하고 고통받는 이들에게 따뜻한 위로의 말씀을 전파하셨다. 필자는 종교를 떠나 천주교 신자가 아니어도 높은 지위에 있는 그의 청빈과 소탈한 모습은 많은 국민들에게 감동을 주었다고 믿고 싶다.

하지만 이번 교황방문에 북한 인권에 아무런 말도 하지 않으셨고 아르헨티나식 경제관이 묻어있다고 다르게 보는 시각도 있다. 모 신문의 김순덕 칼럼을 보면 다음과 같다. "정부의 영리병원 허용, 금융규제 완화 같은 경제정책은 '경제적 살인을 하지 말라'는 교황의 가르침에 어긋난다고 좌파매체들은 지금 난리다. '고삐 풀린 시장경제는 새로운 형태의 독재'라는 교황 말씀에 딱 들어맞는다는 거다"라고 언급했다. 그는 "빈부격차가 극심한 조국에서 교황은 해방신학을 내놓고 지지하진 않았지만 가난한 이에 대한 착취를 비판하며 청빈을 실천했다"면서 "미워하면서 닮게 된 건지 페론주의의 영향을 받아 국가 역할을 중시하고 엘리트 공격 같은 포퓰리즘 수법에 능하다는 게 영국 이코노미스트지(誌)의 지적이다"라고 인용했다. 그러면서 "교황이 언급하는 차별과 배제, 불평등의 천박한 자본주의의 땅이 바로 여기임을 확인하게 돼 정부로선 좋을 게 없다"고 강조했다. 또한 또 다른 신문의 김진 기자의 칼럼은 다음과 같다. "교황은 '소외되고 고통 받는 자'에 대한 관심과 지원을 역설했다. 그렇다면 지금 지구상에서 가장 그런 처지에 있는 이들이 누구인가. 북한 주민 아닌가. 북한 주민은 폐쇄된 우상숭배의 나라에서 자유도 인권도 없이 하루하루 끼니를 걱정하며 산다. 종교라도 있다면 위안을 받건만 그런 건 꿈도 못 꾼다. 한국인에게는 더욱 비극적인 게 그들이 동포라는 사실이다. 그런 한국 땅을 밟았는데 교황은 왜 아무 얘기를 하지 않았는가. 북한 정권은 두려워하고, 주민은 힘을 얻으며, 세계인은 주목하는, 그런 '하나님의 정의'를 왜 말하지 않았는가"라고 교황방문을 비판했다. 그러나 이런 지적에도 불구하고 교황의 한국 방문은 정신적 치유가 소중했고 평화가 우선인 상황에서 그들의 외침은 상쇄됐다.

이번 교황의 한국방문에서 두드러진 특징은 충청도와의 인연이라 볼 수 있다. 음성,대전,서산 등을 방문하며 충청도 사랑을 전 세계에 알렸다는 사실이다. 대전 월드컵 경기장은 5만여명이 모였다고 한다. 그들에게 평화, 축복,정의의 길을 밝히셨다는 것은 매우 시사하는 바가 크다.

음성 꽃동네에 방문하여 장애우 어린 아이들을 어루 만지며 기쁨을 주신 것도 놀라울 따름이다. 손가락을 빨고 있던 갓난아기의 입속에 교황 자신의 손가락을 넣어준 장면은 아이들에 대한 사랑을 느끼게 했다. 장애우 아이들이 준비한 율동과 노래에 감동받은 교황은 무슨 생각을 하셨겠는가. 버려진 장애 아이들을 키우고 그들의 상처를 보듬은 교황과 꽃동네의 사제들을 보며 국민들도 소외 받는 내 이웃들에게 한번쯤 관심과 지원을 해주고 싶은 심정일 것이다. 차를 멈추고 아기들을 축복했으며, 무릎 꿇고 자신을 맞는 신부와 수녀들을 일으켜 세우는 등의 모습은 공감하는 리더로서, 아름다운 권위 그 자체다. 세속에 물들고 권력과 야합하고 금권주의의 상징이 돼버린 한국종교에게 성찰할 시간을 주게 만든다. 교황은 또한 충남 서산시에 있는 해미읍을 방문했다. 해미읍성과 해미순교성지를 방문하여 평화의 기도를 올린 것이다. 이번 해미읍성 방문은 전 세계의 주목을 받았다고 한다. 이미 서산시는 해미성지를 관광산업단지로 조성하려고 준비하고 있다고 한다. 즉, 역사적인 교황방문의 해미성지를 칠레 산티아고 순례길 마냥 표지판과 스탬프를 설치하고 도로 시설물들을 보완하고 개발해 세계적인 관광명소로 만들겠다고 한다. 또한 세계문화유산등록 등으로 전 세계에 알린다니 이것이야말로 충청도의 축복 아닌가 하는 생각이 든다. 교황은 젊은이들이 기쁨과 확신을 되찾고, 희망을 빼앗기지 않기를 간절히 바라면서, "복음이 주는 희망은 외적으로는 부유해도 내적으로 고통과 허무를 겪는 사회 속에서 암처럼 자라나는 절망의 정신에 대한 해독제"라는 말씀을 전하셨다.

이번 한국방문에 교황은 갈등을 해소하고 겸손과 화해와 소통을 그리고 정신적 승화를 위해 기쁨의 에너지를 기름부으라는 메시지를 온 국민들에게 주셨다고 확신한다.

21. 밴드 오브 브라더스를 보고 배워라.

지난 4월 미국 4전투여단은 주둔지인 켄터키주 포트 캠벨에서 마지막 열병식을 치렀다. 병력 조정의 일환으로 해체하였고, 미국의 아프가니스탄 전략이 직접적 군사 개입에서 훈련과 자문 등 소극적 방향으로 전환함에 따라 4전투여단이 병력 조정 정책의 대상이 됐다고 한다. 미국 USA투데이는 4전투여단의 해체를 "미국 역사상 가장 긴 전쟁이 종언을 고하고 있다는 명확한 신호"라고 보도했다. 그런데 이 부대는 드라마 '밴드 오브 브라더스'(Band of Brothers)의 실존 부대인 미 육군 101공수사단 4전투여단이다. 미국 HBO에서 2001년 제작한 2차 세계 대전에 있었던 실화를 바탕으로 한 10부작 미니시리즈인데 스티븐 스필버그와 톰 행크스 등이 제작에 참여하였다. 드라마 내용 중 윈터스 후임으로 온 이지 중대의 다이크 중위는 승진을 위한 경력에 전투를 포함시키기 위해 온 장교일 뿐 매사에 소극적이고 안일한 대처로 중대원을 이끄는데 실패하였다. 교체하려고 하나 상부에 연줄이 있어 쉽지도 않다. 반면 후임으로 임명된 스피어스 중위는 뛰어난 지휘력과 용감하게 맡은 임무를 완수해 포이 탈환에 성공한다. 또한 립튼 상사 등 동료부대원의 전우애와 인간애가 훈훈한 감동을 주었다.

최근 윤일병의 사망사건으로 온 국민이 분노하고 있다. 가혹행위라든지 인권침해행위는 무슨말을 해도 변명이 되질 않고 있다. 특히 국방부나 군당국의 병사관리나 사건처리도 후진국이나 있을 법한 행태에 할 말을 잃는다. 이게 어찌 대한민국군대인가? 장교들은 어디에 있는지 알 수가 없다. 병사관리보다 자신의 승진이나 영달에 목메어 있는 한국장교들을 나무라기도 어렵다. 사회구조가 모두 이기주의, 한탕주의, 패거리주의에 얽메여 누구를 탓하고 누구를 욕하겠는가? 나라지키러 군대에 보낸 부모만 죄인이다. 병사들의 자살이나 가혹행위가 오래전부터 발생했는데도 어떤 대응방안이나 조치도 가시적인 정책 변화도 없었다는 것이 한국의 군 실태이다. 군 인권센터의 설문조사를 보면 병사 305명 중 '군대에서 구타를 당한 적이 있다'는 응답자는 8.5%였고 구타당하는 것을 본 적이 있다'는 병사도 17.7%로 2005년8.6%에 비해 두 배로 늘었다고 한다. '구타를 당했을 때 탈영 또는 자살하고 싶다'는 생각을 한 병사는 무려 34.6%였다. 이와 같은 원인은 명령일변도의 수직적 통솔방법에 기인한다고 본다. 군기강이라든지,군기율을 강조하고 이것이 해이해져 발생했다고 하지만 미국이나 이스라엘 등 선진국의 군 병영문화를 보면 명령보다는 민주적인 리더쉽이 더 효율성이 있다고 본다. 대한민국의 군 리더쉽은 일제때부터 내려와서 아직도 변화지 않고 있어 환골탈태가 필요하다는 지적이 많다. 두 번째는 군의 경직된 사고,국방행정의 폐쇄성 등을 지적하지 않을 수 없다. 남북간의 분단이라는 특수성이라든지 군기밀 등을 생각하면 당연하다고 보지만 사병들의 병영이나 생활관까지 비공개로 일관하고 소통이 막혀버리게 하는 구조는 범죄나 비리의 악순환을 키우는데 일보한다. 세번째는 군병사들의 가치관, 윤리, 자기 중심의 인성 등 정신적 사고를 군장교나 국방부가 따라가지 못하는 문화지체현상이 가속화되고 있다는 사실이다. 인터넷과 SNS를 즐기고 자유분방한 그들의 행태를 군대라는 틀안에 가두고 억압하려고 하고 복종과 단속만이 최선이다라고 교육시킨다면 누가 쉽게 수용하고 군생활에 적응하겠는가? 이제 늦더라도 고쳐야 한다. 민주군대로 거듭나야 한다. 경직된 소통체제를 개방체제로 바꿔야 한다. 구타나 가혹행위를 단죄하도록 군 형법체계도 고치고 민사손해배상도 강화하여야 한다. 활동이 중단된 군의 문사진상규명위원회를 상시 가동하도록 해야 한다. 무엇보다도 군의 정신교육, 군의 전투훈련은 더욱 강화해야 하지만 병영에서나 생활관에서는 개성을 존중하고 자유롭게 활동하도록 보장해야 한다. 휴대폰지급이나 군옴부즈만 제도도 긍정적으로 검토해봐야 한다. 군은 사기를 먹고 산다. 사기를 제고하려면 지휘관의 일방적 지시나 권위적인 언행보다 부하들을 자식처럼 인격체로 존중하고 상담하는 태도가 중요하다. 장병들은 '밴드 오브 브라더스'를 보고 배워라.

22. 청마예찬(靑馬 禮讚)

새해 갑오년(甲午年) 말 띠 해가 왔다. 역법으로는 음력 2월 4일 입춘이 갑오년 시작이지만 새해는 새해다. 세상을 질주하는 기세, 역동적이고 정력적인 말의 기상은 넘쳐흐른다. 갑오년은 푸른 말띠

해다. 십간 십이지의 방위에 의하면 갑과 을은 푸른색이다. 올 해 갑오년은 푸른 말이다. 내년 을미년은 푸른 양이다.

푸르고 짙은 연녹색은 젊음을 상징한다. 또한 말띠를 상징하는 한자는 '낮 오(午)'로서 시간으로는 오시(午時)라고 하여 하루 중 태양이 중천에 솟아 대지를 밝히는 오전 11시부터 오후 1시 사이를 가리킨다. 달로는 정오의 태양 높이가 가장 높아지며 뜨거운 열기를 뿜어내는 음력 5월을 의미하는데, 우리 조상들이 말을 십이지 동물 중에서도 가장 역동적인 동물로 인식하였다.

옛 중국의 춘추시대 제(齊)나라의 명재상이었던 관중(管仲)이 제환공(齊桓公)과 더불어 고죽국(孤竹國) 정벌에 나섰다. 출정 당시는 낙엽이 지는 늦가을 이었다. 그러나 전쟁이 끝난 것은 다음해 여름철이었다. 승전고를 울리면서 회군 중이었으나 온 산하에 초목이 우거져서 돌아갈 길을 찾기가 몹시 어려웠다. 길을 잘 못 들어 가다가 되돌아오곤 하는 경우가 많았다. 그 때 관중이 명하여 군마(軍馬) 중에서 늙은 말들을 골라서 앞세우게 했다. 늙은 말들은 지난 해 왔었던 길을 찾아 감으로서 부대의 회군(回軍)을 순조롭게 도울 수 있었다고 한다. 그 때부터 늙은 말은 왔던 길을 잘 찾아간다하여 노마식도(老馬識道)라는 단어가 쓰이게 되었다고 한다.

한자 4자성어중 마이동풍(馬耳東風)은 귀담아듣지 않는다는 것을 의미하며, 주마간산(走馬看山)은 사물을 예의주시 하지 않는 것을 의미한다. 우리가 살고 있는 사회는 정보화 사회이고 사람이 필요로 하는 신언서판(身言書判) 중 판단력이 중시되고 필요하다. 일을 시작하거나 진행하는 것도 가치판단력이 좌우한다. 가치판단은 객관적인 관찰과 이해력이 요구된다. 그런데 마이동풍이나 주마간산격으로 매사에 건성건성 임하거나 목표를 쉽게 포기하거나 임기응변식으로 대처한다면 비난받아 마땅하다는 것을 지적한 듯 하다. 우리나라에는 풍수지리를 거론 하지 않더라도 말과 관련된 지명은 상당히 많다. 대표적인 것이 마산, 마이산, 용마산, 천마산, 마령재, 마치, 마전, 마장 등이 있다. 충청도에도 말 지명이 164개 가량 된다고 한다. 말은 화의 기운이 강하고 생동감 넘치는 동물이다. 순발력과 에너지가 넘치고 탄력적 근육하며 주인을 섬기는 신의는 알아준다. 또한 말을 신성시한 경우도 있다. 조선 초기 유학자 신숙주는 말에 대해서 다음과 같이 갈파했다. "여러 용인듯 준마의 새끼, 하늘이 주셔서 내려왔도다. 풍운을 일으키고 뇌우 달릴제, 어허 준마여! 용의 벗일제, 살아서 신의 있고 죽어서 이름이 있다. 어허! 준마로고 용의 정일세"라고 말을 영물로 취급하고 신성시했다. 말의 지능은 5-6세 아이 정도라고 할 정도로 상당히 높다고 한다. 주역의 팔괘중에서 건괘(乾卦)가 있는데 상징동물로서 말이 하늘에 해당하고 날개달린 흰말은 하느님이 탄다고 여겼다. 또한 말을 제왕출현이나 신성한 영물의 징표나 하늘과 교통하는 동물로 여겼다. 삼국유사에 신라 박혁거세 탄생 설화가 있다. 부족국가인 경상도 중심의 변한은 경주지방을 중심으로 사로국을 만들어 촌장들이 다스렸는데, 어느날 우물가에 흰말 한 마리가 무릎 꿇고 있어 가보니, 자주빛 커다란 알이 있었고 사람들이 다가오자 흰말은 울음소리를 내고 하늘로 날아갔다. 그 후 촌장들이 알을 깨보니 옥동자가 태어났는데, 그가 세상을 밝게 한다는 박혁거세(朴赫居世)이다. 말띠해에 태어난 사람은 활달하고 한번 일을 추진하면 중도에 포기하지 않고 질풍노도와 같이 맹위를 떨친다고 한다. 목표를 향해 한 눈 팔지 않는다. 사교성이 있고 투지가 강하다. 인정도 많고 고집도 세다. 다혈질이고 신중한 측면도 있다. 성공한 사람들 가운데 말띠 사람이 많은 것도 이런 성격과 무관치 않은 것 같다. 갑오년 새해 우리 충북도민 모두가 대평원을 달리는 말의 웅대한 기상과 기운의 힘을 받아 복된 세상으로 전진하자. 그리고 충청의 양심 동양일보도 충청도의 미래와 발전을 위해 실사구시의 정론을 기대해 본다.

23. 부실대학 퇴출방안

올해 교육과학기술부는 대학입학 구조조정과 함께 부실대학도 발표하여 대학의 규모를 슬림화하는 작업을 단행하고 있다. 교육과학기술부는 예정대로 전국 345개 대학에 대해 취업률과 정원충원율, 재정건전성 등을 따져 부실을 가린 후 그 명단을 발표했는데, 실제로 대학 구조조정의 신호탄으로 여겨 그 파장이 매우 크다.

충청지역도 작년에 이어 올 해도 부실대학이 있으며 그로 인하여 소속 학생이나 교수, 교직원 등이 동요하고 있다고 한다. 일부대학은 평가기준이 획일적인데다 지방대 혹은 산업대 등 특성이 고려되지 않아 신뢰성이 의문이라고 불만을 표출하고 있다. 올 대학입학정원은 56만여명인데 2023년 이후 고등학교 졸업자는 40만명으로 졸업자 100%가 대학에 입학할 수 있고 16만여명을 채우지 못하는 유령대학이 된다는 사실은 그동안 우리 대학이 얼마나 양적팽창만 강조하고 교육의 질적 선진화가 이루어지지 않았다는 것을 단적으로 증명하고 있다. 현재 대학생 숫자는 295만여명이라고 한다. 우리나라 대학 이수율은 64%로 세계 1위인데 이는 대학간판이 인생을 좌우하는 한국사회의 고질적 학벌만능주의 탓이다.

원래 대학이 급팽창한 것은 김영삼 정부 시절인데 전국의 웬만한 신학대학이 4년제 일반대로 전환하였고 신설대학을 무더기로 인가해 준 탓이다. 현재 신설대학을 비롯한 많은 대학들은 이제 구조조정의 칼날에 치열한 생존의 방어전략을 세워야하는운명에 봉착하고 있으며 퇴출이라는 기로에 놓여있다.

이와 함께 대학이 전문가양성이나 기업에 맞는 인재를 배출하지 못하고 있는 교육이라든지 대학 스스로 과학기술의 연구능력기능이 부족한 측면이 있다.

앞으로 대학 구조조정은 국가경쟁력강화를 위한 연구와 혁신의 장이 되어야 한다. 이를 위해서는 다음과 같은 방안이 제기된다. 첫째, 교육과학기술부의 퇴출 및 구조조정이 납득할 수 있도록 과학적인 연구와 조사를 통하여 신뢰성있게 추진되어야 한다. 지방대나 산업대 일부 소규모대학에 불이익이 가서는 안된다. 대학구조개혁이 중요하지만 주먹구구식으로 정원을 정하고 퇴출대학을 선정해서도 안된다. 대규모, 중규모, 소규모 대학별로 나누어 대학의 전문성과 특성화를 고려하여 실시하여야 할 것이다. 둘째, 수도권대학과 지방대학의 차별이라든지 주관적 판단이 개입해서도 안되며 불균등한 추진이 되어서도 더더욱 안된다. 수도권대학이라서 대학관리가 우수하다고 볼 수 없다. 먼저 수도권대학과 대규모대학의 구조조정과 감축을 선행 실시하고 다음에 지방대학의 부실을 따져야 더 설득력을 지닐 수 있다. 지방분권주의를 표방하는 정부정책이라든지 지역균등발전을 도모해야 하는 지치단체들도 이제는 지역대학과 손잡고 대학발전을 위한 상생협력방안을 모색해야 한다.

셋째, 부실대학에 소속한 학생들이나 교직원들을 교과부가 나서서 구제방안을 강구해야 한다. 구조조정의 길은 결국 통폐합이다. 이들 학생들과 교직원들을 보호하기 위해서는 정부가 통합대학에 지원금을 제공하여 일정기간 자립기반을 구축하도록 협력하여야 하는데, 학자금대출이나 국가가장학금 대출을 우선적으로 배려하는 등 재정적 지원을 한다든지, 타 대학으로의 이직방안을 마련하여야 한다.

넷째, 부실대학이 문 닫기 쉽게 하기위해서는 퇴로를 열어야하는데 이를 위해 대학 설립자들이 학교법인 해산 후 남은 재산으로 장학재단이나 사회복지법인을 세울 수 있도록 한다든지 재정적 이익 방안을 마련함으로써 정부의 구조조정에 반발이 없도록 해야 한다. 학교를 세우기 위해서, 학교를 유지하기 위해서 그동안 과(過)도 있겠지만 공(功)도 만만치 않을 것이다. 대학경영자들의 교육에 대한 열정과 기여를 조금이라도 보상하는 것이 필요하고 이를 가능토록 사립학교법 개정안을 국회에서 입법하여야 한다.

대학의 구조조정과 부실 대학판정은 대한민국의 생존과 미래가 달려있는 문제다. 정확한 조사와 분석을 통해서 이루어져야 선량한 학생들과 학부모들의 피해를 최소화할 수 있다. 대학구조조정이 교각살우가 되지 않도록 엄정하고 객관적인 검증조치가 이뤄지길 바란다.

24. 역사교과서 왜곡의 비논리

일본 문부과학성이 검정 허가한 일본 교과서는 우리나라와의 관계를 왜곡 서술하여 시민단체나 언론에 의하여 신랄하게 비난받은 바 있다. 특히 일본 '산천출판'이 발행한 교과서를 보면 일본군 위안부 문제에 대해서 "전지에 설치된 위안시설에는 조선·중국·필리핀 등으로부터 여성들이 모아졌다"라고 기술하여 위안부의 강제성을 부인하고 자발적으로 참여했다고 왜곡 날조하였다. 또한 일본 '동경서적'이 출간한 교과서에는 "고대에 일본이 백제나 가야를 침략하여 한국을 지배했다"는 임나일본부설을 주장했다. 또한 '동경서적'이 출간한 교과서에 임진왜란도 "풍신수길(토요토미 히데요시)은 조선에 대하여 일본으로의 조공과 명으로 침공 시의 선도를 추구했으며, 조선이 이것을 거절하면서 1592년 풍신수길은 조선에 15만여 명의 대군을 보내 침략전쟁을 시작했다 "고 적어 임진왜란의 발발 책임을 조선의 비협조 때문에 발생했다고 강변했으며, 일제강점기 시"창씨개명도 장려했다 "고 하며 우리 민초들의 격렬한 반발을 삭제했다.

이와 같이 일본 교과서가 왜곡 날조한 사실을 보면 일본의 역사적 반성이나 책임은 아랑곳하지 않고 일본국의 미화에만 관심을 가졌고 이를 모르고 세뇌 학습하여야 하는 일본 학생들의 역사관이 삐뚤어질 수밖에 없다는 것은 자명하다고 본다.

최근 우리나라는 역사교과서 왜곡을 둘러싸고 여야, 좌우 이념대립이 갈수로 격화되고 있다. 교과서 검정을 통과한 교과서들은 한쪽에서는 사실왜곡과 오류로 심각한 문제가 있다고 지적하고 있으며, 또 다른 쪽에서는 대한민국 성립을 부정하고 북한 정권수립에 우호적인 기술이라고 비난하고 있다.

우리나라의 비상교육과 금성출판사 교과서는 "붉은 군대는 조선 인민이 자유롭게 창조적 노력에 착수할 만한 모든 조건을 지어주었다"는 해방 직후 소련군 사령관의 포고문과 "북위 38도선 이남의 조선 영토와 조선 인민에 대한 통치의 전 권한은 당분간 본관(本官)이 시행한다"는 미군 사령관 포고령을 나란히 실었으며, 이와 같은 편찬은 소련군은 인정많고 인민 친화적인 해방군, 미군은 권위적으로 군림하는 점령군이라는 인식을 학생들에게 심으려는 뜻으로 읽힐 수밖에 없다고 한 언론은 비판했다.

한국학중앙연구원 등 보수 성향의 집필진이 참여한 '교학사' 교과서는 정치권과 학계 일부로부터 인민재판을 방불케 하는 공격을 당했다고 한다. "유관순을 깡패라 썼다"라든지 "김구가 테러리스트다"는 유언비어가 사실이 아닌 것으로 밝혀지기도 하였다.

최근 한 여당실력자는 25일 자신이 만든 '새누리당 근현대 역사교실' 모임 마무리 발언에서 교학사 역사교과서 논란과 관련하여, 시중에 있는 7종 교과서의 현대사는 '부정사관'인 반면 교학사 역사교과서는 '긍정사관'이라고 주장했다고 한다. 이에 반대 당 정치인들은 "'좌파와의 역사전쟁'이라는 극우 사관을 보이더니, 한 발 더 나아가 이번엔 일본 극우파와 꼭 닮은 역사관까지 드러냈다"면서 "차라리 친일파임을 커밍아웃하라"고 비난의 포문을 날렸다.

사실이 아닌 왜곡투성이의 역사교과서를 수정하지 않고 계속 이어나간다면 이를 배우는 학생들의 왜곡된 가치관과 시민정신은 어떻게 할 것인지 상당히 의문이 든다. 이미 2017년 국사과목이 필수로 지정되어서 이를 학습하여야 할 일선 교사들은 어떻게 교육할 것인지도 의문이다.

현재 일선교사들은 이에 대해서 다음과 같은 의견을 피력했다. 즉 교사들은 "현재의 역사교과서 논란은 민주주의를 파괴하고 국민의 권리를 유린한 자들을 칭송하고 일제를 근대화의 조력자로 미화하려는 보수진영의 역사왜곡 시도"라고 한다.

역사학자 신채호는 역사는 아와 비아의 싸움이라고 했으며, 정인보 선생은 얼이요 정신이라고 갈파했다. 역사학자 카아(E.h. CARR))는 역사란 과거와 현재를 비추어 보는 것이라고 주장했다. 그런데 한 나라의 근본이요 정신인 역사를 왜곡해서야 되겠는가? 왜곡된 사실들을 진실인양 호도해서도 안돼고, 왜곡된 사실을 수정하려 하지 않는 자세도 잘못된 처사임에 틀림없다. 결국 이를 가리키는 교사들의 가치관 정립이나 책임이 그 어느때보다도 요구된다. 역사를 배우는 학생들이 피해가 크지 않도록 정치권,언론 시민단체, 국민들의 감시의 눈이 중요하다고 본다.

25. 반기문 총장의 평화사랑

충청북도가 낳은 반기문 유엔사무총장이 지난 8월 22일 고향인 음성 선영을 방문했다. 고향을 방문하면서 그는 그 어느때보다도 감개무량하면서도, 열렬히 환영하는고향 충청북도 도민들에게 감읍해 했다.

산골 음성에서 태어나 세계적 인물이 된 그의 노력과 꿈은 우리 청소년들에게 한줄기 희망이었고 비젼이었다. 자라나는 충북 청소년의 귀감이고 우상이었다.

이번에 그는 평화와 빈곤퇴치 그리고 한일 과거사 문제 등에 대해 거침없는 발언과 약속을 천명했다. 먼저 한국정부의 비무장지대에 세계평화공원 설립을 함께 협의하여 설치하겠다고 약속했다. 유엔사무총장으로서 그의 평화사랑을 세계 만방에 알린 메시지였다. 그의 추진 의사가 우리정부에 상당한 시사점과 탄력을 받게 하였다고 본다. 또한 대치하고 있는 남북한의 긴장완화를 가져올 수 있는 획기적인 이벤트라고 본다.

원래 비무장지대 평화공원은 지난 8 · 15 경축사에서 박근혜 대통령이 북한당국에 제의하였고 이를 유엔과 협의하는 단계에서 반기문총장의 적극적인 지지로 성사된 것이다. 그동안 평화공원 설치가 강원도나 경기도가 민선 지사 선거에서 선거공약의 일환으로, 강원도 고성이나 경기도 파주를 내세웠는데 이번에 결실을 맺기에 이르렀다고 본다.

이번에 정부는 또 유엔 등 국제사회와의 협의 및 남북과 유엔사령부 군정전위원회의 합의가 이뤄지면 현장조사와 설계 환경영향평가 등 준비 작업에 나선다는 로드맵도 마련했다고 한다.

그리고 반기문 유엔사무총장은 개발도상국 특성에 맞는 새마을운동 모델 개발 문제를 비롯해 개발도상국 상황에 맞는 새마을운동 전문가 양성방안을 유엔 차원에서 논의했다고 한다. 반 총장은 이 자리에서 "새마을운동이 유엔에서 지구촌 빈곤 문제의 극복을 위해 추진하고 있는 '새천년개발목표'(MDGs)의 모델 중 하나가 될 수 있다고 본다"고 말했다.

그리고 반기문 유엔 총장은 한일 과거사문제에 비판을 받으면서도 나라 사랑의 발언을 했는데 이것은 다음과 같다. 즉 지난 8월 26일 외교부 청사에서 열린 기자회견에서 "역사를 어떻게 인식해서 올바른 역사가 미래 지향적으로 선린 국가관계를 유지할 수 있느냐, 이런 데에 대해 일본 정부 정치 지도자들이 아주 깊은 성찰과 국제적인 미래를 내다보는 비전이 필요하다"고 주장했다.

이에 일본 아베총리는 "역사 문제에 대해서는 전문가 논의에 맡긴다는 것이 일본정부의 기본방침"이라며 이견을 제시했고, 일본 관방장관은 기자회견 등을 통해 중립성 문제에 항의했다.

일본 언론(교토통신)도 "국가 간 대립 문제에서 유엔 사무총장이 한쪽에 문제가 있다는 인식을 드러내는 것은 이례적"이라고 했고, 후지TV는 "유엔 사무총장이 개별 문제에 깊숙이 개입하는 것은 바람직하지 않다"고 비판했다.

이에, 중국 인민일보는 반기문 유엔 사무총장의 역사인식 강조 발언에 일본 정부가 반발하는 데 대해 "거만하고 난폭함을 드러내고 있다"고 논평하면서 "침략전쟁을 야기한 것을 치욕으로 여기지 않는 일본 정객들에게는 정확한 역사관을 갖는다는 것이 중요하지 않단 말인가"라고 반문하고, "이는 세계가 일본에 대해 경계를 해야 한다는 경고음을 울리는 것과 같다"고 반론을 제기했다.

이와 같이 첨예한 역사문제 및 정치문제에 소신있는 발언을 통해 일본국에 바른 역사관을 갈파했고, 이와 같은 문제를 해결하라고 촉구했다. 누가 이런 발언을 할 수 있겠는가? 정의와 평화를 위해서 동분서주한 그의 고향방문은, 여독도 풀지 못하는 피로의 휴가지만 값진 의미를 남기고 출국했다. 고향 충북을 위해, 조국의 평화를 위해 그는 오늘도 노심초사하고 있다. 그의 앞날에 장도가 있길 바란다.

26. 일본의 야만

일제 강점기 동안 박해와 고초를 겪은 일본군 성노예 할머니들의 외침이 스러져가고 있다. 일본군의 성적욕구를 해소하기위해 위안부 (comfort womam)라고도 불리고 있는데 정신대라고도 칭하였다. 성노예로 유린당한 여성은 10대 소녀에서 40대 중년 여인까지로 한국, 중국, 인도네시아 여인들이 대다수다. 이들은 본인도 모르게 강제 동원됐다. 미국 기록보존소 자료를 보면 일본군 위안부가 약 20만여 명에 이른다고 한다.

지난 7월 30일 미국 서부 로스엔젤레스에서 가까운 소도시 글렌데일 중앙도서관 앞에 일본국 위안부를 기리는 소년상이 건립됐다. 이 소녀상은 한국인 동포 단체가 일본침략시기의 반인륜적 만행을 알리기 위해 제작되었다는데 그 의미가 매우 크다. 특히 이것을 건립하려고 했을 때 일본인들이 방해공작을 하기도 하고 글렌데일 시의회와 시장에게 집단항의 이메일을 발송하기도 했다고 한다. 또한 글렌데일 시의회는 매년 7월30일을 일본군 위안부의 날로 정했다고 한다. 바른 역사알기라는 글렌데일 시의회의 취지가 심금을 울렸다.

한편 지난 7월 29일에는 일본 부총리라는 자가 해괴 망칙한 발언을 하여 우리나라사람만이 아니라 아시아국가의 많은 사람들로부터 비난을 받았다. 그는 "어느 날 보니 바이마르헌법이 나치 헌법으로 아무도 모르는 사이에 바뀌었다 "면서"이 수법을 배우면 어떠냐"는 등의 발언을 하면서 일본 헌법을 개정하자고 주장했다.

이에 미국이나 중국 유럽 한국 등 많은 나라들이 거센 항의를 하였다. 한 미국의 유대인 인권단체는 아소다로 일본 부총리의 망언을 규탄하고 비난하였다.

또한 일본은 고노담화를 수정하려는 움직임이 강하게 일고 있는데 고노 담화는 1993년 8월 4일 고노 요헤이 관방장관이 위안부 문제와 관련해서, 일본군 및 관헌의 관여와 징집·사역에서의 강제를 인정하고 일본강점기 당시 중대한 인권 침해였다고 승인하면서 사죄한 것으로 그동안 일본 정부의 공식 입장이라고 볼 수 있다.

일본군 위안부문제에 대해 일본정부는 그동안 계속 국가적 관행이 없다고 하면서 민간업자들이 운영해 왔다고 부정해 왔다. 그러나 발견된 위안소운영일지나 당시의 한국이나 중국 등 위안부들의 증언을 종합해 볼 때 이것은 일본의 짐승같은 행위를 손바닥으로 하늘을 가리려는 행위라고 밖에 볼 수 없다. 위안부를 미국 클리턴 전 국무장관은 성노예라고 주장했다. 피해 할머니들의 고통과 회한은 무엇으로 보상할 것인가?

먼저 아베정권의 군국주의 망령을 근절하기 위해서는 한국이나 일본 그리고 선진국들의 언론의 역할이 중요하다고 본다. 이들의 최근 극우 반동주의적 정치행태는 정치책략도 있겠지만 인접국가와의 분쟁을 통해 영토침략 의도가 다분히 있다고 본다. 언론의 탐사기획 보도나 감시기능이 필요하다고 본다.

그리고 일본군 위안부할머니들의 한과 원을 풀기 위해서는 우선적으로 일본 정부의 진정한 사죄와 용서를 구해야 할 것이다. 그리고 배상이 필요하다고 볼 수 있다. 독일이 이스라엘에 용서와 화해 그리고 배상을 한 점을 일본은 배워야 한다.

이를 위해 이 문제를 세계 각국이 인식하고 바른 역사를 알도록 시민단체들이 그 역량을 발휘해야 한다. 세계의 시민단체들과 긴밀한 유대를 맺어 이러한 문제를 공론화해야 한다. 유엔도 이 문제를 아시아 몇몇 국가의 문제로만 인식하지 말고 적극적으로 조사하여 제재할 수 있는 방안을 마련해야 한다. 다행히 유엔에 기념일 제정을 촉구하는 집회가 오는 14일 도쿄·나고야·오사카·히로시마 등 일본 주요 도시뿐 아니라 한국·대만·필리핀·캐나다·네덜란드·독일·미국 등에서도 열릴 예정이라고 한다.

이 행사는 일본 위안부 관련 44개 시민단체가 연합한 '일본군위안부 문제 해결 전국행동 '이 전 세계 시민단체와 공동으로, 8월 14일을 일본군위안부 피해자 추모의 날로 지정할 것을 유엔에 촉구하는 운동이다.

비록 유엔의 기념일 제정이나 결의안 채택만으로는 이 문제를 해결할 수 없지만 전 세계국가들이 모여 일본군의 성폭력행위를 규탄하는 공론의 장을 마련한다는 것이 매우 의미심장하다고 할 수 있다.

27. 공무원 시험

　조선시대 공무원 시험제도인 과거제도는 고려 쌍기의 건의로 시행되다가 갑오경장시 폐지 되었다. 원래 과거제도는 중국 수나라 왕 문제때부터 시행되었고 우리나라는 왕이 귀족세력을 억누르고 권력지배체제를 더욱 견고히 하려는 의도에서 비롯되었다. 과거제도는 성리학적 유교질서를 구현하였고 이와 배치되는 것은 용납하지 않았다. 조선 후기에는 과거 합격자가 많아 그리 쉽게 관직을 잡지 못해 인간관계, 친소관계를 중심으로 당파에 소속되어야 출세하고 자리를 잡았다. 그래서 동인 서인하는 당파싸움은 더욱 심해졌다고 볼 수 있다.

　이번 토요일에 실시되는 국가직 9급 공채시험에는 전국에서 20만 명이 넘는 수험생이 응시한다고 한다. 최근 몇 년간 10만 명에서 15만 명 수준이었던 응시생이 급격하게 늘어난 이유는 취직자리가 하늘의 별따기 만큼이나 어렵고 공무원이라는 직업이 안정성이나 업무강도 등에서 다른 직종보다 좋다는 인식이 깔려있기 때문이다. 또한 올 해부터는 전공과목인 행정법총론이나 행정학개론 등이 고등학교 때 배우는 수학이나 사회 과목으로 변경되어 자기가 원하면 선택할 수 있도록 하여 고졸자들의 응시기회를 넓힌 원인도 한 몫 했다고 본다. 공무원시험은 94년까지는 고졸자들의 응시나 합격자가 많았는데, 그 후 수학 사회 과학 등 고등학교 때 배운 과목을 폐지하여 대졸자들이 급격하게 늘어났다. 그래서 왠만한 공무원 시험직렬이나 직군은 거의 대졸자들로 채워졌다. 이와 같이 학력인플레로 인해 대졸자가 9급 공무원으로 간다 해도 창의적인 업무보다는 기능적 사무, 잡무, 대민업무에 종사하여 고급인력의 능력을 사장하고 있는 실정이다. 또한 시험합격자들이 성적은 우수하지만 인성이나 인간성 등을 측정하지 못해 공무원으로서 공복관이나 서비스 정신이 저하되고 있고 일부는 부정부패에 연루되어 징계를 받고 있는 실정이다.

이와 같은 면에서 2005년부터 시행하고 있는 정부의 7급 지역인재채용은 지역균등발전과 지방대 출신들의 공직진출 기회보장이라는 측면에서 시의절적하다고 본다. 지역인재는 학업성적과 품성들을 고려하여 각 대학교에서 추천하여 안전행정부에서 선발하고 있다. 이와 같은 선발제도는 지도교수가 제자들의 성적이나 학교활동, 성실성, 인성등을 누구보다 잘 알고 있기 때문에 추천의 효율성을 제고할 수 있다. 앞으로 정부는 지역인재합격자를 대폭 늘리고 지금과 같이 7급만 시행하지 말고 8급 9급도 이 제도를 활용하도록 손질하여야 한다.

그런데 고졸자의 공직기회 진출을 위해 선택과목에 수학 사회 등을 신설했지만 직종에 따라 선택과목의 신·증설을 다양하게 고려해야 한다. 한 예로 경찰관 선발 시험과목도 내년부터 고졸자의 진출을 위해 형법이나 형소법 경찰학개론의 과목을 선택과목으로 하고 수학 사회과목을 보도록 한 것은 경찰의 수사 전문성, 경찰관의 전문지식 함양이라는 측면에서 잘못된 정책이라고 본다. 기초적인 형사법조차 모르는 사람을 경찰관으로 합격하는 것보다 수사 및 법 전문교양을 체득한 경찰학도를 선발하도록 제도적 뒷받침이 있어야 하겠다.

두 번째는 지금처럼 젊은이들이 공직에만 전념하는 것은 국가적 낭비라고 본다.

올해 통계청의 경제할동조사를 보더라도 취업 준비생이 60만 여명이 넘고 이 중 공무원 준비생이 30%인 19만여 명에 이른다고 한다. 정부가 중소기업이나 대기업 서비스업 등 다양한 일자리를 마련해야 하고 이를 위해 기업에 여러 가지 인센티브와 경제활력책을 주어야 할 것이다.

먼저 우리나라가 선진국으로 가자면 직업과 직종의 다원주의와 인적자원의 개발이 선행되어야 할 것이다.

28. 지방대학의 생존전략

요즘 지방대학은 생존을 위한 다각도의 방안을 마련하여 노력하고 있다. 방학때에도 교수와 직원이 함께 입시 설명회를 하여 우수 인재를 유치하고 있고 학교 홍보에도 열을 올리고 있다. 또한 신입생 모집부터 신경써야 하고 신입생들이 수도권대학으로의 편입이나 하지 않을까 졸업시까지 각별한 관심과 사랑을 가지고 교육해야 한다. 장래 취업문제까지 지도하고 있는 실정이다. 이런 현상은 몇 년 전부터 고교 졸업생수가 급감하고 있기 때문이다. 대입입학정원에 훨씬 못미치는 학생들이 있다는 사실이다. 대학은 많고 입학하는 학생은 점점 감소하고 있으니 실로 심각한 문제라고 하지 않을 수 없다. 이는 정부의 수도권집중화 정책에 기인한다고 볼 수 있다. 또한 노태우 김영삼 정부 시절 무분별한 대학설립과 입학정원을 늘려왔기 때문이다. 여기에 교육과학부도 한몫 했다.

이와 같은 상황에서 지방대학이 살아남으려면 어떻게 해야 할까? 먼저 지방대학의 경쟁력과 특성화 전략을 짜서 대학발전을 도모해야 한다. 즉 산학협력강화와 특성화 대책으로 취업률을 제고해야 한다. 산학협력교육은 졸업과 동시에 산업협장에 투입하는 것을 의미한다. 그동안 우리나라 교육은 이론에만 급급하여 현장실무기술능력이 떨어져 기업에 취업 한다해도 다시 6개월내지 1년씩 재교육을시킨다고 기업들은 푸념하고 있다. 그래서 지방대학은 지역이나 연고기업의 요구에 맞게 교육과정을 개발하여 취업에 유리하도록 해야 할 것이다.

두 번째로는 학과나 전공의 특성화를 강화하여 전문적 인재를 배출하여야 할 것이다 우리나라 대학은 특성이 없다고 한다. 모든 대학들이 모든 학과를 두고 있고 백화점식 전공과정을 두어 학생들은지방대학보다는 수도권대학이 그럴듯하게 보인다. 지방대학이 살려면 특성화된 학과 명품전공인재를 배출하여야 하는데 그러질 못하고 있어 전문적 명품전공학과를 개발하여야 한다.

세 번째로는 대학재정력의 확충이다. 대학의 학과 특성화를 강화하기 위해 교과부가 그동안 수백억 수천억원을 쏟아 부었지만 지원하는 동안에만 성과가 향상되었지 중단되면 성과지표가 뚝 떨어지는 상황에 봉착하고 만다. 왜냐하면 우리나라대학이 정부재원에만의존하고 익숙하여 자력으로 특성화하기가 어려운 실정이다. 이런문제를 해결하기 위해 선택과 집중적 방안을 모색해야 할 것이다.

네 번째로는 대학의 기초교육,기초교양에 더 중점을 두어야 한다. 아무리 취업이 중요하지만 대학은 가치관과 인성을 갖춘 인재를 배출하는 지성의 장이다. 예를 들어 대학 신입생부터 2학년까지는 전공이나 학부를 정하기 보다는 영어나 중국어 등 외국어 교육, 인문학과 한문실력,컴퓨터 및 회계 경영 등을 중점적으로 강화해야 한다. 또한 인성예절교육에 중점을 둬야 한다. 그런 다음 전공을 선정하도록 해야 할 것이다.

근본적으로는 수도권집중화정책에서 벗어나 진정한 지역균등발전이 실시될 수 있도록 지방대학에 재정적 지원을 강화해야한다.

이와 함께 지역의 인재는 지방자치단체와 연계하여 지방대학의 특성화 발전을 유도하도록 해야 한다.

현재 충청도내에는 각 대학이 있는 시군마다 지역대학과 협력관계를 가지고 있다. 좀더 긴밀한 산학협력과 관학협력체제를 구축하여 지역대학이 지역의 인재를 배출할 수 있도록 노력해야 한다. 충북도청과 충남도청의 지역대학에 대한 전향적인 자세가 필요한 시점이다.

29. 외고·자사고의 운명

30여 년 전 우리나라 고등학교는 일반고가 대부분이었다. 일반고등학교외 에 공업고 농업고, 체육고가 있을 뿐이었다. 그러던 것이 자립형 사립고. 외국어고 등 특수 목적 고등학교가 탄생했다. 자립형사립고인 자사고는 '수월성(엘리트) 교육'을 위한 이명박 정부의 새로운 학교 모델로서 교육과정, 교원 인사 등에 자율성이 주어진다. 광역 시·도별로 학생을 선발한다. 외국어고는 1984년부터 어학 영재를 키우기 위해 설립된 특수 목적 고등학교인데 1992년 3월 현 초중등교육법에 '외국어에 능숙한 인재 양성'으로 취지를 분명히 했으며 한때 33개교에 달했다. 이와 같은 목적으로 개교한 자사고와 외국어고가 최근 휘청거리고 있다. 그 이유는 대통령선거공약에 따라 폐지움직임이 있고 이에 사학들이 조직적으로 반발하고 있다. 가장 주된 이유는 무엇인가? 외국어고와 자사고가 본래 목적에서 탈피하여 귀족 특권층을 배출하고 평등교육을 방해한다고 한다. 또한 자사고 등이 명문대합격을 위한 입시 학원처럼 운영되고 대학입시과목위주로 운영된다는 것이다. 또한 외국어고가 외국어 인재양성 설립취지와 벗어났다고 한다.

작금 경기도교육감과 서울시교육감도 외고와 자사고를 폐지하겠다고 정부정책에 동조했다. 이에 사학진영은 진영논리에 입각하여 교육정책을 포퓰리즘에 휘둘리고 있다고 비판하고 있고 사교육 유발요소가 전혀 없다고 주장하고 있다

원래 자립형사립고는 법인 전입금을 총액의 25%이상 내야 하기 때문에 웬만해서 사학을 키우겠다는 교육철학과 희생 없이는 불가하다. 또한 수준별 학습을 통해 교사의 학습 방법과 방안을 꾀하고 교사스스로 학습의 질적 향상을 위해 쉼 없이 노력해야 한다. 정부예산을 받지 않는 대신에 수업료를 일반고에 비해 3-4배나 받고 있다. 자사고 당사들은 국가 주도의 획일화 교육은 시대에 역행하는 것으로 국가 경쟁력을 약화시킬 수 있다고 한다. 또한 평등성을 내세워 수월성 교육을 문제 삼는 것은 교육을 정파적 시각으로 바라보는 편견이라고 강변한다. 그런데 이와 같은 논란에도 불구하고 과거 우리나라 특권층을 형성하고 있는 부모들은 외고나 자사고에 보내려고 안달이 났었다. 또 특권층부모들의 자식들 대다수가 이런 고등학교에 보내고 유학 보낸 것이 사실이다. 그럼에도 마치 폐지하는 것이 능사인양 한 목소리를 내는 것은 이율배반적이다.

문재인 대통령의 대선공약인 '자사고 외고의 폐지'에 대해 대표적 자사고인 민족사관고·상산고·포항제철고·광양제철고·현대청운고 등은 "사교육을 부추긴다거나 대입 준비 기관으로 학교를 서열화한다면서 본질을 왜곡하고 있다 "면서 자사고는 내실 있는 수업과 다양한 교육 프로그램 덕분에 명문대 합격률이 높은 것이고 명문대

합격률이 높은 상황만 보고 입시 준비 기관이라고 폄하해서는 안 된다"고 주장했다. 그렇다면 어떤 방안을 모색해야 하는가?

첫째, 교육감들이 앞세워서 폐지하겠다고 하는데 먼저 설립목적이 합당한지 불합리한지 면밀히 분석해야 할 것이다. 이를 위해 공청회나 전문가 좌담회 등을 통해 문제소지를 인식하고 개선방안을 모색해야 한다고 본다.

둘째, 김대중 정부부터 시작된 외국어고 나 이명박 정부의 자사고 정책이 일관성을 가지지 못하는 것은 우리나라 대학입시정책이 조령모개식으로 전개되었기 때문이다. 사교육이 혼재되고 인성교육이 훼손된다면 당연히 폐지하여야 할 것이다 그러나 외국어 전문 인재 양성본래의 목적취지 등을 무시해선 안 된다고 본다. 셋째, 외국어고 자사고 출신들과 일반고 출신들의 직업, 소득, 출신대 입학률 등 통계분석자료를 통해 문제점을 추출해야 할 것이다. 만약 평등성이 훼손된 흔적이 농후하다면 폐지의 타당성을 공감할 수 있을 것이다. 넷째, 자사고 같은 경우 법인들이 수십억, 수백원 재산을 다 쏟아 부었다고 한다. 이들은 오로지 인재양성을 위해 자신의 모든 재산을 기부하고 희생했으므로 이들에 대한 사회적 헌신을 인정해야 할 것이다.또한 자사고의 일반고 전환의 재정 부담금 2000억 원은 어디서 마련할 것인지도 고민해야 한다. 정권이 바뀌기만 하면 헌신짝처럼 폐기처분하려는 교육정책을 가지고 어떻게 경쟁력 있는 인재를 배출할 것인가? 마지막으로 지역학생들에 학교선택권을 보장하고 지역 균등발전을 도모한다면 경쟁력 있는 특수고등학교의 존립이 폐지보다 더 우선순위라고 본다. 지금도 지방대학의 수도권 이전의 가속화가 계속되고 있는데 지역발전은커녕 지역공동화가 가속하게 되어 분권화는 점점 멀어지게 된다는 사실을 인식해야 한다.

V

지방자치

1. 괴산국립호국원

국립호국원(National Cemetery)은 만장되어가는 국립현충원을 대체하고 더 많은 대한민국의 국가유공자를 안장하려는 취지에서 재향군인회가 국가보훈처로부터 위임을 받아 운영됐다. 호국원은 국가가 국가를 위해 희생한 사람들의 마지막 공간을 국가가 직접 관리해야 한다는 여론이 높아지면서 2006년 1월 30일에 국립묘지로 승격되었고 2007년 1월 1일부터 국가보훈처가 직접 관리하고 있다. 그동안 보훈처가 호국원을 새로 마련하였는데 그 이유는 국립묘지가 크게 부족하기 때문이다. 현재 운영 중인 국립묘지는 서울·대전 현충원, 경북 영천·전북 임실·경기 이천 호국원, 서울 4·19민주묘지, 마산 3·15민주묘지, 광주 5·18민주묘지 등 8곳이다. 해마다 1만 명 이상이 국립묘지에 안장되고 있지만 현재 여유 공간이 2만기 정도뿐이다. 이에 따라 보훈처는 기존 국립묘지들의 확장을 추진하면서 충청권에도 호국원을 짓기로 한 것이다. 2012년 호국원 유치를 신청한 괴산군 문광면 광덕리와 보은군 장안면 구인리 중 지리적 여건, 토지의 효율적 관리, 지역주민의 여론, 특히 집단민원 발생 여부 등을 종합적으로 판단하여 지난 2012년 4월20일 보은군 장안면에 호국원을 조성하기로 확정했다. 그러나 보은군이 지난 13일 유치 포기를 결정하자 검토 끝에 2순위의 괴산군 문광면을 예정지로 결정했다.

국가보훈처는 국비 802억 원을 들여 괴산군 문광면 광덕리 산 83-1 일대 90만2390㎡(가용면적 38만6000㎡)에 호국원을 설치하고 봉안시설 10만기, 현충탑, 현충관, 관리·휴게시설, 주차장 등을 조성하여 2019년에 개원할 예정이라고 밝혔다.

그러나 호국원을 둘러싸고 다음과 같은 쟁점이 부각되고 있다.

긍정적인 측면으로는 지역경제 활성화에 기여한다고 한다. 이는 중원대학교, 육군학생군사학교 유치에 이은 괴산의 대형 국책사업으로 호국원 유치로 괴산군은 또 한 번의 경제 활성화에 큰 역할을 할 것으로 기대된다고 한다.

괴산군은 학생군사학교와 함께 중부권 호국원 조성으로 괴산이 호국 안보의 성지로 탄생하여 관광객 등 지역경제 활성화에 큰 역할을 할 것으로 기대된다고 주장했다.

괴산군은 호국원이 들어서면 방문객에 따른 유동인구 증가로 농산물 판매와 관광객이 늘어나고 보훈처 직원 20명이 상주해 지역경제에 큰 도움이 될 것으로 보고 있다. 특히, 2015년 세계유기농엑스포 개최에 따른 유기농업의 메카와 더불어 학생군사학교, 특전사 고공낙하 훈련장 등 군사시설과 연계한 호국안보의 성지화로 호국안보 교육 및 체험의 장 등 괴산의 랜드 마크로 자리매김하여 지역주민의 자긍심 고취와 지역 인지도 상승 등 시너지 효과도 극대화할 것으로 보인다고 괴산군은 주장하고 있다. 부정적인 면은 청정 환경 이미지훼손, 지역경제의 부정적 효과, 묘지라는 혐오감 등이다. 또한 문광면 발전위원회는 군청과 주민과의 협약서를 투명하게 이행하고 있지 않다고 비판하고 괴산군이 군수가 서명날인한데로 이행하여야 한다고 주장하고 있다.

이에 괴산군은 협약서는 2013년 의회정례간담회에서 승인을 받아 예산을 확보한 사항으로 주민숙원사업, 소득지원사업, 주거환경사업 등을 조기에 해결하기 위해 노력하고 있다고 답변하고 있다. 이밖에 지역 언론들은 괴산군의 100억 원 지원이 어디에 사용되고 있는지 투명하게 공개해야 한다고 문제점을 제기하고 있다.

이미 유치가 확정되고 건설에 돌입한 괴산호국원은 보훈의 성지로 조성, 참배객 방문에 따른 농특산물 판매와 관광자원을 연계하여 지역경제 활성화에 기여하여야 한다고 보면서 다음과 같은 점을 강조 하고 싶다.

첫째, 괴산호국원이 복합문화 공간으로의 역할을 증대하여야 할 것이다. 국립묘지는 괴산군민만이 아니라 모든 국민의 것이다. 따라서 이곳을 찾는 인접 괴산 군민을 포함한 국민에게 일종의 혜택을 제공해야 한다. 그 혜택은 편의시설을 포함한 휴식공간으로서 개발하여야 할 것이다. 둘째, 호국원 설립과정에서 주민들의 의견을 적극 수렴하여 문제의 소지를 없애야 할 것이다. 주민들과의 대화를 통해 문제점을 최소화하고 발전방안을 모색하고 이행하여야 한다. 셋째, 호국원의 지역경제 활성화 등 기대효과를 종합적으로 분석하여 유치효과를 주민들에게 공개하여야 한다. 호국원 유치목적이 경제 활성화이므로 이에 대한 대안을 제시하고 농산물판매장이라든지 관광벨트조성을 마련해야 할 것이다. 넷째, 인근주민들의 지방비보조를 형평성 있게 배분하여야 한다. 보조금 200억 원이 주민들 수익사업이나 소득지원을 위한 사업에 투명하게 지원하고 있는지 점검해야 할 것이다. 결국 호국원은 나라에 헌신한 유공자의 자랑스러운 터가 돼야지 김칫국이나 서로 먹겠다는 싸움이 돼서는 안된다는 사실이다.

2. 무소속 후보의 당선

이번 괴산군 보궐 선거에서 또다시 무소속 후보인 나용찬 후보가 당선됐다. 괴산군수로 당선된 나박사는 "보궐선거에 무소속의 나용찬이 당선된 것은 괴산군민의 승리"라며 "특히 바쁜 생업을 미뤄가면서 저를 믿어주시고 이끌어주신 괴산군민 여러분 덕분에 승리할 수 있다"고 소감을 피력했다. 선거 개표 결과 나용찬 후보는 8251표(38.5%), 자유한국당 송인헌 후보는 6636표(30.9%), 민주당 남무현 후보는 2692표(12.5%)를 얻었다.

또한 무소속 김춘묵 후보는 2416표(11.26%), 무소속 김환동 후보는 1326표(6.18%), 국민행복당 박경옥 후보는 132표(0.62%) 순이었다.

이번선거는 무소속 후보의 선전이라고 할 수 있을 정도로 무소속 후보들이 전체 유효투표수 2만1453표 중 1만1993표(55.9%)를 차지한 것이다.

괴산군수선거는 지난번 임각수 전 군수도 무소속으로 당선된바 있다. 괴산군민은 어느 특정정당에 표를 몰아주지 않고 열심히 일할 수 있는 일꾼을 선택한 것이다. 무엇보다도 군민들은 괴산군의 지역경제활성화를 기대하고 있다. 나후보가 여타 후보보다도 지역경제개발에 더욱 관심을 지녔고 이에 따라 군민들의 기대도 매우 크다고 할 수 있다. 그동안 괴산군 지역경제가 호황을 맞이했지만 2년 전부터 침체위기로 흐르고 있다. 그 원인은 다음과 같다.

첫째, 중원대 기숙사 문제이다. 중원대 기숙사는 불법건축물로 검찰수사를 받아 괴산군청관계자, 중원대직원 등이 구속 기소되어 유죄판결을 받았다. 그 후 중원대 학생들은 증평, 청주로 월세 방을 얻어 통학하고 있으며 그 불편은 이만저만이 아니다. 학교 측은 나름대로 해결을 위해 노력하였지만 괴산군청의 미온적인 대응으로 해결이 되지 않았다. 그러나 학교는 학생들을 위해 수십억 원의 교통비와 월세비를 제공하고 있다.

둘째, 괴산군 지역경제의 활성화를 위한 지역공단유치가 인근 군에 비해 부족하다고 볼 수 있다. 이웃 증평군은 지역공단에 많은 기업들이 유치되어 산업경제의 발전을 이룩했다고 본다. 인구가 많아지고 서비스산업이 활성화됨으로써 증평군은 지역경제의 선도 군으로 발전했다고 본다.

셋째, 유기농이나 괴산군 농업이 단순히 보여주기씩 행사에 그치고 유기농단지나 식품개발, 판로 등이 확대되어야 하는데 그렇지 못하고 있다. 해외 유기농회사의 유치나 대기업의 유기농상품개발, 마케팅 등을 수반하여야 한다고 본다.

이를 위한 괴산군의 대책마련이 부족 한 현실이 문제라고 본다.

이제 새로운 군수가 괴산군의 발전을 위한 방안을 제시하여 실천하길 바란다. 이를 위해 다음과 같은 제안을 하고자 한다.

첫째, 군수의 선거공약을 착실히 이행하여 지역경제발전을 강화하여야 한다. 이번에 당선된 나용찬 후보가 지역경제 관련 정책공약을 착실히 이행하여 군민들의 기대에 부응하여야 한다.

이미 나후보가 군민들의 요구사항이 무엇인지 선거과정에서 점검하였으므로 실천할 수 있는 방안부터 선택하여 집중하길 바란다.

둘째, 괴산군의 최대현안은 아무래도 중원대 기숙사문제라고 본다. 중원대나 괴산군청의 잘잘못을 떠나 더 이상 학생들의 수업권을 침해해서는 안 된다. 지금까지 괴산군이 적극적으로 기숙사문제를 해결하는데 인색했다고 본다. 지역경제활성화라는 측면에서는 불법건축물을 허가하여 화합의 장으로 나아가야 한다.

셋째, 기숙사문제는 아무래도 군수의 결단이 필요하다고 본다. 이번에 당선된 나용찬 후보가 중원대 문제를 잘 인식하고 있기 때문에 얽히고 설킨문제를 해결하리라 본다. 중원대와 괴산군, 괴산군민이 모여 지혜를 모아야 할 것이다. 괴산군민이 정당보다도 무소속을 선택한 것은 지역경제를 발전시킬 수 있는 인물을 찾은 것이라고 본다. 중앙정치에 휘둘리지 않고 지방자치의 꽃을 만개하기 위해서라도 지역일꾼의 자세와 책임이 중요하다고 본다. 괴산군수로 당선된 나용찬박사가 통합과 상생의 지방행정을 펼칠 수 있길 간절히 기대해본다.

3. 충북도청 이전설

대한민국 정중앙에 위치한 충청북도는 타시 도에 비해 인구도 적고 도세도 약하지만 발전가능성은 무궁무진하다고 본다. 오송역신설로 수도 서울과의 접근성이라든지, 정부청사가 많이 있는 대전시나 세종시 와도 지리적으로 가까워서 업무협력을 잘 활용한다면 그 시너지 효과가 매우 크다고 본다. 도청소재지인 청주도 향후 100만 명 시대를 눈앞에 두고 있고 준 광역시로서의 각종 개발청사진이 펼쳐지고 있다. 원래 충북도청 소재지는 충주시였다고 한다. 구한말 1896년 13도제 실시에 의거 1908년 청주로 옮겼다고 한다. 확인되지는 않지만 충주가 의병등 독립투쟁이 거셌기 때문에 옮겼다는 설도 있다. 현재 충청북도 산하에 청주시 충주시 제천시 등 3개시가 있고 군청으로는 음성군 진천군 괴산군 증평군 단양군 보은군 영동군 옥천군 등을 두고 있다.

최근 충북도의회 352회 정례회서 임순목 도의원이 충북도청을 이전하자고 주장했다. 그는 "현재 청주권을 중심으로 한 충북 발전은 원동력을 잃은 채 표류하고 있다"며 "도청을 북부권으로 이전할 경우 인구 이동에 따라 충북의 내수경제를 역동적으로 만들 것"이라고 하면서 "음성, 충주, 제천의 북부권은 중부내륙철도, 동서고속도로 등 충북 각 권역이 하나로 이어지는 교통망을 갖추고 있고 그 중 북부권을 대표하는 충주는 옛 도청이 위치했던 곳이다"며 충주로 이전하자고 소신을 피력했다. 충북도청 이전은 과거 4·13 총선에서도 흘러나왔다. 당시 모 후보는 도청을 음성 진천 혁신도시로 이전하자고 선거공약으로 내세웠다. 그는 청주시의 도청이나 시청 등이 밀집하고 도심이 포화상태라서 혁신신도시로의 이전을 통해 충북발전을 꾀하자고 했다.

괴산이나 증평 주민들도 북부권의 낙후로 이전해야 한다고 입을 모으고 있다. 중부내륙고속도로 등 교통발달로 충분하다고 본다. 특히 괴산지역 주민들은 충북도청의 괴산지역으로의 이전에 많은 관심을 보이고 있는데 그이유로는 낙후된 괴산지역은 중원대학교, 군사학교, 호국원, 동서5축 고속도로 건설 등으로 도청 입지로 괴산지역이 적합하다고 한다. 향후 동서5축고속도로는 세종시에서 괴산을 거쳐 경북 신 도청 소재지인 안동을 연결하는 도로로서 전체 271㎞

에 소요되는데 사업비만 해도 약 3조 5천억 원에 이를 것으로 예상되고 있다.

현재 청주시는 85만 명이 넘는 도시로 성장했다. 100만 명이 된다면 광역시로의 승격도 가능하다. 광역시가 되면 도청이전은 당연하다고 본다. 타 시도를 보면 1983년 경남도청의 창원시 이전, 1986년 광주시 직할시 승격으로 2005년 무안으로의 도청이전, 충남도청이 20110년 예산 내포신도시로, 2014년 경북도청이 예천군으로 이전하였다. 이 지역들의 도청이전도 정부예산의 지원으로 가능했고 지역개발을 촉진하는 계기가 됐다.

지난 2005년에 작성된 '지역균형발전을 위한 충북개발전략연구보고서'는 "도내 균형발전을 위해 도청을 이전해야 한다"고 돼 있다. 도청 이전설이 계속이어 지지만 정작 충청북도청은 후보지를 두고 시군간의 갈등이나 많은 예산비용 때문에 난색을 표하고 있다. 그러나 작금의 충청북도의 낙후된 지역경제를 발전시키고 균형발전을 위해서는 도청이전설은 설득력을 가지고 있다. 세종시의 행정수도 신설때도 반대가 심했지만 지금은 충청도 지역발전뿐만 아니라 지역정주요건 등을 구비하여 행정 수부도시로서 정착되어 가고 있고 지역균등발전을 가져왔다고 자부한다.

반대만 할 것이 아니라 지금부터 차근차근 준비하여 충청북도 발전의 견인차역할을 하도록 미래발전 전략을 내보여야 한다. 충청북도의 낙후된 지역경제를 회복하고 지역개발의 불을 지피기 위해서 이전으로 얻는 비용과 편익을 꼼꼼히 분석하여야 할 것이다. 따라서 도청이전으로 충청북도는 무엇이 강점이 될 것인지 취약점은 무엇인지 전략과 기회는 또 무엇인지 고찰해야 할 것이다.

4. 괴산군청의 무능을 규탄한다.

요즘 대학들이 심한 몸살을 앓고 있다. 최근 서울대는 경기도 시흥으로의 이전을 반대하는 학생들의 시위로 본관이 점령당했고, 이화여대 또한 단과대 설립반대를 외치는 학생들에 의해 학교가 분열되고 있다고 한다. 지방대학은 어떤가? 지방대학들은 학령인구의 감소로 신입생을 채우지 못하자 자구책으로 수도권으로의 이전을 진행하고 있는데 그동안 지역주민의 지지와 지방자치단체의 보호아래 발전한 지방대학들이 수도권캠퍼스를 조성하자 여기에 반발한 지역주민들의 항의로 지역주민과 지방대학간의 균열과 반목이 심하다고 한다.

충청북도만 하다라도 제천의 세명대가 경기도 하남으로 이전하려고 하자 제천 시민과 사회단체들이 벌떼같이 들고 일어났고 영동대도 아산으로의 이전을 영동군민들이 결사반대하고 있다. 이와 다른 케이스는 청주대와 괴산의 중원대학이다.

청주대사태는 설립자의 후손인 김윤배 전 총장의 사퇴로 해결기미를 보이다가 혼란과 고소 고발전으로 나아갔고 올해 교육부에 의해 재정지원제한대학으로 선정되는 등 학내사태가 복잡해졌고 충북의 대표적 사학이 왜 이지경에 이르렀는가하는 도민들의 우려가 증폭되고 있다.

괴산군에 위치에 중원대는 해원상생 윤리라는 대순진리회의 이념을 구현하려는 대학의 철학을 지역사회에 접목된 사학으로서 성공적으로 터 잡았지만 최근 기숙사문제로 커다란 시련과 복잡성을 나타내고 있다.

그동안 괴산군은 학교건물이 불법건축물이라는 사유를 들이대며 철거명령을 했고 중재와 법적인 해결을 통해 문제소지를 풀어가려

했지만 이전투구의 양상으로 번졌다. 그동안 법원의 조정기회가 있었지만 괴산군은 외면하여 지역주민과 4000명의 학생들의 학습권을 짓밟았고 인재유치가 안 되는 등 대학이미지가 추락하게 만들었다. 중원대는 행정심판결과에 기대했지만 결과는 신통치 않았다.

중원대학은 학생들이게 자취비를 2억8천만 원을 지원했고 교통비 2억4천여만 원을 제공하는 등 학생들 피해를 최소화하려고 노력을 했지만 괴산군청의 무기력하고 복지부동한 처리와 검찰의 눈치 보기로 피해가 장기화되고 있다. 교육기본법27조에는 "국가와 지방자치단체는 학생과 교직원의 건강 및 복지를 증진하기 위하여 필요한 시책을 수립·실시하여야 한다"고 규정됐고, 또한 "국가 및 지방자치단체는 학생의 안전한 주거환경을 위하여 학생복지주택의 건설에 필요한 시책을 수립·실시하여야 한다"고 명시됐다. 그렇다면 괴산군과 정부는 기숙사문제나 각 건물 등에 더욱 적극적으로 대책을 만들어 문제를 풀어야 할 것이다. 교육기본법까지 무시하는 공직자는 누구인가? 법을 위반하는 공직자들을 징계해야 한다. 학생들의 학습 공간이 사라지고 또한 쾌적한 환경에서 학습을 받고 권리를 누릴 학생들의 자유와 권리를 외면한다면 공직자의 자세가 아니다.

법의 존재는 준수하라는 것이고 준법을 외면하면 처벌받는 것은 당연한 것이다. 중원대가 기숙사를 비롯해 건물들이 건축허가를 받지 못했다면 중원대가 책임이 있다고 본다. 그러나 지금 그 책임을 묻기에는 학생들의 학습 환경권이 더 큰 문제다. 우리나라 최고법인 헌법에도 연구의 자유와 강의 학습권이 있다. 또한 행복추구권이 있다. 제대로 된 학습을 받고 싶어 하는 수많은 학생들의 권리를 뭉개버린다면 국민의 기본권인 행복추구권을 침해하는 것이나 마찬가지다.

관료의 첫 번째 임무는 적극적인 행정 처리를 통해 국민의 권리를 인정하는 것이다. 대리인역할을 톡톡히 하는 것이 관료의 임무다. 그러나 오늘날 관료들은 법 규정만 얽매이고 무엇을 어떻게 해야 할지 모르고 있다. 연구하고 해결하려는 노력이 안 보인다. 민초들은 답답하다. 무엇이 막혔는가? 펑풀어야 하는데 그렇지 못하고 있다. 누구하나 나서지 않는다. 책임회피 복지부동 복지안동 무사안일주의가 판친다. 적극적인 행정을 통해 국민의 요구를 들어주는 관료가 없으니 말이다. 해바라기 근성만 있다. 위에서 누가 지시해주면 하고 그렇지 않으면 하지 않는 무능한 관료들 때문에 국민들은 점점 불만만 쌓인다. 이제는 청와대가 나서야 한다. 박근혜 대통령님께 고통을 호소라도 해봐야 할 것 같다.

5. 게리맨더링과 괴산군의 운명

1812년 미국 메사추세츠 주지사 엘브리지 게리(Gerry)는 선거구를 자신에게 유리하게 만들었다. 이것은 마치 도마뱀((Salamander) 모양처럼 생겼다고 하여 자기이름을 빗대서 게리맨더링(Gerrymandering)이라고 부르게 되었다. 이와 같이 게리맨더링은 정치인들이 지역의 민심보다도 자기가 유리하게 당선될 지역을 인위적으로 선긋기 하여 만든 것이라 역풍이 많다. 최근 국회에서 여야 선거구획정을 하였는데 강원도 철원 화천 양구 인제지역구는 홍천과 합쳐 서울시의 일곱 배가량 넓은 지역을 만들어 화제다. 인구 3만7천883명의 충북 괴산군은 보은 영동 옥천 지역으로 편입되어 군민들의 뜻과 생활권에 정면 배치되는 인위적 선거구 조정으로 군민들이 몸살을 앓고 있다. 이에 대해 모 여당의원은 지난달 29일 기자회견을 통해 "야당이 비례대표의 이득을 얻기 위해 농촌주민의 정치적 선택권을 빼앗아 가는 바람에 선거구가 조정돼 된 것"이라며 야당을 비판했고 야당 측은 "이번 선거구 획정의 책임을 헌법소원을 낸 여당 의원에게 있다"며 "고향을 지키지 못한 여당 지역구 의원의 책임도 크다"고 강변했다. 이와 같은 선거구를 만든 이유는 헌법재판소의 판결 탓이다. 헌법재판소는 "인구 최다 최소 선거구의 인구수비례를 2대1 이내로 줄이라"며 표의 등가성을 고려하여 판결 한데 따른 것이다. 헌법재판소의 판결은 현행 소선거구제의 문제를 개편하라는 뜻도 담겼다. 인구10만이나 20만이나 똑같이 국회의원 한 사람을 선출하는 것은 문제의 소지가 많다. 현행 소선거구제는 사표가 많이 발생한다는 점에서 문제이다 우리나라 국회의원 선거는 약 1000만 표 이상이 사표가 발생하고 있다. 이들의 표 가치가 무시되고 있다. 또한 소수정당은 득표율에 따라 당선될 가능성이 거의 없고 영남은 여당, 호남은 야당이 독식하는 현행 선출시스템은 개편이 불가피 하다. 정치권은 오래전부터 정치개혁방안을 주장했지만 쇠귀에 경 읽기였다. 비례대표제도 확대, 선거연령조정, 사표 줄이는 방안 등 산적한 현안들이 물거품이 됐다. 이와 같은 이유는 기득권을 지키기 위해 정치인들이 퇴행적 몽니를 부렸기 때문이다. 이와 같은 정치개혁과 선거구 조정을 해결하기 위해서는 다음과 같은 쇄신방안이 제시되고 있다. 첫째, 괴산군이나 홍천군처럼 만든 선거구 획정 게리맨더링은 소선거구제의 대표적 문제점의 발로다. 이를 해결하려면 먼저 중 대선거구제로의 변화라고 본다. 강원도나 충청북도처럼 도 단위 전체를 한다는 지 두 개도가 합쳐 광역단위로 대선거구제로 바뀐다면 사표를 줄일 수도 있고 지금처럼 영호남 지역구도에서 벗어날 수 있다. 지역패권주의로 한국정치는 수십 년 동안 영남과 호남으로 나뉘어

지역주의에 벗어나지 못했다. 이러한 구조 때문에 정치신인의 탄생도 힘들고 민주주의 표의 등가성을 해치고 있다. 중 대선거구제도의 도입이 필요하다고 본다. 둘째, 비례대표제도의 개선이 필요하다. 각 분야 전문가를 공천하는 것이 비례대표의 취지인데 여야 각 정당은 시늉만 하였다고 본다. 오로지 정당의 보스나 대권주자들의 눈도장을 찍어야 자리하나 보장하는 정치문화는 전문성은커녕 갑질의 이권에 혈안이 되어 있는 경우가 허다하였다. 막대한 정치자금을 내고 금배지 달려고 하는 졸부들이 많은 이상 이 제도가 없어지기는 힘들 것이다. 그러나 지금이라도 비례대표제를 개선하지 않고서는 부패구조를 청산하기 힘들 것이다. 셋째, 이제 우리나라도 개헌을 통해 의원내각제로의 가는 것을 논의해야 할 것이다. 프랑스식 이원집정부제나 독일식 시스템을 도입해 볼 필요가 있다. 왜냐하면 대통령임기 5년 단임제로 인하여 국정의 계속성, 정권말기부터 생기는 레임덕현상, 권력정치부패로 인하여 개헌이 필요하다고 본다. 대통령은 국방 외교권을, 수상에게는 행정부를 통할하는 이원 집정부제라든지 아니면 다수당 의원들에서 수상과 장관을 선출하는 의원내각제 방안을 고려하든지 백가쟁명식 폭넓은 개헌논의가 불을 지펴야 한다. 차기국회는 정치개혁의 한 획을 긋는 초석이 되어야 할 것이다. 그럼으로써 정치민주주의를 실현하는 민의의 전당이 국민으로부터 지지와 신뢰를 얻을 것이다.

6. 충북 정치발전의 인물

4년마다 되풀이 되는 국회의원 선거는 국민들의 민의를 표출하고 인식하는 중요한 이벤트라고 볼 수 있다. 병신년 새해 벽두부터 불기 시작한 정치개혁의 훈풍은 대한민국의 역사를 바뀌게 하는 기로에 서 있다고 본다. 선거때마다 국민들은 참신한 인물을 바라고 기대했지만 마이동풍이 되고 말았다. 국가발전의 청사진과 포부를 가진 정치신인들이 많이 배출되어 국민의 바람과 염원을 다 한다면 책임정치를 구현하는 역할을 다하리라 본다. 유권자에게 있어 그 기대와 희망은 너무 당연하고 요구된다고 본다.

어제 여야 각 정당이 4·13 총선의 당공천 신청을 마감하였다. 충청북도 8개 선거구도 많은 정치신인들이 금뱃지를 달기위해 공천신청을 했다고 한다. 지금부터는 공천을 받아 당선되는 것이 급선무라고 할 것이다. 치열한 선거전이 시작됐지만 우려도 만만치 않다. 왜냐하면 여야 각당이 공천심사위원회에서 서류와 면접심사를 한다고 하는데 어떤 인물들이 공천받을지 자못 궁금하고 의심이 간다. 진정으로 지역을 위해 헌신하는 인물들이 출마할지 불안하다.

국민들이 국회의 행동과 행태에 대한 불신과 염증탓으로 인하여 여야는 문제 인물을 배제하고 정말로 국가와 지역을 위해 장렬하게 산화할 수 있는 사람을 공천하는 것이 매우 중요하다고 본다.

그동안 국회의원들의 각종 비리와 탈법행위로 국민들은 분노했다. 그들이 가진 권력을 정당하고 윤리적인 의사결정에 따라 국정업무를 수행했다면 찬사를 받았겠지만 그들은 너무나 기대를 저버렸다고 본다. 특혜성 비리, 뇌물잔치, 압력과 로비 등으로 인하여 그들은 국민적 비판과 공분에서 자유롭지 못하다고 본다.

필자는 이번 공천에서 다음과 같은 인물들이 필요하다고 본다.

첫 번째는, 국가경제와 국가행정개혁을 수행할 수 있는 인물이 중요하다. 세계경제가 내리막길을 가고 있는 추세인데 우리나라도 경제 침체위기에서 벗어나지 못하는 상황에서 경제회복을 위해 일로 매진하는 인물이 필요한 것은 두말할 필요가 없다고 본다. 또한 지난 국회가 각종 경제법안을 입안하는데 태만하고 또 이것을 처리하는데 반대만 하여 정치불신을 초래했으므로 이를 혁신할 수 있는 새 판짜기가 필요하다고 본다.

두 번째는 부정부패연루자는 배제해야 한다고 본다. 국회의원들이 가진 온갖 특혜, 특권 그리고 고액세비를 받으면서도 부패에 연루되고 뇌물의 유혹에 빠진다면 대한민국의 장래는 어둡고 희망이 보이지 않는 다고 본다. 국민다수인 을에 대한 권력자들의 갑질 행태는 어제 오늘의 일이 아니다. 이를 바로 잡을 수 있는 법제도적 장치뿐만 아니라 정치의식의 전환이 중요하다고 본다.

세 번째는 선거때만 되면 돈이 뿌려지고 돈이 있어야 하는 고비용의 정치구조를 혁신해야 한다. 예전에 7당6락이 유행했다. 7억원 쓴 사람이 당선되고 6억원 쓴 사람은 낙선했다는 것이다. 돈으로 유권자를 현혹, 매수하고 표를 구걸하는 후보자들의 위선에는 표를 주지 않는 국민의 의식이 중요하고 이런 행태에 경종을 울려야 하겠다.

네 번째는 패거리식 계파위주로 보스와 주종관계로 움직이는 현 정치 인맥을 해체해야 할 것이다. 과거 우리정치는 김영삼 전 대통령의 상도동계, 김대중 전 대통령의 동교동계, 이철승의 소석계, 유진산의 진산계 등 보스중심의 계파로 움직여 정치발전을 후퇴시키고 퇴행적인 전근대적인 정치문화를 양산했다. 국민보다 당 보스, 계파가 우선인 이런 연줄문화를 이제 불식시키는 계기가 되어야 한다.

무엇보다도 차기국회에서 가장 먼저 행해야 할 것은 부정부패를 혁파해야 한다는 것이다. 이를 위해 불법과 탈법을 혁신할 수 있는 법적 제도적 장치를 강구해야 할 것이다. 이를 위해서는 국회에 의존하지 말고 국민이나 시민단체의 범국민적 개혁운동을 해야 할 것이다. 또한 언론도 정치환경을 감시하고 계도하는 기능을 해야 할 것이다. 언론의 부패감시기능은 언론이 가진 소금과 목탁 역할이 너무 크기 때문이다. 한국언론이 이 역할의 중심에 서야 한다. 그리고 차기국회에서 시행해야 할 반부패 법제도적 장치의 또 하나는 불법과 부패행위에 대해서 가차없이 권력을 박탈하는 시스템이 필요하다. 즉 의원소환제를 실시하는 것이라고 본다. 부패 의원들은 시민들이 소환제를 실시하여 의원직에서 박탈하도록 해야 할 것이다.

민주주의는 선거로 이룩된다. 국민의 민의를 반영하는 절차라고 본다. 국민의 민의를 제대로 수용하고 반영하는 일꾼이 필요하다. 한국의 국회가 반민주적 행태들을 몰아내고 국정을 회복시키는 견인차 역할을 해야 할 것이다. 그런 역사적 분기점이 바로 이번 총선이라고 본다.

7. 문장대 개발과 갈등관계

지방자치는 지역주민들이 직접 지방행정에 참여하여 문제를 해결하고 지역의 발전을 도모하는 풀뿌리 민주주의의 실천장이라고 본다. 일찍이 제임스 브라이스는 지방자치야 말로 "풀뿌리 민주주의를 실현하는 학교"라고 주장했다. 우리나라의 지방자치 역사는 일천하다. 1949년 지방자치법이 만들었지만 당시 정치 혼란과 정치적 미성숙으로 말미암아 실시되지 못했다. 이승만 자유당 정부 시절인 1952년에 지방자치제가 부분적으로 실시되었지만 이것도 정파적 이해대립과 민주주의의 미성숙으로 인해 제도적인 정착의 토대를 상실하였다. 1961년 박정희 정부의 제3공화국 출범과 더불어 지방자치제는 전면 중단 됐고 1991년에 김영삼 정부 들어와서 지방의회 선거가 시작됐다. 그동안 지방자치단체와 지방의회는 탈법 불법 부정부패를 일삼아 지방선거무용론까지 나왔지만 지역개발과 지역예산감사를 통한 건전성과 투명성 확보를 위해 노력해 온 공은 부정할 수 없는 현실이다.

그런데 지방자치 실시와 더불어 지역이기주의로 표현되는 루리(Local Unwanted Land Use)현상, 님비(Not In My Back Yard) 현상, 중앙부처간 갈등, 자치단체간의 갈등으로 지방자치발전을 저해하고 있다.

최근 충북 괴산군과 경북 상주시와의 문장대 온천개발을 둘러싼 양측의 첨예한 대립과 갈등으로 혼란을 불러일으키고 있다. 문장대 온천개발은 1987년부터 상주시가 속리산국립공원 구역 내 온천 관광지 조성 계획을 허가하고 이 지역 주민들이 지주조합을 만들어 온천 개발에 나서게 된 게 발단이다. 그러나 괴산군과 충주시가 온천개발로 온천수가 남한강에 유입되고 식수원이 오염된다고 반발하였고 대법원은 2003년 2월 '상주시의 처분이 불합리했다'고 판결을 했다. 이에 상주시가 2004년 오폐수 처리공법을 일부 변경한 사업계획을 승인하고, 개발 대상 지역도 인근의 문장대 지구로 변경하였다. 이에 다시 괴산군의 소송으로 다시 법정 공방이 벌어졌는데 대법원이 2009년 10월 상주시의 '온천 관광지 조성사업 시행허가' 취소 판결을 내렸다. 이와같이 소송과 번복 취소를 거듭한 문장대 온천개발은 희미한 안개속으로 잊혀질법했는데 다시 상주시의 재점화로 불을 지폈다. 상주시는 지난 13일 문장대 온천 개발을 추진하는 '문장대 온천 관광 개발 지주조합'과 상주시 화북면 운흥리와 중벌리 일대에 호텔과 콘도 등 온천시설과 간이골프장 등을 짓겠다고 설명회를 개최하였고 현재 대구지방환경청의 환경평가 판단을 기다리고 있다. 상주시가 이번에 보다 자신만만하게 나오는 이유는 새 수질환경기준에 맞는 새로운 '고도처리 공법'을 도입했다고 자랑하고 있다는 사실이다. 이 공법은 "대규모 휴양시설인 삼성에버랜드가 오수처리에 합격점을 받아 사용하는 같은 공법이다"고 상주시 공무원들은 밝혔다. 문장대개발 인근 지역주민들은 "괴산군은 남한강 상류인 '달천'의 환경 오염을 우려해 이 사업을 반대하면서 정작 '달천' 주변에는 수많은 펜션 및 숙박·유흥시설을 허가했다"며 "괴산군의 진짜 반대 이유는 상주 문장대휴양지구가 들어서면 달천 주변의 숙박시설 영업에 받을 수 있다는 우려감 때문"이라며 비판하고 있다. 사실 지방자치단체간 갈등관계는 비권력적 행정작용이기 때문에 정부가 어느 자치단체에 개입해서 조정되기도 힘든 문제라고 볼 수 있고 종국적으로는 사법적 판단에 맡겨야 달라질 수 있다. 먼저 이번에는 괴산군민들이 반대만 한다고 해서 될 일도 아니다. 상주시는 상주시대로 지역개발을 앞당기고 지역주민의 이익을 위해서 시장이 적극적으로 나설게 뻔하다는 사실이다. 이와 같은 상황에서 대구지방환경청이나 대법원 판결이 괴산군의 손을 들어준다고 보장할 수 없다. 따라서 파괴위협에 따른 보존전략을 짜야 할 것이다. 이를 위해 첫번째는 개발보다는 보존의 이익이 크다는 사실을 환경부가 간과해서는 안 된다는 것을 정치권,지방의회,지역언론,시민단체와 함께 공동 노력해야 할 것이다. 두 번째는 정치권과 지방의회가 나서서 이 문제를 최소화하는 방안을 모색해야 한다. 충청북도 국회의원들의 관심과 협조 그리고 관련 법안을 제출하여 주민들의 불만을 해소해야 할 것이다. 세 번째는 관료들의 복지부동과 무사안일에 대처할 수 있는 방안을 모색해야 할 것이다.이번 사태는 관료들의 안일한 태도와 갈등을 부추겨온 사실이 매우 크다고 볼 수 있다. 환경부는 환경을 파괴하는 사업에는 환경영향평가를 엄격하게 잣대를 가한다든지 아예 반환경적 행위의 문서를 접수하지 말았어야 한다. 괴산과 충주 주민 15만 명의 식수원을 오염시키는 것은 생명권의 위협이다. 또한 오·폐수로 오염되면 관광산업 위축, 유기농산업 위기와 속리산국립공원 산림생태계의 파괴로 이어진다는 사실을 모두가 명심해야 할 것이다.

8. 충북 지방자치의 청렴성

미국의 행정학자 제임스 브라이스는 지방자치야 말로 "풀뿌리 민주주의를 실현하는 학교"라고 갈파했다. 지방자치는 지역주민들이 지역의 현안과제에 직접 참여하여 문제를 해결하는 제도라고 볼 수 있다. 우리나라는 지난 1949년 지방자치법이 제정되었지만 극도의 정치 혼란과 정치적 미성숙으로 말미암아 실시되지 못했다. 이승만 정부 시절인 1952년에 부분적으로 실시되었는데 이것도 정파적 이해대립과 민주주의의 미성숙으로 인해 제도적인 정착의 토대를 상실하였다고 볼 수 있다. 1961년 박정희 정부의 제3공화국 출범과 더불어 지방자치제는 전면 중단되게 됐고 1991년에 이르러서야 지방의회 선거가 시작됐다. 그동안 우리나라 기초의회나 광역의회는 지방정부의 예산감사나 지역개발을 위해 노력해 왔고 그 성과도 상당했다고 본다. 관료들의 독점 권한을 감사하고 통제할 수 있다는 데 그 역할이 지대했다고 본다. 그러나 지방의회 의원들의 부패나 비윤리적 행태, 수준 낮은 질의나 감사 등으로 지역주민들로부터 비난을 받기도 하였고 위법, 불법, 탈법행태로 사법처리 되기도 했다.

지역주민들은 지방의원을 대리인으로서 지방행정에 충실하게 일하는 일꾼으로 생각하지만 지방의원들은 초심을 잃고 비리에 물들고 군림하고 권위의식을 가지는 등 문제를 많이 야기하여 지방의회 폐지론도 나오고 있다. 지방선거에 중앙당의 정치이념장이 되고 정당공천으로 인한 폐해가 지방행정의 능률성과 투명성을 훼손하고 있다. 이로 인해 지난 대통령 선거때도 정당공천이나 기초단체장 폐지론까지 나왔으니 지방선거의 부패는 치유하기 어려운 지경에 이르렀다고 본다. 지난 2011년 행동강령을 제정한 부패방지위원회 (현 국민권익위원회)는 지방의회의 부패를 통제하기 위해 지방의회 행동강령을 제정하라고 권고 하였지만 그 실효성이 미미하였다. 현재 행동강령을 제정한 충청북도 지방의회는 음성·증평·진천·옥천군의회 4곳 뿐이라고 한다. 청주시·충주시·제천시·단양군·영동군·보은군의회는 아직도 조례가 제정되질 않고 있다. 전국 244개 지방의회(17개 광역의회, 227개 기초의회) 중 경기도·충남도·경북도·전북도·부산시·인천시의회 등 6개 광역의회와 65개 기초의회가 만들어 조례 제정률은 28%에 그치고 있다. 최근 충북도의회가 다음 달 본회의에 행동강령 조례를 상정한다고 한다. 만시지탄감이 있지만 잘 한 일이다.

이번 행동강령 조례는 도의원의 예산 목적외 사용 금지(5조), 인사청탁 금지(6조), 직무와 관련한 위원회 활동 금지(7조), 이권개입 금지(8조), 직무관련 정보를 이용한 거래 금지(9조), 공용재산의 사적이용·수익 금지(10조), 금품·향응 수수행위 금지(11조), 의원간 금품수수행위 금지(12조), 성희롱 금지(18조) 조항 등이 담겨 있다고 한다. 출판기념회 제한 내용이 빠지는 등 부족한 측면이 있지만 보완해야 할 것이다. 무엇보다도 지방의회 의원들의 비윤리성이나 비리별 징계규정을 세분화하여 상응적 징벌제도를 강화하여야 할 것이다. 이를 위해 필자는 다음과 같은 방안을 제안하고자 한다. 먼저 각 지방 의회별로 윤리특별위원회와 이익충돌위원회를 구성하여 제명, 벌금부과, 직무정지 및 제한 등을 정하여야 한다. 윤리특별위원회와 이익충돌위원회는 지역주민대표, 지역 시민단체, 학계, 법조계, 언론 등 민간 인사들로 구성하여 징계의 효율성과 형평성을 강화해야 할 것이다. 비리자의 언론공표도 이루어 져야 한다. 윤리특위는 비윤리 문제를 조사하고 징계령을 규정하여야 한다. 미국에서는 주의회와 시의회의 의원윤리문제 처리과정에서 독립적인 윤리조사관제가 시행하고 있는데 우리나라도 이를 도입하여야 한다. 징계요구권도 개방하여 지역주민 누구나 윤리심사를 요구할 수 있도록 하여야 한다. 윤리심사를 통해 비리혐의자나 의심스러운 사람들도 탄핵조치 되어야 할 것이다. 이익충돌위원회에서는 의원들의 사적인 영업행위나 겸업을 금지하고 조사하여야 한다. 일본도 겸업금지 위배시 그 직을 상실하도록 법에 규정하고 있다. 무엇보다도 지방부패를 발본색원하는 것도 중요하지만 지방자치가 위축되어서도 안될 것이다. 지방자치의 본래 이념과 민주주의를 뿌리내리도록 투명성과 책임성을 강화해야 할 것이다.

9. 충청북도 경제의 불씨를 켜라

한국은행은 올해 경제 성장지수를 3.5%가량 될 거라고 진단했다.

이러한 진단치는 우리경제가 저성장의 늪에 빠질 가능성을 미리 예측했다고 보며 향후 우리나라는 70년대나 80년대처럼 고속성장은 사라지고 2-3%정도의 낮은 수준의 장기 저성장이 계속된다고 봐야 할 것이다. 정부가 경제 내수진작을 위해 지난 8월 부동산규제를 대폭 완화했다. 재건축 기간을 줄였고 부동산 경기활성화를 촉진하는 대책을 내놨지만 아파트 매매가격은 서울과 세종시만 반짝했지 회복세가 주춤하고 있는 실정이다. 세월호 여파로 인하여 민간소비도 주춤하고 있는데 국내 소비가 없으니 공산품 공급이나 제조업도 돌지 않고 있다. 무엇보다 경제는 소비심리가 살아야 한다. 수요가 있어야 공급이 있는 것처럼 경제의 흐름이 막혀 버린 형국이다. 경제 현상은 매우 복잡하고 한번 불황으로 빠지면 일어서기 힘들다. 마치 벌이 꿀속에 빠져 허우적거리는 것이나 다름 없다. 현재 우리나라는 대기업만 살고 중소기업이나 자영업자,지역경제는 침체에 빠져들고 있다고 봐야 한다. 대기업도 불안하다고 한다. 한국의 브랜드인 삼성전자나,현대자동차도 마냥 즐겁지만 않다고 한다. 우리나라만 그런게 아니다. 중국도 부동산 거품 붕괴로 경기가 침체되고 있다고 한다. 일본의 엔화 약세로 인하여 철강이나 석유제품 등 국내제조업의 실적이 하락되고 있다고 한다. 이미 미국의 경제학자들은 장기침체가 시작됐다고 주장하고 있다. 한국과 FTA가 타결됐다고 우리가 중국을 상대로 이득을 많이 취하기도 어려운 지경이다. 오히려 농축산의 피해 우려도 있다.

그런데도 불구하고 정치권은 장군 멍군식으로 무상급식이나 복지타령이나 하고 있고 권력싸움에 혈안이 되고 있다.

어제 충청북도는 20년까지 30조원의 투자유치와 200억 달러의 수출을 달성하겠다고 지역경제 청사진을 보였다. 이렇게 되면 40만개 가령 일자리가 만들어지고 지역 총생산량은 4%로 올릴 수 있다고 한다.

이와 같은 이시종 지사의 경제공약 마스터 플랜은 산업연구원의 경제분석 보고서를 토대로 하고 있는데, 충북이 소득과 인구증가율이 전국 최고이고 성장잠재력이 높다는 게 그 이유다. 또한 통계청 자료를 보면 충북은 2013년 광공업 전국1위, 취업자수 전국4위, 수출증가율이 2위라는 지표 때문이다. 충북도는 또한 "충북은 정부 기능의 63%를 수행하는 세종시가 지난 2012년 7월 출범함에 따라 연계 성장발전을 기대할 수 있고 바이오밸리와 솔라밸리, 경제자유구역 지정, 과학벨트 등 신성장 동력산업이 집중돼 성장 잠재력이 확대되고 있다"고 주장하고 있다.

실제로 충북은 오송 바이오타운건립, 통합 청주시 등장, 인근 세종시의 영향 등으로 발전동력이 강화되고 있는 것이 사실이다. 이시종 충북도지사는 "과거 국가발전을 이끌었던 부산, 대구 등 거점도시의 경제는 갈수록 쇠퇴하는 반면 충북 주요도시는 인구와 소득 증가율이 성장 추세를 보이고 있다"며 "충북 경제 규모를 GRDP 기준 전국대비 4%로 끌어 올려 충북 도민행복 시대를 열겠다"고 포부를 밝혔다.

무엇보다도 이시종 지사 임기동안 충북 지역경제의 혁신과 도약을 위한 장기프로그램을 차질없이 추진하려면 성장 핵심의제를 설정하여 집중해야 할 것이다.

즉 선택과 집중전략을 짜서 지역경제 4개년 계획을 실시해야 할 것이다 임기 4년동안 구체적 성과를 내도록 규제개혁, 지방행정의 서비스 제고, 지방조직개혁, 지역경제유인책 발굴, 지역중소기업의 지원이 필요하다. 특히 중소기업의 활로를 위해 과감한 규제혁파가 필요하다. 충북 지자체들도 적극적인 기업 유인책이 필요하다. 충북 지역에 공장짓겠다는데 서류나 가져오라하면 누가 투자하겠는가. 지역경제와 아울러 지역농업발전과 소득창출을 위한 지원이 필요하다고 본다. 충북 농민들의 경제형편이 얼마나 나아졌으며 충북 농업경쟁력이 강한지도 살펴봐야 한다. 충북농민을 위한 진정한 농정개혁과 정책이 이루어져야 한다. 바야흐로 국가경제의 위기와 전 세계경제의 흔들림속에서 장기과제를 수행하려면 여러 가지 난관이 봉착할 것이다. 이를 해결하려면 중앙정치, 중앙경제계와 협력하여 문제를 해결하고 지원받아야 한다. 또한 충북지역경제를 살리기 위해서는 충북출신 정치인들의 지지가 필요하다. 충북 출신 정치인들도 도청에만 책임을 돌리지 말고 도정을 적극 도와야 한다. 도의 현안과제가 무엇이지, 지역경제의 어려움이 무엇인지 인식하고 대책 방안을 마련하도록 촉구해야 한다. 그리고 지방의회도 초당적으로 협력할 것은 협력하고 비판할 것은 비판해야 한다. 정당의 이념에 매몰되어 반대만 한다면 지역경제 회생과 성장은 물거품이 된다는 것을 명심해야 한다. 지방의회가 지역주민의 자치의식함양과 지역개발을 위해 존재하지 중앙정치의 정쟁의 예속화가 돼서는 안된다. 충북지역경제의 마중물을 가득 부어 성장엔진이 꺼지지 않도록 지속가능한 정책이 되기를 바란다. 그래야 창조경제가 실현될 것이다. 충북의 정치인,자치단체, 경제계,시민단체,언론이 합심해야 할 시점이다.

10. 충청도 선거민심

지난 7월 30일 치러진 전국 15개 국회의원 선거구에서 야당이 참패하고 여당이 승리했다. 특히 여당이 수도권과 충청권에서 압승을 거뒀는데 특히 호남에서 여당이 승리한 것은 가히 선거혁명이라고 볼 수 있을 정도이다. 야당 아성인 호남에서 여당후보가 당선된 것은 여러 요인이 있겠지만 지역발전공약에 대한 유권자의 기대였을 것이다. 순천 곡성지역 유권자들이 여당의 손을 들어준 것은 정권심판이나 거창한 구호보다 지역발전 생활정치를 구현해달라는 작은 소망일 것이다. 그런데 이번에 여당이 승리했다고 해서, 여당에 마냥 잘해서 표를 준 것은 아니다. 거만하게 행동하고 반사이익에 도취되면 여당도 야당이 될 수 있다. 무엇보다도 이번 선거는 야당이 상당히 승리할 수 있는 호기였는데 그 여건을 충분히 활용하지 못한 무능과 불신 등 구태 작태에 유권자들이 염증을 느꼈다고 본다. 열 길 물속을 알아도 한 사람 마음속은 알지 못하고 언제 변할 줄 모르는 것이 민심이다. 강물같은 민심이 역류할지 순항할지는 위정자의 태도에 달렸다. 야당이 건강해야 정부여당도 국가도 통제하고 감시하는데 야당이 지리멸렬하고 분탕질이나 하니 어찌 수권정당이라고 말할 수 있겠는가? 야당참패의 원인을 보면 다음과 같다.

먼저 세월호사태에서 보듯 정부무능과 공직자의 비리 등 여당에게 유리할 것이 없었다. 또한 총리나 장관 후보자의 낙마 인사파동이라든지, 유병언 구원파 교주의 주검에서 나타난 검찰이나 경찰의 수사불신과 무능이 여실히 드러났는데도 이를 반전의 기회로 삼지 못했다. 또한 공천과정에서의 무원칙 무소신 비합리가 판을 쳐 유권자의 냉소와 냉담을 받았다. 이 와중에 여야가 세월호특별법을 만드는데 무리한 주장을 하거나 동상이몽의 정쟁을 만들었고 야당도 합리적인 방안을 제시하지 못해 국민들의 분노와 비판을 받았다.

야당은 새정치를 표방했지만 구태정치와 별반 차이가 없었던 것도 국민의 불신을 받았다. 이번 선거에서 충청도도 야당보다는 여당이 모두 승리했는데 낙후된 지역개발과 지역경제를 살려돌라는 민심이라고 본다. 특히 이번 충청지역 보궐선거에서 유권자들의 민심의 변화가 상당하였다. 지난번 지방선거에서 충청지역 도민들은 충청남북 도지사선거, 대전시장, 세종시장 등에서 야당을 지지했다. 그래서 영충호시대에 충청도의 이반으로 정부여당이 고심한 것이 바로 충청도다. 심지어 충청도 위기론이 나돌 정도였는데 이번에 대덕지구, 충주시, 서산태안지역구에서 여당이 모두 승리하여 절묘한 균형을 취했다고 본다.

충남서산이나 태안은 보수성향이 강한 곳이라지만 충주나 대전지역은 아무도 민심을 예측 못했다. 이번 선거에서 충주시민은 청주가 통합청주시 등장과 더불어 충청권발전의 축으로 발전을 확대하자 기대와 우려가 교차했다. 한때 충청의 수부도시로서 중원 최고의 도시가 쇠락의 길을 가니 불만이 이만 저만이 아니다. 충주시민들은 도시기반을 확충하고 지역경제를 살리기 위해서도 여당 후보를 지지할 수 밖에 없었다. 이번 선거에서 충청권 모두가 여당 후보가 당선된 것은 의미있는 선전이라고 볼 수 있다.

그 의미는 지역을 살리라는 뜻일 거다. 지역상권이나 경제가 피폐해졌고 도민들의 불만도 그 어느때보다 심하다. 충청도는 여타 다른 지역보다 발전의 가능성이 많다.

세종시의 출범으로 우리나라 행정권의 중심, 대전의 교육 과학 중심축, 천안아산의 교통 공업축, 청주의 경제 문화축, 충주북부의 관광 의료 축 등이 어우려져 중심 발전클러스터를 도모해야 한다. 특히 충청남도보다 낙후된 충청북도의 지역발전이 중요하다. 이제 남은 것은 공약실천이다. 가정 우선시되는 공약을 선택하여야 한다.

무엇이 지역에 맞는지 강점과 약점은 무엇인지, 여기에 소요되는 예산과 비용은 어느 정도인지 고민해야 한다. 그리고 실현할 정책에 집중하여야 한다. 중요한 사실은 유권자의 기대를 충족해야 한다는 사실이다. 유권자와의 약속은 절대 지켜야 한다. 거짓공약으로, 달콤한 말장난으로 선거공약을 뒤집는다면 차기 선거에서 심판은 냉혹하다는 것을 잊지 말아야 할 것이다. 이번에 당선된 선량들은 박근혜 정부가 성공하기 위해서도, 국가혁신과 경제발전을 위해서도 불철주야 노력해야 한다. 당선됐다고 당장 많은 예산을 가져와 지역개발을 할 순 없지만 매사 추진력과 성실성, 청렴정신을 가지고 기린아적 능력을 발휘하여 충청권 발전의 초석을 가져오길 기대해 본다.

11. 민선 지방의회의 역할

지난 7월 1일 임기가 시작된 지방자치단체장과 지방의회 의원들에 대한 기대가 크다. 새로 출범한 민선 지방자치가 성공하기 위해서라도 주민들의 관심과 성원이 필요하다고 볼 수 있다. 뽑아놓고 나 몰라라 한다면 이들이 교만해지고 비리나 배임행위를 할 수 있는 가능성이 있기 때문에 종종 지방신문도 읽고 지방의회도 참관하며 참여민주주의 정신을 배양해야 할 것이다. 일찌기 지방행정의 대가 제임스 브라이스는 "지방자치제도는 주민을 위해서 뿐만 아니라 주민과 더불어 능률적으로 일을 할 수 있도록 교육시키는 바 상식과 합리성 그리고 판단력과 사교성을 기른다"고 갈파했다. 또한 "의견을 합쳐야 할 사람들은 양보와 타협의 필요성을 배우고 스스로의 인품을 보여줄 기회를 갖고 동료들에게 스스로를 내세울 기회를 갖게 한

다. 그래서 지방자치야 말로 민주주의의 학교이며 원천"이라고 주장
했다. 그동안 지방의 토호세력과 주변업자, 지방의원,지방관료간의
토착부패는 숱한 의혹과 불신으로 지역 주민을 기만하였으며 풀뿌
리 민주주의라는 기초적인 인식조차 망각하는 등 자치행정의 기본
정신을 뿌리채 교란시킨 것이 사실이다. 특히 지방의원들의 부정 부
패중에서 가장 대표적인 것이 로비를 받고 청탁·알선하는 행위인
데 이권을 미끼로 하여 그 대가로 직접 요구하는 형태라든지 도정이
나 시정, 군정 감사에 앞서 관청에 자료를 요구 할 때 검은 돈이 나
올 만한 항목을 요구자료 목록에 포함시켜 관계공무원이나 업계가
감(感)을 잡고 사전에 알아서 손쓰도록 유도하는 수법이 있고, 이미
훑고 지나간 사안을 며칠 뒤 심지어는 다음 회기에 다시 물고 늘어
져 금품을 노리는 방식이 있다고 한다. 지역의 소상공인이라든지 대
기업도 지방 정부가 기업 활동의 전반에 간섭하므로 지방정치권력
과 유착할 수 밖에 없다는 것이 정설이다. 각종 인허가 획득, 행정절
차의 단축, 세금경감 단속으로부터의 회피, 정보의 획득, 입찰사업
정보 등이 관료들에게 놓여 있기 때문이다. 관료가 이와 같은 과정
을 통해 기업 활동을 지배하는 가운데 공직사회는 불법적 청탁에 익
숙하게 된다. 기업은 제품구매, 사업자 지정, 인허가, 사업정보 등을
목적으로 관료들에게 뇌물을 주고자 한다. 정부주도적 경제발전이
낳은 병폐 가운데 하나는 이와 같은 관경유착 활동의 천민자본주의
(pariah capitalism)문화의 형성이라고 할 것이다.

　최근 서울시 의회 모 의원이 지역재력가를 청부 살인한 혐의로 구
속됐는데 사유는 지역재력가 소유 토지의 용도를 변경해주겠다는
약속을 하고 뇌물을 챙겼다는 의혹을 받고 있다고 한다. 즉 청탁자
소유의 땅을 근린생활시설에서 상업지구로 변경해주는 것을 전제로

받은 대가라는 것이다. 그런데 문제는 그 의원이 서울시 산하 도시계획위원회 위원으로도 활동했는데, 서울시 도시계획위원회는 수백~수천억원대 이권(利權)이 왔다 갔다하는 토지 용도변경 문제를 최종 심의·의결하는 권한을 갖고 있다고 한다. 지방의회 의원의 임무는 지자체 예산을 심의하면서 공무원과 위원회 위원들의 비리와 부정을 감시·감독하는 역할을 하는 것이 마땅한데 노른자 위원회의 위원을 겸직하면서 업자들 이익을 대변하는 로비스트 역할을 한다면 지방의회는 있으나 마나한 기구라고 볼 수 있다.

2013년 4월 국민권익위원회가 조사한 자료를 보면 전국 244개 자치단체 산하 1만8207개 위원회 가운데 48%인 8736개 위원회에 지방의원 1만2812명이 위원직(職)을 겸직하고 있다고 한다. 정부는 2011년 지방의원이 정부 위원회 위원을 겸직해서는 안 된다는 시행령을 만들었지만 지금까지 조례를 제정한 곳은 60여곳에 불과하다고 한다. 국민권익위원회는 2011년부터 전국의 지방의회에 지방의회 행동강령도 만들라고 독촉하여 제정하였지만 지방의원들의 반대로 잘 지켜지지 않고 있다. 최근 공직자가 100만원 이상만 받으면 형사처벌하도록 하는 일명 김영란법을 제정하려고 하나 국회와 정부간의 이견으로 수년을 허송세월하고 있다고 한다. 지방자치가 부활한지 20여년이 흘렀지만 우리나라 지방의회는 비리의회나 마찬가지다. 1991년부터 2012년까지 지방의원 1230명이 임기 중 뇌물수수, 선거법 위반 같은 비리로 형사처벌 받았다고 한다. 토착비리의 종착지가 되고 만 지방의회의 청렴성을 유지하기 위해서라도 법률적인 규제나 단속이 필요하다. 인·허가 청탁부정을 발본색원하지 않으면 지방부패는 계속 발생할 것은 명약관화한 사실이다. 청렴한 지방의회가 건전한 자치발전을 가져온다는 사실을 알아야 한다. 이번에야 말로 이들을 뽑은 지역 주민들이 주인의식을 가지고 독수리의 눈으로 대리인들을 감시해야 할 것이다.

12. 지방선거 이후

지방자치는 민주주의 학교이며 훈련장이라고 한다. 우리나라 지방자치가 실시된 지도 20여년이 흘렀으니 이제 당당한 청년이 되었다. 그러나 무리한 지역사업으로 인한 예산 낭비, 자치단체장의 부정부패, 지역간 비 균형발전, 지방공무원의 무능으로 자치발전은 더디고 지방선거 무용론이 확산되고 있다. 그렇다고 지방자치를 폐지할 수 없는 노릇이다 보니 지역시민단체, 지방언론,지역 주민의 감시와 비판기능이 항시 필요하다고 본다.

지난 6·4 지방선거에서 재선에 성공한 충청도 지역의 자치단체장들의 의욕과 포부가 대단하다. 벌써 인수위원회를 구성한 곳이 있고 다른 한편으론 기존단체장의 정책을 재고하려는 움직임도 나타나고 있다. 친구와의 의리도 우정도 팽게치고 칼과 방패를 휘두르며 혈투를 벌여 신승한 이시종 충북도지사도 발 빠르게 움직이고 있다. 당선의 기쁨도 나누기 전에 이제 충청북도 안전과 행복, 지역경제의 활성화를 위해 고난의 길을 가야한다. 지난 10일 기자회견에서 그는 "그동안 닦아 온 '경제 1등도(道)' 충북을 더 발전시키고 이를 바탕으로 도민 행복시대를 활짝 열어나가야 한다"고 말하면서 "민선 6기에는 전국 대비 4% 충북경제를 실현하고 도민소득 4만 달러 시대를 여는데 도민 모두 매진하자"고 호소했다. 이시종 충북지사 당선자는 또한 "어린이, 어르신, 여성, 장애인을 비롯한 사회적 약자가 안전하고 편안하게 사는 세상을 열자"고 주장했고 "신수도권 시대의 중심, 영·충·호 시대의 리더로서 충북을 우뚝 세우고 충북의 위상과 자존심을 한껏 높이는 지혜를 모아 달라"고 주창했다. 그는 "통합 청주시의 성공적 출범, 도내 균형발전, 2014오송국제바이오산업엑스포 성공 개최"등을 위해 노력하겠다고 한다.

안희정 충남지사 당선자도 "진보든 보수든 이렇게 가면 안 된다"며 "헐뜯고 싸우지 말고 이제 단결해서 한 단계 진전하자며 통합의 도정을 펴겠다 "고 포부를 밝혔다. 대권을 꿈꾸는 그가 야당이나 좌파의 이념에 머물지 않고 통합과 상생의 자세로 임하겠다고 하니 상당히 진일보한 행태이다.

지방자치는 지역의 일꾼을 선출하여 지역의 발전과 지역의 민주주의를 위해 협의하고 합의하는 실험과정이라고 본다. 그런데 지방자치가 중앙정치의 지시나 예속으로 규제를 받는다면 풀뿌리 민주주의는 온데 간데 없고 중앙정치만 흉내내어 지방예산만 축내고 토착세력의 패거리 온상이 되고 만다. 주인은 국민인데 대리인들인 자치단체장들이, 지방의원들이 배임행위와 횡령을 밥 먹듯이 한다면 자치발전이 어떻게 되겠는가? 지방자치망국론이 나올 수밖에 없다.

지방행정에 무슨 진보가 있고 보수가 있는가? 시민, 군민, 도민만 바라보고 현장행정, 위민행정을 해도 선거공약을 이행하기도 난망하다. 4년의 임기동안 그 많은 공약을 어떻게 실행하겠는가? 한가로히 할 수 없다. 쉼없이 전진해야 한다. 진정한 주민자치행정을 위해 지역 머슴이 되어야 한다. 머슴이 될 때 그 댓가는 반드시 있다.

그리고 무엇보다도 선거과정에서 벌어진 비방, 마타도어, 고소고발 등으로 벌어진 갈등을 해결하고 치유하기 위해 먼저 당선자들이 나서야 한다.

당선자들은 대결의 극단에서 화해와 상생을 통해 충청도의 힘을 보여주자. 우리 충청도는 그동안 중앙정부의 홀대를 받아왔다. 충남이나 대전은 그래도 유명정치인도 배출하고 중앙정부의 관심도 가졌지만 충북은 그렇지 못하다.

요즘 충북지역은 자영업 붕괴의 심화, 제조업의 민간 소비둔화, 산업기반 취약, 일자리 부족 등으로 지역경제가 취약하다. 충북 청년 실업률도 높고, 소비자물가도 급등하고 있다. 이를 해결하기 위해서 이시종당선자는 먼저 충북경제를 살려야 한다. 윤진식 후보와 화해하고 그에게 경제자문지원을 요청하여야 한다. 윤진식 후보도 갈등과 낙선의 쓰라림을 잊고 이시종당선자의 협력요청을 수락하여 충북지역경제를 살려야 할 것이다. 다행히도 박근혜대통령이 충북출신인 문창극씨를 총리 후보로 지명한 점이 고무적이다. 건국 이래 충북출신 총리가 없었던 점에서 의미심장하다고 볼 수 있다. 문후보가 국가행정을 개조하고 혁신의 역할을 하겠지만 이번기회에 충북지역을 발전하고 개발하는데 좀 더 가시적인 지원과 협력을 한다면 천재일우의 기회라 볼 수 있다. 이시종 당선자는 이 기회를 살리기 위해서 어떻게 처신해야 하는지 숙고해야 할 것이다.

13. 지역일꾼 뽑기

봄바람과 함께 선거의 계절이 왔다. 여기저기서 출판기념회에 초청장이 날아든다. 적게 낸다면 체면이 말이 아니고 그렇다고 많이 내려니 관혼상제 부조금처럼 지갑이 날로 빈다. 충청북도 관내 단체장이나 지방의원에 출마하려는 현직 공무원들의 사표도 여기저기서 보도되고 있다.

풀뿌리 민주주의의 실현이라는 지방자치제도는 정치적·역사적 투쟁과 타협의 과정속에서 생성되는 것이라고 본다. 우리나라의 지방자치는 특수한 사회 환경과 정치적 이데올로기에 따라 변질되며 발전을 거듭하고 있다. 지난 1949년 지방자치법이 제정되었지만 극도의 정치혼란과 정치적 미성숙으로 말미암아 실시되지 못하다가 1952년에야 부분적으로 실시되었다. 당시 지방자치제가 정파적 이해대립과 민주주의의 미성숙으로 인해 제도적인 정착의 토대를 상실하였다고 볼 수 있다. 왜냐하면 그 당시 정부 여당이 현실적인 요소를 무시하고 법률적 자구수정에만 몰두하였고 국민적 동의조차 받지 못하는 등 여러 가지 문제를 야기시켰다. 1961년 제3공화국의 출범과 더불어 지방자치제는 중단되게 되었으며, 제5공화국에서도 실시를 통일 이후로 미루었다. 1988년 3월 4일 지방자치법만 개정하는 등 파행을 거듭하게 되다가 주민들의 참여욕구의 증대와 행정의 분권화, 지역균등발전이라는 인식과 더불어 6. 29 선언이후 제6공화국에 들어서 비로소 지방자치시대가 태동하게 되었다.

일찍이 제임스 브라이스는 "지방자치야 말로 민주주의의 학교이며 원천"이라고 주장했다. 뿐만 아니라 토크빌도 "지방자치는 국민들에게 어떤 방법으로 자치를 행사하는지를 교육하며 국가는 지방자치 없이 자유로운 정부를 수립 할 수 있지만 자유정신을 가질 수는 없다"고 갈파했다. 이와 같이 지방자치행정은 민주주의를 발전시키고 지방정부 스스로 지역의 문제를 자치적으로 해결해 나가는 역할과 과제를 가지고 있다. 결국 지방의 문제를 해결하기 위해서는 지방공무원과 지역정치인, 지역주민의 책임감과 의지가 중요하다고 볼 수 있다.

그런데 지방행정은 국민의 광범위한 생활 영역에까지 직·간접적으로 강력한 영향을 마치고 있고 부정부패 가능성을 항시 내포하고 있다. 특히 지방의 토호세력과 주변업자, 지방관료의 유착부패는 숱한 의혹과 불신으로 지역 주민을 기만하였으며 풀뿌리 민주주의라는 기초적인 인식조차 망각하는 등 자치행정의 기본정신을 뿌리채 교란시키고 있는 실정이다. 특히 정당공천 제도를 시행함으로써 그 순기능보다는 역기능이 발생하였고 정당공천 과정상의 비리와 부패가 심각한 지경이다.

최근 야당 대표가 모여 "거짓의 정치를 심판하고 약속의 정치를 정초(定礎)하기 위해" 그리고 지역주의 청산이라는 명분아래 창당을 선언하였다. 한 야당대표는 그동안 기득권 정치 타파를 줄기차게 주장했다. 또한 그는 기존 정당들이 시민들의 요구를 무시하고 증오와 분노를 키우고 민생(民生) 정치를 외면한다면서 합리적 보수와 성찰적 진보가 참여하는 신당을 만들겠다고 포부를 밝혔다. 그동안 그는 많은 국민 특히 30-40대 계층의 지지를 받아왔다. 그런데 즉 새정치를 한다며 여야를 비판하며 다녔던 사람들이 이제 비난한 야당과 손잡고 다시 백기투항하고 정당권력에 포획되어 창당한다니 어리둥절할 뿐이다. 여당 또한 지난 대선에서 기초선거 공천을 하지 않겠고 다짐했지만 백지화하고 있다. 여야 정치인들이 이렇게 밥먹듯 거짓말을 일삼고 국민을 속이니 정치 선진화는 요원하고 정치불신만 가득하다고 볼 수 있다.

이제 6월 4일 지방선거를 앞두고 지역주민들이 새로운 참여의 표심을 발휘해야 할 시점이다. 먼저 시민들의 선거혁명이 필요하다. 거짓공약을 내세우고 당선만 되면 나몰라라 하는 후보들은 이번에 단죄해야 할 것이다. 지방자치단체장, 지방의회의원 후보 중에는 당선하고 난 후 알선청탁이나 이권에 개입하여 지방부패를 낳을 소지가 충분한 사람도 있다. 이들이 공천을 받을 수 없도록 정당들은 공천과정의 투명성과 공개성을 강화하여 부패소지를 차단해야 할 것이다.지방언론과 시민단체 역시 지방선거의 공정성과 책임정치를 제고할 수 있는 방안을 마련하여 적극적인 감시자 역할을 해야 할 것이다. 그리고 선거과정상의 부정과 부패를 적발하고 차단하기위해 선거관리위원회·검찰·경찰 등의 노력이 중요하다.

14. 빚더미 지방자치

지방자치란 지방정치에의 주민참여, 즉 자치단체와 주민과의 관계에 중점을 두는 제도로서 민주주의의 원리를 표현하는 지방자치 사상이다. 따라서 지방자치란 주민의 참여를 통하여 지역행정이 지역주민의 의사와 책임에 의하여 행해지는 것을 말한다.그런데 지방자치정부의 재정능력이 충실하지 못하면 당해 지방정부는 행정과 사업수행에 필요한 경비를 충당하기 위하여 중앙정부로부터의 재정적 원조를 받게 되면 이에 따른 광범한 통제와 감독을 받게 되는 것이다. 더욱이 지방정부의 재정적 의존도가 증가함에 따라 선진 각국에서는 중앙의 지방에 대한 통제를 행정적 측면에서의 통제로부터 재정적 통제로 전환하고 있다. 이는 재정적 통제야말로 권력적 요소를 배제하면서도 지방행정을 중앙의 의사에 따라 유도할 수 있는 유용한 수단이 되기 때문이다. 이와 같이 진정한 지방자치 실행을 위해서는 자치행정의 재정자립도가 확립되어야 중앙의 재정통제도 받지 않고 주민자치가 실현되는 것이라고 본다.

그러나 지방자치단체장들은 지방선거시 과대한 공약남발과 공약 실천을 위해 지방재정을 축내고 있으며 선심성 인기있는 이벤트를 마구 실시하여 재정을 낭비하고 있고, 지방청사 신축이나 지역개발 사업을 한다며 부채를 증가시키고 있다.

최근 안전행정부의 지방부채 현황을 발표한 김모 국회의원의 빚더 미 보도자료를 보면서 유감을 갖지 않을 수 없다. 부채 증가액과 증 가율 15위 이내에 충청권 자치단체가 8곳이나 포함돼 있다고 한다.

충청북도 괴산군의 경우 부채가 2010년 대비 무려 11배(1천 128% ·)나 늘었다고 한다. 금액으로는 426억 가량인데 이는 전국 지방자치단체 중 부채 증가율이 가장 높은 액수이다. 이와 관련 괴 산군 직원은 "세입 부족을 채우기 위해 빌리는 지방채 등 '빚'과는 무관하고 이미 예산이 편성돼 있으면서 사업 미완료, 지급시기가 도 래하지 않아 지급하지 않은 금액까지 부채에 포함됐고, 일반적인 악 성 채무와는 다르다 "고 해명하고 있다.

지방재정의 위기나 부채문제는 지방자치가 실시되면서부터 발생 할 수밖에 없는 구조이다. 빈약한 재정부터 출발한 우리나라의 경우 더욱 그렇다. 지방자치단체장들의 방만한 운영이라든지 지방공기업 의 재정부실은 재정부채의 첩경이다

중앙정부는 지방정부에 문제가 있다고 하고 지방행정의 비리를 단죄해야 한다고 한다. 지방자치단체는 중앙정부의 탓이라고 한다. 일본이나 미국도 지방정부가 파산되고 월급도 받지 못하는 공무원 도 속출하고 있다. 그래서 지방재정문제를 해결할 방안을 다음과 같 이 제시하고자 한다. 먼저 잘못된 선심성 사업이라든지 이벤트로 세 금을 낭비하는 것을 막기 위해서라도 지방주민이 주민소환 제도를 적극 활용하여 자치단체장의 비리를 막아야 할 것이다. 이를 위해서

는 시민단체나 지방언론이 관심을 가지고 대행 협력해야 한다.

공공서비스의 민영화를 통해 지방자치단체의 살림을 줄여야 할 것이다. 긴축재정을 통해 예산 절감을 해야 한다. 지방공기업만이 아니라 지방 자치단체 직원들도 줄여나가야 한다. 또한 각종 선심성 인기위주의 축제성 이벤트를 폐지해 나아가야 한다. 일부 지자체가 지역산물을 알리기 위해 의욕적으로 하고 있지만 대다수가 예산절감과는 거리가 멀다. 또한 지방세와 세외수입의 자주재원의 비중이 강화되도록 중앙정부가 지자체에 권한을 대폭 위임하여 지방세 세입구조를 개편해야 할 것이다. 이와 아울러 중앙정부와 지방정부의 사무역할 업무분담을 실시하여야 한다. 즉 정부의 기능과 사무를 재배분하여 기능을 조정하여야 할 것이다.또한 지방재정을 수시로 평가하여 재정지원이나 인건비 감축 등 행정개혁을 실시해야 할 것이다. 지방재정의 부도가 일어나면 누가 책임질 것인가? 결국 자치주민만 피해볼 것이 분명하다. 내년 지방선거에는 예산을 절약하고 부자재정을 만드는 지방일꾼을 선출하여 풀뿌리 민주주의를 실현해야 할 것이다.

15. 자치단체간 갈등과 협력방안

중앙정부와 지방정부 그리고 지방정부들간의 상호 협력관계는 매우 중요하다. 지방자치제 하에서는 중앙정부 중심으로 이루어졌던 관계가 지방정부라는 새로운 변수를 고려해야 하기 때문에 기존의 정부관계는 재정립되어야 한다.

우리 나라의 경우 지방자치의 실시와 함께 지역이기주의로 표현되는 루리(Local Unwanted Land Use)현상, 님비(Not In My Back Yard) 현상, 중앙부처간 갈등, 지방의회간의 갈등 등 지방자치발전을 저해하고 있다. 이러한 점으로 미루어 볼 때 정부간의 바람직한 관계설정은 무엇보다도 중요한 과제이다. 협력, 충돌, 경쟁 등의 상호작용은 중앙과 지방간의 정부간 관계를 기술하는 데 적절한 용어일 것이다. 정부간 관계를 연구하는 것은 중앙과 지방간의 수직적 권위에 기반하는 공식적 계층제라는 선입견을 버리고 항구적인 협상과 동맹의 형성에 참여하는 대립적이지만 상호의존적 행위자들의 망(network)이라는데 기반한다고 볼 수 있다.

외국의 경우 지방정부간 협력관계가 잘 이루어지고 있으나 한국은 지방자치의 일천함, 협력관계에 관한 낮은 의식수준 및 지식, 제도적 장치의 미비, 비용분담 기준설정의 모호성 등으로 인하여 보완적 기능의 협력사례를 발견하기 힘들다. 다만 요즘은 혐오시설 처리 입지 등 갈등적인 기능을 중심으로 협정사례가 늘어가고 있는 실정이다.

따라서 한국의 경우도 지방자치가 제도적으로 정착하기 이해서는 지방 정부간 관계에 대한 깊이 있는 이해와 실천이 요구된다

최근 충청북도내의 자치단체들이 상호협력보다는 대립적인 분절현상이 나타나 자치주민들의 반발이 심하다.

먼저 문장대 온천개발로 경북 상주시와 충북 괴산군이 첨예하게 대립되고 있다. 지난 1985년부터 경북 상주시는 문장대와 용화지구에 온천관광개발을 추진하려다 수질오염과 환경파괴 때문에 괴산군과 극심한 대립을 보이고 있다. 상주시는 환경영향평가에 대비하려고 최신 오폐수 공법을 내세우고 있고 괴산군은 식수를 사용하는 괴산군민들의 피해를 생각하지 않을 수 없다. 그런데 이 문제는 이미

두 번이나 대법원판결로 괴산군에 손을 들어준 문제라고 한다.

또 하나 갈등은 청주시와 충주시와의 충북 경제자유구역청 설치문제로 몸살을 앓고 있다. 청주시는 통합시로서 교통의 입지여건이, 충주는 낙후된 북부권 균형개발을 위해 필요성이 제기 되고 있다. 충청북도청이 어느 도시에 결정하더라도 그 휴유증이 심각할 것이다.

이와 같이 지방정부간의 갈등관계는 비권력적인 관계로 인하여 단독으로 처리하기도 어려우며 갈등을 제어하기도 힘들다. 어떤 방안을 가지고 협력하고 조정하는가 하는 문제이다.

자치단체간의 문제를 중앙정부에서 속시원하게 조정하기도 어렵다. 결국 지방자치단체의 갈등해결을 위한 협력과 윈윈게임을 할 수 있는 방안을 모색하여야 할 것이다.

그렇다면 이번 괴산과 상주, 충주와 청주간의 갈등은 어떻게 조정하여야 할까?

무엇보다도 협력과 화해가 중요하다. 이를 위해 갈등자치단체는 대화를 통해 문제의 소지를 해결하려고 노력해야 하며 컨센서스를 통해 자치발전을 도모하도록 해야 한다.문장대 사례는 이미 대법원의 판결로 합의라는 인식을 가지고 있는데 다시 문제소지가 발현됐다는 점에서 문제가 있으며 상주의 개발논리는 법적정당성을 상실했다고 본다. 두 번째는 자치단체간 협정을 통해 발전핵심과제를 조정해야 한다.이를 위해 협정위원회를 설치해야 하며 쌍방이 이해하고 납득할 수 있는 협정을 맺어야 할 것이다.이러한 협정으로 지방정부들은 지역사회개발계획, 물적 개발, 경제개발 및 인력자원개발을 포함하는 지역개발에 관하여 정부간 협력방식을 취하도록 해야한다.자유구역청 사례는 충북도, 청주시, 충주시가 어느 지역에 설치하는 것이 지역의 균형발전을 도모하고 충북도민의 중지를 모을 수 있는지 심사숙고하여 결정해야 할 것이다.

16. 충청도의 유기적 광역권 개발

현대의 지방행정에서는 광역행정(廣域行政)의 활용이 중요한 특징으로 자리잡고 있다. 광역행정이란 지방자치단체의 행정구역을 넘어 광역을 단위로 하여 수행하는 행정을 말한다. 보다 구체적으로 설명하자면 지방자치단체의 기존의 행정구역을 넘어서 발생하는 행정수요를 처리하기 위하여 둘 이상의 자치단체구역을 단위로 해서 행정을 통일적·종합적으로 처리함으로써 행정의 민주성, 능률성, 경제성, 합목적성을 목표로 하는 지방행정이라고 할 수 있다. 오늘날 지방자치단체가 처리하는 사무 중에는 한 지방자치단체의 행정구역에 한정시켜서 집행하기 어려운 사무가 있고, 단위행정구역에 국한시켜 행정을 시행할 경우 능률적으로 행정을 수행할 수 없거나 효과적으로 행정목적을 달성할 수 없는 사무가 있으며, 지방자치단체의 사무이면서도 국가전체에 크게 영향을 미치는 사무가 있다. 이러한 성격의 사무는 지방자치단체의 행정구역을 초월하여 지방자치단체간 협조를 통하여 처리함으로써 행정목표를 보다 효과적으로 달성할 수 있을 것이다. 이와 같이 광역행정이 필요한 이유를 살펴보면 다음과 같다.먼저, 지역주민의 생활권·경제권·교통권이 확대되고 주민의 유동성이 더욱 증대하는 경향에 따라 여기에서 파생하는 광역적 행정수요를 처리하기 위함이다.또한 지방행정을 광역적 차원에서 조정·통제함으로써 공공사무를 보다 능률적·경제적·합목적적으로 수행할 수 있다. 이와 함께 국가행정과 지방행정을 보다 신축성 있게 연결시키고 국가와 지방간의 행정사무를 합리적으로 재분배함으로써 중앙과 지방간의 협력을 원활히 할 수 있다. 행정기능의 특수성에 따라 제한된 행정단위만으로는 해결할 수 없는 공공사무에 대해서는 지방자치단체간의 협조에 의하여 공동처리를 모색할 수 있다. 광역행정은 대도시 주변의 물리적·경제적인 재개발 상태를 적극적으로 개발함으로써 인구 및 산업의 균형배치와 조정에 의한 대도시 흡인요인을 완화하고 중소도시와 배후지역 또는 도시와 농촌간의 격차를 완화하고 전국적인 균형발전을 모색해야 하는데 지역기반시설·생활환경시설·교육후생시설 등 공공시설을 유기적으로 확충 정비하여 주민의 생활편의를 도모하고 복지 및 문화수준의 향사, 지역전체의 경제발전과 사회발전을 촉진시키다.

이러한 요인들로 말미암아 광역행정은 그 필요성과 존재가치가 인정되는 것이다.

최근 충북도는 박근혜 당선자에게 충북 공약안을 실천 가능하도록 세부계획을 마련하고 있다고 한다. 동양일보가 보도한 내용 가운데에는 충청내륙교통 인프라 확충의 구체적인 방안으로 세종~충북~강원 연결 고속화도로 추진, 청원~제천 고속화도로 조기 건설, 오창IC~미원 지방도의 국도 승격, 영동~보은 국도건설 등을 제시할 계획이라고 한다.

또한 청주공항 경쟁력 강화를 위한 공약과 관련해 활주로 연장, 화물청사 증축, 항공정비 복합단지 조성, 천안~공항 복전 전철 조기 연장을 새 정부에서 추진해 달라고 요구할 예정이라고 한다.

이와 함께 중부내륙선 철도의 복선·고속화 추진이라든지 동서 5축(보령~울진) 고속도로 건설 등이 포함되어 있다.이와 같은 도로, 공항,철도개발은 광역행정의 발전을 더 한층 가속화하리라 본다. 충청남북도가 청주권, 대전권, 세종권으로 나누어 지역개발을 촉진하도록 세부 실천안을 짜야할 것이다.

이와 같은 광역행정의 수립 실천의 장에서는 각 지역 도시주민의 의사가 강하게 표명되어 소위 지역이기주의가 나타나기 쉽다. 지역이기주의는 대국적 시야를 상실하여 광역적 이익이 경시되고 본래 있어야 할 행정이 왜곡되거나 결정에 있어서 매우 긴 시간을 요한다는 비판이 있다. 또한 지역이기주의는 결정적으로 국가 전체의 통합된 정책유지에 어려움을 초래한다는 취약점을 지닌다는 것이다.

그러나 지방정치란 서로 다른 사상과 이해를 지닌 사람들간의 조정과 타협의 산물이라고 할 때, 지방자치에 있어서 지역감정의 대립은 당연한 것일 수도 있다. 충청도민이 지역발전을 위해 이러한 대립을 광역지역사회(community)의 형성을 통하여 자치의 경험을 거듭함으로써 합리적인 타협에 도달하는 훈련을 쌓는 노력이 필요하다고 생각된다.

17. 지방 공무원부패 진단과 처방

전라남도 여수시청의 한 기능직 8급 공무원이 76억원을 횡령한 사건이 발생했다. 3년여 기간 동안 횡령하면서 여수시청의 내부감사나 상급관청의 감사나 심지어 감사원감사 한번 받지 않았으며, 각종 급여총액을 부풀리거나 세금 등 공제액까지 가로채는 수법을 해 왔다고 한다. 그런데 여수시청의 기능직 공무원의 횡령사건은 빙산의 일각이다. 최근에는 통일부 공무원이 가짜 출금 전표를 만들어 수억원을 횡령해 오다 감사원 감사에 적발됐으며, 경북 여천군청 기술직

공무원은 부동산 개발이익을 해준다고 속여 수십억원을 받아 챙겼다고 한다.

언제까지 우리 국민은 공직자 비리를 보고만 있나 하는 괘씸함과 분노를 느껴본다. 올 들어 충북도내 지방의원들의 비리로 우리 충북 도민들은 민의의 대변자들에게 실망을 금치 못했다.

이 원인을 어디서부터 찾고 해결할 것인가?

첫 번째로는 국민들의 부패친화적인 유발 요소내지 문화로 볼 수 있다. 웬만하면 청탁과 뇌물로 모든 것을 해결하려는 사회 구조적인 분위기가 문제이다. 정치인, 공직자, 기업인들 모두 뇌물로 인한 유착관계가 견고하게 굳어져 이것을 어떻게 해결하고 풀어나가야 할지 암담할 뿐이다. 조선시대 선물이나 진상품은 고유의 미풍양속의 하나였고 예의였다. 이것이 전통 문화로 고착되어 지금까지 내려오고 있는 실정이다. 그런데 오늘날 주는 자의 작은 정성이나 선물이 뇌물이나 청탁자금으로 변질되어 비합리적 절차와 문화를 만들어 버렸던 것이다.

지금도 외국기업이나 외국인이 한국에 투자하거나 공장의 인허가상의 절차에 문제가 많다고 하소연하고 있고 어느 정도의 뇌물성 윤활유가 필요하다고 주장하고 있다.

두 번째로는 일부 공직자의 윤리적인 자질이나 관행에 문제 소지가 있다고 볼 수 있다. 매년 우리나라 전체 공직자 100만 여 명 중 수천명이 뇌물이나 비리문제로 징계를 받고 있다. 이와 같은 숫자는 전체공무원의 1퍼센트도 안되지만 국민들은 전체 공무원을 비리집단으로 인식하고 있으며 사심없이 열심히 일하고 있는 공직자들이 매도당할 수밖에 없다는 현실이 사실이다. 공무원이 공복의 정신자세가 아니라 탐욕과 금욕에 어두워 부정과 부패에 연루된다면 주인인 국민은 대리인인 공무원을 파면하여야 하는데 현 법규에 규정된 신분상의 보장으로 만만치가 않다. 선출직 공직자처럼 소환명령제를 만들어야 해결될 것 같다.

세 번째로는 행정제도나 절차상의 문제가 있어서 투명성을 확보하기 위해서는 제도적 방안을 강구해야 한다.

이번 지방부패도 e호조프로그램이라는 지방재정 관리시스템이 교묘하게 활용되어 공무원이 마음만 먹으면 비리를 저지를 수 있다고 한다. 전자정부 우수 국가로 UN청렴상까지 받은 나라에서 이런 비리가 생길 수 있다는 것은 창피한 노릇이다. 제도적 법적 개선방안이 중요하다고 본다. 우리나라는 공직자 징계도 있고 형법상의 뇌물죄도 있는데 지켜지지 않는 이유는 무엇인가? 부패사범에 대해 강력한 법적용과 실행이 실시되지 않고 있다는 점이 문제이고, 무분별한 사면 복권이 실시되어 부패범죄를 경시하는 실정이다.

무엇보다도 전 국민의 반부패 생활화와 청렴정신이 뿌리내릴 수 있도록 국민정신 변동 유발문화가 있어야 하겠다. 또한 언론과 시민단체의 환경감시기능을 더욱 강화하여야 한다.

그러나 가장 중요한 것은 공직자 개개인이다. 모름지기 사사로운 것을 버리고 공공의 이익을 위해 국민을 먼저 생각하고 국민을 위해 곧은 자세를 견지한다면 누가 비난 받겠는가? 관료들이 변하지 않으면 부패척결이나 개혁은 연목구어에 불과하다.

18. 충청권 지방의회의 비리와 시민참여행정 필요성

지난 8일 동양일보가 보도한 충남·북 지역 지방의회 의원의 비리는 매우 충격적이고 심각한 것으로 나타났다. 행정안전부의 국정조사 자료에 의하면 충남지역은 11명이 사법 처리되어 전국에서 두 번째로 많았고 충북이 6명으로 네 번째로 기록되었다. 이들은 주로 선거법 위반과 뇌물 수수행위로 처벌되었다고 한다. 지방부패는 지역주민의 대리인으로 주인인 지역주민을 배신하는 행위로서 매우 중대한 문제라고 인식하지 않을 수 없다.

국제투명성기구가 발표한 2011년 우리나라 부패인식도는 세계 43위로 중하위로 평가되고 있으며, 지방공직자의 부정과 부패는 좀처럼 수그러들 기미가 안 보인다. 이는 지방선출직 공직자들이 풀뿌리 민주주의의 이념을 구현하기 보다는 지방의원직을 하나의 이권 챙기는 자리로 생각하는 그릇된 의식에서도 비롯된다고 볼 수 있다. 이런 상황에서 지방의회 무용론이 나오고 지방의원 자질 문제를 따지는 것이 무리가 아닌 듯 싶다.

지방의원들의 부정중에서 가장 대표적인 것이 로비를 받고 청탁·알선하는 행위인데 지방의원이 각종 이권을 미끼로 하여 그 대가로 직접 요구하는 행태라든지, 도의원이나 시의원, 지방의 군의원의 경우 지역자치단체의 유지로서 행사함으로써 담당공무원에게 이권을 청탁한다든지 군수에게 인사 청탁을 요청하는 경우가 허다하다고 볼 수 있다.

문제는 우리나라 지방의회 의원을 통제하는 규정이 매우 미흡하다는 데 있다.

즉 지방자치법 제86조, 제88조제1항 등 지방자치법 징계규정은 위반행위에 대한 제재로서의 실효성이 부족한 것으로 국민권익위원회는 지적했다. 과거 공무원 행동강령을 제정·시행하여 지방의회의원도 이를 적용받아 왔으나 제정당시 선출직의 특수성이 반영되지 않아 실질적 적용에는 한계에 부딪치고 있다.

이와 같이 간접민주주의 제도인 지방의회 제도가 그 기능을 제대로 수행하지 못하는 경우 시민 참여를 통하여 이를 보완 내지 시정하여야 할 것이다. 지방자치에서 시민참여는 지방행정의 민주화를 위해서 뿐만 아니라 지방행정의 투명성, 행정목표의 달성, 행정이 추구해야 할 복잡한 사회경제적인 제 문제의 해결을 위해서도 필요한 것이다.

간접민주주의 제도 하에서 주민대표인 자치단체장, 지방의회의원, 기타의 기관이 그들을 선출해 준 주민의 의사를 충분히 수렴·반영하지 못하거나 주민의사와 다른 의견을 가질 때라든지 부패비리를 저지를 때에는 지역주민의 대표나 지역 시민단체,지방 언론에서 의원 대리인을 선출하여 임기동안 그 직을 수행하도록 하여야 한다. 미국에서는 선출직 공무원의 공무부정, 업무상비리, 뇌물착복 등 형사상 범죄행위시 시의회에서 재판결과가 미정일 경우 정직결정을 의결할 수 있으며 정직기간 중 대리자를 임명할 수 있다. 한편 정무직공무원의 범죄행위 시 시장에 의한 해고가 가능하다고 한다. 또한 공직자의 윤리, 선거자금 로비활동, 정부자금의 부정부패관련 시민들의 고발을 접수하여 조사를 한다고 한다. 특히 24시간 위슬블로어 핫라인이라는 시민 고발센터를 통해 공무원을 포함하는 공직자들의 부정부패 행위를 24시간 내내 남녀노소 누구나 고발할 수 있다. 접수된 시민고발 신고내용에 대해 윤리위원회는 사안의 경중에 따라 직접감사 및 징계권을 행사하거나 시검찰관 및 법률 집행기관에 위임하기도 한다. 또한 추정된 위반자에 대하여 민사소송을 제기하기도 하기도 하는데 이와 같은 미국이나 선진국의 강령 규정으로 인하여 지방의원비리는 엄두도 못 낸다고 한다.

무엇보다도 지방의회 스스로 정풍운동을 실시하여 지방자치 본질의 순수성을 회복하여야 한다. 지방의원 행동강령의 징계규정을 강화하여 지방의회 의원들이 비리를 저지르면 곧바로 제명하도록 하여야 하고 지방의회의 윤리특별위원회 기능을 강화하여 지방의원의 자질문제 검사나 지방의원의 윤리성을 강화해 나가야 한다고 본다. 그리고 지역시민단체, 지방언론,지방검찰이 적극 나서서 지방부패를 통제하도록 노력하여야 한다.

19. 지방부패와 자치행정투명성

지방자치제도는 한 나라의 정치·문화·역사의 지난한 타협 과정속에서 생성되는 것이며 다양한 환경과 정치적 이데올로기에 따라 변질되며 발전을 하고 있다고 볼 수 있다. 우리나라는 지난 1949년 지방자치법이 제정되었지만 극도의 정치혼란과 정치적 미성숙으로 말미암아 실시되지 못하다가 1952년에야 부분적으로 실시되었는데 이것도 정파적 이해대립과 민주주의의 미성숙으로 인해 제도적인 정착의 토대를 상실하였다고 볼 수 있다. 왜냐하면 그 당시 정부 여당이 현실적인 요소를 무시하고 법률적 자구수정에만 몰두하였고 국민적 동의조차 받지 못하는 등 여러 가지 문제를 야기시켰던 것이다. 1961년 박정희정부의 등장과 더불어 지방자치제는 중단되게 되었으며 전두환 정부도 이를 실시하지 않다가 지방자치법만 개정하

여(1988년 3월 4일) 통과시키는 등 파행을 거듭하게 되었다. 그러다
가 주민들의 참여욕구의 증대와 행정의 분권화, 지역균등발전이라는
인식과 더불어 노태우씨의 6. 29 선언으로 말미암아 점차적으로 실
시되게 되었다. 일찍이 제임스 브라이스는 "지방자치제도는 주민을
위해서뿐만 아니라 주민과 더불어 능률적으로 일 할 수 있도록 교육
시키는바 상식과 합리성 그리고 판단력과 사교성을 기른다"고 갈파
했다. 또한 "의견을 합쳐야 할 사람들은 양보와 타협의 필요성을 배
우고 스스로의 인품을 보여줄 기회를 갖고 동료들에게 스스로를 내
세울 기회를 갖게 한다. 그래서 지방자치야 말로 민주주의의 학교이
며 원천"이라고 주장했다.

뿐만 아니라 토크빌도 "지방자치는 국민들에게 어떤 방법으로 자
치를 행사하는지를 교육하며 국가는 지방자치 없이 자유로운 정부
를 수립 할 수 있지만 자유정신을 가질 수 는 없다"고 갈파했다. 이
와 같이 지방자치행정은 민주주의를 발전시키고 지방정부 스스로
지역의 문제를 자치적으로 해결해 나가는 역할과 과제를 가지고 있
다고 볼 수 있다. 결국 지방의 문제를 해결하기 위해서는 지방공무
원, 지역정치인, 주민의 책임감과 의지가 중요하다고 볼 수 있다. 특
히 현대사회의 급속한 다원화, 복잡화는 행정부의 권한 강화로 귀결
되고 있고, 지방 행정은 질적·양적으로 복잡 다양화되어 행정의 업
무가 전문화 기술화로 집약되어가고 있다. 즉 지방 행정은 국민의
광범위한 생활 영역에까지 직·간접적으로 강력한 영향을 미치고
있어 부정부패가능성을 항시 내포하고 있다고 본다. 그동안 지방자
치행정은 지방의 토호세력이나 주변업자가 지방관료와의 유착부패
로 숱한 의혹과 불신으로 지역 주민을 기만하였으며 풀뿌리 민주주
의라는 기초적인 인식조차 망각하는 등 자치행정의 기본정신을 뿌

리채 교란시켰던 실정이다.

결국 지방 관료사회 뿐만 아니라 지방 정치 사회 구조속에 풍토병처럼 만연된 패거리 부패를 척결하지 않고서는 21세기 지식정보화사회에서 지방민본행정의 제고와 지방의 경쟁력 향상은 난망하여지방행정의 시스템이 고스란히 위협받게 될 것이다. 모든 권력기구와 마찬가지로 자치 정부 역시 적절히 통제되지 않으면 안된다. 권력부패는 그 속성상 그 행사자로 하여금 자의적으로 행사하게 하는경향이 있고 그 단맛에 도덕성을 망각하게 마련이다. 따라서 자치행정의 투명성을 강화하기 위해서 다음과 같은 방안을 제시하고자 한다. 먼저 정당공천제의 폐해를 공론화 하여 이의 적절한 제도 개선작업이 필요하다. 정당 공천제도를 폐지 할 것인지, 현직 단체장에게도 정치자금의 후원회제도를 활성화하여 투명성을 제고하던지 하는 방안을 모색하여야 할 것이다. 그리고 지방 단체장의 견제와 통제가 매우 중요하다. 도시발전계획이나 중대한 인허가 정책은 지방의회의 승인과 감사를 의무화하는 방안이 필요하다. 그리고 지방인사의 투명성과 독립성이 보장되도록 법률개정이 필요하다. 현재 단체장이 인사권을 장악하여 지방공무원들이 여기에 순응할 수밖에 없고 인사비리가 만연하고 있는 실정이다. 인사의 공정한 기준과 절차가 요구되며 이를 위해 부단체장에게 사전 인사 추천권 강화가 필요하고 지방인사위원회의 독립성이 필요하다.

마지막으로 언론과 지역의 NGO가 지방정부 부패의 파수꾼 역할을 할 수 있도록 워치독 역할이 필요하다. 언론의 사회 환경감시기능이 중요하고 비리단체장의 소환제도나 주민감사제 등을 NGO가적극적으로 대리할 수 있도록 하여야 하며 주민참여방안을 극대화하여 지방행정의 투명성을 높히도록 하여야 할 것이다.

20. 괴산국립호국원 유치와 지방비200억 보조 당위성

1) 호국원 개요

국립호국원(National Cemetery)은 만장되어가는 국립현충원을 대체하고 더 많은 대한민국의 국가유공자를 안장하려는 취지에서 재향군인회가 국가보훈처로부터 위임을 받아 운영을 하다가 국가가 국가를 위해 희생한 사람들의 마지막 공간을 국가가 직접 관리해야 한다는 여론이 높아지면서 2006년 1월 30일에 국립묘지로 승격되었고 2007년 1월 1일부터 국가보훈처가 직접 관리하고 있다. 보훈처가 호국원을 새로 마련하는 것은 국립묘지가 크게 부족하기 때문이다. 현재 운영 중인 국립묘지는 서울·대전 현충원, 경북 영천·전북 임실·경기 이천 호국원, 서울 4·19민주묘지, 마산 3·15민주묘지, 광주 5·18민주묘지 등 8곳이다. 해마다 1만 명 이상이 국립묘지에 안장되고 있지만 현재 여유 공간이 2만기 정도뿐이다. 이에 따라 보훈처는 기존 국립묘지들의 확장을 추진하면서 올해 경남 산청 호국원을 새로 건립하고 충청권에도 호국원을 짓기로 한 것이다. 현재 국립묘지 안장 대상자는 국가유공자 15만 명, 참전유공자 31만명, 장기복무 제대군인 4만 명 등 50만여 명으로 추산되고 있다.[1]

2) 괴산 호국원 설립

국가보훈처는 호국원 유치를 신청한 괴산군 문광면 광덕리와 보은군 장안면 구인리 중 지리적 여건, 토지의 효율적 관리, 지역주민

---

1) 남인 우, "충북에도 국립묘지 '호국원' 생긴다",서울신문 2011년,9,22,2012년 6.28.

의 여론, 특히 집단민원 발생 여부 등을 종합적으로 판단하여 지난 2012년 4월20일 보은군 장안면에 호국원을 조성하기로 확정했으나 보은군이 지난 13일 유치 포기를 결정하자 검토 끝에 2순위의 괴산군 문광면을 예정지로 결정했다.

당시 괴산군은 행정력을 결집하여 호국원 유치의 지리적 이점 등을 살려 임각수 전 괴산군수를 비롯한, 관계 공무원 및 군민들이 합심하여 당위성에 대한 홍보에 나서는 등 호국원 유치로 괴산의 역사와 문화·주변의 수려한 관광자원과 연계하여 침체된 지역경제 활성화를 이끈다는 방침으로 유치에 총력전을 펼쳤다. 결국 국가보훈처는 괴산군 문광면 광덕리 산 83-1 일대 90만2390㎡(가용면적 38만6000㎡)에 호국원을 설치하고 봉안시설 10만기, 현충탑, 현충관, 관리·휴게시설, 주차장 등을 조성한다고 밝혔다.2)

국립 괴산호국원 조성사업이 2015년 10월부터 진행되었는데 국비 802억 원을 들여 봉안담 10만기, 자연장 1천기 등 안장시설과 본원동(현충관)·화장실·경비동 등 각종 시설물이 들어서며, 2019년 상반기에 개원할 예정이다.3) 현재 호국원은 이천, 영천, 임실,산청 등이 호국원을 가지고 있다.4)

---

2) 강신욱, 뉴시스, 2012년 6월 27일.

3) 2018년 12월 준공 및 개원
국제산업이 국가보훈처 수요로 집행한 종심제 방식 '국립괴산호국원 조성사업' 본 공사(건축, 토목, 조경, 기계)를 수주했다. 27일 조달청은 종합심사 결과 국제산업 컨소시엄을 최종 낙찰사로 선정해 통보했다. 국제산업은 이번이 종합심사낙찰제 시행 이후 첫 수주다.

4) 강신욱 (2015년 7월 14일). "국립 괴산호국원 10월 착공…2018년 개원". 중앙일보.

〈호국원 조감도〉

3) 호국원 SWOT 분석

내부역량 외부환경	강점S 지리적 접근성개선	약점W 호국원주민반대
기회 O	역량확대SO	기회포착WO
일자리창출,지역 경제활성	괴산군수의 의지, 군민협조	관광객 유치, 인구 늘리기
위협T	선택 집중ST	약점보완WT
환경위협, 교육,혐오감 유발	호국원 개발 이익	도로교통망접근성개선 기반시설확충, 주민협조

4) 쟁점분석

▶ 긍정적인 측면

국가보훈처는 2019년까지 802억 원을 들여 조성되는 중부권 호국원이 지난 1년 6개월여 기간의 끈질긴 노력으로 괴산에 조성한다고 최종 확정 통보를 받았다고 밝혔다. 이는 중원대학교, 육군학생군사학교 유치에 이은 괴산의 대형 국책사업으로 호국원 유치로 괴산군은 또 한 번의 경제활성화에 큰 역할을 할 것으로 기대된다.

이번에 조성되는 호국원은 문광면 광덕리 아미골 산 83-1 일원 90만2390㎡(가용면적 38만6000㎡)에 봉안시설 10만기, 현충탑, 현충관, 관리·휴게시설, 주차장 등 국가를 위하여 희생·공헌한 분들에게 국가적 차원에서 마지막 예우를 다하고 자라나는 세대에게 나라사랑 정신을 함양하기 위한 호국안보의 장으로 탈바꿈 하게 된다.

문광면 광덕리는 대부분 임야로서(83%) 땅값이 싼 데다 토지 매입 작업이 순조롭게 진행될 수 있다는 점과 지역 주민들이 호국원 유치에 발 벗고 나서는 등 민원발생 가능성이 적다는 점 등 최대 장점과 중부내륙고속도로 괴산나들목과 연풍나들목에서 각각 15분, 중부고속도로 증평나들목에서 20분 이내 거리이고 19번과 34번 국도를 이용해 전국 어디서나 1시간대 진입이 가능한 대한민국 정중앙에 위치해 있어 지리적인 이점도 갖고 있다고 한다.

괴산군청은, 지난해 11월 괴산으로 이전한 학생군사학교와 함께 중부권 호국원 조성으로 괴산이 호국 안보의 성지로 탄생, 관광객 등 지역경제 활성화에 큰 역할을 할 것으로 보고 있다.

괴산군은 호국원이 들어서면 방문객에 따른 유동인구 증가로 농산물 판매와 관광객이 늘어나고 보훈처 직원 20명이 상주해 지역경제에 큰 도움이 될 것으로 기대하고 있다. 5만기가 만장될 2025년쯤 연간 방문객은 40만 명 정도로 예상된다고 홍보하고 있다. 또한, 국가보훈처 상주직원 거주, 계약직 공무원 지역주민 채용, 802억원이 투자되는 호국원 조성과 각종 부대시설공사 등으로 지역건설 및 주민 일자리 창출에도 크게 기여할 것으로 보인다.

특히, 2015년 세계유기농엑스포 개최에 따른 유기농업의 메카와 더불어 학생군사학교, 특전사 고공낙하 훈련장 등 군사시설과 연계한 호국안보의 성지화로 호국안보 교육 및 체험의 장 등 괴산의 랜드 마크로 자리매김하여 지역주민의 자긍심 고취와 지역 인지도 상승 등 시너지 효과도 극대화할 것으로 보인다고 괴산군은 주장하고 있다. 호국원은 호국안보의 대표적 상징으로 국가를 위해 목숨을 바친 호국영령을 모시고 그들의 숭고한 정신을 기리며 애국정신을 후손에게 까지 이어질 수 있게 하는 산교육의 현장이 될 수 있는 기회이다.5)

▶ **부정적인 측면**

호국원 반대 문광면대책위원회(위원장 김갑수)6)는 주민 930명이 서명한 호국원 조성반대 의견서를 지난 2012년 충북도, 괴산군, 괴산군의회 등에 제출했다. 서명자 930명 가운데 880명은 문광면민이고 나머지 50명은 인근 주민들인 것으로 알려졌다. 대책위는 의견서

---

5) 경향신문, 2013년 7월 25일.

6) 영천 27,973기, 임실 16,141기, 이천 45,000기에 비해 괴산 호국원에는 12만기가 설치된다고 합니다. 총 사업비가 802억 원으로 책정되어 있지만 아마도 1,000억 원까지 이를 것으로 보고 있으며, 이 호국원이 완성되면 연간 200만 명의 유동인구가 우리지역을 찾을 것으로 내다보고 있습니다. 어떤 근거에서 추론하였는지 모르지만, 유동인구 200만 명을 분석해보면, 이는 하루에 5,479명이 온다는 것이고, 버스로는 140대, 승용차로는 1,369대가 괴산 호국원을 찾아온다는 것입니다. 전혀 현실성이 없는 허무맹랑한 이야기일 뿐입니다.그리고 호국원으로 인한 경제활성화가 허울뿐이라는 건 이미 현장답사를 통해 밝혀진 사실입니다. 게다가 관료들이 즐겨 사용하는 고용창출 또한 허황되긴 마찬가지입니다. 호국원에 피해를 입은 지역주민들을 우선 채용하는 것도 아니고, 그렇다고 정규직으로 사람을 뽑는 것도 아니니 양질의 일자리가 만들어지는 것이 아닙니다. 또한 약 1,000억 원이 괴산지역에 풀리니 지역건설경기가 활성화되리라는 환상은 이미 중원대학교와 학생군사학교 건축공사를 통해 전혀 사실이 아닌 것으로 드러난 바 있습니다. 김갑수,괴산군청> 홈페이지 [괴산군에 바란다]. 2012. 8/16
http://eminwon.goesan.go.kr/emwp/gov/mogaha/ntis/web/emwp/cns/action/EmwpCnslWebAction.do

를 통해 ▲호국원 운영지역 상황 왜곡 ▲청정이미지 훼손 ▲군의 지역경제 활성화 과대포장 ▲혐오감 유발 등 주민들의 정신적 피해 및 학교 교육의 부작용 발생한다고 보았다. 주민들은 "그동안 이미 호국원이 조성돼 운영되는 경기도 이천, 경북 영천, 전북 임실 등을 둘러보았는데 호국원이 지역 경제에 큰 도움이 되지 않고, 오히려 방문객으로 인한 교통 혼잡이 발생된다"고 지적했다. 이들은"땅값이 떨어져도 사러오는 사람이 없어 팔고 ;이사를 가려고 해도 뜻을 이룰 수 없다는 말을 현지 주민들로부터 들었다 "고 밝혔다.

김수웅 문광면 농업경영인연합회장은 "호국원 조성은 문광면 번영회, 리우회, 주민자치위원회 등이 회의를 거쳐 대부분의 주민과 면지역 모든 단체가 반대하는데도 최근 군이 문광면 주민들에게 보낸 서한문에 몇몇 인사가 반대한다고 기록했다"며 "이것은 지역민의 의사를 무시하는 처사"라고 말했다. 이 회장은 "호국원이 조성돼 운영되는 곳을 답사해보니 호국원 주변에 식당과 상점 등이 증설되지 않아 상권이 형성되지 않았는데도 군이 호국원이 조성되면 지역경제가 활성화 될 것으로 부풀리고 있다"고 덧붙였다.

민관·민민 갈등은 우선 문광면 마을 곳곳에 내걸린 플래카드에도 잘 드러나고 있다. 호국원 조성 예정부지의 83%를 소유한 광덕4리를 제외한 나머지 면내 마을과 문광면 번영회, 리우회, 주민자치위원회, 농업경영인회, 농민회, 농촌지도자회, 자율방범대, 의용소방대, 농업인단체협의회, 생활개선회, 절임배추작목반 등 농민단체와 사회단체들은 반대 문구를 적은 플래카드를 내걸었다. 문구는 '문광발전 한다더니 공원묘지 웬 말이냐' '문광면민 담보하는 호국원을 반대한다. '공원묘지 좋아하는 이상한 괴산군' 등이다.[7]

찬성 현수막

반대 현수막

5) 지방비 보조의 문제점과 당위성

최근 호국원은 전 임각수 군수와 호국원 반대 대책위원회(현, 발전위원회) 간 작성한 계약서가 형평성 논란에 휩싸여 주민들 간 갈등의 골이 깊어지고 있다. 또한 문광면 주민들 간 지방비 보조를 둘러싸고 갈등이 첨예화되고 있다는 점이 우려된다. 괴산군은 2012년 9월, 호국원 조성에 반대하는 지역주민의 반발을 무마하기 위해 호국원 조성 반대대책위원들과의 간담회를 통해 편의시설 운영권 제공,

---

7) 이재근, 괴산중평자치신문, 2012년 8월 21일.

전용 진입도로 건설, 지역민 공원묘지 조성, 마을 숙원사업비 200억 원 지원, 화장장 설치 불가 등을 협약했다.

군은 2013년부터 2년간에 걸쳐 주거환경개선사업, 저온저장고 설치, 농기계구입 지원, 마을 숙원사업, 태양광 설치 등 652건의 사업에 40억원을 지원했다. 지원내역은 지붕개량, 주방개량, 화장실개량, 울타리 설치 등의 주거환경개선사업 331건에 13억2000만원, 마을광장 조성·마을진입로 포장·마을회관 보수 등 주민숙원사업 117건에 17억 3000만원, 농기계 구입지원 170건에 8억2000만원, 저온저장고 설치 29건에 1억2000만원, 태양광발전시설 설치 5건에 2000만 원 등이다.

이 과정에서 어떤 주민은 사업에 선정되고, 또 어떤 주민은 선정되지 않으면서 갈등이 빚어지고 있다. [8] 특히 문광면 주민에게 200억 원을 보조하기로 했는데 100억 원은 매년 문광면에 10억씩 지원하였고 나머지 100억 원을 어떻게 지원할 것인지가 핵심과제라고 주장하고 있다. 세대별로 주택개보수 등으로 지원한 세대가 대부분이지만 어떤 세대는 혜택을 받지 못하고 있다는 주장이 있고 형평성에 어긋나는 배분형태로 갈등을 나타나고 있다.

주민들은 세대별로 어떻게 지원하고 있는지 대책위원회의 회계처리를 공개하여야 한다고 주장하고 있다. 또한 군에서도 실태조사를 하여 과연 제대로 집행됐는지 조사하여 불법 탈법 사실을 확인해야 한다고 말하고 있다.

충청지역 언론보도에 의하면 괴산군과 문광면민 협약서'가 일부 불합리하다고 밝혀 '대책위'와 논란이 예상된다.

---

8) 곽승영, 충청일보, 2017년 6월 4일.

언론이 보도한 협약서를 보면 ▲편의시설은 호국원내에 설치 할 수 없으며, 그 외지역(호국원 입구)에 설치해 문광면민에게 50년간 운영권을 준다. 설치할 편의시설로는 식당, 꽃집,휴게실, 매점, 농산물판매장, 주차장 등으로 한다 ▲면 소재지를 경유하지 않는 호국원 전용도로는 호국원과 동시에 건설해야 한다(단, 노선은 대책위가 제시하는 안에 따른다) ▲대책위에서 선정한 위원은 괴산군과 보훈처와 협약식은 물론 호국원건설 과정에도 참여한다 ▲각 리동의 소득사업 숙원사업을 조기에 지원한다(기존현안사업 외 매년 20억 원씩 10년간 문광면에 지원한다 우선순위는 대책위원회의 의견에 따른다) ▲군수 관사 및 행정기관의 이전시 문광면으로 우선한다 ▲괴산군에서 국책사업을 유치할 경우에 문광면에 우선적으로 배정한다 ▲호국원 건립에 따른 문광면 주민지원에 관한 조례를 만든다 ▲이 협약서에 수반되는 모든 경비는 괴산군에서 부담한다 등이다.9)10)11)

---

9) 괴산국립호국원 유치를 반대하는 주민들의 여론을 잠재우기 위해 10년간 200억 원을 지원하기로 하고 전용도로 신설에 380억 원이 주민혈세가 투입해야 하는 실정이다.
   이에 군 의회는 수백억 원 지방비가 수반되는 전용도로 건설에 관련해 협약서내용이 불합리하다고 밝혔다.군의회 관계자는 "연간 20억씩 10년간 지원하는 200억 원에 대해 그동안 지원한 보조금에 대해서는 철저히 관리·감독 할 것이고 앞으로 지원해야 할 100억 원에 가까운 혈세는 문광면 전체 공통사업을 추진할 수 있도록 유도할 것이며 '대책위'가 협약서 내용만 고집한다면 의회는 거부권을 행사 하겠다"고 밝혔다. 곽승영, 충청일보,2017년 6월25일.

10) 현재 군은 임각수 전 군수가 추진했던 호국원 건립에 따른 주민사업비 200억원 지원과 진입도로 개설 380억원, 대제산업단지 연간이자 18억원 부담 등 혈세가 낭비되고 있다.
    주민 A씨(50)는 "집행부를 감시·견제해야 할 의회 임무를 망각하고 언제까지 거수기 노릇만 할 것이냐"며 "혈세가 투입되고 주민들이 피해를 입는 사업들은 꼼꼼히 살펴 문제가 없도록 조치해야 할 것"이라고 말했다. 김정수,뉴스1,2017년6월20일.

11) 문광면에 대한 '호국원 유치 지원 협약'과 관련 특정 지역에 대한 과도한 지원으로 읍·면간 형평성 논란과 혈세낭비라는 지적과 함께 이에 대한 질타가 이어졌다.
    이자리에서 A의원은 "협약서 내용대로라면 군이 특정 면에만 집중적으로 특혜를 주는 것을 공식화한거나 다름없다"며 "주민들의 입막음용으로 군비를 200억원씩이나 들인 꼴이어서 당장이라도 다른 방법을 찾아야 한다"고 말했다. 이어 "(협약 당시의) 제6대 괴산군의회는 군수가 하라는대로 하는 의회였던 것 같다"며 "군의원들은 지역주민들을 위해 최선을 다하는 것이 의원으로서의 본분을 다 하는 것"이라고 꼬집었다.B의원도 "협약서 내용에 따르면 '호국원 반대위와 군이 공증을 하기로 한다'라는 내용이 있다"며 "아직 공증이 안됐고 조례개정 내용이 있으나 아직 아무런 약속을 이행하지 않았음에도 군이 문광면에 퍼주기식으로 군비를 낭비하고 있다"고 질타했다. 또한 "호국원이 유치되는 위치에 있는 주민들에게 충분한 보상은 당연

6) 결론

이미 유치가 확정되고 건설에 돌입한 괴산호국원은 보훈의 성지로 조성, 참배객 방문에 따른 농특산물 판매와 관광자원을 연계하여 지역경제 활성화에 기여하여야 한다고 보면서 다음과 같은 점을 강조 하고 싶다.

첫째, 괴산호국원이 복합문화 공간으로의 역할을 증대하여야 할 것이다.

국립묘지는 괴산군민만이 아니라 모든 국민의 것이다. 따라서 이곳을 찾는 인접 괴산 군민을 포함한 국민에게 일종의 혜택을 제공해야 한다. 그 혜택은 편의시설을 포함한 휴식공간으로서 개발하여야 할 것이다. 즉, 국립묘지 전체적으로 공원화 분위기를 줄 필요가 있다.12)

둘째, 호국원설립과정에서 주민들의 의견을 적극 수렴하여 문제의 소지를 없애 할 것이다.주민들과의 대화를 통해 문제점을 최소화하고 발전방안을 모색하고 이행하여야 한다.

셋째, 호국원의 지역경제 활성화 등 기대효과를 종합적으로 분석하여 주민들에게 공개하여야 한다.13)호국원 유치목적이 경제 활성

하지만 직접적인 관계가 없으면서 단지 문광면이라는 이유만으로 모든 주민에게 혜택을 주는 것은 선심성 행정이고 주민 혈세를 낭비하는 것"이라고 덧붙였다. 이에대해 군관계자는 "아직 공중의 받지는 않았지만 주민과의 약속이기에 계속 지킬 것"이라며 "주민들에 대한 200억원 보상과 관련해서 법률적인 검토를 하고 있다"고 말했다. 최동일, 중부매일,2017년 1월9일.

12) 김주용, "국립묘지 기능강화 및 관리 활성화 방안연구", 국가보훈처 국외훈련보고서,2014년 6월영천 호국원은 영천전투 메모리얼파크 조성사업을 국립영천호국원 일원의 호국추모권역과 마현산 전적비 일원의 전쟁체험권역 등 2개 지역으로 조성하였다. 영천메모리얼파크의 조성으로우 포은 정몽주 선생 임고서원과 국립 영천호국원·최무선과학관·운주산 승마장·화랑설화마을 등과 연계된 국제수준의 호국안보관광상품으로 기획하였다.

13) 한국개발연구원(KDI)의 분석에 의하면 본 사업 추진으로 인한 지역경제활성화 효과지수는 2008년부터 2012년 건축 등 기타사업의 지역경제 활성화 효과지수 평균과 비교할 때 상대적으로 낮은 수준이라고 분석했고 3묘역 추가 조성시 차량분진,진동 소음발생, 도로노면의 패임

화이므로 이에 대한 대안을 제시하고 농산물판매장이라든지 관광벨트조성을 마련해야 할 것이다

넷째, 인근주민들의 지방비보조를 형평성있게 배분하여야 한다.보조금 200억 원이 주민들 수익사업이나 소득지원을 위한 사업에 투명하게 지원하고 있는지 점검해야 할 것이다. 결국 호국원은 나라에 헌신한 유공자의 자랑스러운 터가 돼야지 김칫국이나 서로 먹겠다는 싸움이 돼서는 안 된다는 사실이다.

21. 괴산 쓰레기 종합 처리장 시설에 따른 지방비 7억 원 보조의 타당성

1) 개요

지방자치는 지역주민들이 직접 지방행정에 참여하여 문제를 해결하고 지역의 발전을 도모하는 풀뿌리 민주주의의 실천장이라고 본다. 일찍이 제임스 브라이스는 지방자치야 말로 "풀뿌리 민주주의를 실현하는 학교"라고 주장했다. 우리나라의 지방자치 역사는 일천하다. 1949년 지방자치법이 만들었지만 당시 정치 혼란과 정치적 미성숙으로 말미암아 실시되지 못했다. 이승만 자유당 정부 시절인 1952년에 지방자치제가 부분적으로 실시되었지만 이것도 정파적 이해대립과 민주주의의 미성숙으로 인해 제도적인 정착의 토대를 상실하였다. 1961년 박정희 정부의 제3공화국 출범과 더불어 지방자치제

현상, 절 성토 공사 시 발생할 수 있는 분진, 강우시 토사유출에 따른 저류지 및 부지내 도로 오염 등이 발생할 소지가 크다고 분석했다, 국립호국원 조성사업, KDI 공공투자관리센터.

는 전면 중단 됐고 1991년에 김영삼 정부 들어와서 지방의회 선거가 시작됐다. 그동안 지방자치단체와 지방의회는 탈법 불법 부정부패를 일삼아 지방선거무용론까지 나왔지만 지역개발과 지역예산감사를 통한 건전성과 투명성 확보를 위해 노력해 온 공은 부정할 수 없는 사실이다.

그런데 지방자치 실시와 더불어 지역이기주의로 표현되는 루리(Local Unwanted Land Use)현상, 님비(Not In My Back Yard) 현상, 중앙부처간 갈등, 자치단체간의 갈등으로 지방자치발전을 저해하고 있다. 최근 충북 괴산군과 주민 그리고 증평군과 쓰레기 매각장 공동사용을 둘러싼 양측의 첨예한 대립과 갈등으로 혼란을 불러일으키고 있다.

괴산군 능천리 산 465번지 쓰레기 매각장 확충시설[14]에 괴산군과 증평군이 157억 원을 들여 '괴산 광역 생활쓰레기 소각시설 및 생활자원회수센터'를 건설할 계획이었고 오는 2017년 8월에 준공할 계획이었다. 이 시설은 괴산군과 증평군에서 나오는 생활쓰레기를 1일 40t 소각하고 15t을 재활용 처리하게 된다. 그러나 괴산읍 제월·오성·이탄리 주민 100여명은 지난 2016년부터 수회 집회를 개최하고 '괴산 광역 생활쓰레기 소각시설 및 생활자원 회수센터' 건설계획의 취소를 주장하고 있다. [15]

---

14) 괴산군 쓰레기처리장 증축공사로서 총사업비 1,717,239천원 이며 도급비 1,120,139천원 관급액 597,100천원.

15) 장동열,뉴스1,2016년 3월18일.

2) SWOT분석

내부역량 외부환경	강점S 괴산군의 광역권 접근성	약점W 보상금처리의 형평성 배분문제
기회 O 참여민주주의, 의사결정의 주민차여	**역량확대SO** 군수의 의지, 군민협조	**기회포착WO** 지역개발,
위협T 환경훼손,민관간의 갈등 표출	**선택 집중ST** 지역개발	**약점보완WT** 도로교통망접근성개선 기반시설확충

3) 님비현상과 참여민주주의

혐오시설건립을 반대하는 님비(not in my back yard)나 수익성 좋은 사업을 유치하는 핌비(please in my back yard)로 정부 지방자치단체와 주민간의 갈등이 지속되고 있다. 님비현상은 자기지역을 보호하고자 하는 지역주민들의 동기에서 비롯된다.[16]

님비 현상은 지역주민의 심리적인 측면에서 치러야 하는 고통, 자존심의 손상과 관련되는데 경제적인 측면에서 볼 때 지방정부나 지역주민의 경제적 이익을 보호하려는 성향을 나타내고 또한 지역주민의 문화적 가치를 침해받지 않으려는 성향이 있다. 또한 공간적인 측면에서 지역단위의 공간이 있는데 이것은 지방정부나 삶의 터전과 관련을 맺는다고 한다.[17]

한 예로 1987년 미국 뉴욕 아이슬립 쓰레기장매립사건이 있다. 아이슬립에서 배출된 쓰레기 처리를 위해 미국정부는 3,000여 통의

---

16) 안용식외, 지방행정론, 대영문화사, 2007년, 565면.
17) 안용식외, 지방행정론, 대영문화사, 2007년, 565면.

바지선에 싣고 미국 남부 6개주 연안을 6개월 동안 6,000마일이나 돌면서 쓰레기를 처리할 지역을 모색하였지만 실패하였다.

이와 같이 님비(Not In My Back Yard)문제는 해결이 복잡하고 지역이기주의로 인해 해결하기가 난망하다고 본다. 강영진(2002)은 "쓰레기매립장이나 소각장 등 혐오·기피시설을 지으려면 어김없이 해당 지역 주민들의 반발에 부딪치게 돼 있다"며 "서울 서초구 화장장 분쟁"을 지적했다. 강영진은 "정부와 언론은 항의하는 주민들을 '집단이기주의'라 공격하지만, 사실 그건 잘못된 지적이다"면서 "매립장이나 소각장 등 혐오·위해시설이 자기 동네에 들어와 먹는 물과 공기를 더럽히고 악취를 풍기고 땅값을 떨어지게 하는데 누가 가만히 있겠는가"라며 "님비분쟁은 환경 문제나 집값 때문에만 벌어지는 것은 아니다. 더 근본적인 원인이 따로 있다"고 주장했다. 그는 국내 쓰레기매립장 분쟁 실태를 연구 조사하면서 다음과 같은 결론을 냈다. 주민들은 반대운동에 나선 근본적인 이유는 "환경위험이나 보상금 같은 현안이 아니고 보다 깊숙한 인간적인 문제, 자존심 문제, 그리고 공정성의 문제가 밑바닥에 깔려 있었다"고 주장했다.[18]

님비현상은 사회와 공동체의 입장에서 다양한 관계로 파악하여야

---

18) 강영진, 참여민주주의로 갈등해결, 미국 전문중재인·조지메이슨대학 분쟁해결연구원 2002년 02월 참여연대 2002.02.01. 강영진의 주장내용은 다음과 같다. 주민들이 한결 같이 분개하는 것은, 관청이 사전에 주민들과 한 마디 상의 없이 일방적으로 매립장 부지를 선정, 통보했다는 점이었다. "우리들을 얕보고 무시하지 않았다면 어떻게 그럴 수 있냐"는 것이었다. 매립장이 어딘가에 들어서야 한다는 건 주민들도 잘 안다. 그런데도 반발하는 것은, "다른 후보지도 많은데 왜 하필 우리 마을이냐"며 입지선정과정의 공정성을 믿지 못하기 때문이었다. 님비분쟁을 예방하려면, 다시 말해 주민들의 반대에 부딪치지 않고 혐오·기피시설을 지으려면, 꼭 필요한 것이 있다. 관측에서 일방적으로 입지를 결정하지 말고 주민 대표들이 입지선정과정에 참여하도록 하는 것이다. 물론, 선정기준이나 절차도 공개적이고 객관적이게끔 해야 할 것이다. 그러면 최종 입지로 선정된 지역 주민들도 큰 반발 없이 그 결정을 받아들이게 된다. 자기들의 대표가 참여해서 공정하고 공개적인 절차로 선정한 것임을 알기 때문이다. 실제로 전남 장흥군에서는 지난 98년 이런 방식으로 쓰레기매립장 부지를 선정했다. 그러자, 해당 주민들에 대한 보상금과 지원 사업 금액은 다른 지역보다 아주 적었는데도 주민들은 거의 반발하지 않았다. 주민참여방식으로 분쟁예방에 성공한 소중한 사례다.

한다. 님비현상을 지역이기주의로 보는 견해는 시정되어야 하며 지역이기주라는 개념은 지역의 이익만을 주장하는 부당한 의미를 함축하고 있기 때문에 객관적이고 합리적인 수준이 타당한 주장까지 지역이기주의로 치부해서는 안 된다.[19]

님비현상에 대한 올바른 이해를 위해서 강용식은 "합리적 비합리적인 측면을 동시에 지니고 있음으로 무조건 타도해서는 안 된다 그 이면에 다양한 동기를 내포하고 있다"고 주장한다. [20]

4) 쓰레기종합처리장 갈등 사례

▶ 의정부 쓰레기소각장건설

경기 의정부시와 시민들이 쓰레기 소각장 건설을 놓고 팽팽히 대립했던 적이 있는데 97년 의정부시 장암동에 있던 기존의 소각장이 다이옥신 검출로 인해 폐쇄된 뒤 지난해 하루 200t을 처리할 수 있는 새로운 소각장 증설 공사를 시작했다. 당시 인근 주민들로 구성된 '의정부 쓰레기 소각장 건설반대 시민연대'는 대단위 아파트 단지가 들어선 곳에 소각장이 건설돼 생활환경이 위협받게 된다며 강하게 반발했다. 시민연대측은 아파트 단지와 소각장이 직선거리로 100여m밖에 떨어져 있지 않은데다 하수처리장과 분뇨처리장까지 인접해 있다는 점을 지적했다. 당시 신원수(申元洙·40)사무국장은 "소각장 코앞에 8개 아파트 단지가 조성됐고 2㎞ 내에 6500여 세대가 사는 장암지구가 들어서 있는데 이곳에 소각장이 자리 잡아야 할 이유가 무엇인지 모르겠다"고 말했다. 시민연대는 주민들을 상대로

---

19) 안용식외, 지방행정론, 대영문화사, 2007년, 568면.
20) 안용식외, 지방행정론, 대영문화사, 2007년, 568면.

1만5000여명의 반대 서명을 받았고 사업승인 취소소송도 진행했다

이에 대해 의정부시는 전문가 진단을 통해 안전성을 검증받았으며 하수처리장에서 정화된 물을 소각장의 냉각수로 사용하고 처리장에서 발생되는 슬러지를 소각장에서 처리할 수 있는 등 폐기물처리시설의 집단화로 시너지 효과를 낼 수 있다고 주장했다.[21]

▶ 아산쓰레기 소각장

15년 동안 입지를 선정하고도 해당지역 주민들의 반발에 부딪쳐 6차례나 입지선정과 취소를 번복하는 우여곡절 끝에 사업에 착공한 아산시쓰레기소각장이 있다.

당시 쓰레기소각장 입지선정과 관련 아산시가 해당 지역주민들에게 포상금 형식으로 지급한 지원금의 사용을 놓고 일부 마을주민들이 경찰서에 진정서를 제출하는가 하면 또 다른 마을주민들은 통장해임건의서를 제출하는 등 갈등이 증폭하였다.

아산시는 주민들의 님비현상으로 유치를 기피해오던 쓰레기소각장 문제 해결을 위해 지난 2003년부터 주민공모 방식으로 쓰레기소각장 건설 사업을 추진하였고 2008년 2월 포상금 형식으로 50억 원의 지원금을 지급해 이중 25억 원은 소각장이 입지한 배미1통과 실옥4통 주민들의 공동소득사업을 위해 사용되고, 나머지 25억 원은 주변 23개 마을에 발전기금으로 배분한 것으로 알려졌다. 그러나 배미1통 일부 주민들은 마을주민들의 공동자금이 정당한 절차를 거치지 않고 사용된 의혹이 있다며 아산경찰서에 진정서를 제출해 현재 경찰이 조사하였고 방축3통 역시 일부 주민들이 '통장해임건의서'를

---

21) 이동영, 동아일보, 2000년 7월29일.

시에 제출하는가 하면 의혹을 제기한 주민을 통장이 명예훼손으로 형사고발하는 등 주민 간 갈등의 골이 깊어졌다.

아산시 배미동 24-1 일원 총부지 10만 7809㎡ 면적에 일일 200톤 규모로 건설되고 있는 아산시쓰레기소각장은 2011년 12월 준공을 목표로 소각시설을 비롯해 굴뚝을 활용한 전망타워, 폐열을 활용한 대규모 실내 식물원등 관광시설 및, 찜질방 등 주민편익시설, 체육시설, 환경테마공원이 어우러지는 복합타운으로 조성하였다. 22)

▶ 부천쓰레기 소각장

부천시민연대회의 부천시에서 추진하는 쓰레기 광역소각장 건립에 대해 적극적인 반대에 나서는 등 갈등이 발생했는데 쓰레기 수입을 위한 광역소각장이 아니라 쓰레기 감량과 재활용 확대가 우선이라고 주장했다.

시민연대회의는 "시는 소각장 광역화 관련한 모든 계획과 정보를 인근 주민들에게 공개하고 실질적인 의견수렴에 나설 것을 촉구한다"고 주장했다.

이어 "국·도비가 들어오고 운영비가 충당된다는 돈의 논리로 소각장을 광역화해 다른 지자체의 쓰레기를 수입하는 처사가 기술발전과 인구구성 및 쓰레기 발생량의 추이를 검토해볼 때 과연 합당하고 지속가능한 일인지, 과거를 반면교사 삼아 스스로 자문하고 시민들의 의견을 여러 차원에서 수렴해야 할 것"이라며 "소각장의 증설보다는 쓰레기의 감량과 재활용의 확대에 모든 행정력을 집중할 것을 요구하고 이를 위해서 시민단체들도 적극 호응해 부천의 모든 영

---

22) 문영호, 중부매일, 2017년.

역에서 무너진 실질적인 민관거버넌스 체제를 청소영역에서 만큼은 제대로 실현, 쓰레기 저감-재활용 확대는 물론 좋은 협치모델을 만들고자 했다"고 강조했다.[23]

▶ 괴산군사례

괴산군은 처리용량이 한계점에 달한 쓰레기매립장 증설을 추진하였는데 1998년 괴산읍 능촌리에 조성한 쓰레기종합처리장(매립면적 2만7천600㎡, 매립용량 18만4천㎥)의 처리용량이 95% 수준에 도달함에 따라 추가증설이 요구되고 있기 때문이다. 괴산군은 쓰레기 매립장 사용연한이 끝나는 올해 말까지 증설공사를 마치기로 하고 35억 원을 들여 이달까지 설계용역을 마치고 다음 달까지 증설공사에 착수하기로 했다.[24]

군은 쓰레기 매립장 증설과 관련한 민원을 줄이기 위해 매립장 부지를 확대하지 않는 대신 제방을 높이는 방법으로 매립장 용량증설을 추진할 계획이다. 또 쓰레기 매립장 증설에 필요한 예산은 상반기 1회 추경예산에 국비와 군비 등 17억5천만 원을 확보하기로 했다.

군 관계자는 "매립잔여용량이 5%에 불과해 매립장이 포화상태에 이르기 때문에 쓰레기 대란을 막기 위해 용량증설이 불가피하다"고 밝혔다. 한편 현재 쓰레기매립장은 하루 20여t의 쓰레기를 처리하고 있다.

---

23) 여한용 · 김낙현 · 강금운, 일간경인, 2016년, 6월 13일.
24) 김정원, 충청매일, 2007년 1월 24일.

5) 쟁점과제

지난 2015년 4월 28일 제월리와 이탄리 주민 100여명이 괴산군 사회복지협의회 앞 광장에서 괴산 생활 쓰레기 소각시 생활자원 회수센터 건설을 취소하라고 주장했다. 광역쓰레기장 시설에 170억 원 가량 드는 예산중 국고 보조금은 85억 원이고 나머지 85억 원은 지방비로 충당하고 있다. 괴산군과 증평군은 소각장과 자원회수센터를 갖춘 시설을 만드는데 괴산군은 42억 원 5천만 원, 증평군도 42억 5천만 원이 투입하여 각각 지방비 50%인 85억원으로 충단하고 있지만 쓰레기 처리량은 증평군이 70%많아 형평성 측면에서 어긋나고 있다고 한다. 또한 쓰레기 종합처리장은 능촌리와 제월리 에 세워지는데 능촌리 주민 50세대는 7억 원을 요구하였는데 가구당 평균 1400만원이 지급될 수 있는 금액이다. 현재 제월리 일대 주민은 이런 보조금을 전혀 받지 못하고 있는 실정으로 주민들의 반발이 심각해지고 있다.25)

인근 주민들은 환경피해와 증평쓰레기 반입 및 사용연수 증대를 반대하는 등 문제점이 드러났다. 언론보도에 의하면 주민들은 18년 동안 피해를 봤다면서 약속 이행을 촉구하고 있고 대책위 관계자는 "괴산군은 소각장 증설 계획을 주민의 동의 없이 밀실행정으로 추진했다. 주민들의 의견을 묵살한 행정은 비난 받아 마땅하다"고 주장했다. 또한 "주민들은 18년간 자연환경 파괴와 생활의 직·간접적 피해로 고통을 받아왔지만 참아온 것"이라며 "그런데 증평쓰레기를 더해서 2060년까지 더 참으라니 이게 웬 말이냐"고 따져 물었다. 이에 괴산군 관계자는 "현재 사용하는 소각로 시설이 낡아 증설이 불

---

25) 세계일보, 2015년, 4월 28일.

가피했다"며 "환경영향 조사와 주민협의체 구성 등을 통해 쓰레기 매립장 인근 마을에 보상형식의 지원을 할 예정"이라고 말했다.26)

반대 시위 출처: 뉴스1

6) 갈등 해결사례

▶ **경기도 구리시의 주민 친화적 소각장**

구리시는 쓰레기 소각장의 장소 선정 때부터 네 차례에 걸쳐 주민 의견을 수렴했고, 인근 남양주시와 환경적으로 서로에게 도움이 되는 부분을 교환하여 구리시는 소각장을, 남양주시는 매립장을 각각 건설해 공동으로 사용하기로 하였다. 시민들을 위해 사우나 시설을 겸한 수영장, 인조 축구장 등 다양한 편익 시설과 소각장 굴뚝을 이용한 전망대를 설치하였다. 전망대 역할을 하는 타워에는 식사도 하고 그림도 감상하고, 음악도 감상할 수 있는 문화공간으로 재탄생하

---

26) 장동열, 뉴스1, 2016년 3월 18일.

는 계기가 되었다. 환경오염을 최소한으로 줄인 그린소각장을 설치하여 소음이나 냄새가 거의 없는데다가 시민들이 걱정했던 다이옥신 농도는 1천 분의 6나노 그램으로 낮췄다. 환경시설을 견학하기 위한 외국 자치단체와 주민, 공무원들이 1년이면 5만 명 이상 찾아오는 곳으로 변모했다.27)

▶ **동부권 광역 자원 회수 시설**

이천시는 2014년 호법면 안평리 쓰레기 공동 소각장인 동부권 광역자원회수시설 주변에 환경학습관을 개관했다. 국비 등 96억 원이 투입된 학습관은 대지면적 1만2천717㎡에 연면적 2천994㎡로 식물원, 수족관, 편의시설 등을 갖추고 있다. 특히 초극박막 불소 수지필름(ETFE) 이중막으로 시공, 열효율을 극대화했고 생활쓰레기를 소각하는 과정에서 발생하는 폐열을 활용, 열대우림 식물이나 열대 민물고기 등을 키운다.이천, 광주, 하남, 여주, 양평 등 5개 시.군에서 발생하는 생활 폐기물을 소각하는 시설이다. 처음 이천에 광역 쓰레기 소각장이 건립된다고 했을 때 지역 주민들의 시위와 농성이 이어졌다. 이에 이천시는 시민의 참여와 의사를 적극 반영하고 주민 홍보 및 설득을 위해 지속적인 토론회 개최, 선진 시설 견학, 인근 시·군과 연계한 효율성과 안전성 홍보, 주민 지원 기금 확보 등의 노력을 통해 2008년 건립되었다. 동부권 광역 자원 회수 시설은 쓰레기를 소각 처리해서 얻은 폐열을 이용해서 전기를 생산하고 매년 30억 원 정도의 전기를 한전에 팔아 수익을 내고 있으며, 인근 지역 주민

---

27) 송호금, SBS 뉴스,2009년 3월 26일
http://news.sbs.co.kr/news/endPage.do?news_id=N1000566492&plink=COPYPASTE&cooper=S BSNEWSEND

들에게 겨울철 난방을 무료로 쓸 수 있도록 하고 있다. 또한 주민들을 위한 수영장, 스포츠 센터, 축구장 등 편의 시설을 저렴하게 이용할 수 있도록 하고 있으며, 화훼 단지를 조성하여 꽃을 일본으로 수출하는 등 연간 3억 원의 매출을 올려 지역 경제에도 많은 보탬이 되고 있다. 최근에는 인근에 식물원, 수족관, 편의 시설 등이 마련된 환경 학습관도 개관하였다.[28]

▶ 경주 방사성 폐기물 처리장

정부는 처음에 방사성 폐기물 처리장을 전북 부안에 세우려고 했으나 주민들의 심한 반발에 부딪혀 포기할 수밖에 없었다. 그래서 정부는 방사성 폐기물 처리장이 들어서는 지역에 주민들이 선호하는 시설들을 세우고, 여러 가지 경제적 이익을 주겠다는 정책을 발표했으며 방사성 폐기물 처리장이 안전하다는 것을 알리려고 노력하였다. 그리하여 지역 자치 단체의 신청을 받아 주민 투표를 통해 경주가 최종적으로 선정되었다[29]

7) 쓰레기 매립장 해결 방안

지방자치 단체간 갈등관계는 비권력적 행정작용이기 때문에 정부가 어느 자치단체에 개입해서 조정되기도 힘든 문제라고 볼 수 있고 종국적으로는 사법적 판단에 맡겨야 달라질 수 있다. 먼저 이번에는 괴산군 주민들이 반대만 한다고 해서 될 일도 아니다. 괴산군은 지역개발을 앞당기고 지역주민의 이익을 위해서 개발을 했다손 치더

---

28) 강창구, 연합뉴스. 2014년.
29) 경주시월성원전 방폐장 민간 환경감시기구 : http://www.wsnesc.or.kr/

라도 만약 주민소청이나 소송을 가더라도 이와 같은 상황에서 판결이 괴산군의 손을 들어준다고 보장할 수 없다. 따라서 파괴위협에 따른 상생전략을 짜야 할 것이다. 이를 위해 필자는 다음과 같은 방안을 주장하고자 한다.

첫째, 관료제 중심의 거버먼트 중심에 탈피하여 주민 등의 충분한 참여와 동의를 중심으로 한 거버넌스적 해결방식이 필요하다고 본다. [30]반대보다는 개발 이익이 크다는 사실을 괴산군은 간과해서는 안 된다는 것을 정치권, 지방의회, 지역 언론, 시민단체와 함께 공동 노력해야 할 것이다.

둘째, 괴산군의회나 증평군의회 등 지방의회가 나서서 이 문제를 최소화하는 방안을 모색해야 한다. 즉 주변지역 지원조례를 제정해서 합의를 도출해야 한다. 충청북도청 관심과 협조 그리고 관련 법안을 제출하여 주민들의 불만을 해소해야 할 것이다.[31]

셋째, 주민들도 시민단체와 공동으로 환경영향평가 조사를 통해 환경오염 침출수 등을 상시 점검해야 한다. 생태 연못을 만들어 환경이 오염되고 있는지 수시로 확인을 해야 한다. 오·폐수로 오염되면 관광산업 위축, 유기농산업 위기등 산림생태계의 파괴로 이어진다는 사실을 모두가 명심해야 할 것이다.

넷째, 공동사업비로 해서 수익창출 방법을 모색하고는 것이 필요하다.

다섯째, 참여민주주의를 통해 갈등을 해결해야 한다.

기존의 행정은 계획수립에서부터 사업추진에 이르기까지 모든 중

---

30) 정준금, 환경정책론, 대영문화사, 2007년, 411면.

31) 괴산과 개인사업자 또는 주민 간 갈등이 계속되자 괴산군의회가 '주민 갈등 예방과 해결에 관한 조례'를 제정했는데 조례안에는 갈등관리 심의위원회와 갈등조정협의회의 설치·운영 등에 대한 내용이 들어있다. 지지수,충북방송,2016년 12월26일.

요한 의사결정을 정부기관 안에서만 처리해왔다. 그러다 보니 그 결정이 외부에 알려진 순간부터 분쟁이 촉발돼왔다. DAD(Decide-Announce-Defense)문화, 이른바 '밀실' '탁상' '졸속' '밀어붙이기' 식 행정이 공공분쟁의 주범인 셈이다.

이와는 달리, 참여민주주의의 패러다임은 시민을 행정의 대상이 아닌 주체로 바꿔주는 것이다. 각종 규제나 개발사업 등 중요한 행정행위로 직접 영향을 받는(이해관계가 좌우되는) 시민 또는 업계가 정책결정과정에 참여해 서로의 이해관계를 조정하고 모두가 받아들일 만한 결과를 함께 만들어내는 것이다. 그 과정에서 분쟁의 불씨가 사전에 제거됨으로써 분쟁이 예방된다. 함께 참여해서 만든 것이기 때문에 시민 및 업계가 그 결정을 자발적으로 지키게 돼 행정효율도 높아진다.[32]

여섯째, 단체장의 갈등 해결이 중요하다고 본다. 주민배심원제 같은 것을 제시한다든지, 정보공개 등 단체장의 적극적인 해결노력이 필요하다.[33]

22. 재난과 지방의원윤리

지난 주말 충북지역에 내린 폭우로 충청북도 청주지역은 도시기능이 마비되고 주민들이 물난리로 인해 아비규환 그 자체였다. 집중호우로 주민들은 두려움과 불안에 떨었다. 청주만이 아니라 증평,

---

32) 참여민주주의로 갈등해결,강영진 미국 전문중재인·조지메이슨대학 분쟁해결연구원2002년 02월 참여연대 2002.02.01.

33) 울산시 북구는 주민배심원단을 구성하여 민노당 소속의 진보적 구청장의 집권동안 시민단체, 주민간의 신뢰를 형성했다.

진천, 괴산, 세종시, 천안까지 물 사태를 겪었다. 이와 같은 갑작스런 재해로 인해 주민들의 고통은 이루 헤아릴 수 없을 지경이었다. 차량침수, 열차운행중단, 도로파괴, 정전, 주택훼손 등 각종 피해가 발생했는데 충북소방본부에 접수된 침수신고만도 500건이 넘고 있고 충남도도 550여건이나 된다고 한다. 충북도청은 800여 채가 반파되거나 침수됐다고 하며 농경지 2,959ha가 물에 잠기는 피해를 입었다고 발표했다. 이번 수마로 상하수도 20개소, 도로 14개소가 전파됐고 지하차도와 공공폐수처리시설, 하천 등을 모두 복구하는데 600억에서 천억 원 가량이 소요될 것으로 추산되고 있다. 이번 수재는 지자체의 허술한 대응이라든지 기상예보의 예측의 문제도 한몫 했다고 본다.

그런데 이와 같은 아수라장의 상황에서 더 큰문제가 발생에 주민들이 공분했다고 한다. 즉 충북도의회 지방의원들이 보인 행태로 인해 비난은 힘을 더해가고 있다. 다. 직접 주민들의 고통과 고난을 듣고 행정기관과 함께 민심을 다독거려야 할 의원들이 홍수로 집이 파손하여 망연자실하고 있는 이때에 유럽으로 연수 광관 명목으로 출국했다니 기가 막히다 못해 말이 안 나온다. 주민들은 이런 모습에 어떻게 생각하고 있겠는가?

이들이 연수한다는 일정표를 보면 파리 개선문과 로마시대 수로, 모나코 대성당, 아비뇽 페스티벌 연극축제 참여, 마르세유 관광센터, 피사의 사탑 등 관광지라고 하는데 이것이 어떻게 의원들의 선진국 지방의회를 배우는 해외연수 인가? 왜 그렇게 지방의원들의 연수를 외국으로 가야만 배우는가? 거기에 간다면 신기루가 보이는가? 오히려 충북지역 대학교 강의실을 빌려 방학동안 1달간 의정연수를 받으면 되는데 무얼 배우겠다고 하는지 알다가도 모르겠다. 8박10

일 일정의 연수비가 4793만원이라고 한다. 이들이 1인당 지원받은 세금이 500만이라고 하는데 수해복구지원금으로 500만원씩 다시 내길 바란다. 이들이 포함한 충북도의원들은 청주시에 "특별재난지역으로 선포하자"고 소리치며 "수해복구에 앞장서겠다"고 했는데 주민들을 속이고 무엇을 하겠다고 하는가? 도의회 직원은 "당초 4월에 가기로 했던 연수를 조기 대선 일정을 감안해 7월로 한 차례 연기했다"하면서 "항공편과 숙박 등 예약을 취소하면 절반에 가까운 위약금을 물어야 해 연수를 진행할 수밖에 없었다"고 변명에 치우친 해명을 했다. 오창근 충북참여연대 국장은 "기록적인 폭우로 도민 전체가 힘들어 하는데 민심을 돌봐야 할 의원들이 외유성 해외연수에 나선 것은 어처구니없는 행동"이라고 비난했다.

지역주민을 우습게 보는 이들의 행태는 우리나라정치문화의 한 단면을 보는 것 같아 씁쓸하다.

국회의원들도 당선되면 선거구민을 헌신짝처럼 버리는 무책임한 행태가 난무하기도 하여 이런 못된 것만 배웠나 하는 생각이 든다.

그렇다면 이번 충북재난을 어떻게 극복해야 하나?

첫째, 충북도청과 지자체가 합심하여 복구노력에 힘써야 한다. 피해복구를 위해 지자체공무원들이 적극적으로 현장에 투입하여 피해주민들의 피해실태를 조사하여 물자를 지원하여야 한다. 둘째, 재난지역선포를 하여야 한다. 청주지역의 피해를 최소화하기 위해 특별재난지역으로 선포하여 중앙의 지원이 있어야 한다. 이를 위해 지역국회의원,언론 등이 노력해야 할 것이다. 셋째, 의원들의 반성과 징계를 하여야 한다. 이번 해외연수파동의 지방의원들은 지역주민들에게 사죄하고 회개하여야 할 것이다. 풀뿌리민주주의의 근간을 훼손하는 비윤리적 행태는 더 이상 용납할 수 없다. 넷째, 대통령의 방문을 촉구한다. 문재인대통령의 재난지역 방문은 이재민을 위로하고 중앙과 지방이 협력할 수 있는 분위기를 조성하고 중앙정부도 지원 방안을 제시할 수 있는 계기가 된다고 본다.

다섯째, 미래예측재난경보시스템 구축과 지자체의 24기간 재난시스템을 마련해야 한다. 과학적인 기상예측시스템을 구축해야 한다. 미국 등 선진국의 기상예보시스템을 수입하여 언제 어디서 홍수나 재난이 발생할 수 있는지 예측해야 할 것이다. 옛날 가뭄이나 난리가 나면 왕들은 무릎꿇고 덕이 없음을 한탄했다고 한다. 위정자는 무엇을 해야 하는가? 바른 마음가짐과 책임이다.

출처

경향신문 2012년 10월 29일, 8월 20일
동양일보 2012년 9월-2017년 7월 칼럼
문화일보 2011년 12월 7일
조선일보 2014년 8월 9일
한국일보 2014년 9월 9일, 8월 6일

김 택

중원대학교 경찰행정학과 교수
동국대학교 경찰행정학과 일반대학원 경찰학박사
미국 워싱턴 디시 American University Post Doc. 과정 수료
독일 Speyer행정대학원 비지팅스칼러, 미국Royal D.유니버시티 연구원
강원대학교 일반대학원 행정학박사
한국학중앙연구원 연구교수, 아메리칸대학교 국제범죄부패연구소 비지팅스칼러
서울시립대 SIT 수석연구원
한국외대, 서울시립대, 경찰대, 중앙대, 단국대, 한림대, 숭실대, 강원대, 국민대,
세종대, 강원도공무원교육원, 서울시공무원교육원, 경기도 공무원교육원, 방송통신대
등 강사역임

저서

〈경찰학의 이해〉, 〈관료제도록〉, 〈관료부패이론〉, 〈공직윤리와 청백리사상〉, 〈행
정의 윤리〉, 〈지방행정론〉, 〈행정학개론〉 등

춘추필법
공익과 윤리

초판인쇄 2017년 9월 4일
초판발행 2017년 9월 4일

지은이 김 택
펴낸이 채종준
펴낸곳 한국학술정보㈜
주소 경기도 파주시 회동길 230(문발동)
전화 031) 908-3181(대표)
팩스 031) 908-3189
홈페이지 http://ebook.kstudy.com
전자우편 출판사업부 publish@kstudy.com
등록 제일산-115호(2000. 6. 19)

ISBN 978-89-268-8128-6 93300